Evolution für Evangelikale

Darrel R. Falk

Evolution für Evangelikale

Friedensschluss zwischen Glaube und Biologie

BUCHVERLAG
Dr. Mark Marzinzik

Originally published by InterVarsity Press as *Coming to Peace with Science* by Darrel R. Falk.
© 2004 by Darrel R. Falk. Translated and printed by permission of
InterVarsity Press, P. O. Box 1400, Downers Grove, IL 60515, USA.

Amerikanische Originalausgabe:
Falk, Darrel R.: *Coming to Peace with Science: Bridging the Worlds Between Faith and Biology.*
Downers Grove: InterVarsity Press, 2004.
Übersetzt und veröffentlicht mit Erlaubnis von
InterVarsity Press, P. O. Box 1400, Downers Grove, IL 60515, USA.

Copyright © 2012 der deutschen Ausgabe: Buchverlag Dr. Mark Marzinzik, Neu Wulmstorf
Aus dem Amerikanischen übersetzt von Kerstin Marzinzik und Mark Marzinzik

In Absprache mit dem Autor wurden einige Zahlenangaben an derzeitige Erkenntnisse angepasst, vereinzelte Fehler in der Originalausgabe korrigiert und an manchen Stellen auf neuere
Literatur hingewiesen.

In diesem Buch werden (wenn nicht anders vermerkt) folgende Bibelübersetzungen verwendet:
Zitate aus dem Alten Testament: Elberfelder Bibel, © 2006 SCM R. Brockhaus
Zitate aus dem Neuen Testament: Neue Genfer Übersetzung, © 2011 Genfer Bibelgesellschaft
Die Bibelbücher werden nach den Loccumer Richtlinien in evangelischer Variante abgekürzt.

Fotos auf dem Bucheinband:
Gorilla: © Kurt Bouda / pixelio.de, Mondfahrzeug: NASA, Kreuze: © Gerd Altmann / pixelio.de,
Darrel R. Falk: © Greg Schneider / greg@gregschneider.com
Abbildungen im Buch: Emma Mooring

Einbandgestaltung und Buchsatz: Mark Marzinzik mit GIMP, LuaLaTeX und KOMA-Script
Druck und Herstellung: Books on Demand GmbH, 22848 Norderstedt

Bibliografische Information der Deutschen Nationalbibliothek:
Die Deutsche Nationalbibliothek verzeichnet diese Publikation in der Deutschen Nationalbiblio-
grafie; detaillierte bibliografische Daten sind im Internet über http://dnb.dnb.de abrufbar.

1. Auflage, November 2012

Printed in Germany

ISBN 978-3-9815529-0-4 (Taschenbuch)
ISBN 978-3-9815529-1-1 (E-Book)

Buchverlag Dr. Mark Marzinzik
Postweg 67 h
21629 Neu Wulmstorf
buchverlag@dr-marzinzik.de
www.buchverlag.dr-marzinzik.de

Inhaltsverzeichnis

3 Der Zeitrahmen der Schöpfung

4 Der Fossilbefund

5 Jenseits des Fossilbefunds

Die geografische Verteilung der Vielfalt des Lebens

6 Abstammung nachverfolgen mit Genen   205

7 Frieden finden mit der Biologie   247

Literatur   291

Abbildungsverzeichnis   299

Index   300

Geleitwort

B LICKT MAN in unsere stark vom Materialismus bestimmte Gesellschaft, so stellt man fest, dass dort offenbar ein Kampf stattfindet. Die rein naturalistische Weltanschauung, die sich die Methoden der Naturwissenschaft zu eigen macht, um die Welt zu verstehen, kämpft gegen die geistliche Weltsicht, die sich bemüht, Wahrheiten über Gott und den Glauben herauszufinden. Viele meinen, dass die naturalistische Weltsicht gewinnen werde.

In der Tat hat die Wissenschaft viele Erfolge erzielt, von der Formulierung der Naturgesetze, denen alle Objekte im Universum folgen, über die Entdeckung der Prinzipien, die alle Lebewesen bestimmen, bis zur Entschlüsselung des menschlichen Genoms. Doch trotz der intellektuellen Befriedigung, die diese Errungenschaften bringen, haben denkende Menschen dennoch Fragen bezüglich der Ewigkeit, die zu beantworten die Naturwissenschaft nicht in der Lage ist: »Warum bin ich hier?«, »Was kommt nach dem Tod?«, »Gibt es einen Gott? Kümmert er sich um mich?«

Es sind reichlich polarisierende Einflüsse vorhanden, die die Weltanschauungen in einen anscheinend unlösbaren Widerspruch zwängen. Einige Evolutionsbiologen führen eine zunehmende Zahl von Hinweisen aus dem Fossilbefund und der DNA-Analyse an, um darauf aufmerksam zu machen, dass Evolution beweise, dass es keinen Gott gibt. Allerdings ist das ein logischer Fehlschluss. Man kann nicht *Natur*gesetze benutzen, um das *Übernatürliche* auszuschließen.

Religiöse Fundamentalisten, die die Evolutionstheorie als einen Angriff auf ihren Glauben ansehen, legen das erste Buch Mose übertrieben wörtlich aus und behaupten, dass die Erde nur ein paar Tausend Jahre alt sei und Gott alle Arten aus dem Nichts erschaffen habe. Tragischerweise denken ernsthaft Suchende, die mit diesen extremen Formulierungen der beiden Weltanschauungen konfrontiert werden, häufig, dass sie sich für die eine oder andere zu entscheiden haben. Dadurch entgeht ihnen die zutiefst befriedigende Harmonie von Naturwissenschaft und Glauben an einen persönlichen Gott, die viele Wissenschaftler, darunter auch ich selbst, erlebt haben. Besonders gefährdet sind diejenigen, denen von wohlmeinenden Eltern und Gemeinden beigebracht wurde, dass die Erde jung sei, wenn sie später die überwältigenden naturwissenschaftlichen Daten zu Gesicht bekommen, die für Evolution und eine alte Erde sprechen. Wenn sie durch aufrichtige Glaubenslehrer mit solchen logischen Widersprüchen konfrontiert werden, ist es da ein Wunder, dass viele traurig schlussfolgern, dass sie nicht an einen Gott glauben können, der von ihnen verlangen würde, die Wahrheit zu leugnen?

Nicht zuletzt solche Suchenden spricht Darrel Falk mit diesem bemerkenswerten Buch an. Mit Klarheit und Geschick – erworben durch eine jahrelange Tätigkeit als weithin bewunderter Biologiedozent – präsentiert Falk Befunde aus der Kosmologie, Geologie, Paläontologie und Genetik, um zu dem überzeugenden Schluss zu gelangen, dass die Erde »alt« ist und eine Verwandtschaft aller Lebensformen besteht. Am wichtigsten jedoch ist, dass er einen liebenden Schöpfergott vorstellt, der den Evolutionsmechanismus verwendet hat, um die Lebewesen einschließlich der Menschheit zu erschaffen. Der scheinbar zufällige Verlauf der Evolution, der zugegebenermaßen verlangt, eine wortwörtliche Auslegung des ersten Buches Mose abzulehnen, ist nicht zufällig für Gott. Für Gott, der nicht durch Raum und Zeit begrenzt ist, stand das letztendliche Erscheinen von empfindsamen Geschöpfen auf diesem Planeten, mit denen er Gemeinschaft haben könnte, außer Zweifel.

Falk legt überzeugend dar, dass diese Harmonisierung von Naturwissenschaft und Glauben in sich schlüssig ist und nicht zwangsläufig auf eine Leugnung der grundlegenden Wahrheiten des Christentums hinausläuft. Die Synthese, die in diesem Buch vorgeschlagen wird und die von Theologen als *Theistische Evolution* bezeichnet wird, ist nicht einfach eine Apologetik, die angesichts der naturwissenschaftlichen Fakten zu retten versucht, was für den Glauben noch zu retten ist, sondern sie ist eine völlig konsistente und vernünftige Haltung. Ich meine, dass selbst der Heilige Augustinus sie angenommen hätte.

Der größte Naturwissenschaftler ist Gott selbst, und er fühlt sich durch unsere Bemühungen, die Natur zu erforschen, sicher nicht bedroht. Auch erwartet er bestimmt nicht von uns, dass wir die Erkenntnisse zurückweisen sollen, die die Naturwissenschaft über die wunderbare Schönheit und Ordnung in unserer Welt gewinnt.

Dieses Buch wird all diejenigen beruhigen, die für sich schon zu dem Ergebnis gekommen waren, dass der Glaube verlange, die Naturwissenschaft abzulehnen, oder dass die Naturwissenschaft verlange, den Glauben abzulehnen. Es sollte auch von Gemeindeleitern sorgfältig gelesen werden, die in ihrem aufrichtigen Bemühen, den Glauben zu verteidigen, Suchende auffordern, die zahlreichen Belege anzuzweifeln, die für eine evolutionäre Erschaffung sprechen.

Menschen, die den Naturwissenschaften gegenüber skeptisch eingestellt sind, können versichert sein, dass es Sinn im Leben gibt und man dennoch den Methoden der Naturwissenschaft vertrauen kann. Diejenigen, die befürchten, dass die Naturwissenschaft einen Abstieg in den Atheismus verlangen würde, werden durch die Hinweise auf die lebendige christliche Spiritualität in Falks Buch beruhigt werden. Die zutiefst befriedigende Harmonie von Naturwissenschaft und Glauben, die sich in Falks Leben zeigt (und die, wie ich glücklicherweise sagen kann, auch in meinem eigenen Leben funktioniert), sollte eine Quelle großer Ermutigung für diejenigen sein, die auf ihrer Suche bereits mutlos geworden sind.

Francis S. Collins, M. D., Ph. D.

Direktor der National Institutes of Health (NIH), USA, ehemaliger Direktor des National Human Genome Research Institute und ehemaliger Leiter des Humangenomprojektes, Gründer der BioLogos-Stiftung und Autor des Buches »Gott und die Gene«.

Vorwort

VIELE BÜCHER, die in den vergangenen Jahrzehnten über das Schöpfungshandeln Gottes geschrieben wurden, verwenden eine bildhafte, metaphorische Sprache, die aus dem Bereich der Ingenieurwissenschaften stammt. Gott wird häufig als Designer bezeichnet, als ob er Lebewesen auf eine Art und Weise entwerfen und bauen würde, wie wir Menschen ein Gebäude oder ein Gerät konstruieren. Metaphern beziehen sich definitionsgemäß auf die menschliche Erfahrung. Bei unseren Versuchen, das Handeln Gottes zu beschreiben, wird unser Bild vom Wirken Gottes zwangsläufig durch unsere eigene Unfähigkeit begrenzt, uns das angemessen vorstellen zu können, was wir nun mal nie gesehen haben.

Ob Befürworter der Vorstellung von einem Designer nun behaupten, dass die Schöpfung in sechs 24-Stunden-Tagen oder über Millionen von Jahren erfolgte – sie befinden sich in jedem Fall im Widerspruch zu einem Großteil der naturwissenschaftlichen Erkenntnisse. Eine riesige Kluft trennt die Welt des Glaubens von der Welt des naturwissenschaftlichen Denkens. Freilich, die Naturwissenschaft ist in hohem Maße agnostisch. Und das fast definitionsgemäß, denn ihr Ziel besteht darin, zu versuchen, die Ereignisse der Naturgeschichte in Begriffen zu erklären, die eben nicht auf das Übernatürliche zurückgreifen müssen. Sie sucht nach innerweltlichen Regeln und Gesetzen zur Erklärung der Existenz aller Dinge und schließt bewusst übernatürliches Eingreifen aus. Und tatsächlich: Würde die Erforschung des göttlichen Handelns einbezogen, wäre es nicht Naturwissenschaft – jedenfalls nicht so, wie Naturwissenschaft in den vergangenen 150 Jahren praktiziert worden ist. Auf der anderen Seite der Kluft befindet sich der Bereich, der nur durch den Glauben zugänglich ist.

Wiederum fast definitionsgemäß erfordert er einen ganz anderen Zugang zum Universum. Hier gilt das Prinzip, dass das Übernatürliche genauso real ist wie das Natürliche. In der Tat leben Menschen auf dieser Seite der Kluft in dem Glauben, dass das Wesentliche der Existenz ganz im Übernatürlichen verankert ist. Das gilt insbesondere für die eigene Existenz, an der das am deutlichsten erfahren wird. Eine transzendente Präsenz hat die Gesetze festgesetzt, die die Naturwissenschaftler erforschen, und kann diese Gesetze jederzeit und überall aufheben. Viel zu oft befindet sich die Gesellschaft – und hier insbesondere die nordamerikanische – auf der einen oder anderen Seite der Kluft, und es wird zunehmend schwieriger, eine Brücke zwischen den beiden Seiten zu finden. Dies ist eine der größten Tragödien der heutigen Kultur. Auf der einen Seite, der Welt des Glaubens, findet das Leben in der Gegenwart des Schöpfers statt – ein Leben, das reich ist an sinnstiftender Erfüllung und tief empfundener Freude. Auf der anderen Seite befindet sich das Studium der Natur – das Erforschen dessen, was der Schöpfer gemacht hat – in all seiner ästhetischen Erhabenheit. Wenn es doch nur eine Brücke gäbe, die die Menschen, die das akribische Erforschen der Natur lieben, auf die andere Seite bringen würde, um die Schönheit der Welt des Glaubens zu sehen und zu erleben! Und wäre es nicht gleichermaßen wunderbar, wenn es eine Brücke gäbe, um die Menschen des Glaubens in die so detailreiche Welt der Natur zu bringen, einer Welt, die von dem Gott geschaffen wurde, den sie lieben?

Grundlage dieses Buches ist meine Überzeugung, dass die Kluft zumindest teilweise durch den Vergleich geschaffen worden ist, der häufig für die Tätigkeit des Schöpfers herangezogen wird. Wir haben unser Bild von dem Schöpfer des Universums auf die menschliche Erfahrung begrenzt. Das Problem mit der Vorstellung von einem Designer – die aus der Welt des Glaubens kommt – ist, dass sie voraussetzt, dass die Belege für Design und die Regeln, denen es folgt, mit den Methoden der anderen Welt, also der von Naturwissenschaft und Technik, zu finden seien. Die meisten Naturwissenschaftler sehen jedoch keine Hinweise auf Designregeln. Folglich wird die Kluft größer. Viel zu viele Menschen sind leider zu der Überzeugung gelangt, dass eine Wahl getroffen werden müsse: Entweder ist die Naturwissenschaft grundsätzlich fehlerhaft, weil sie die Designregeln nicht erkennt, oder die Welt des Glaubens ist eine Einbildung, weil sie Gesetze zu sehen meint, die nicht existieren. Jede Seite spürt, dass man nicht in beiden Welten gleichzeitig leben kann. Als Folge davon sind Millionen von Menschen zu dem Schluss gekommen, dass die Naturwissenschaft bereits in ihrem Kern so falsch ist, dass grundlegende Ergebnisse der Biologie, Physik, Geologie und Astrophysik alle nicht stimmen. Auf der anderen Seite, der Welt einer naturwissenschaftlichen Sicht des Universums, haben Millionen von Menschen beschlossen, dass die Welt des Glaubens so völlig realitätsfremd ist, dass ihre Aussagen nur dummes Gerede sind. Wir haben zwei verschiedene Sprachen, zwei verschiedene Welten. Dieses Buch versucht, eine Brücke zwischen diesen Welten zu bauen.

Bilder und Metaphern sind definitionsgemäß in ihrer Erklärungskraft begrenzt. Vielleicht aber ist die beste Analogie für den Schöpfer nicht die eines Ingenieurs, sondern die eines Künstlers oder noch besser eines Komponisten und Dirigenten einer Sinfonie. Kann man mit naturwissenschaftlicher Forschung die Regeln großer Kunst und die Gesetze einer meisterhaft komponierten und dirigierten Sinfonie erkennen? Vielleicht ist die Tätigkeit des Schöpfers tatsächlich wie das Werk eines Künstlers oder des Dirigenten einer Sinfonie: so anspruchsvoll und ganzheitlich, dass es nie möglich sein wird, sie mithilfe der Methoden der Naturwissenschaft zu beschreiben. Vielleicht verlassen wir uns in der Welt des Glaubens zu stark auf die Methoden der Naturwissenschaft, um Gott vermeintlich zu beweisen, und vielleicht versagen die anderen in der Welt der Wissenschaft gleichermaßen darin, anzuerkennen, dass die Methoden der Naturwissenschaft, die auf regelmäßigen Abläufen in der Natur beruhen, nicht geeignet sind, um das Handeln eines Gottes aufzuspüren, der doch auf seine ganz eigene Art und Weise wirkt. Können die Instrumente der Naturwissenschaft überhaupt eine Aktivität messen, für die vielleicht gilt: »Dieser Plan ist bisher verborgen gewesen. Keiner von den Machthabern dieser Welt hat etwas von dem Plan gewusst« (1 Kor 2,7-8)? Jedenfalls nicht, wenn dieser Schöpfer es vorzieht, die

Weisheit geheim zu halten, sodass sie nur durch Worte, die »der Geist Gottes uns lehrt« (1 Kor 2,13) zugänglich ist. Möglicherweise würde die Kluft ein wenig schmaler und der Riss nicht ganz so tief, wenn wir uns auf das größere Geheimnis einlassen und die Schöpfungsmetapher aus der Kunst oder Musik nehmen – nebenbei bemerkt kommen solche Metaphern häufiger in der Bibel vor.

Ein weiterer Aspekt dieser Kluft muss thematisiert werden. Der Grund, warum viele Menschen keinen Weg zu einer Brücke finden, liegt nicht darin, dass sie durch eine falsche Metapher abgehalten würden, sondern weil es für sie überhaupt keine Metapher gibt. Die Bibel erklärt, dass Gott seine Arbeit in sechs Tagen getan hat. Ein Tag hat 24 Stunden, folglich war alles innerhalb einer Woche erledigt. Viele Christen befürchten, dass die Integrität der Bibel auf dem Spiel steht. Obwohl sie bereit und imstande sind, anzuerkennen, dass in anderen Abschnitten der Bibel bildhafte Sprache benutzt wird (beispielsweise in den Psalmen und im Buch Hiob), so glauben sie doch, dass die Schöpfungserzählung wirkliche Geschichte ist und als solche behandelt werden muss.

Dieses Buch beruht auf der Annahme, dass die Bibel von Gott eingegeben ist (2 Tim 3,16). Sie ist Gottes Botschaft an Gottes Volk. Darüber hinaus beruht es auf der Überzeugung, dass uns die Bibel, wenn sie mit den Augen des Glaubens gelesen und studiert wird, Gott nahe bringen wird. Die Bibel ist, durch die Kraft des Heiligen Geistes, genau die Brücke, die uns aus der Welt des Glaubens in die Welt der Natur – den Fingerabdruck Gottes – bringen wird. Die Bibel beschreibt das Handeln Gottes. Auch die Naturwissenschaft, ob die Forscher es wahrhaben wollen oder nicht, beschreibt das Wirken Gottes. Daher bin ich überzeugt, dass es die Bibel selbst ist, die, richtig verstanden, – durch die Kraft des Heiligen Geistes, durch die Weisheit des lebendigen Wortes und durch die Liebe des Vaters für seine Kinder – als Brücke dienen wird, auf der wir alle über die Kluft, die wir letztlich selbst erzeugt haben, hin und her gehen können. Davon handelt dieses Buch.

Danksagung

DIESES BUCH hätte ohne die Unterstützung vieler Menschen nicht geschrieben werden können. In erster Linie ist es ein Produkt meiner langjährigen Lehrveranstaltungen zu Themen wie beispielsweise Genetik, vergleichende Anatomie der Wirbeltiere, Biologie der Wirbeltiere, Entwicklungsbiologie, Zellbiologie und Molekularbiologie. Die Fragen, Kommentare und Ermutigungen der Studenten, die diese Kurse besuchten und von denen viele meine Freunde wurden, waren der Anstoß für mein Schreiben. Ich wünschte, ich könnte sie alle namentlich nennen, so wertvoll ist mir die Erinnerung an die Arbeit mit jedem von ihnen. Ich bin den vielen Studenten und unzähligen anderen dankbar, die während der Phase, als das Projekt vom Kopf in den Computer wanderte, die vielen verschiedenen Entwürfe gelesen und kommentiert haben. Dieses Buch wurde durch ihre Beiträge erheblich verbessert. Besonders hervorzuheben sind die äußerst gründlichen Durchsichten von Karl Giberson, Al Truesdale und zwei anonymen Gutachtern.

Seit 1988 arbeite ich an der Fakultät der Point Loma Nazarene University (San Diego, USA), einem ganz besonderen Ort für jemanden, der an der Interaktion zwischen den Disziplinen Naturwissenschaft und Religion interessiert ist. Jahrelang hat sich immer montags in der Mittagszeit fächerübergreifend eine Gruppe von Hochschullehrern getroffen, um Bücher zu diskutieren, die sich mit der Schnittstelle dieser Disziplinen beschäftigen. Dieses Buch ist zu einem großen Teil ein Ergebnis dieser Gespräche. Als Biologe hatte ich keine Vorstellung davon, wie schön das Studium der Theologie ist, bis ich begann, zusammen mit richtigen Theologen, Bibelgelehrten und anderen darüber nachzudenken. Ich möchte gar nicht alle Teilnehmer dieser Gruppe aus den verschiedenen Disziplinen hier aufzählen, aber diejenigen wissen, dass sie gemeint sind, und ich hoffe, sie wissen, dass ich für den Einfluss, den sie auf mein Leben und mein Denken ausgeübt haben, dankbar bin. Die meisten von ihnen haben eine frühe Version dieses Buches gelesen und viele hilfreiche Kommentare beigesteuert. Meine Kollegen im Fachbereich Biologie standen mir während des gesamten Projekts mit Freundschaft und Unterstützung zur Seite. Besonderer Dank gebührt Drs. Michael McConnell, Rebecca Flietstra, Michael Mooring, David Kerk, David Brown und Dawne Page. Kerry Fulcher war mir in dieser Zeit ganz besonders Seelenbruder.

Emma Mooring hat alle Abbildungen gestaltet und gezeichnet. Ich bin ihr dankbar für die meisterhafte Ausführung dieser Arbeiten.

Von Anfang an hatte das Buch »Friedensschluss« (engl. »Coming to Peace«) im Titel. Die Ironie der Geschichte: Das Kopieren und Verbreiten eines frühen Entwurfs des Buches führte zu dem genauen Gegenteil von Frieden in unserer Universität und damit bei mir persönlich. Ich bin für die Unterstützung des Präsidenten der Point Loma Nazarene University, Dr. Bob Brower, unseres Vorsitzenden Dr. Dan Copp und Kabinettsmitglied Dr. Arthur Shingler sehr dankbar. An einem besonderen Tiefpunkt hielt ich aufgrund eines aufmunternden Wortes von meinem Provost und Freund Dr. Patrick Allen an dem Projekt fest. Selbstverständlich repräsentiert das fertige Buch meine eigenen Ansichten und sollte nicht als der Standpunkt der Universität angesehen werden. Die Verwaltung hat lediglich mein Recht unterstützt, diese Ansichten zum Ausdruck zu bringen.

Abschließend möchte ich meiner Frau Joyce, meinen beiden Töchtern Cheryl und Shelley und meinen Schwiegersöhnen Damian und Aaron für die persönliche Unterstützung und Freundschaft danken, die mich motivierten weiterzumachen.

Kapitel 1

Naturwissenschaft und Glaube

Der Versuch, gleichzeitig in zwei Welten zu leben

ES GEHT UM DIE SCHÖPFUNGSGESCHICHTE. Und es geht darum, wie ein Biologe sie mit seinen Augen sieht. Die Geschichte der Schöpfung begann vor sehr langer Zeit, aber die Geschichte meines Interesses an ihr begann erst vor einigen Jahrzehnten – in einem Haus in der Nähe von Vancouver in Kanada. Als junger Mensch begegnete mir etwas in den Menschen, mit denen ich zu tun hatte, was mir wie die Gegenwart Gottes vorkam, und ich begann, diese Gegenwart zu bewundern und zu lieben. Jeden Abend kniete ich mich neben meinem Bett nieder und bat Gott, mein Leben zu leiten und mich auch mit dieser Gegenwart zu füllen, die ich in den Menschen um mich herum erlebte. Ich glaube, dass er es meistens auch tat. Allerdings waren die evangelikalen christlichen Glaubensvorstellungen meiner Familie etwas ungewöhnlich zu jener Zeit für diesen Teil der Welt. Außerhalb unserer eigenen kleinen Kirche und meiner unmittelbaren Familie kannte ich jahrelang nur eine Handvoll Menschen, die an die gleiche Art von Gott glaubten wie wir. Wenn ich in einer nachdenklichen Stimmung war, fragte ich mich aus diesem Grund auch häufiger, wie es sein könnte, dass, angesichts all der Religionen in der Welt (insbesondere auch der Religion der *Religionslosigkeit*), gerade ich so glücklich war, in der richtigen Religion geboren worden zu sein. Wenn ich mich in einer dieser selbstreflektierenden Zeiten befand, hatte ich Zweifel und war sehr argwöhnisch, dass die Leute, die wirklich falsch lagen, in Wirklichkeit vielleicht die unseren waren, diejenigen in dem kleinen Kreis des evangelikalen Christentums. Ich erinnere mich noch lebhaft an die persönlichen Kämpfe, die es verursachte, als ich die Befunde, die für eine alte Menschheit sprechen, studierte. Die Schaubilder zur menschlichen Evolution in meinem Sozialkundebuch der siebten Klasse sind immer noch tief in mein Gedächtnis eingegraben. Sie kosteten mich fast meinen christlichen Glauben. Im folgenden Sommer, bei einem Gemeindefreizeitlager, sprach ich mit ein paar Freunden, die beide Sechstklässler waren. Ich sagte ihnen, dass die siebte Klasse eine enorme Herausforderung für ihren Glauben an Gott werden würde. »Ihr werdet von den Cro-Magnon-Menschen, den Neandertalern und der Evolution des Menschen hören. Bereitet euch auf einen Angriff auf euren Glauben vor.« Ich habe ihnen gesagt, dass ich glücklich sei, die siebte Klasse mit intaktem Glauben überstanden zu haben.

So bin ich hindurch gekommen und habe es bis in die achte Klasse und dann auch noch darüber hinaus geschafft. Aber die Beziehung zwischen Bibel und Naturwissenschaft bewegte mich weiterhin. Einmal, als ich das Neue Testament durchlas, stieß ich auf einen Vers in der Offenbarung, der von einer Erde mit vier Ecken sprach. »Die Erde hat keine vier Ecken«, sagte ich zu einem älteren Familienmitglied. »Warum spricht das Wort Gottes von vier Ecken, wenn die Erde in Wirklichkeit eine Kugel ist? Wenn die Bibel wirklich das Wort Gottes ist, würde Gott gewiss nicht erlaubt haben, dass dieser Abschnitt dort erscheint.« Das Familienmitglied erzählte mir mit einem Achselzucken, dass das einfach das ist, was die Menschen in jenen Tagen dachten. Ich erinnere mich gut an meine Enttäuschung darüber, dass andere nicht den Ernst des Widerspruchs zwischen der Naturwissenschaft und Gottes Wort empfanden, und das führte dazu, dass ich mich allein fühlte.

Normalerweise umgehe ich meine Bedenken, indem ich einfach nicht über sie nachdenke. Aber hin und wieder musste ich erneut anfangen zu grübeln – was mich oft in emotionale Unruhe brachte. Für mich schien es einen tief sitzenden Widerspruch zwischen der Welt der Naturwissenschaft und meiner persönlichen Glaubenswelt zu geben. Ich stand mit einem Fuß in jeder der beiden unvereinbaren, sich gegenseitig ausschließenden Welten, und manchmal schien es, als ob mein Verstand zerrissen würde. Da ich so jung war, hatte ich keine Idee, wie man den Widerspruch lösen könnte. Einmal, als ich im Bett lag, betrachtete ich den Kirschbaum vor meinem Fenster. Ich konzentrierte meine Aufmerksamkeit auf ein bestimmtes Blatt am Baum und bat Gott, dass er, wenn es ihn wirklich gibt, das Blatt zum Zittern bringen möge. Er tat es nicht. Bei einer anderen Gelegenheit kam ich voller Fragen von der Kirche nach Hause, fiel bei dem grünen Schaukelstuhl im Wohnzimmer auf die Knie und schrie zu Gott: »Zeig mir, dass es dich wirklich gibt, Gott! Zeig mir, dass es dich wirklich gibt!« Alles, was ich hörte, war Stille.

Dennoch gelang es mir, meinen Glauben in diesen Zeiten zu bewahren, allerdings einen Glauben, der tief in der Hoffnung und nur oberflächlich in der Vernunft verwurzelt war. Immer wenn ich meinem Verstand erlaubte, zu dem offensichtlichen Widerspruch zwischen Naturwissenschaft und Religion zurückzukehren, geriet ich schnell wieder in Unruhe. Infolgedessen hatte ich Gott in den folgenden Jahren weiterhin zwar mit meinem ganzen Herzen und meiner ganzen Seele lieb, aber obwohl ich mein Bestes gab, ihn auch mit meinem Verstand zu lieben, war dies nicht gerade von Erfolg gekrönt.

In jenen Jahren wandte ich mich den Naturwissenschaften und der Mathematik zu. Ich stellte fest, dass, wenn ich meinen Intellekt auf Chemie, Physik und Mathematik beschränkte und die Biologie beiseiteließ, alles viel reibungsloser für mich lief. Im Gegensatz zur Biologie schienen diese Disziplinen keine direkten Auswirkungen auf meinen christlichen Glauben zu haben. Die Biologie dagegen hatte es, sodass ich mich größtenteils vor ihr scheute. Biologie zu studieren würde bedeuten, dass ich über die Details der Evolution nachdenken müsste, und dafür war mir mein Glaube zu wichtig.

An der Universität besuchte ich jedoch einige Vorlesungen, die mein Leben für immer veränderten. Zu diesem Zeitpunkt plante ich, Arzt zu werden, und das erforderte auch etwas Biologie zu studieren. Also, ob ich wollte oder nicht, ich musste mich in die Anfängervorlesungen für Biologie einschreiben. In meinem zweiten Semester fand ich mich nun tatsächlich in drei Vorlesungen wieder: Einführung in die Biologie, Genetik und Entwicklungsbiologie – bekam also alles in einer gewaltigen Dosis. Und ich liebte es. Ich hatte vorher keine Ahnung, wie schön das Studium des Lebendigen war. Zum ersten Mal etwas über das zu lernen, was mir wie eine magische Welt erschien, die Welt der DNA, RNA und Proteinsynthese, war die aufregendste intellektuelle Erfahrung meines Lebens. Als Professor, der heute Vorlesungen zur Einführung in die Biologie hält, habe ich versucht, den Charme und Glanz nicht zu vergessen, den das Thema für mich besaß, als ich das erste Mal davon hörte. Ich hätte nie gedacht, dass etwas so elegant sein könnte wie die inszenierten Tänze, die in mikroskopisch kleinen Zellen stattfinden. Der Prozess der Proteinsynthese schien mir schöner als das herrlichste Ballett. Die Lebensabläufe einer einzigen Zelle und die Entfaltung und Koordination des Plans für einen sich entwickelnden Embryo waren wie eine gewaltige Sinfonie, und ich spürte, dass ich nie in der Lage sein würde, größere intellektuelle Freude zu finden, als ich haben würde, wenn ich den Rest meines Lebens mit dem Studium dieser Inszenierungen verbringen würde. Ich gab meine Pläne für die medizinische Laufbahn auf und machte mich daran, Professor für Biologie zu werden.

Der Wechsel zum Biologiestudium führte zunächst nicht zum Verlust des Glaubens, teilweise auch deswegen nicht, weil ich zum ersten Mal sah, wie ästhetisch die belebte Welt ist. Es wurde immer schwieriger zu glauben, dass Zufall und natürliche Selektion ohne Gottes anfängliches Design und seines darüber wachenden Erhaltungshandelns solche erstaunlichen Vorgänge hervorbringen konnten, die ich nun studierte. So begann ich zum ersten Mal zu sehen, dass mein Glaube und mein Verstand möglicherweise nicht in getrennten Räumen gehalten werden müssen. Sie könnten eines Tages bei der Suche nach der Wahrheit Partner werden.

Das andere wichtige Ereignis, das dazu führte, dass ich Biologe wurde, war meine Entdeckung, dass Biologen nicht viel anders waren als alle anderen. Sie waren keine Menschen, die überlegten, wie die Grundlagen des Christentums am besten zu zerstören wären; sie waren einfach Menschen, die es liebten, Experimente durchzuführen und Antworten auf die Forschungsfragen zu bekommen, die sie sich gestellt hatten. Einmal wurde ich während dieser Zeit gebeten, eine Andacht bei einer Missionskonferenz in meiner Kirchengemeinde zu halten. Mein Thema lautete: Das christliche Zeugnis und wie wir als Christen Jesus in der Welt bekannt machen können. Anstatt die schreckliche Verderbtheit der Menschheit zu betonen, hob ich hervor, dass ein Christ sicher sein muss, dass sein eigenes persönliches Leben in Ordnung gebracht ist. Ich unterstrich dies, indem ich auf einen meiner Professoren Bezug nahm, denjenigen, der die Vorlesung über Evolution gehalten hatte, und ich erinnere mich, dass ich anmerkte, dass er ein herzlicher und liebenswürdiger Mensch war, die Art von Person, die jeder gerne als Vater haben würde. Mein Punkt war, dass Evolutionsvertreter keine hinterhältigen Menschen sind, wie ihnen manchmal nachgesagt wird. Sie sind, so wie ich es sah, Menschen ohne Gott in ihrem Leben, genau wie alle anderen nichtchristlichen Freunde oder Nachbarn auch. Ich betonte, dass es in unserer Verantwortung liegt, Gottes Gegenwart in unserem Leben sichtbar zu machen. Der Hintergrund meines Vortrags war meine neu gewonnene Erkenntnis, dass Naturwissenschaftler *nicht* darauf aus waren, das Christentum zu vernichten; sie waren nur daran interessiert, die Wahrheit zu entdecken, wenn auch durch die Brille des Unglaubens.

Mehrere Jahrzehnte sind seit jenen frühen Tagen vergangen, als ich als angehender Biologe anfing zu lernen, dass das Gebiet der Biologie für die Christen kein fremdes Territorium sein muss. Als ich Teenager war, hatte sich mir die Vorstellung, dass Wissenschaft und Glauben unvereinbar seien, so tief eingeprägt, dass ich geradezu erwartete, eines Tages zu entdecken, dass es keinen Gott gibt und dass mein Glaube nur Wunschdenken war.[1] Insbesondere erwarte-

---

1 Bei mir entstand der falsche Eindruck, dass Glaube und Naturwissenschaft unvereinbar wären, nicht speziell durch meine Gemeinde. Er ergab sich schlicht daraus, dass meine Informationen weitgehend aus zwei verschiedenen Bereichen kamen – der eine christlich und der andere nicht christlich – und ich nicht in der Lage war, diese zufriedenstellend zu einer Einheit zusammenzubringen. Ich wünschte sehr, dass der christliche Bereich wahr wäre, aber ich konnte den tief sitzenden Verdacht nicht loswerden, dass die Liebe, die Freude und der Frieden, die ich in meiner christlichen Familie und meiner Gemeinde gefunden hatte, möglicherweise keine solide intellek-

te ich, dass das Biologiestudium meinen Glauben zerstören würde. Heute erfüllt mich die Tatsache, dass ich falsch lag, mit großer Zufriedenheit. Naturwissenschaft und Glaube sind nicht unvereinbar. Obwohl die Blätter auf dem Kirschbaum nie für mich zitterten und Gott an dem Tag, als ich bei dem grünen Stuhl kniete, nicht herab kam und sich vor mich stellte: Tatsache ist, dass durch das lebenslange Leben in seiner Gegenwart und durch das Studium der Biologie und dem Nachdenken über Gottes Verhältnis zu ihr, mein Wunsch nach zitternden Blättern nur noch eine Erinnerung aus ferner Vergangenheit ist. Die Erkenntnisse der Naturwissenschaft und die Fragen des Glaubens stehen nicht im Widerspruch zueinander. Ich erkenne jetzt, dass ein Großteil meiner Unruhe durch die Tatsache verursacht wurde, dass die christliche Gemeinde nicht darauf eingerichtet war, jungen Menschen zu helfen, in beiden Welten zu leben.

1.1 Der Versuch, gleichzeitig in zwei Welten zu leben: Evangelikales Christentum heute

Meine Erfahrungen, die ich als junger Mensch machte, kommen aus einer anderen Zeit, und die Welt des evangelikalen Christentums hat seitdem viele Veränderungen durchlaufen. Eine eigene religiöse Subkultur ist entstanden, um der christlichen Jugend zu helfen, die scheinbare Dichotomie, also die Zweigeteiltheit, von naturwissenschaftlichen Entdeckungen und dem christlichen Glauben zu verstehen. Immer neue Bücher und Seminare bieten Erklärungen zu Fragestellungen an, bei denen Naturwissenschaft und eine fundamentalistische Sicht des christlichen Glaubens sich zu unterscheiden scheinen. Heute, anders als noch damals, können die Jugendlichen ihre Bücherregale mit Titeln füllen wie *Evolution? The Fossils Say No!; The Collapse of Evolution; From Fish to Gish* und *Creation Scientists Answer Their Critics* (zu Deutsch: *Evolution? Die Fossilien sagen Nein!; Der Zusammenbruch der Evolution; Vom Fisch zum Gish* und *Schöpfungsforscher*

---

tuelle Basis hatten. Meine größte Angst war, dass in Wirklichkeit alles zu schön wäre, um wahr zu sein.

antworten ihren Kritikern). Es mag einmal eine Zeit gegeben haben, in der die Gemeinde schlecht gerüstet war, einem jungen Christen zu helfen, mit dem Thema Glaube und Naturwissenschaft umzugehen, aber heute wenden zumindest in den USA die Kirchen gemeinsam jährlich mehrere Millionen Dollar auf, um ihre jungen Menschen zu unterrichten und sie auf einen Glaubensangriff der Art, mit dem ich als junger Mensch konfrontiert wurde, vorzubereiten. Aber eine Frage bleibt: Was wurde mit diesem großen Aufwand erreicht?

Das führt mich zu dem eigentlichen Beweggrund, warum ich diese Geschichte erzählen möchte. Die meisten Bücher über Schöpfung und Evolution, die Evangelikale in ihren Bücherregalen stehen haben, vertreten den Standpunkt, dass es in der Auffassung, dass die Lebensformen auf dieser Erde sukzessive entstanden sind, gravierende naturwissenschaftliche Fehler gibt. Wenn man über diese Bücher genauer nachdenkt, fällt einem auf, dass es in ihnen nicht um kleine Meinungsverschiedenheiten mit der Naturwissenschaft in irgendwelchen Nebensachen geht. Vielmehr vertreten diese Bücher und die Seminare und Videos, die sie begleiten, eine Ansicht, die, zu Ende gedacht, dazu führt, dass die Naturwissenschaften – Astronomie, Astrophysik, Kernphysik, Geologie und Biologie – alle grundlegend falsch sein müssen. Diese Naturwissenschaften weisen übereinstimmend auf ein sehr altes Universum, eine alte Erde und auf die sukzessive Entstehung neuer Lebensformen auf der Erde während Milliarden von Jahren hin. Wenn sie falsch wären, würde das nicht lediglich den Untergang einer belanglosen Theorie am Rande jeder Disziplin bedeuten. Vielmehr sind die Vorstellungen einer alten Erde und der allmählichen Entstehung der Lebensvielfalt in diesen naturwissenschaftlichen Forschungsgebieten so zentral, dass die Naturwissenschaftler in den Universitäten an ihnen mit absoluter Gewissheit festhalten. Innerhalb dieser Disziplinen wird die Erde ohne Zweifel als Milliarden von Jahren alt angesehen, und neue Arten traten während des größten Teils dieser Zeitspanne in Erscheinung. Dieser Standpunkt ist so grundlegend für alle naturwissenschaftlichen Disziplinen, dass, wenn er falsch wäre, die Naturwissenschaften selbst zusammenbrechen würden.

Um die zentrale Bedeutung dessen zu veranschaulichen, lassen Sie uns eine Analogie aus der Mathematik betrachten. Wenn Sie vorschlügen, dass zwei plus zwei in Wirklichkeit fünf sind und nicht vier, würden Sie einen Stein ins Rollen bringen, der viel weiter reicht als die Unrichtigkeit von »zwei plus zwei gleich vier«. Die Folge Ihrer Aussage, wenn sie sich bewahrheiten würde, wäre in Wirklichkeit das Ende aller mathematischen Theorien, wie wir sie kennen – so zentral ist diese Grundlage im Gebiet der Mathematik. Die Vorstellung von einer alten Erde und einer sukzessiven Entstehung der Lebensvielfalt ist genauso zentral für die genannten naturwissenschaftlichen Disziplinen. Das soll nicht heißen, dass die christliche Kirche, nur wegen der zentralen naturwissenschaftlichen Bedeutung dieser Vorstellung, diese nicht infrage stellen dürfte, aber die Kirche sollte sicher sein, dass die Kritik auf einem gut begründeten Fundament ruht, bevor sie den Auflöseprozess beginnt.

Obwohl den Jugendlichen heute reichlich Informationen zur Verfügung stehen, sind diese Informationsquellen im Wesentlichen alle von der gleichen Art. Sie greifen häufig den Kern der Astronomie, Astrophysik, Physik, Geologie und Biologie an. Wenn die Naturwissenschaft nicht wirklich so falsch liegt, wie es uns in diesen Quellen suggeriert wird, und wenn ein beträchtlicher Teil des evangelikalen Christentums seinen Kindern weiterhin die Dinge erzählt, die er ihnen bisher erzählt hat, wird sich die Kluft vergrößern, die das Christentum zunehmend für Personen unzugänglich macht, die denken, dass die naturwissenschaftliche Forschung *wahre* Erkenntnisse über das Universum liefert. Menschen, die sich zum Beispiel mit Astronomie auskennen, werden das Gefühl haben, dass sie aufgefordert werden, ihr Fachkenntnisse zu verwerfen, wenn sie Jesus in einer evangelikalen Gemeinde nachfolgen wollen. Andere, die darauf vertrauen, dass die Geologie keine korrupte Wissenschaft ist, werden denken, dass sie sich zwischen dem Festhalten an ihrem Geologiewissen und einer vollwertigen Mitgliedschaft am Leib Christi entscheiden müssen. Die jungen Leute, die an die Hochschulen gehen und studieren, werden fälschlicherweise meinen, dass sie eine Entscheidung treffen müssen, die leider nicht so sehr darauf gerichtet ist, ob sie ihr Kreuz auf sich nehmen und Jesus nachfolgen, sondern darauf zielt, dass Astronomie, Astrophysik, Kernphysik, Geologie und Biologie komplett falschliegen. Vielleicht wäre das vertretbar, wenn zwei plus zwei in jeder dieser Naturwissenschaften nicht wirklich vier ergeben. Was aber, wenn es in Wirklichkeit dieser große Teil der evangelikalen Gemeinden ist, der sich irrt?

Es war noch nie so nötig, die Beziehung zwischen den Naturwissenschaften, vor allem der Biologie, und dem christlichen Glauben zu thematisieren, wie heute. Es besteht die echte Gefahr, dass eine beträchtliche Anzahl von Gemeinden im evangelikalen Christentum dabei ist, isolierte Inseln für sich selbst zu schaffen – Inseln, die von der Welt der Naturwissenschaft so weit abgetrennt sind, dass alle Brücken, die zwischen ihrem christlichen Glauben und der akademischen Welt mal existiert haben, einstürzen werden. Die Menschen in der akademischen Welt sollen aber doch auch die Liebe Gottes kennenlernen, wie Jesus, sein Sohn, sie vorgelebt hat. Und der einzige Weg, auf dem sie die Liebe Christi kennenlernen werden, ist, sie aus erster Hand zu erfahren, wie sie im Leib Christi, das heißt der Gemeinde, gelebt wird. Kommt die Verkündigung von »zwei plus zwei ist nicht vier« in der jeweiligen Sprache der verschiedenen naturwissenschaftlichen Disziplinen nicht dem Niederreißen einer der letzten Brücken zu dieser Welt gleich? Wenn ja, dann könnten die zahlreichen Kinder, die sich von der Insel ins Reich der Erkenntnis herauswagen, das außerhalb ihrer Inselwelt existiert, ertrinken, da es keine Brücken gibt, über die sie gehen können. Aber nicht nur das. Auch die Kinder anderer Leute, die es so sehr nötig hätten, die Liebe Gottes zu sehen, werden außerstande sein, die brückenlose Kluft zur Insel zu überqueren, wo die Gemeinde in selbstvergessenem Frieden und Ruhe existiert.

Die Existenz dieser wissenschaftsfeindlichen Insel könnte sinnvoll sein, wenn Astronomie, Astrophysik, Physik, Geologie und Biologie wirklich aufgelöst werden müssten. Aber was, wenn ein Großteil der Arbeit der unzähligen brillanten Köpfe *nicht* falsch ist? Was, wenn diese Köpfe, die die komplizierten Details von Gottes Welt erforschen, in Wirklichkeit die Aufdeckung der unbekannten Geheimnisse Gottes vorantreiben – Geheimnisse darüber, wie Gott geschaffen hat? Was ist, wenn die Schöpfung *wirklich* ein sukzessiver Prozess *ist*, und das Problem nicht ein Fehler in der wissenschaftlichen Forschung ist, sondern ein Fehler in der Theologie der zahlreichen Christen, die den naturwissenschaftlichen Schlussfolgerungen nicht vertrauen? Was ist, wenn diese Christen einfach missverstanden haben, wie Gott sein Wort verstanden wissen will? Wäre dies der Fall, wären die Auswirkungen von enormer Tragweite.

1.2 Brückenbau zwischen zwei Welten: Das Wort Gottes ehrlich sprechen lassen

Ich möchte auf die Frage zurückkommen, die mich als Kind verwirrte. Warum sagt die Bibel, dass die Erde vier Ecken hat, wenn sie in Wirklichkeit eine Kugel ist? Eigentlich ist diese Frage nur eine von mehreren ähnlichen Fragen, die ich hätte stellen können, aber wegen meiner begrenzten Kenntnisse damals noch nicht stellte. Einige Bibelverse können beispielsweise so aufgefasst werden, dass es heißt, die Sonne bewege sich und nicht die Erde. Einer der großen Kämpfe in der Kirchengeschichte ging darum, ob die Sonne oder die Erde im Mittelpunkt unseres Universums steht. Bis vor ein paar Hundert Jahren war die christliche Kirche der festen Überzeugung, dass die Erde im Zentrum ist. Die Bibel schien das an vielen Stellen zu besagen. Als Galileo Galilei (1564–1642) die Ansicht verfocht, die zuvor von Nikolaus Kopernikus (1473–1543) vorgestellt worden war, dass die Erde sich um die Sonne dreht, begegnete ihm großer Widerstand.[2] In einer Abhandlung, die auf 1611 datiert, forderte der Jesuit Ludovico delle Colombe (1565–1616?) Galilei aufgrund biblischer Befunde direkt heraus. Colombe behauptete, dass die Bibel in dieser Angelegenheit

---

2 Es steckte mehr hinter dem Widerstand gegen Galileis Denken als nur Theologie. Zu viel stand auf dem Spiel, einschließlich einer philosophischen Weltanschauung, die nicht leicht gestürzt werden konnte, unnachgiebige Egos, Karrieredenken und Kirchenpolitik. Für eine detaillierte Analyse des Falls Galileo Galilei siehe CHARLES E. HUMMEL: *The Galileo Connection: Resolving Conflicts between Science and the Bible.* Downers Grove, IL (USA): InterVarsity Press, 1986.

maßgeblich sein müsse. Die biblischen Autoren, erklärte er, irrten nicht, und es sei besser, ihnen zu glauben als säkularen Autoren, die sich irren können und es auch tun. Dann führte er eine Reihe von Bibelversen an. Hier sind einige der Stellen, die er (teilweise recht frei) wiedergibt:

> »Du hast die Erde befestigt auf ihrem Fundament« (Ps 104,5); »Gott hat die Erde unbeweglich gemacht« (1 Chr 16,30); »Er hängt die Erde auf über dem Nichts, das bedeutet über dem Zentrum« (Hiob 26,7); [...] »Der Himmel ist oben, die Erde unten« (Spr 30,3); »Die Sonne geht auf, und die Sonne geht unter, und sie strebt ihrem Ort zu, von wo sie wieder aufgeht, sie kreist über den Meridian und krümmt sich am Norden« (Pred 1,5); »Gott machte zwei Lichter, nämlich ein größeres Licht und ein kleineres Licht, und die Sterne, damit sie über die Erde leuchten« (1 Mose 1,17).[3]

Dann beschließt Colombe seine Abhandlung, um den Sachverhalt nochmals zu verdeutlichen, folgendermaßen:

> Vielleicht werden die Unglücklichen zu Auslegungen der Schrift ihre Zuflucht nehmen und ihr Bedeutungen unterlegen, die vom wörtlichen Sinne abweichen. Nicht doch, sage ich, denn alle Theologen ohne irgend eine Ausnahme erklären, daß die Schrift, wenn man sie nach dem Buchstaben verstehen kann, nicht anders ausgelegt werden darf. Ein mystischer Sinn würde über alle Philosophie hinausgehen und jegliche Wissenschaft auf den Kopf stellen.[4]

Gewiss, die Bibel schien klar, wenn man sie wörtlich nahm: Ist die Erde fest auf ihrem Fundament gegründet, wie es im Psalm heißt,

---

3 RICHARD J. BLACKWELL: *Galileo, Bellarmine, and the Bible*. Notre Dame, IN (USA): University of Notre Dame Press, 1991, S. 60.

4 GALILEO GALILEI: *Le Opere di Galileo Galilei*. Edizione Nazionale. Hrsg. v. ANTONIO FAVARO. Bd. 3. Florenz: G. Barbara, 1892, S. 290. Mit Ausnahme des letzten Satzes stammt die deutsche Übersetzung von EMIL WOHLWILL: *Galilei und sein Kampf für die Copernicanische Lehre*. Bd. 1. Hamburg und Leipzig: Verlag von Leopold Voss, 1909, S. 499.

oder nicht? Geht die Sonne auf und unter, wie das Buch Prediger zeigt, oder nicht? Stand die Sonne auf Josuas Befehl hin still oder nicht (Jos 10,13)? Sicherlich, Galileis Kritiker meinten, dass es keine andere legitime Interpretationsweise dieser Verse als die buchstäbliche geben könne, so wie die anerkannten Kirchenväter die Verse immer interpretiert hätten.

Galilei reagierte auf die Kontroverse in einer Weise, die wir uns auch heute noch gründlich zu Herzen nehmen sollten. Der folgende Briefauszug veranschaulicht, wie Galilei die Rolle der Bibel in ihrem Verhältnis zur Naturwissenschaft sah:

> Betreffs der ersten allgemeinen Frage der Durchlauchtigsten Dame scheint mir, daß von selbiger überaus weise dargelegt und von Euer Hochwürden zugestanden und bekräftigt worden ist, daß die Heilige Schrift niemals lügen oder irren kann, sondern daß ihre Gebote von unanfechtbarer und unverletzlicher Wahrhaftigkeit sind.
>
> Ich hätte dem lediglich hinzuzufügen, wenngleich auch die Schrift nie irren kann, so könnte nichtsdestoweniger einer ihrer Erklärer und Ausleger manches Mal auf mancherlei Weise irren; überaus verbreitet und verhängnisvoll sei es beispielsweise, wenn man sich stets an die bloße Bedeutung der Worte halten wollte, dergestalt würden nicht nur mancherlei Widersprüche, sondern sogar schwerwiegende Ketzereien und Gotteslästerungen in ihr zu finden sein; denn solcherart müßte man Gott sowohl Füße als auch Hände und Augen zusprechen und zudem körperliche und menschliche Leidenschaften wie Zorn, Reue, Haß und bisweilen sogar das Vergessen vergangener Dinge und die Unkenntnis künftiger. Während sich jedoch zahlreiche Sätze in der Schrift finden, die der bloßen Bedeutung der Worte nach von der Wahrheit abzuweichen scheinen, aber auf diese Weise gefaßt wurden, um sich dem Unvermögen der Menge anzubequemen, müssen die weisen Ausleger für die wenigen, welche es wert sind, vom gemeinen Volk geschieden zu werden, den wahren Sinngehalt herausstellen und die besonderen Gründe

dafür aufzeigen, weshalb er in solchen Worten ausgesprochen worden ist.[5]

Galilei bezog sich auf mehrere Passagen des Alten Testaments, die zum Beispiel von dem rechten Arm Gottes sprechen, der die Nation Israel hält, oder von Gott, der es scheinbar nötig hat, durch die Propheten an Sachen erinnert zu werden (z. B. Jes 41,10; Klgl 5,20). Galilei teilte seinen Kritikern mit, dass die Bibel in Begriffen spreche, zu denen wir Menschen einen Bezug haben. Wir dürfen nicht davon ausgehen, dass Gott wirklich einen muskulösen rechten Arm hat, nur weil ein Bibelvers davon erzählt. Die biblischen Autoren verwendeten menschliche Ausdrucksformen, die helfen sollen, sich die Macht Gottes vorstellen zu können. So auch, wenn die Bibel davon spricht, dass die Sonne sich über den Himmel bewegt. Wir müssen verstehen, dass die Heilige Schrift nicht versucht, eine naturwissenschaftliche Aussage zu machen, die für alle Zeitalter gelten soll. Die Absicht der Bibel ist, uns zu Gott zu führen, und sie darf nicht als ein Lehrbuch wissenschaftlicher Aussagen über die Natur des Universums verwendet werden.

Während Galilei sich mit Kritikern in der römisch-katholischen Kirche auseinandersetzte, versuchte der Protestant Johannes Kepler (1571–1630) gleichermaßen seinen Teil der Christenheit davon zu überzeugen, dass die neue Wissenschaft nicht als mit der Bibel in Widerspruch stehend betrachtet werden muss:

> Soviel über die Autorität der Hl. Schrift. Auf die Meinungen der Heiligen aber über diese natürlichen Dinge antworte ich mit dem einzigen Wort: In der Theologie gilt das Gewicht der Autoritäten, in der Philosophie [d. h. der Naturwissenschaft]

---

5 Dieses Zitat stammt aus einem Brief, den Galilei an seinen Freund Benedetto Castelli (1578–1643), einen Benediktinermönch, schrieb. Der gesamte Brief ist abgedruckt in GALILEO GALILEI: *Schriften, Briefe, Dokumente*. Hrsg. v. ANNA MUDRY. Bd. 1. Berlin: Rütten & Loening, 1987, S. 168–177. Interessanterweise gelangte der Brief in die Hände eines gewissen Niccolò Lorini (geb. 1544), der den Brief umschrieb, bestimmte Kernsätze in irreführender Weise umänderte und die verfälschte Kopie an den Generalinquisitor in Rom schickte. Das missbrauchte Schreiben verursachte Galilei viele Jahre später erhebliche Schwierigkeiten.

aber das der Vernunftgründe. Heilig ist nun zwar Laktanz, der die Kugelgestalt der Erde leugnete, heilig Augustinus, der die Kugelgestalt zugab, aber Antipoden [d. h. eine bewohnte andere Seite der Erde] leugnete, heilig das Offizium unserer Tage, das die Kleinheit der Erde zugibt, aber ihre Bewegung leugnet. Aber heiliger ist mir die Wahrheit, wenn ich, bei aller Ehrfurcht vor den Kirchenlehrern, aus der Philosophie [Naturwissenschaft] beweise, daß die Erde rund, ringsum von Antipoden bewohnt, ganz unbedeutend und klein ist und auch durch die Gestirne hin eilt.[6]

Beide Männer schrieben so, dass es scheint, dass sie an die Herrlichkeit Gottes glaubten. Kepler schrieb:

Und nun beschwöre auch ich meinen Leser, er möge [...] mit mir ebenfalls loben und preisen die Weisheit und Größe des Schöpfers, die ich ihm in der eindringlichen Darlegung des Weltbildes, in der Untersuchung der Ursachen und in der Deutung der Irrtümer beim Sehen offenbare; [...] wobei er überzeugt sein darf, daß er Gott keine geringere Verehrung erweist als der Astronom, dem Gott die Gabe verlieh, daß er mit dem Auge des Verstandes schärfer sieht und über seinen Entdeckungen auch seinerseits seinen Gott feiern kann und will.[7]

Galilei schrieb:

[S]o läßt gerade ein anderer Vers desselben Psalmes – Das Zeugnis des Herrn ist getreu, Weisheit spendend den Kleinen – mich hoffen, Gottes unendliche Güte werde meinen reinen Geist mit einem schwachen Strahle seiner Gnade erleuchten und die verborgene Bedeutung seiner Worte mir zu erkennen geben.[8]

---

6 JOHANNES KEPLER: *Neue Astronomie*. Erster unveränderter Nachdruck der Ausgabe von 1929. München: Oldenbourg Verlag, 1990, S. 33. Die eingeklammerten Abschnitte wurden zur Verdeutlichung hinzugefügt.
7 Ebd., S. 32-33.
8 Aus einem Brief an Piero Dini vom 23. März 1615. Zitiert nach ADOLF MÜLLER: *Galileo Galilei und das kopernikanische Weltsystem*. Freiburg: Herdersche Verlagshandlung, 1909, S. 97.

Beide Männer, einer in der protestantischen Tradition, der andere ein Katholik, hatten die gleiche Botschaft. Gott spricht in der Bibel zu uns in einer Weise, die uns dahin führen will, ihn zu suchen. Gott spricht aber auch durch das Reich der Natur zu uns, und in diesem Reich erfahren wir etwas über seine Schöpfung.

Heute vertritt praktisch niemand mehr die Ansicht, dass die Bibel verlange, den Standpunkt einzunehmen, die Erde sei flach (wie ich bei meiner anfänglichen Lektüre der Offenbarung dachte) oder dass die Erde im Zentrum des Sonnensystems bzw. des Universums stehe. Vielmehr sind sich die Gelehrten einig, dass die Bibel sich poetischer Freiheit bedient und ihre Aussagen in einer Sprache trifft, die das gewöhnliche Volk in der Zeit, als sie geschrieben wurde, verstehen konnte. Niemand würde behaupten, dass man nach der Lektüre des Buches Hiob die Ansicht vertreten müsse, dass es wirklich Vorratsspeicher für Schnee und Hagel gäbe (Hiob 38,22–23). Kaum jemand würde behaupten, dass die Sprache vom schützenden rechten Arm Gottes in den Psalmen zu dem Glauben führen sollte, dass Gott, der Vater, ein körperliches Wesen mit einem rechten Arm ist wie wir.

Bibelgelehrte, auch konservative, sind sich einig, dass die Bibel gelegentlich poetische Sprache verwendet und nicht immer wörtlich genommen werden darf. Sie stimmen auch darin überein, dass Gott durch die jeweilige Kultur zur Zeit der Niederschrift sprach – Gott teilt sich eben in einer Weise mit, die es Menschen ermöglicht, ihn zu verstehen.[9] Der Reformator Johannes Calvin (1509–1564) erklärte, dass Gott sozusagen »Babysprache« verwendete, damit Gottes Volk

---

9 J. I. Packer: *God Has Spoken: Revelation and the Bible.* 3. Aufl. Grand Rapids, MI (USA): Baker, 1994, S. 94, hat es treffend ausgedrückt: »Welche Geduld und welches Geschick hat Er während der langen Geschichte der Offenbarung gezeigt, indem Er seine Botschaft immer so an die Aufnahmefähigkeit seiner auserwählten Boten anpasste, dass sie nie deren Fähigkeit zur Übermittlung überschritt, sondern innerhalb der Grenzen, die durch ihre Denkweise, Anschauung, Kultur, Sprache und literarischen Fähigkeiten festgelegt waren, immer einen angemessenen und exakten Ausdruck finden konnte! Aber solch gnädige Selbstbeschränkung ist typisch für den Gott vom Stall in Bethlehem und vom Kreuz von Golgatha.«

verstehen konnte, was er zu sagen hatte.[10] Die Botschaft der Bibel ist immer die gewesen, dass Gott dahin kommt, wo wir sind – in unsere Naivität – und sich uns in Ausdrücken mitteilt, die wir, trotz unserer großen Unwissenheit, verstehen können. Das ultimative Beispiel dafür ist die Person Jesus – Immanuel, Gott mit uns. Die Tatsache, dass der Urheber des unvorstellbar großen und bereits unfassbar lange existierenden Universums diesen kleinen Fleck im All, den wir Erde nennen, besuchte und als Person unter uns wohnte, ist das Fundament unseres Glaubens. Aber sie ist auch der ultimative Ausdruck von Gottes Art mit Menschen zu kommunizieren. Gott der Schöpfer möchte sich in einer Weise mitteilen, die alle Menschen verstehen können, unabhängig davon, wer sie sind, wo auf der Welt sie sich befinden und in welcher Zeit der Weltgeschichte sie leben. Das Johannesevangelium teilt uns mit, dass Gott sich in Jesus »sprach« (Jesus ist *das Wort*). Gott tat dies durch die Inkarnation (*das Wort wurde Fleisch*). Durch Christus artikulierte Gott sich in einer Sprache, die wir verstehen können. In Jesus haben wir die Herrlichkeit Gottes gesehen (Joh 1,1–5.14–18). Auch in der Bibel teilt Gott sich in einer Art mit, die auf wundersame Weise alle Kulturen, alle Bildungsstufen und alle Zeiten überschreitet. Aber wir dürfen den Zweck sowohl von Gottes Wort an uns in der Inkarnation (Jesus) als auch von Gottes Wort an uns in der Schrift (der Bibel) nicht vergessen: uns über Gott zu unterrichten und Menschen zur Erlösung zu führen. Der Gott, der in Jesus von Nazareth mit uns eins geworden ist und von dem die Bibel zuverlässig berichtet, sprach nicht in erhabener naturwissenschaftlicher Sprache, um Wahrheiten über die Natur mitzuteilen. Hätte Gott dies getan, wäre die eigentliche Botschaft – die Erlösung und Gottes Liebe für die Menschheit – nur unklarer geworden. Wie hätte Gott sich den antiken Hebräern in modernen naturwissenschaftlichen Begriffen mitteilen können, wenn er erwartete, dass sie es verstehen? Könnte es sein, dass Johannes Calvin recht hat und Gott, besonders wenn es um Naturwissenschaft geht, die Verwendung von »Baby-

---

10 Siehe St. John in the Wilderness Adult Education and Formation (Hrsg.): *The Church's Teaching and the Bible*. URL: http://www.stjohnadulted.org/EpisH03.PDF

sprache« vorzieht, um sich in einer Weise mitzuteilen, die Zeit und Kultur überdauert? Wenn ja, dann sollten wir aufpassen, die Sprache der Bibel nicht zu einer Sprache der Naturwissenschaft werden zu lassen.[11]

1.3 Zurück zur Schöpfungsgeschichte: Ein erneuter Blick

Obwohl auch konservative Bibelgelehrte in der Ansicht übereinstimmen, dass Gott sich den Menschen in Begriffen mitteilt, die sie verstehen können, und dass dies manchmal erfordert, bildhaft und durch die Kultur jener Zeit zu sprechen, stimmen sie oftmals nicht darin überein, *was* in der Bibel bildhaft zu verstehen ist und was nicht. Manchmal bestehen keine Zweifel. Die Erde bewegt sich wirklich, und die Aussagen über die Unbeweglichkeit der Erde (zum Beispiel Ps 93,1; 104,5) sind poetisch. Die Erde hat nicht wirklich vier Ecken, und die Symbolik in der Offenbarung ist entworfen worden, um hervorzuheben, dass die Engel von fernen, weit auseinanderliegenden Punkten kommen. Andere Bibelstellen dagegen sind noch Gegenstand der Diskussion.

Einer der Bereiche, über die es Meinungsverschiedenheiten gibt, betrifft die ersten drei Kapitel des ersten Buches Mose. Viele meinen, dass die verwendete Sprache schlicht und einfach als Geschichtsschreibung betrachtet werden müsse. Die Beschreibung der Entstehung des Universums und des Lebens im Allgemeinen gleiche der exakten Montageanleitung eines Herstellers; peinlich genau bis ins kleinste Detail – das ultimative Ingenieurshandbuch.[12] Andere glauben, dass Gott schlicht von dem Wunsch geleitet wurde mitzuteilen, dass er, und er allein, der Schöpfer ist, und die Schöpfung deswegen

---

11 Insbesondere zwei evangelikale Kommentare zum ersten Buch Mose könnten hilfreich für Leser sein, die das Thema der bildhaften Sprache in der Schrift gerne vertiefen möchten: Bruce K. Waltke / Cathi J. Fredricks: *Genesis: A Commentary.* Grand Rapids, mi (usa): Zondervan, 2001; John H. Walton: *The niv Application Commentary. Genesis.* Grand Rapids, mi (usa): Zondervan, 2001.

12 Siehe z. B. John C. Whitcomb: *The Early Earth.* Überarbeitete Aufl. Grand Rapids, mi (usa): Baker, 1987; Henry Morris (Hrsg.): *The Defender's Study Bible.* Chicago: World Bible League, 1999.

so darstellte, dass sie innerhalb einer einzigen Woche geschah, weil der Wochenrhythmus für die hebräische Kultur von so großer Bedeutung ist.[13] Gemäß dieser Auffassung war diese Erzählung nie als eine naturwissenschaftliche Aussage über die detaillierte zeitliche Abfolge der Schöpfung gedacht.[14] Die Erzählung bestätigte die Hebräer darin, dass der Gott, den sie anbeteten und dem sie dienten, allein Gott ist. Die Schöpfung und alles in ihr hingen hinsichtlich ihrer Existenz und ihrer Nahrung von ihm ab. Im Gegensatz zu den umliegenden Nationen haben die Hebräer die Natur weder gefürchtet noch angebetet. Der Gott, der alles schuf, hatte sie aus der ägyptischen Knechtschaft befreit. Sie wussten, dass ihr Gott tatsächlich Herr über alles war. Die Bedeutung der Schöpfungserzählung besteht darin, dass sie eine großartige Bestätigung des Glaubens an Gott ist, und nicht darin, dass ihre Absicht ist, einen ausführlichen naturwissenschaftlichen Bericht darüber zu geben, wie die Welt ins Dasein kam. Tatsächlich hätten naturwissenschaftliche Details die eigentliche Botschaft – nämlich Menschen dahin zu bringen, Gott zu suchen – nur verdeckt. Diese Sichtweise beinhaltet auch, dass die Verwendung von bildhafter Sprache, die reich an Symbolik und tieferer Bedeutung ist,

---

13 Der hoch angesehene evangelikale Gelehrte Henri Blocher fasst es so zusammen: »Die Verwendung des anthropomorphen Bildes von der Woche für die Logik der Schöpfung und für ihre Vollendung erlaubt dem Autor, eine Theologie des Sabbats zu entwerfen. Dieses Thema war ihm ein Herzensanliegen. [...] Nun, was ist die Bedeutung des Sabbats, der Israel gegeben wurde? Er relativiert die Werke der Menschheit, den Inhalt der sechs Werktage. Er schützt die Menschheit vor der völligen Vereinnahmung durch die Aufgabe, sich die Erde untertan zu machen, er sieht die Entstellung voraus, die die Arbeit zum Ziel und Zweck des menschlichen Lebens macht, und er informiert die Menschheit, dass sie ihr Menschsein nicht in ihrer Beziehung zur Welt, die sie umgestaltet, erfüllen wird, sondern nur, wenn sie die Augen in den gesegneten, heiligen Stunden der Gemeinschaft mit dem Schöpfer nach oben erhebt. [...] Der Sinn des Menschseins ist nicht die Arbeit!« (HENRI BLOCHER: *In the Beginning: The Opening Chapters of Genesis*. Downers Grove, IL (USA): InterVarsity Press, 1984, S. 57).
14 J. I. Packer rät denjenigen zur Vorsicht, die die Bibel behandeln, »als ob sie mit den Kommunikationsmethoden und Konventionen des modernen Westens statt des antiken Orients geschrieben wurde, oder indem sie erklären, in ihr ›technisch-naturwissenschaftliche‹ statt ›naiv-beobachtende‹ Aussagen über die Ordnung der Natur zu finden, während die ›technisch-naturwissenschaftliche‹ Erforschung der Natur weniger als fünf Jahrhunderte alt ist.« (PACKER: *God Has Spoken*, S. 104).

bei Weitem der beste Weg für Gott gewesen sein dürfte, um sein Ziel, seine Kinder in seine Gegenwart zu führen, effektiv zu erreichen.[15]

Eines der großen Probleme, wenn man die Möglichkeit in Betracht zieht, dass der Schöpfungsbericht in poetischen Begriffen verfasst wurde, ist, dass diese Position als theologisch liberal abqualifiziert wird. Der Liberalismus ist eine theologische Bewegung, die in der zweiten Hälfte des neunzehnten Jahrhunderts begann. Seine Vertreter sind in der Regel der Ansicht, dass die Bibel nicht das einzigartig geoffenbarte Wort Gottes ist. Vielmehr sei sie in erster Linie die Geschichte der fortwährenden Begegnung eines Volkes mit Gott. In der liberalen Theologie sieht man häufig keinen Grund, Berichte von Wundern wörtlich zu nehmen oder Erzählungen als historisch genaue Beschreibungen von realen Personen zu sehen. Die Bibel sei in erster Linie eine Geschichte der Suche der Menschheit nach Gott. Darüber hinaus wird in der liberalen Theologie die umgestaltende und übernatürliche Gnade Gottes (das Hinabreichen Gottes, um eine geplagte Menschheit zu retten und zu heiligen) weitgehend durch die menschliche Verantwortung ersetzt, die Gesellschaft aus eigener Kraft und Liebe zu verändern. Selbst der Kern des traditionellen

---

15 Conrad Hyers fasst dies besonders prägnant zusammen: »Eine tolle Geschichte ist wie ein großes Kunstwerk. Auf einem niedrigen Niveau kann ein berühmtes Gemälde von beinahe jedermann betrachtet und gewürdigt werden, und das macht sicher einen Teil seines Ruhms aus. Der durchschnittliche ungeschulte Beobachter und selbst ein kleines Kind können die Farben, Formen und Motive genießen und in der Lage sein, die Figuren und Szenen in der Malerei zu erkennen. Dennoch wird es, wenn es wirklich ein großartiges Kunstwerk ist, hinter und innerhalb dieser oberflächlichen Merkmale viele Feinheiten in Ausdruck, Stil, Pinselführung, Stimmung, symbolischer Bedeutung und persönlicher Note geben. Außerdem werden in dem Gemälde Hinweise auf verschiedene Anregungen aus dem Leben und Wirken des Künstlers zu finden sein, die, wenn sie erkannt werden, dem Werk zusätzliche Bedeutung und Glanz geben. Diese subtileren Elemente würden dem flüchtigen und ungeübten Beobachter nicht sofort ersichtlich sein, und sie sind noch weniger offensichtlich, wenn der Beobachter nicht aus der unmittelbaren Zeit und dem Umfeld des Künstlers stammt. Dennoch machen gerade diese Feinheiten die wahre Bedeutung des Gemäldes aus und sind der Grund seiner Größe und seines Ruhmes – nicht nur seine leicht erkennbaren oberflächlichen Merkmale.« (CONRAD HYERS: *The Meaning of Creation: Genesis and Modern Science*. Atlanta, GA (USA): John Knox Press, 1984, S. 93).

Christentums – die Auferstehung Christi – wird, nach der Vorstellung einiger liberaler Theologen, überflüssig.

Im Gegensatz dazu behauptet die evangelikale Christenheit, dass die Bibel viel mehr ist als eine Geschichte der Menschheit auf der Suche nach Gott. Sie wird als inspirierte und zuverlässige Aufzeichnung der Selbstoffenbarung Gottes an sein Volk angesehen. Die Bibel gelangte durch Gottes Volk zu uns, durch die Gemeinschaft, die Gottes Geschichte empfing und durch sie gebildet wurde. Die Bibel erzählt glaubwürdig Gottes Geschichte und die Geschichte seines Umgangs mit uns Menschen. Als solche lehrt sie, dass der einzige Weg, wirklich das Leben zu leben, das Gott für uns möchte, der eines lebenslangen Umgangs mit ihm ist. Die Menschheit hat durchaus eine Verantwortung, die Gesellschaft zu verändern, aber diese Veränderung kann und soll nur durch die Kraft geschehen, die Gottes Heiliger Geist in und durch das Leben von Menschen wirkt, die auf wunderbare Weise von Gottes Gegenwart verändert wurden. In gewissem Sinne ist dies der Gegenpol zum Liberalismus. Beide Pole standen sich während des gesamten 20. Jahrhunderts und bis hinein ins 21. Jahrhundert immer wieder unvereinbar gegenüber. Aufgrund seines hohen Respekts vor der Heiligkeit der Bibel hat der Evangelikalismus – im Gegensatz zur gelegentlichen Bereitwilligkeit des Liberalismus, die Bibel umzudeuten, um sie an seine Bedürfnisse anzupassen – unnachgiebig an der Auffassung festgehalten, dass die gesamte Bibel Gottes geoffenbartes Wort ist.

Aber in der Tat ist die Auffassung, dass die Bibel nicht als naturwissenschaftliches Lehrbuch verstanden werden sollte, keine moderne oder liberale Idee, noch bedeutet sie, dass die Bibel nicht Gottes geoffenbartes Wort sein könne. Der wichtigste christliche Denker nach Paulus im ersten christlichen Jahrtausend war sicherlich Augustinus (354–430). Augustinus war der Ansicht, dass die Bibel ein geistliches Ziel hat, nämlich uns zu Gott zu führen. Er sah keine kosmologische Absicht in ihr – uns über die Natur des Universums zu belehren. Er hielt es im Gegenteil für gefährlich, darauf zu bestehen, dass die Bibel naturwissenschaftliche Wahrheiten beinhalte, denn wenn die naturwissenschaftliche Erkenntnis sich änderte, würde dies das Vertrauen der Menschen in Gottes heiliges Wort erschüttern. Bereits in der Frühzeit des Christentums schrieb Augustinus:

> Nichts ist nun peinlicher, gefährlicher und am schärfsten zu verwerfen, als wenn ein Christ mit Berufung auf die christlichen Schriften zu einem Ungläubigen über diese Dinge Behauptungen aufstellt, die falsch sind und, wie man sagt, den Himmel auf den Kopf stellen, sodass der andre kaum sein Lachen zurückhalten kann. Dass ein solcher Ignorant Spott erntet, ist nicht das Schlimmste, sondern dass von Draußenstehenden geglaubt wird, unsere Autoren hätten so etwas gedacht. Gerade sie, um deren Heil wir uns mühen, tragen den größten Schaden, wenn sie unsere Gottesmänner daraufhin als Ungelehrte verachten und zurückweisen. Denn wenn sie einen von uns Christen auf einem Gebiet, das sie genau kennen, bei einem Irrtum ertappen und merken, wie er seinen Unsinn mit unseren Büchern belegen will, wie sollen sie dann jemals diesen Büchern die Auferstehung der Toten, die Hoffnung auf das ewige Leben und das Himmelreich glauben, da sie das für falsch halten müssen, was diese Bücher geschrieben haben über Dinge, die sie selbst erfahren haben und als unzweifelhaft erkennen konnten?[16]

Ich habe bereits die Ansichten von Johannes Calvin erwähnt, der glaubte, dass Gott sich auf unser Niveau hinabließ und in Begriffen sprach, die wir verstehen können, ungefähr so, wie wir als Erwachsene mit unseren kleinen Kindern sprechen. Die Frage, ob es eine buchstäbliche Schöpfungswoche von sieben 24-Stunden-Tagen gab, war zu seiner Zeit kein Thema in der Gesellschaft, aber es ist bemerkenswert, dass Calvin sich besonders mit dem Konflikt zwischen Naturwissenschaft und Religion befasste. Im Jahr 1534 machte er folgende Aussage:

> Der ganze Sinn der Heiligen Schrift besteht darin, uns zur Erkenntnis Jesu Christi zu bringen – und wenn wir ihn kennengelernt haben (und alles, was daraus folgt), sollten wir dabei

---

16 Aurelius Augustinus: *Über den Wortlaut der Genesis. Der große Genesiskommentar in zwölf Büchern.* Übers. v. Carl Johann Perl. Paderborn: Ferdinand Schöningh, 1961, Band 1, Buch 1, Kapitel 19, Abschnitt 39, S. 33.

stehen bleiben und nicht erwarten, mehr zu lernen. Die Heilige Schrift ist uns eine Brille, durch die wir die Welt als Schöpfung und Selbstausdruck Gottes sehen können; sie ist keine Fundgrube unfehlbarer astronomischer und medizinischer Informationen und war dazu auch nie gedacht. Die Naturwissenschaften unterliegen somit keinerlei theologischen Einschränkungen.[17]

Um dies abzuschließen, sei noch der große Reformer John Wesley (1703–1791) erwähnt, der ähnliche Ansichten über das Verhältnis von Bibel und Naturwissenschaft äußerte. An einer Stelle schrieb er:

> Der inspirierte Schreiber dieser Geschichte [der Schöpfungs-erzählung] [schrieb …] zuerst für die Juden, und da er seine Erzählungen für die Anfangszeit der Gemeinde Gottes plante, beschreibt er die Dinge gemäß ihrer äußeren, wahrnehmbaren Erscheinung, und überlässt es uns, durch weitere Entdeckungen vom göttlichen Licht in das Verständnis der dahinter liegenden Geheimnisse geführt zu werden.[18]

An anderer Stelle macht er folgende Anmerkung zu 1 Mose 1,3: »Er schuf auch die Sterne, über die nur ganz allgemein gesprochen wurde, denn die Heilige Schrift wurde nicht geschrieben, um unsere Neugier zu befriedigen, sondern um uns zu Gott zu führen.«[19]

Das ganze 20. Jahrhundert hindurch bis jetzt ins 21. Jahrhundert hinein haben evangelikale Gelehrte gegen die vielen von ihnen so empfundenen Irrtümer der liberalen Theologie argumentiert. Wahrscheinlich ist dies der Hauptgrund, warum sie so zögerlich sind, die Grenzlinie in der Bibel zu verschieben – zwischen dem, was echtes historisches Geschehen ist, und dem, was andere literarische Gattungen repräsentiert –, obwohl ein historisch-faktisches Verständnis von Teilen des ersten Buches Mose für die meisten Naturwissenschaftler

---

17 Zitiert nach ALISTER E. MCGRATH: *The Foundations of Dialogue in Science and Religion.* Oxford: Blackwell, 1998, S. 124.
18 JOHN WESLEY: *Wesley's Notes on the Bible.* Hrsg. v. G. ROGER SCHOENHALS. Grand Rapids, MI (USA): Francis Asbury Press, 1987, S. 22.
19 DERS.: *A Survey of the Wisdom of God in the Creation: or, A Compendium of Natural Philosophy.* 3. Aufl. 5 Bde. Bd. 2. London: J. Fry, 1777, S. 463.

in starkem Widerspruch zu wissenschaftlichen Erkenntnissen steht. Auf der evangelikalen Seite fürchtet man aber, dass ein Stein ins Rollen kommt, wenn man weiteren Büchern als nur Hiob, den Psalmen, dem Hohelied und der Offenbarung zugestehen würde, anderer literarischer Gattung zu sein als reine Geschichtsschreibung. Und dieser Stein würde in Richtung Liberalismus rollen, wo die Bibel nur noch wenig ihrer ursprünglichen Heiligkeit behalten hat. Die Furcht, auf einen schlüpfrigen Abhang ins Tal zu geraten, führt aber vielleicht im Gegenteil sogar dazu, dass die evangelikale Christenheit den Aufstieg zum Gipfel verpasst, der näher zu Gott und seiner Wahrheit führen würde. Wenn die Bibel auf ein naturwissenschaftliches Lehrbuch reduziert wird, so lenkt dies von der eigentlichen Aufgabe, nämlich nach den tiefsten Wahrheiten in der Heiligen Schrift zu suchen, so stark ab, dass es ironischerweise gerade dadurch bergab von Gott weg geht. Deshalb sollten wir das Thema nutzen, um uns auf den Hügel zurückführen zu lassen, dorthin, wo wir, zusammen mit drei der größten Kirchenreformern seit Paulus – Augustinus, Calvin und Wesley – sein sollten. Das Ziel der Bibel ist es, uns zu Gott zu führen, und durch Gnade und Glauben dürfen wir an seinem Heilsplan für eine sündige Menschheit teilhaben. Vielleicht haben wir gerade erst an der Oberfläche des Verständnisses der geistlichen Wahrheiten gekratzt, die uns beim Studium des Wortes Gottes erwarten und die Konsequenzen für eine leidende Gesellschaft haben werden. Allerdings kann ein solches Studium durchaus verlangen anzuerkennen, dass Gott, öfter als wir dachten, poetische Sprache verwendet hat, um tiefe Wahrheiten zu enthüllen. Wir sollten die Möglichkeit nicht ausschließen, dass dies auch beim Schöpfungsbericht der Fall ist.

Seit nunmehr einigen Jahrhunderten gesteht der größte Teil der Kirche angesichts einer überwältigenden Menge an überzeugenden naturwissenschaftlichen Daten ein, dass die Erde sich nicht im Zentrum des Sonnensystems befindet. Seit etwa eineinhalb Jahrhunderten mehren sich die Daten, die auf eine sukzessive Schöpfung durch Evolution hinweisen. Was, wenn diese Daten Gottes Daten sind – Daten, die uns durch das Instrument der wissenschaftlichen Forschung offenbart wurden? Was, wenn die Naturwissenschaftler gar nicht so falsch liegen, wie viele Evangelikale immer noch annehmen?

Vielleicht brauchen wir Evangelikale nur mal die Glaubensbrille eines Johannes Calvin aufzusetzen und dann die Daten sorgfältig zu betrachten. Vielleicht müssen unsere jungen Leute am Ende gar nicht in zwei getrennten Welten leben. Vielleicht können moderne Naturwissenschaft und Glauben innerhalb einer Welt vereint werden. Setzen Sie Ihre eigene »Brille des Glaubens« auf und beginnen Sie mit mir die Reise. Finden Sie heraus, ob Sie, wie ich, zu dem Ergebnis kommen, dass auch in den verschiedenen naturwissenschaftlichen Disziplinen das jeweilige Zwei-plus-zwei wirklich vier ist, und schauen Sie, ob es nicht vielleicht Gottes Wahrheit sein könnte, die die Naturwissenschaft unwissentlich entdeckt hat.

Bevor wir diese Reise in Angriff nehmen, lassen Sie mich kurz zusammenfassen, was uns erwartet. Wir werden damit beginnen, den biblischen Bericht von 1 Mose 1–3 zu untersuchen. Wir werden sehen, dass dieser Prolog der Bibel, ja sogar des Lebens, tief verwurzelte, zeitlose Wahrheiten über die menschliche Existenz und über Gottes Lösung für unsere menschliche Lebenssituation enthüllt (Kapitel 2).

Danach werden wir einige Untersuchungen anstellen, die uns helfen werden, die Schöpfung zeitlich einzuordnen. Wann fing alles an und woher wissen wir das? Führt das offensichtliche Datum des Beginns der Schöpfung zu irgendwelchen theologischen Problemen (Kapitel 3)?

Die Reise geht vom Anfang des Kosmos weiter zu einer Untersuchung der Prozesse und ihrer Zeitdauer, durch die Gott neues Leben schuf. *Gottes Wort*, die Bibel, informiert nicht sehr ausführlich darüber, wie das Leben entstand (nur etwa eine Seite von mehr als eintausendfünfhundert ist diesem Thema gewidmet). *Gottes Welt* stellt jedoch Fossilien zur Verfügung, die im Gestein abgelegt sind – ganz so wie Aktenordner, die schön chronologisch in einem Aktenschrank aufgestellt sind. Was können wir durch einen prüfenden Blick in den »Aktenschrank« des Lebens auf der Erde über die Entstehung der Lebewesen erfahren? Und was sind die theologischen Konsequenzen daraus (Kapitel 4)?

Als Nächstes werden wir betrachten, was wir durch die Untersuchung der geografischen Verteilung der Lebewesen über die Geschichte des Lebens lernen können. In den letzten Jahren habe ich in San Diego gelebt, aber davor lebte ich an einem halben Dutzend anderer Orte. Man könnte viel über meine Lebensgeschichte erfahren, wenn man untersucht, wo ich gelebt habe und wann und warum ich umgezogen bin. Gleicherweise lernen wir viel über die Geschichte des von Gott geschaffenen Lebens (und sogar über Gottes Schöpfungsmethode), indem wir die Verteilung der Arten auf der Erdoberfläche sowohl in der Gegenwart als auch in der Vergangenheit untersuchen (Kapitel 5).

So, wie man eine Menge über meine Vergangenheit erfahren kann, indem man die Orte untersucht, an denen ich gelebt habe, so kann man auch erfahren, wer meine entfernten Verwandten sind, indem man meine DNA untersucht. Vor etwa 130 Jahren verließ einer meiner Urgroßväter sein deutsches Dorf und wanderte nach Nordamerika aus. Heute wäre es möglich, mithilfe meines DNA-Profils entfernte Verwandte in der Region Deutschlands zu identifizieren, die von Brüdern und Schwestern meines Urgroßvaters abstammen. Wenn es Mikroevolution oder Makroevolution in der Geschichte des Lebens gegeben hat, so sollte es gleichermaßen möglich sein, anhand der DNA-Profile nah und entfernt verwandte Arten zu bestimmen. Kapitel 6 geht dieser Frage nach.

Am Ende der Entdeckungsreise in das heilige Reich von Gottes Schöpfung werden wir die theologischen Konsequenzen dessen, was wir unterwegs gelernt haben, betrachten. Wenn diese Welt wirklich ein Ergebnis der Schöpfung Gottes ist (und Gott sei Dank ist sie es!), dann können wir viel über seine Art zu arbeiten lernen, indem wir sein Meisterwerk untersuchen. Kapitel 7 würdigt diese Tatsache.

Während Sie diese Reise mit mir unternehmen, werden Sie durch Ihre »Glaubensbrille« blicken, so wie ich durch meine blicke. Da die Gläser, durch die jeder von uns schaut, von vergangenen Lebenserfahrungen gefärbt sind, werden Sie die Dinge vielleicht nicht immer im gleichen Licht sehen wie ich. Aber unabhängig davon, ob wir die Dinge gleich sehen, wäre es schön, wenn wir mit *einer* Stimme an eine Welt, die unsere Glaubensbrille nicht trägt, die Worte von Paulus richten könnten: »Ihr verehrt also ein göttliches Wesen, ohne es zu kennen. Nun, gerade diese euch unbekannte Gottheit verkünde ich euch.« (Apg 17,23). Es ist für solche Naturwissenschaftler zwar *eine* Sache, das Äquivalent von »zwei plus zwei ist vier« in ihrer Wissenschaftsdisziplin zu verstehen (und in manchen Fällen auch zu bewundern), aber zu verstehen, *warum* die Summe stimmt, ist eben noch eine andere Sache. In dieser Hinsicht sehen alle Evangelikalen die gleiche Sache durch ihre Brille. Wir alle sehen Gott und wir rufen wie aus einem Mund: »Abba, Vater«, während wir uns zugleich demütig vor dem Schöpfer des Universums beugen. Und wir wollen andere einstimmig und ernsthaft ermutigen, »nach ihm zu fragen; er [Gott] wollte, dass sie – wenn irgend möglich – in Kontakt mit ihm kommen und ihn finden. Er ist ja für keinen von uns in unerreichbarer Ferne. Denn in ihm, dessen Gegenwart alles durchdringt, leben wir, bestehen wir und sind wir.« (Apg 17,27–28a). Wir stammen in der Tat, wie Paulus sagt, von Gott ab (Apg 17,28b). Alles was wir brauchen, um Gott zu sehen – diesen Schöpfer, in dem wir leben – ist unsere eigene »Glaubensbrille«. Mit einer gemeinsamen Stimme rufen wir in eine Welt voller ungläubiger Verwunderung: »Setze die Brille auf, schau hindurch und staune über die Schönheit, die du sehen wirst!«

Kapitel 2

Schöpfung und Sündenfall

Die Bedeutung der Bibeltexte herausfinden

WIR CHRISTEN TENDIEREN DAZU, sehr sachlich über die Schöpfung zu reden und dabei der wirklichen Bedeutung und eigentlichen Absicht, die dahinter steckt, viel zu wenig Aufmerksamkeit zu widmen. In Gesprächen über die Schöpfung gehen wir selten über das »Was ist passiert und wann geschah es« der biblischen Geschichten unserer Kindheit hinaus und ergründen nicht in der Tiefe, was Gott über ihre Absicht und ihre Bedeutung mitteilen möchte – das »Warum« der Schöpfung. Wie Sergeant Friday (gespielt von Jack Webb) in der Fernsehserie *Dragnet* in den 1950ern zu sagen pflegte: »Just give me the facts, ma'am«. So sind wir – geben Sie uns einfach die Fakten!

Hin und wieder wünschte ich mir bei bestimmten Biologen, dass sie auch so veranlagt wären. Ich wünschte, dass einige von ihnen sich nur an die Fakten halten würden. Leider verhalten sie sich weniger wie Sergeant Friday und eher wie Tatzeugen, die sich über Angelegenheiten auslassen wollen, die außerhalb ihres Bereiches liegen.

Biologen verbringen ihr Berufsleben damit, über die Prozesse des Lebens und ihre Entstehung nachzudenken. Sie führen Experimente dazu durch und schreiben darüber. Die Methodologie, die Biologen dabei verwenden, geht – wie die der Naturwissenschaften im Allgemeinen – von der Annahme aus, dass die Vorgänge, die untersucht werden, Naturgesetzen unterliegen. Auf diese Art wird Naturwissenschaft schon lange betrieben, und sie hat eine enorme Erfolgsbilanz vorzuweisen. Die naturwissenschaftliche Methode funktioniert. Andererseits bedeutet ihr Erfolg aber nicht, dass die Naturwissenschaft in der Lage wäre, alles zu erklären. Es gibt *keinen* guten Grund, ihre bisherigen Erfolge zu extrapolieren und anzunehmen, dass es außer den Naturgesetzen nichts gibt.

Wie der bekannte Autor Phillip Johnson zu Recht betont:

> Die Literatur des Darwinismus ist voll von antitheistischen Schlussfolgerungen, wie z. B. derjenigen, dass das Universum nicht entworfen sei und keine Zweckbestimmung habe und dass wir Menschen das Produkt willkürlich verlaufender Naturprozesse seien, die mit unserem Wohl nichts zu tun hätten. Außerdem werden diese Aussagen nicht als persönliche Meinungen, sondern als logische Folgerungen der Evolutionswissenschaft vorgebracht.[1]

Der Erfolg, den die Biologen mit der naturwissenschaftlichen Methode haben, scheint in einigen Fällen ein ungerechtfertigtes Maß an Arroganz hervorzurufen. Diese Arroganz führt dazu, dass einige sich erlauben, auch über den eigentlichen Bereich der Naturwissenschaft hinaus Aussagen über die Wirklichkeit zu machen, die über die zur Verfügung stehenden Daten definitiv hinausgehen. Oh, würden sie sich doch nur »an die Fakten halten«! Die folgende Aussage von Richard Dawkins ist nur ein Beispiel von vielen, wodurch dies veranschaulicht wird:

> Wenn das Universum nur aus Elektronen und egoistischen Genen bestünde, wären sinnlose Tragödien wie dieses Busunglück [ein Bus voller Schulkinder] genau das, was wir erwarten würden, zusammen mit einem ebenso sinnlosen glücklichen Zufall. Ein solches Universum hätte weder gute noch schlechte Absichten. Es würde überhaupt keine Absichten zeigen. […] Das Universum, das wir beobachten, hat genau die Eigenschaften, mit denen man rechnet, wenn dahinter kein Plan, keine Absicht, kein Gut oder Böse steht, nichts außer blinder, erbarmungsloser Gleichgültigkeit. Oder, wie der unglückliche Dichter A. E. Housman es formulierte:

---

1 Phillip E. Johnson: *Darwin im Kreuzverhör*. Bielefeld: clv, 2003, S. 16.

»Die geist- und herzlose Natur
Wird weder wissen noch sich sorgen.«

Die DNA weiß nichts und sorgt sich um nichts. Die DNA ist
einfach da. Und wir tanzen nach ihrer Pfeife.[2]

Dawkins extrapoliert von den naturwissenschaftlichen Daten und
schlussfolgert, dass das Leben ein zufälliges Produkt von DNA-Mo-
lekülen sei – ziellos, ohne dass etwas dahinter stünde, abgesehen
von einem riesigen leeren All. Woher weiß er das? Hat er Experimente durchgeführt, um dies zu prüfen? Extrapolationen mögen innerhalb der Welt von Reagenzgläsern, Grafiken und Computermodellen
funktionieren, aber wie kann man sie anwenden, um von einer von
Naturgesetzen bestimmten Welt auf eine geistliche Welt zu schließen
– eine Welt, die die natürliche übersteigt? Dawkins wendet Extrapo-
lation an, um aus dem Bereich der Naturwissenschaft heraus und
in die Domäne der Philosophie hinein zu springen – wohl kaum eine wissenschaftliche Art der Anwendung eines wissenschaftlichen
Instruments.

Ein anderer führender Biologe, der nicht gerade ein Freund von
Richard Dawkins war, der verstorbene Steven Jay Gould, forderte
Naturwissenschaftler auf zu erkennen, dass Naturwissenschaft und
Religion separate Gebiete besetzen. Er nannte sie *nonoverlapping ma-
gisteria* oder NOMA, zu deutsch etwa: sich nicht überschneidende Lehrgebiete.[3] Das klingt zunächst ermutigend für einen Theisten. Gould
konstatierte, im Gegensatz zu Dawkins, dass Religion an der Hoch-
schule eine Stimme haben solle und es verdiene, gehört zu werden.
Doch wie Johnson in einem anderen Buch hervorhebt, ist das nur
so lange ermutigend, bis man herausfindet, wie viel Raum Gould
der Religion tatsächlich lassen will.[4] Es ist herzlich wenig. Für die
Definition der beiden separaten Lehrgebiete, Naturwissenschaft und

2 RICHARD DAWKINS: *Und es entsprang ein Fluß in Eden.* München: Goldmann Verlag,
1998, S. 151.
3 STEVEN J. GOULD: *Rocks of Ages: Science and Religion in the Fullness of Life.* New York:
Ballantine, 1999.
4 PHILLIP E. JOHNSON: *The Wedge of Truth: Splitting the Foundations of Naturalism.* Downers
Grove, IL (USA): InterVarsity Press, 2000, S. 95–101.

Religion, lautet Goulds erstes Gebot: »Du sollst die Lehrgebiete nicht mischen, indem du behauptest, dass Gott wichtige Ereignisse in der Geschichte der Natur durch besondere Eingriffe hervorruft, die nur durch Offenbarung erkennbar und der Naturwissenschaft nicht direkt zugänglich sind.«[5] Mit anderen Worten, er war dafür, dass die Naturwissenschaft ihre Grenzen nicht überschreiten soll (dass sie also bei den Fakten bleiben soll), aber unter der Bedingung, dass die Grenzen für die Welt der Naturwissenschaft so festgelegt werden, dass sie auch die Herkunft und den Lauf des gesamten Universums umfassen. Die Religion kann das nehmen, was übrig bleibt, nämlich die Suche nach Sinn, Moral und Ethik in einer leeren Welt mit einem beinahe toten Gott.

Nun kommen wir zum traurigsten Teil dieser Geschichte. Es sollte uns nicht überraschen, dass viele Nichtchristen unter den Naturwissenschaftlern die Bedeutung der Schöpfungsgeschichte nicht erfasst haben; letztendlich betrachten sie die Daten, ohne dabei eine Glaubensbrille zu tragen. Der traurigste Teil besteht für mich jedoch darin, dass viele Christen ihre Glaubensbrille nur wie eine Lupe benutzen, um sich auf die haarkleinen Details der biblischen Schöpfungsgeschichte zu konzentrieren (auf jedes i-Tüpfelchen) und nicht mal einen Schritt zurücktreten und auf die Bedeutung und Tiefsinnigkeit der gesamten Geschichte blicken. Die meisten Akademiker haben, weil ihnen eine persönliche Glaubensbrille fehlt, ein verzerrtes Bild von der Schöpfung – eines, das den Schöpfer vermissen lässt. Viele Christen dagegen haben, weil sie ihre Glaubensbrille wie eine Art Vergrößerungsglas verwenden, nur einen kurzsichtigen Blick – einen, dem der reiche spirituelle Wert von 1 Mose 1–3 entgeht.[6]

---

5 GOULD: *Rocks of Ages: Science and Religion in the Fullness of Life*, S. 84–85.
6 HYERS: *The Meaning of Creation*, S. 94, hat es so ausgedrückt: »Eine großartige Geschichte ist, ähnlich wie ein großes Kunstwerk, zugleich einfach und komplex. Sie ist in ihrer erzählerischen Form einfach genug, sodass ein kleines Kind den wesentlichen Ablauf der Handlung, die Personen und Szenen sowie die zentralen Themen der Geschichte verstehen kann. Gleichzeitig ist sie für die anspruchsvolleren Hörer wie ein tiefer Teich, ein Pool von Bedeutungen, deren Tiefen nicht leicht zu ergründen sind und mit den komplexen Unterströmungen und geheimnisvollen Winkeln und verborgenen Quellen vielleicht nie vollständig erfasst werden. Jeder Versuch, einen solchen

2.1 Das Schöpfungsziel erreichen:
Leben in der Gegenwart Gottes

Zum Glück muss das nicht so bleiben. Als Christen haben wir die
Verantwortung, eine Perspektive einzunehmen, die mit einem wei-
ten Blick über die ganze Bibel im Einklang ist.[7] So gesehen wird
deutlich, dass der Fokus in Gottes Wort auf dem *Grund* für die Schöpfung liegt. Unsere Bibeln beschreiben auf wenig mehr als einer Seite
Einzelheiten von dem, was Gott getan hat; die restlichen mehr als
eintausendfünfhundert Seiten gehen dann näher auf den Grund für
sein Schaffen ein. Daher ist es wichtig, selbst wenn meine Aufgabe in
diesem Buch darin besteht zu untersuchen, was uns die Naturwissenschaft, insbesondere die Biologie, über Gottes Schöpfungsmechanismus zu sagen hat, sicherzustellen, dass wir am Ende am selben Punkt
ankommen, zu dem uns auch die Bibel führt. Den eigentlichen Kern
der Schöpfungsbotschaft findet man, selbst wenn man aus christlicher Perspektive Biologie studiert, nicht in den mechanischen Details
des Lebens und nicht darin, wie es entstanden ist. Trotz der brillanten
Perfektion, die in den Details dieser biologischen Prozesse sichtbar
wird, verblasst ihre Eleganz im Schatten der Person, die Gegenstand
des so erhellenden Schöpfungsprologs des Johannesevangeliums ist:
»Im Anfang war das Wort, und das Wort war bei Gott, und das Wort
war Gott. [...] In ihm war Leben, und das Leben war das Licht der
Menschen« (Joh 1,1.4).

Christus war bei der Schöpfung anwesend! Christus ist Gottes

Teich auf sein Oberflächenwasser zu reduzieren, begeht den Fehler, einen Teich mit
einer Pfütze zu verwechseln.«

7   Schauen wir uns ans, wie der große Erweckungsprediger John Wesley darüber
dachte: »Wesley erkannte, dass das gezielte Suchen von Bibelstellen zur Unterstützung
nahezu jeder Position genutzt werden könnte, aber dass einzelne Texte, wenn sie in
den größeren Zusammenhang des Grundtenors der ganzen Bibel gestellt werden, zu
einem angemesseneren Verständnis führen. Was Wesley mit dem ›Grundtenor‹ der
ganzen Bibel meinte, ist im Wesentlichen das, was wir heute als biblische Theologie
bezeichnen. Diesem Verständnis nach ist die grundlegende hermeneutische Disziplin
die biblische Theologie. Dieser Rahmen liefert den Kontext für bestimmte Abschnitte
der Bibel.« (H. Ray DUNNING: *Reflecting the Divine Image: Christian Ethics in Wesleyan
Perspective*. Downers Grove, IL (USA): InterVarsity Press, 1998, S. 21).

Wunschbild für uns! Diese Person, die die Hoffnung für die gesamte Menschheit ist, war am Anfang da und ist heute noch gegenwärtig – eine Vision, was die Menschheit sein kann, eine Vision, was Sie und ich sein können in ihm. Der Schöpfer sehnt sich danach, ja brennt darauf, dass wir die Fülle des Lebens erfahren, die nur im Licht seiner Gegenwart möglich ist.[8] Die Geschichte von der Entstehung des Lebens endet nicht dort, wo wir sie traditionell enden lassen. Sie schließt nicht mit der Vertreibung von Adam und Eva aus dem Garten und den flammenden Schwertern der Engel, die in die Dunkelheit schlagen und die den Weg zum Baum des Lebens versperren (1 Mose 3,24). Die Schöpfungsgeschichte endet vielmehr an der Quelle, aus der sie ihre Bedeutung erhält – sie endet mit der Auferstehung Jesu. Am Ende bewachen die Engel nicht mehr den Weg zum Baum des Lebens. Stattdessen verkünden sie nun auch jedem von uns, was sie Maria Magdalena und ihren Mittrauernden verkündet haben:»Was sucht ihr den Lebenden bei den Toten? Er ist nicht hier, er ist auferstanden.« (Lk 24,5–6).

Und tatsächlich ist die Geschichte der Schöpfung daher ohne die Auferstehungsbotschaft unvollständig. Die Schöpfung ist nicht vollendet, bis wir Menschen durch den auferstandenen Christus mit seinem Geist – der unmittelbaren Gegenwart Gottes – erfüllt sind, und selbst dann ist dies gerade erst der Anfang. Deshalb kann die Geschichte von der Entstehung des biologischen Lebens nicht von dem wichtigsten Teil getrennt werden, der ihr erst Bedeutung gibt: Immanuel, Gott mit uns, Jesus, Gottes Sohn und Menschensohn. Wir kennen das Leben solange nicht in seiner Fülle, bis das Licht von Gottes Gegenwart unser Sein beleuchtet. Die Schöpfungsgeschichte kann nicht von der *neuen* Schöpfungsgeschichte getrennt werden – der Geschichte, wie Sie und ich eine neue Schöpfung in Christus werden

---

8 »Wenn der gekreuzigte Christus tatsächlich die endgültige Offenbarung Gottes, des Schöpfers, ist […], dann *ist der Schöpfer wirklich Liebe*, und die göttliche Macht ist nicht eine beherrschende, sondern eine offene, blutende Hand.« »Was für ein Bild von Gott bietet die biblische Erzählung: einen Gott, der trauern kann, einen Schöpfer, der weint.« (MICHAEL LODAHL: *The Story of God: Wesleyan Theology & Biblical Narrative*. Kansas City: Beacon Hill Press, 1994, S. 60 u. 82).

können (2 Kor 5,17). Gottes Ziel mit der Erschaffung der Menschheit ist noch nicht dadurch erreicht, dass wir Leben haben, sondern dass wir es »in ganzer Fülle« haben (Joh 10,10).

Die komplette Geschichte der Schöpfung kann also nicht in den Lehrbüchern der Biologie, Astronomie, Physik oder Chemie gefunden werden. Sie liefern nur einen verschwommenen, flüchtigen Blick auf die Eleganz der Schöpfung. Aber genauso ist ein flüchtiges Lesen der ersten drei Kapitel der Bibel wie ein Blick durch das Schlüsselloch einer Tür, die zu einem Raum voller Licht führt. Um die ganze Geschichte kennenzulernen, müssen wir zum Schlüssel greifen, die Tür öffnen und hinein gehen.

Wenn wir aber durch diese Tür gehen, finden wir uns im Garten Eden wieder. Die ersten Kapitel vom ersten Buch Mose gehören zu den ästhetischsten in der ganzen Bibel. Sie schildern uns die Umstände des Menschseins in einer Weise, die wohl ergreifender ist als alles andere in der Bibel – vielleicht sogar als alles andere, was je geschrieben wurde. Sie dienen als Prolog für die ganze Bibel und liefern den Hintergrund, der erforderlich ist, um alles Weitere zu verstehen. Viele Christen glauben, dass – auch wenn die Botschaft sehr symbolträchtig ist – die beschriebenen Ereignisse dennoch vorrangig wirklich geschehen und bis in die Details historisch korrekt sind.[9] Andererseits glauben einige Christen, dass die Geschichte des Gartens Eden Elemente enthält, die in erster Linie bildhaft zu verstehen sind.[10] Vertreter dieser Ansicht halten die Schilderung dadurch nicht

---

9 Siehe zum Beispiel WALTON: *The NIV Application Commentary*. Auf Seite 212 beschreibt Walton den Grund für seine Schlussfolgerung, dass die Geschichte von der Schlange als real geschehen aufgefasst werden sollte, das heißt also, dass die Schlange wirklich gesprochen habe. (Er begründet seine Argumentation allgemeiner auf den Seiten 45 bis 49.) Im Gegensatz dazu kommt Henri Blocher zu einem anderen Ergebnis (BLOCHER: *In the Beginning*, S. 150–154). Wie Walton glaubt zwar auch Blocher, dass die Geschichte wörtlich genommen werden muss (d. h. eigentlich so, wie der ursprüngliche Erzähler es beabsichtigte, dass die Geschichte aufgefasst werden sollte). Dennoch kommt er zu einer anderen Schlussfolgerung: Es gab keine buchstäblich redende Schlange. Beide Autoren sind sehr angesehene evangelikale Gelehrte, und beide schließen aufgrund ähnlicher Argumentationsweisen, dass unterschiedliche Ereignisse in der Geschichte historischer Natur sind.

10 BERNARD RAMM: *Offense to Reason: A Theology of Sin*. San Francisco: Harper & Row,

weniger für wahr oder bedeutsam. Sie würden sogar sagen, dass die Geschichte gezielt auf diese Weise verfasst wurde, *weil* sie so wichtige Wahrheiten vermittelt, die nur in Form von »Bildern« klar verstanden werden können. Unabhängig davon, ob man die Schöpfungserzählung für *»pure history«* hält oder für *»purely his story«*, also für reine real geschehene Historie oder rein für Gottes Botschaft, der Kern ist der gleiche: Sie ist von Gott *inspiriert*, enthält eine äußerst wichtige Botschaft und wir sollten ihre Bedeutung unbedingt verstehen.[11] Am besten hat es vielleicht C. S. Lewis ausgedrückt:

> Darum müssen wir uns des mythischen Glanzes nicht schämen, der auf unserer Theologie ruht. […] Wir müssen nicht in einer falsch verstandenen Geistlichkeit die intuitive Empfänglichkeit unserer Phantasie unterdrücken. Wenn es Gott gefallen hat, Mythenschöpfer zu sein – und ist nicht der Himmel selbst ein Mythos? – sollen wir uns da weigern, Mythenempfänger zu sein? Denn das ist der Ehebund von Himmel und Erde: Vollkommener Mythos und vollkommene Tatsache. Und unsere Antwort darauf soll nicht nur Liebe und Gehorsam sein, sondern auch Staunen und große Freude. Alle sind angesprochen: der Primitive, das Kind, der Dichter in einem jeden von uns nicht weniger als der Moralist, der Gelehrte und der Philosoph.[12]

Der Garten Eden war natürlich ein Paradies.[13] Die Menschheit hat sich ihn immer gerne als einen Ort von unvorstellbarer Schönheit vorgestellt, aber wir sollten immer daran denken, dass das, was ihn besonders ansprechend machte, nicht die Bäume, die bunten, duftenden Blumen und die plätschernden Bäche waren. Es war die Tatsache,

---

1985; LODAHL: *The Story of God*; DIETRICH BONHOEFFER: *Schöpfung und Fall*. 3. Aufl. 1955. München: Chr. Kaiser Verlag, 1937.
11 LODAHL: *The Story of God*.
12 C. S. LEWIS: *Gott auf der Anklagebank*. 3. Taschenb.-Aufl. Basel: Brunnen, 1998, S. 53.
13 Henri Blocher schreibt: »›Eden‹ wird im Plural oft für ›Wonne‹ verwendet, mit anderen verwandten Begriffen und dem dazugehörigen Verb, um ein Leben in Luxus und Vergnügen zu beschreiben. Dies muss die bestimmende Konnotation in 1 Mose 2 sein. Gott hatte für den Menschen einen Ort der Freude vorbereitet, eine Umgebung reinen Glücks.« (BLOCHER: *In the Beginning*, S. 113).

dass Adam und Eva keine Schuld kannten. Sie lebten in der Gegenwart Gottes, ohne eine persönliche Erfahrung von Rebellion gemacht zu haben und ohne die geringste Ahnung davon zu haben, was die Worte *schlecht* oder *böse* überhaupt bedeuteten. Man kann ein Konzept nicht nachvollziehen bzw. verstehen, bis man es erlebt hat oder es in Beziehung zu etwas Erlebtem setzen kann. Adam und Eva besaßen keine Grundlage dafür zu verstehen, was *böse* bedeutete.[14] Sie lebten in Gottes Gegenwart, waren rein vor ihm, hatten das Phänomen der Schuld nie erlebt. Die Bibelstelle 1 Mose 2,25 sagt, dass sie nackt waren und sich nicht schämten.[15] Wie mein unschuldiger, neugeborener Enkelsohn, frisch und sauber nach dem Baden, wussten Adam und Eva von keiner Schuld und waren daher vor ihrem Schöpfer offensichtlich rein.

2.2 Das Gute und Böse erkennen: 1 Mose 2,15–3,6

In der Mitte des Gartens standen zwei Bäume: der Baum des Lebens und der Baum der Erkenntnis des Guten und Bösen. Uns wird nur wenig über den Baum des Lebens erzählt. Wir erfahren lediglich, dass er in der Mitte des Gartens stand und dass Adam und Eva der Zugang zu ihm verwehrt wurde, nachdem sie gesündigt hatten. Folglich war der Baum des Lebens wohl von zentraler Bedeutung für alles Schöne im Garten, vielleicht sogar die Quelle dieser Schönheit. Anfangs lag der Fokus auf dem anderen Baum, denn das war der Baum, der die für Adam und Eva verbotenen Früchte trug. Das Einzige, was Gott von Adam und Eva forderte, war, dass sie Gott einfach Gott sein lassen. Durch den Gehorsam gegenüber Gottes Befehl erkannten sie im Prinzip an, dass Gottes Weisheit der ihren überlegen ist: Gott war der Schöpfer und sie waren die Kreaturen. In diesem Zustand der kreatürlichen Freiheit lebten sie für einige Zeit. Was dann passierte, ist jedoch von enormer Bedeutung, weil es das Gleiche ist, was auch heute allen Menschen nicht nur geschehen kann, sondern auch geschieht.

---

14 BONHOEFFER: *Schöpfung und Fall*, S. 81 u. 89.
15 Für eine umfassende Analyse der Scham, die aus dem Sündenfall resultierte, siehe DERS.: *Ethik*. 6. Aufl. 1963. München: Chr. Kaiser Verlag, 1949, S. 22–29.

Adam und Eva wurden verführt, ihren Zustand der Unterordnung unter Gott zu verlassen; kurzum sie wurden versucht, ihre eigenen Herren zu werden. Auf hinterhältige Weise arbeitete die Schlange an der Psyche Adams und Evas. Der Austausch begann mit einer Art religiösem Gespräch über die wichtigste Vertragsbedingung. Die Schlange begann mit der Frage, ob Eva denn sicher wäre, dass sie Gott richtig verstanden habe. »Hat Gott wirklich gesagt ...?«, fragte die Schlange. Eva bestätigte in ihrer äußerst unschuldigen Antwort, dass Gott das gesagt habe und dass sie sich dessen sicher wäre. Bis hierhin war Eva noch dabei zu gewinnen und der Verführer zu verlieren.

Wir, die Kinder von Eva, bringen es oft nicht einmal so weit. Wenn der Versucher uns fragt: »Hat Gott wirklich gesagt ...?«, folgen wir ihm nur zu oft in eine Phase des Zweifelns. Oft ist es genau dieses Zweifeln, was dann zum Ungehorsam führt. Wenn Sie wie ich sind, können Sie sich sicher an Handlungen in Ihrer Vergangenheit erinnern, von denen Sie jetzt überzeugt sind, dass sie falsch waren. Damals jedoch sind Sie darauf reingefallen, dass ihr Verhalten akzeptabel sei. Wir alle sind für die gleiche Versuchung anfällig, die Eva traf und die im Grundsatz lautet: »Hat Gott wirklich gemeint, was er anscheinend gesagt hat?«

So führt uns die Schöpfungsgeschichte, eingehüllt in eine Aura des Geheimnisvollen, ganz subtil zu einer der vielen zeitlosen Wahrheiten. Sie handelt nicht nur von Adam und Eva; sie handelt auch von uns. Wir können, wie Adam und Eva, aus dem Garten der Gegenwart Gottes weggelockt werden. Das Böse kann sich ganz subtil auch einen Weg in unser Leben bahnen, und alles beginnt damit, dass man an der Richtigkeit von Gottes Wort und Gottes Gebot zweifelt.[16]

Interessanterweise ist der Prolog zum Alten Testament nicht der einzige einführende Abschnitt der Bibel, der genau diese Botschaft bringt. Das Neue Testament beginnt nämlich ganz ähnlich. So wie ein Dialog zwischen dem Verführer (in Form einer Schlange) und Eva die Grundlage für das erste Buch Mose bildet, so beginnt auch das Neue Testament in Mt 4 damit, wie der Satan eifrig bemüht ist, Jesus

---

16 Siehe BONHOEFFER: *Schöpfung und Fall*, S. 90–97.

zu versuchen. Es ist bemerkenswert, wie die Bibel mit siebenundsechzig Versen im Neuen Testament und siebenundfünfzig Versen im Alten Testament beschreibt, wie der Satan mit genau der gleichen Sache beschäftigt ist. Zu Jesus sagte er: »Wenn du Gottes Sohn bist …« Mit dem Gebrauch des Wortes »wenn« versuchte er, die menschliche Seite von Jesus dahin zu bringen, das Wort des Vaters infrage zu stellen. Jesus war vom Vater gekommen. Natürlich war er der Sohn Gottes, und natürlich *wusste* er, dass er der Sohn Gottes war; trotzdem versuchte der Satan (genauso wie er es bei Eva tat und wie er es bei uns tut), Jesus dahin zu bringen zu prüfen, ob Gott wirklich meinte, was er zu sagen schien. Die Tatsache, dass sowohl das Alte Testament als auch das Neue Testament gleich beginnen, weist darauf hin, dass es sich um eine zeitlose Wahrheit handelt: Die Menschheit wird in ihrem Innersten versucht, die Authentizität und Autorität von Gottes Führung in Zweifel zu ziehen. Wir werden wegen der Natur der geschaffenen Welt versucht, unseren eigenen Weg zu gehen und ignorieren dabei Gottes Richtungsanweisung für unser Leben. Diese traurige Geschichte in der Menschheit wiederholt sich die ganze Weltgeschichte hindurch und beginnt eigentlich immer mit der Frage: »Hat Gott wirklich gesagt …?«

Die Geschichte ist aber noch nicht zu Ende. Die Schlange erzählte Eva, dass sie durch das Essen der Frucht wie Gott werden würde: 1 Mose 3,5 – zweite Stufe der Versuchung.

Was hat die Schlange damit gemeint, als sie Eva sagte, dass sie wie Gott sein könnte? Da es vorher Gott war, der ihr Schicksal lenkte, bestand die Versuchung in der Hauptsache darin, dass sie ihr Schicksal selbst in die Hand nehmen könnte. Eva könnte ihr eigener Gott und Herr werden.[17] Sie stand in der Versuchung, sich selbst zu erheben, sich selbst in die einflussreiche Stellung zu bringen, die für Gott reserviert war.

Betrachten wir noch einmal die Konfrontation zwischen Jesus und Satan. Zu Beginn des Neuen Testaments wird uns die Szene gezeigt, wie Satan Jesus auf einen hohen Berg führt und ihm alle Reiche der

---

17 Ebd., S. 86–90.

Welt zeigt und ihm das nicht gerade kleine Angebot macht, dass sie alle ihm gehören können. Paradoxerweise musste sich auch Jesus in seiner Menschlichkeit mit der Versuchung auseinandersetzen, sich selbst zu erhöhen. Gottes grundlegende Botschaft an uns ist, dass wir aufgrund unserer menschlichen Natur – wie Eva, wie Adam und sogar wie Jesus – in der Versuchung stehen, Prestige, Macht und die Kontrolle über unser eigenes Schicksal höher zu schätzen als den einfachen Ruf Gottes zu gehorsamer Nachfolge. Eva fiel in Sünde und kurz darauf Adam. Und seitdem geht es traurigerweise allen ihren Kindern so, auch Ihnen und mir.

Die Geschichte der geschaffenen Menschheit ist die Geschichte von Individuen, die sich selbst auf den Thron setzen, der allein für Gott vorgesehen ist. Gott ist der Schöpfer; wir sind die Geschöpfe. Wir wurden erschaffen, um mit dem Baum des Lebens (das heißt mit Gott) in der Mitte des Gartens unseres Lebens zu leben. Wenn wir den Entschluss fassen, *unseren* Willen in den Mittelpunkt zu stellen, ersetzen wir Gott durch uns selbst und erhöhen uns bis dahin, dass wir versuchen, unsere eigenen Schöpfer zu werden. Es ist dann *unsere* »unendliche Weisheit« anstatt Gottes, die es übernimmt, den Tag zu bestimmen. Wir hungern nach Kontrolle, die wir nie erlangen können, greifen nach Symbolen des Reichtums und Wohlergehens in der Hoffnung, dass sie den Anschein geben, dass wir erfolgreich darin sind, die Herrschaft über den »Garten« unseres Lebens zu ergreifen. Was für ein trauriges Ende die Geschichte von Adam und Eva hat! Und diese Erkenntnis, dass ihre Geschichte auch unsere Geschichte ist, macht es noch bitterer. Doch sind wir erst beim zweiundsechzigsten Vers der Bibel. Frohe Botschaften werden noch kommen. Der Raum *wird* noch einmal mit Licht erfüllt.

2.3 Gott sucht uns in unserem sündigen Zustand auf: 1 Mose 3,7–9

Kurz nachdem Adam und Eva gesündigt hatten, kam Gott, um nach ihnen zu suchen. »Wo bist du?«, fragte Gott (1 Mose 3,9). Es ist bezeichnend, dass Gott sie suchte, anstatt dass sie Gott suchten.[18] Bei uns ist es heute nicht anders. Wir haben gesündigt, aber Gott kommt dorthin, wo wir uns in unserer egozentrischen Welt befinden. Heute, in der Welt nach Adam und Eva und nach der Auferstehung, sucht Gott uns auch auf. Wie das dritte Kapitel des ersten Buches der Bibel das Bild zeigt, wie Gott nach Adam und Eva sucht, so zeigt uns das dritte Kapitel des letzten Buches der Bibel ein ähnliches Bild – Gott sucht nach uns durch seinen Sohn, Jesus: »Merkst du nicht, dass ich vor der Tür stehe und anklopfe? Wer meine Stimme hört und mir öffnet, zu dem werde ich hineingehen, und wir werden miteinander essen – ich mit ihm und er mit mir.« (Offb 3,20).

In unserer Not findet Jesus uns, ruft uns durch die geschlossene Tür und ermutigt uns sanft, sie zu öffnen, diese geschlossene Tür, die wir selbst errichtet haben, indem wir unser Ego in die Mitte gestellt haben, die für Gott bestimmt ist. Gott fand Adam und Eva zusammengekauert hinter ihrer »geschlossenen Tür« – den Bäumen des Gartens. Gott fand sie im Wald mit einem selbst hergestellten Schurz aus Feigenblättern, weil sie sich nackt fühlten und schämten. Hätten Adam und Eva in der rechten Beziehung zu Gott gestanden, wäre keine Verdeckung nötig gewesen. In der Tat wird vorher betont, dass sie, obwohl sie nackt waren, keine Scham kannten (1 Mose 2,25). Nachdem sie gesündigt haben, lenkt die Bibel die Aufmerksamkeit wieder auf ihre Nacktheit, weist jedoch diesmal auf Adams und Evas Bedürfnis hin, diese zu verdecken (1 Mose 3,7). Unser Leben liegt, wie das von Adam und von Eva, offen vor Gott. Gott kann jeden Teil unserer Persönlichkeit sehen. Wie wunderbar wäre es, im Garten der alles sehenden Gegenwart Gottes ohne Schuld und ohne Scham zu leben!

---

18 H. Ray Dunning drückt es so aus: »Der Schöpfer zeigte sofort seine Absicht, sich dem Problem zu widmen, indem er in den Garten zurückkehrte wie zuvor, als ob nichts geschehen wäre. Dies ist eines der schönsten Bilder von Gott in der Bibel. Er ist ein Gott der Gnade, der nicht darauf wartet, dass das erste Menschenpaar seine missliche Lage entdeckt, sondern er kommt aus eigenem Antrieb zu ihnen mit dem ausdrücklichen Ziel, ihnen ihre selbst auferlegte Entfremdung von der Quelle des Lebens bewusst zu machen. Seine Frage: ›Wo bist du?‹ war keine Suche nach jemandem, den er nicht finden konnte. [...] Die Gnade Gottes wird direkt an der Schwelle des Falls in der Menschheitsgeschichte gefeiert.« (DUNNING: *Reflecting the Divine Image*, S. 55).

Jetzt, nach Adam und Eva, versucht die Menschheit noch immer als Meister ihres eigenen Schicksals zu leben, sich zum Schöpfer ihrer eigenen Existenz zu machen und Gott in der Mitte zu ersetzen. Ganz entsprechend unserer Vergangenheit spürt jeder von uns individuell immer noch das Bedürfnis, Verdeckungen für sich zu machen – geschlossene Türen, hinter denen wir uns in falscher Sicherheit wiegen. Die Verdeckungen können dabei viele Formen annehmen, aber sie sind alle selbst entworfen, um das Gefühl der Leere zu verbergen, das uns so leicht überkommt, wenn wir uns selbst zu Schöpfern unserer eigenen Existenz machen. In der heutigen Gesellschaft gibt es manche, die ihre ganze Energie in das Erlangen von Wohlstand stecken, damit sie schicke Kleidung, Autos und Häuser kaufen können. Das mag häufig als Fassade für das Gefühl der Leere dienen, das ihr Leben prägt. Die Menschen fühlen sich eben nicht mehr »nackt und ohne Scham«, wie sie es vor dem Sündenfall taten. Im Gegenteil, sie »hefteten Feigenblätter zusammen« und machten sich Schurze. Anderen dient Vergnügen als Verdeckung. Diesen Menschen mag das Leben erfüllt und spannend vorkommen; das Streben danach, eine »gute Zeit« zu haben, wird zum Wichtigsten ihres Lebens. Was jedoch dahinter steckt, ist vielleicht nichts anderes als das Bedürfnis, die Leere zuzudecken, die dadurch entsteht, dass man nicht mehr mit dem eigenen Schöpfer in Verbindung steht, der Quelle des wahren Lebens. Die Geschichte von Adams und Evas Sündenfall ist die Geschichte des menschlichen Daseins. Wir sind Adams und Evas Kinder, und was sie erlebt haben, erleben auch wir – das ist die Botschaft der Schöpfungsgeschichte in 1 Mose 2–3.

2.4 Leben zwischen Gut und Böse: 1 Mose 3,14–22

Nach dem Sündenfall machte Gott eine bemerkenswerte Feststellung: »Siehe, der Mensch ist geworden wie einer von uns, zu erkennen Gutes und Böses.« (1 Mose 3,22). Ohne Frage hat die Menschheit eine Welt geerbt, die sowohl mit Gutem als auch mit Bösem angefüllt ist. Auf der Seite des Bösen blicken wir mit Entsetzen auf das 20. Jahrhun-

dert zurück. Dieses Jahrhundert hat uns Aids gebracht, eine Krank-
heit, die oft durch menschliche Sündhaftigkeit verbreitet wird, aber
die auch das Leben von Millionen von unschuldigen Kindern und
Ehepartnern zerstört. Es war auch das Jahrhundert, das die Atom-
bombe gebracht hat, unvergleichliche Völkermorde und schlimme
Führer, die zur rechten Zeit in großen Reden durch wohlüberlegte
Sprüche gegen Millionen von Menschen unvorstellbar Böses aufge-
peitscht haben. »Man steht perplex, verdummt und ratlos vor dem
Phänomen des Nationalsozialismus und Bolschewismus, weil man
nichts vom Menschen weiß [...] Vor uns steht die furchtbare Frage
nach dem Bösen, und man weiß es nicht einmal, geschweige denn
eine Antwort.«[19]

Nur zu klar ist, dass wir eine unbegreiflich böse Welt geerbt haben.
Dennoch haben wir auch eine Welt mit unablässigen Hinweisen auf
das Gute geerbt. C. S. Lewis gibt eine wunderbare Zusammenfassung
dieser Hinweise in seiner autobiografischen Darstellung der Ereignisse, die zu seiner Bekehrung vom Atheismus zum Christentum
führten:

> Als ich eines Sommertages neben einem blühenden Johan-
> nisbeerstrauch stand, stieg in mir plötzlich, ohne Vorwarnung
> und wie aus einer Tiefe nicht von Jahren, sondern von Jahrhun-
> derten, die Erinnerung an jenen zurückliegenden Morgen im
> alten Haus auf, als mein Bruder seinen Spielzeuggarten mit
> ins Kinderzimmer brachte. Es ist schwer, Worte zu finden, die
> stark genug wären, um die Empfindung zu beschreiben, die
> über mich kam; nahe kommt der Sache vielleicht Milton mit
> seiner »gewaltigen Seligkeit« des Paradieses. [...] Ich nenne sie
> Freude, und das ist hier ein spezieller Begriff, der sowohl von
> »Glück« als auch von »Vergnügen« scharf unterschieden wer-
> den muss. Freude (in meinem Sinne) hat in der Tat ein und nur
> ein Merkmal mit diesen beiden gemeinsam, nämlich die Tatsa-
> che, daß jeder, der sie erlebt hat, sie wieder erleben möchte. [...]
> Ich bezweifle, daß irgend jemand, der die Freude je geschmeckt

---

19 CARL GUSTAV JUNG: *Erinnerungen, Träume, Gedanken von C. G. Jung.* Hrsg. v. ANIELA
JAFFÉ. Zürich und Düsseldorf: Walter Verlag, 1987, S. 334.

hat, sie gegen alle Vergnügungen der Welt eintauschen würde, wenn er über beides verfügen könnte. Freilich können wir über die Freude niemals verfügen, über das Vergnügen dagegen oft.[20]

Überall um uns herum finden wir Schönheit, und die Freude ist von dieser Schönheit abgeleitet. Jedoch werden Schönheit und Freude nie *wirklich* von Bösem und Schmerzen getrennt. Wir leben jetzt irgendwo in der »Mitte« – zwischen dem Eden der Vergangenheit und der Herrlichkeit der Zukunft der Menschheit. Nachdem Adam und Eva gesündigt hatten, gab Gott einige Erklärungen über die Zukunftsfähigkeit des Lebens in der Welt, in der sie und ihre kommenden Kinder sein werden. Zuerst sprach Gott von dem Schmerz, der das Hervorbringen neuen Lebens begleitet – der qualvollen Freude, die das Kindergebären kennzeichnet (1 Mose 3,16). Gibt es in irgendeinem Lebensbereich etwas Vergleichbares, das die innere Gegensätzlichkeit, die Dialektik der *freudigen Qual,* in der wir jetzt leben, treffender veranschaulicht? Während ich dies schreibe, sind es nur noch wenige Tage, bis meine Tochter Shelley ihr erstes Kind, Sara Joy, gebären wird. Auch wenn diese Erfahrung ihr die schlimmsten Schmerzen bereiten wird, die sie je zu ertragen haben wird, freut sie sich darauf als gleichzeitig auch ihre freudigste Erfahrung. Als ich am vorigen Abend mit ihr sprach, spürte ich eine Erregung in ihrer Stimme, die, denke ich, tiefer aus ihrem Innersten kam als jede andere Emotion, die ich als Vater jemals bei ihr beobachtet habe. Gott wählte dieses Erlebnis, die Qual der Geburt eines Kindes, als sein Beispiel dafür, was es bedeutet, in der von Adam und Eva geerbten Welt zu leben.

---

20 C. S. Lewis: *Überrascht von Freude.* 2. Taschenb.-Ausgabe. Gießen: Brunnen, 1994, S. 26 u. 28. Lewis hat außerdem folgende Beobachtung gemacht: »[I]ch glaube nicht, dass die Ähnlichkeit zwischen der christlichen und der nur imaginären Erfahrung ein Zufall ist. Ich glaube, dass alle Dinge auf ihre Weise himmlische Wahrheit widerspiegeln, nicht zuletzt auch der Imagination. ›Widerspiegeln‹ ist hier das Schlüsselwort. Dieses niedrigere Leben der Imagination ist weder ein Beginn des höheren Lebens des Geistes noch einen Schritt darauf zu, sondern nur ein Abbild davon. [...] Dennoch besaß es, wie entfernt auch immer, die Form der Wirklichkeit, die es widerspiegelte.« (ebd., S. 203–204).

Gott gibt noch ein zweites Beispiel von dem Leben in der »Mitte«. Diesmal geht es nicht um die Geburt von neuem Leben, sondern um die Erhaltung alten Lebens. Gott spricht ein Thema an, das unser Herz liebt – Essen. Wir alle kennen von uns selbst die herrliche Freude über Speisen und Getränke. Gewiss feiern Zivilisationen schon seit Langem die Freude, die durch eine reiche Ernte oder eine erfolgreiche Jagd hervorgerufen wird. Aber jeder, der mit Landarbeit vertraut ist, kennt nur zu gut den Ärger, der durch Unkraut, Krankheiten und Dürre entsteht (1 Mose 3,17). Zu den größten Erzählungen der amerikanischen Geschichte gehört sicher der Roman *Früchte des Zorns*, der die Quälerei dieser Anstrengungen sehr gekonnt zeigt. Das Leben zu erhalten, hat seinen Preis. In der »Mitte« ist alle Freude beim Genießen des Thanksgiving-Festessens mit Freunden und der Familie nicht weit entfernt von den vielen schmerzlichen Erfahrungen, die den Rest des Jahres und den Rest der Welt kennzeichnen können. Die allgemeine menschliche Erfahrung gleicht einem Stoff, der aus verschiedenfarbigen Fäden zusammengewebt wurde: Bösem und Gutem, Schmerz und Freude.[21]

Bei der Beschreibung dieser Welt, die »Gutes und Böses erkennt«, erklärte Gott Adam, dass die Menschheit den Tod erleiden würde – »Staub zu Staub«, ein Zurückkehren zu dem Boden, aus dem die Menschheit am Anfang entstand (1 Mose 3,19). Dennoch: Auf dem Weg, der von dem Garten wegführte – dem Weg in den Tod – gab es noch einen Hoffnungsschimmer. Ob Adam diese Hoffnung spürte, wird uns nicht erzählt. Aber der ewige Gott stellte sich eine Zukunft vor, in der der fürchterliche geistliche und körperliche Tod, der durch Adams Sünde gebracht wurde, seinen eigenen Tod sterben würde. Der Tag würde kommen, an dem ein ganz besonderer Tod (der des Sohnes Gottes) zum Leben führen würde – zu neuem Leben, zu ewigem Leben – und in der Tat zu einer Rückkehr in den »Garten«.[22] Es

---

21 »Der Kampf um das Wort Gottes zeichnet ihn mit Narben. Kein Heros, sondern ein in den Kampf verbissener, immer neu siegender und immer neu verletzter soll der Mensch sein und mit ihm sein ganzes Geschlecht.« (BONHOEFFER: *Schöpfung und Fall*, S. 107).
22 Ebd., S. 111.

ist wahr, dass die Menschheit gesündigt hatte und das erste Mal das Gegenteil von Gutem erlebte. Allerdings ist es immer noch Gottes Welt, in der sie lebten, und es gibt auch immer noch Elemente von Gottes Schönheit in ihr, die selbst die teuflische Präsenz des Bösen nicht auslöschen konnte. Vor allem aber, weil es Gottes Welt *ist*, würde die Zukunft irgendwann in die Ewigkeit führen, wo alles Böse und aller Schmerz ein für alle Mal ausgelöscht werden. Das dritte Kapitel des ersten Buches Mose sagt dies so nicht explizit, aber es gibt eine Anspielung darauf, einen subtilen Hinweis, gegen Ende der Geschichte von Adam und Eva.

2.5 Ein Rest von Hoffnung: Der Baum des Lebens befindet sich immer noch im Garten Eden und ist immer noch das Zentrum: 1 Mose 3,22–24

Der Baum des Lebens wurde im ersten Teil der Geschichte nur am Rande erwähnt, aber am Ende wird deutlich, dass dieser Baum keinen Randplatz einnimmt, wie man zunächst meinen konnte. Tatsächlich endet die Geschichte mit dem Baum nicht nur im Zentrum des Gartens, sondern der ganzen Geschichte. Es wird deutlich, dass dieser Baum für das zentral ist, worum es in der Geschichte eigentlich geht. Die Geschichte endet mit Engeln, die den Weg zum Baum mit einem flammenden Schwert bewachen. Der Menschheit wird der Zugriff verwehrt.

Aber endet die Geschichte wirklich mit einer Menschheit, der der Zugang zum Baum des Lebens versperrt ist? Wie traurig wäre es, wenn das *wirklich* das Ende wäre. In meiner Bibel wird davon bereits auf Seite 5 berichtet, aber die Bibel geht noch weiter bis Seite 1 634. Und tatsächlich geht auch die Geschichte des Baumes auf Seite 1 332 weiter. Dort, an dem Holz, hängt mit ausgestreckten Armen und offenen Händen, von denen Blut tropft, der Sohn Gottes und Menschensohn, Jesus. Dort sind höchste Schönheit und tiefster Schmerz in einer Person und in einem Augenblick vereinigt. Der schreckliche Schmerz führt zu einem einzigartigen Tod, der zur Geburt von einzigartigem Leben führt. Qualvolle Freude: Der Tod am Freitag bringt das Leben des Sonntags hervor.

Das Markusevangelium berichtet, dass zum Zeitpunkt dieses körperlichen Todes der Vorhang des Tempels zerriss, der das einfache Volk von dem trennte, was die Gegenwart Gottes symbolisierte (vgl. Mk 15,38). Noch einmal erhielt die Menschheit einen direkten Zugang zum Baum des Lebens und zur Gegenwart Gottes. Der Atem Gottes hat das flammende Schwert ausgelöscht, das den Zugang zum Garten blockierte.[23]

Was für ein seltsames Paradies ist dieser Hügel von Golgatha, dieses Kreuz, dieses Blut, dieser gebrochene Leib. Was für ein seltsamer Baum des Lebens ist dieser Stamm, an dem Gott leiden und sterben musste. Doch es ist das Reich des Lebens und der Auferstehung, das Gott uns aus Gnade schenkt. Es ist das Tor der unvergänglichen Hoffnung, das nun geöffnet ist, ein Tor des geduldigen Wartens. Der Baum des Lebens, das Kreuz Christi, das Zentrum von Gottes Welt, die zwar gefallen ist, aber gehalten und bewahrt wird – das ist für uns erst das Ende der Geschichte vom Paradies.[24]

Sobald wir erkennen, dass das Schwert aus der Schöpfungsgeschichte vernichtet wurde und dass es einen freien Zugang zum Baum des Lebens von Eden gibt, verstehen wir, warum es kaum möglich ist, über die Schöpfungsgeschichte zu schreiben oder zu sprechen, ohne das Ende der Geschichte mit einzubeziehen, die neue Schöpfung, die in Jesus möglich ist. Das, was wir fälschlicherweise als zwei Geschichten ansehen, ist, trotz der räumlichen und zeitlichen Trennung in seine zwei Teile, in Wirklichkeit nur eine. Paulus hat das besonders in Röm 5 deutlich gemacht. Dort bezieht er sich auf Jesus als den zweiten Adam. Wenn der Tod durch den Ungehorsam des ersten Adams über die Menschheit kam, wie viel mehr kommt der »Tod des Todes« (das heißt, das ewige Leben) durch den Gehorsam des zweiten Adams, des Sohnes Gottes? Durch diesen »Tod des Todes« haben wir wieder Zugang zum Baum des Lebens. Das ist das

---

23 Eine bereichernde Exegese der symbolischen Bedeutung des Baumes des Lebens in der Bibel findet man in BLOCHER: *In the Beginning*, S. 124–126.
24 BONHOEFFER: *Schöpfung und Fall*, S. 120.

Thema der Schöpfungsgeschichte. Wir können in eine Beziehung zu Gott treten, die starke Ähnlichkeit mit Adams und Evas Erfahrung im Garten Eden hat. Wir leben immer noch inmitten von Gut und Böse, aber der Zugang zu den Früchten des Baumes des Lebens ist nicht länger durch eine verschlossene Tür versperrt.

> Heut schließt er wieder auf die Tür
> Zum schönen Paradeis.
> Der Engel steht nicht mehr dafür.
> Gott sei Lob, Ehr und Preis.[25]

2.6 Rückkehr in die Gegenwart des Baumes des Lebens

Nachdem Adam und Eva gesündigt hatten, ging Gott, als es am Abend kühl wurde, durch den Garten. Adam und Eva hingegen versteckten sich zwischen den Bäumen. Die Botschaft der Schöpfungsgeschichte ist, dass wir uns, weil Jesus in die Welt kam und Adams und Evas Sünde tilgte, nicht mehr vor Gottes Gegenwart zu verstecken brauchen. Wenn die Ausweisung aus dem Garten bedeutet, vom Zugang zum Baum des Lebens abgeschnitten zu sein (das ist sicherlich die Bedeutung des flammenden Schwertes und der geschlossenen Tür), dann machen Jesu Tod und Auferstehung uns diesen wieder zugänglich. Wir können unser Leben in Gottes Gegenwart führen.

Ein weiterer Aspekt der Schönheit des Gartens Eden ist, ohne Schuldgefühle an Gottes Seite gehen zu können. Daher ist nicht allein das Leben in seiner Gegenwart, sondern es auch noch in dem Bewusstsein zu leben, von Gott als rein und schön betrachtet zu werden, ein weiterer wunderbarer Aspekt des Gartens Eden. Durch Gottes Gnade und Vergebung können auch wir mit Gott so durch unser Leben gehen.

Ein drittes wichtiges Element des Lebens im Garten ist, es mit einer anderen Person teilen zu können. Die Gemeinschaft, mit der wir das

---

25 Aus einem alten deutschen Choral mit dem Titel »Lobt Gott, ihr Christen, allzugleich«, geschrieben von Nikolaus Herman (1500–1561). Zitiert in BONHOEFFER: *Schöpfung und Fall*, S. 120.

Leben in Gottes Gegenwart teilen, besteht aus Glaubensgeschwistern innerhalb der christlichen Gemeinde. Jesus betete unmittelbar vor seiner Verhaftung für die Gemeinde, »dass sie alle eins sind – sie in uns, so wie du, Vater, in mir bist und ich in dir bin« (Joh 17,21). In gewissem Sinne ist es Gottes Wille, dass wir alle »ein Körper« sind (ein Leib, siehe 1 Kor 12), und es ist ein Teil des Paradieses, wieder in Gottes Gegenwart zu sein. So wie Eva die Braut Adams war und die beiden in einer Liebesgemeinschaft lebten, so ist die Gemeinde die Braut Christi. So wie Eva und Adam in Gemeinschaft als »ein Körper« lebten, so möchte Christus, dass wir unsere Leben wie eine »Einkörpergemeinschaft« leben, in Liebe eins miteinander sein und eins mit unserem Bräutigam – dem zweiten Adam (1 Kor 12,14–20; Eph 4,16).

Es ist wichtig, sich klarzumachen, dass die Rückkehr zum »Garden Eden« nicht erst der Himmel ist. Der Garten bestand in seinem ursprünglichen Zustand auf der Erde. Und soweit wir jetzt schon in den Garten zurückkehren können, insbesondere zu dem Baum des Lebens in seinem Zentrum, tun wir das noch auf dem Planeten Erde. Das Empfinden von Schmerz, Mühsal und Anstrengung ist in unserem Leben immer noch gegenwärtig (Röm 8,22–23). Doch in dem Licht, das Gottes Gegenwart ausstrahlt, und in der Liebe und Geborgenheit, die wir von denen erfahren, mit denen wir in christlicher Gemeinschaft leben, lassen sich Schmerz, Mühsal und Anstrengung ertragen. In alldem gibt es einen tiefen Frieden. Der Schöpfer ist wieder im Zentrum unseres Lebens, und das kennzeichnet das Leben im »Garten«.

> Wie Kreuzes Last und Paradieses Zier,
> Eden und Golgatha *ein* Kranz umflicht,
> So, Herr, sind beide Adams eins in mir:
> Des ersten Adams Schweiß fleckt mein Gesicht,
> Des letzten Blut sei meiner Seele Licht.[26]

---

26 John Donne: *Hymne an Gott*, deutsche Fassung nach ROLF SCHILLING: *Der Phoenix und die Taube: Englische Lyrik in deutscher Fassung.* München: Arnshaugk, 1991, S. 34–35. Das englische Original findet sich in JOHN DONNE: *The Poems of John Donne.* London: Oxford University Press, 1912, S. 368, zitiert nach W. C. PLACHER: *Unapologetic Theology:*

2.7 Die neue Schöpfung: ein wirkliches Geschehen in wirklicher Zeit

Die Schöpfungsgeschichte ist also ohne die Geschichte der neuen Schöpfung, die in Christus möglich ist, nicht vollständig. Wie bereits erwähnt, ist dieses Buch eine persönliche Geschichte der Schöpfung, erzählt aus dem Blickwinkel eines Christen, der zudem Biologe ist. Jeder von uns, der Christ ist, könnte seine eigene Geschichte erzählen, wie die neue Schöpfung in ihm stattfand. Ich möchte kurz meine persönliche Geschichte der Neuschöpfung berichten. Ich tue dies nicht, weil sie besonders einzigartig oder wichtig wäre (sie ist es nicht – es gibt Millionen ähnlicher Geschichten, so viele Geschichten, wie es Christen gibt); aber wenn Sie weiterlesen und weiter versuchen, die Schöpfung aus dem Blickwinkel dieses Biologen zu verstehen, ist es wichtig, dass Sie wissen, von wo aus dieser Biologe zu seinen Ansichten über die Schöpfung gekommen ist. Es sei daran erinnert, dass man nicht über die Schöpfung in ihrer Gesamtheit sprechen kann, wenn man nicht im Zentrum beginnt, wo der Baum des Lebens – die Quelle der neuen Schöpfung – steht. Deshalb beginne ich hier an dieser Stelle.

Ich habe bereits auf die Frustration hingewiesen, die ich während jener Tage empfand, als ich einen Fuß in der Welt des Christentums und den anderen in einer Welt säkularen Wissens hatte. In dieser frühen Lebensphase habe ich gedacht, dass wenn ich mich jemals tiefer gehend mit der Biologie beschäftigen würde, ich schnell den schlüpfrigen Abhang zum Agnostizismus hinunter rutschen würde. Vor allem aus diesem Grund (ich zögere, das zuzugeben) plante ich ursprünglich, mich den Fächern Chemie und Physik zu widmen, die

---

A Christian Voice in a Pluralistic Conversation. Louisville, KY (USA): Westminster John Knox, 1989, S. 127: We think that *Paradise* and *Calvarie*, / *Christs* Crosse, and *Adams* tree, stood in one place; / Looke, Lord, and finde both *Adams* met in me; / As the first *Adams* sweat surrounds my face, / May the last *Adams* blood my soule embrace. Eine wörtlichere Übersetzung könnte etwa wie folgt lauten: Wir meinen, dass *Paradies* und *Golgatha*, / *Christi* Kreuz und *Adams* Baum, an einem Orte standen; / Siehe, Herr, und finde, beide *Adams* treffen sich in mir; / Während der Schweiß des ersten *Adams* mein Gesicht umgibt, / möge das Blut des letzten *Adams* meine Seele umfassen.

ich in dieser Hinsicht naiverweise als harmloser ansah. Ich wollte mein Leben nicht in einem Durcheinander leben, und es schien mir, dass diese naturwissenschaftlichen Disziplinen meine geistlichen Instinkte nicht verwirren würden.

All diese Pläne scheiterten jedoch, nachdem ich einige notwendige Vorlesungen in Biologie besuchte. Ich konnte mich dem Studium des Lebens nicht länger entziehen. Doch zu meiner Überraschung hatten die ersten Jahre der Vertiefung in die Biologie keine negativen Auswirkungen auf meinen Glauben. Das augenscheinliche Entworfensein des Lebens beeindruckte mich immer mehr, obwohl ich zu der Überzeugung gelangte, dass Gottes Entwurf sukzessive und nicht plötzlich aus dem Nichts umgesetzt wurde.

Mein Glaube wurde schwächer, aber nicht aus dem Grund, den ich erwartet hatte. Mein Glaube erlahmte, weil meine sich anbahnende Karriere als Genetiker im Begriff stand, den ersten Platz in meinem Leben einzunehmen. Meine persönliche Beziehung zu Gott wurde auf den Rücksitz verbannt, und wahrscheinlich war Gott zeitweise gar nicht mehr im Auto. Es war nicht so, dass ich aufgehört hatte, an Gott zu glauben; ich kümmerte mich einfach nicht mehr um ihn.

Ich vermute, dass mein Leben so weiter gelaufen wäre, wären da nicht zwei besondere Ereignisse gewesen. Das erste ereignete sich in dem Labor, wo ich meine Forschung betrieb, und zwar kurz, nachdem ich meine Promotion in Genetik abgeschlossen hatte. Damals war das Musical *Jesus Christ Superstar* gerade ein Hit am Broadway, und im Labor unterhielt sich eine Gruppe von Forschern über das Musical. Sie versuchten, sich an die Namen der Jünger Jesu zu erinnern. Insbesondere eine Person wusste von meinem christlichen Hintergrund und wandte sich an mich in der Erwartung, dass ich weiterhelfen könnte. Mich überkam ein ganz eigenartiges Gefühl, als er sich an mich wandte, weil mir bewusst wurde, dass, obwohl es eine Zeit gab, in der Jesus mein bester Freund war, er jetzt nicht nur *nicht* mein bester Freund war, sondern sogar kurz davor stand, nur noch eine ferne Erinnerung zu sein. Ich hatte meine Bibel seit Monaten nicht mehr geöffnet und mich seit Jahren keinen ernsthaften, tiefer gehenden Bibelstudien mehr gewidmet. Außerdem war mein letztes persönliches Gespräch mit Gott schon eine gefühlte Ewigkeit her. Ich empfand, dass ich kein Recht hatte, als eine Person zurate gezogen zu werden, die mehr über Jesus wüsste als alle anderen. Ob Gott diese Frage angestiftet hat, die diese Gedanken in mir auslöste, oder ob Gott diese Frage in dem Moment nur nutzte, um zu mir zu sprechen, kann ich nicht sagen. Eines ist mir jedenfalls klar: Gott rief mich durch seine fortdauernde Gnade bewusst zurück.[27]

Das zweite Ereignis war ebenso wichtig. Innerhalb weniger Tage nach der oben beschriebenen Begebenheit lud mich ein Professor der Universität, an der ich arbeitete, zum Mittagessen ein. Er ist Christ und mein Besuch bei ihm führte zu der Einladung, mit in seine Gemeinde zu kommen. Und damit war ich »on the road«, unterwegs zurück zu Gott.

Ohne diese beiden Anstöße, kurz hintereinander und genau zur rechten Zeit, wäre mein Leben vermutlich ganz anders verlaufen. Selbst damals aber war der Weg zurück nicht so einfach, wie ich es erwartet hatte. Ich merkte, dass ich aus der Zeit, als mich die Existenz Gottes nicht mehr scherte, einiges an schwerem Gepäck trug, das ich nicht so leicht loslassen konnte. Ich war ernsthaft nicht sicher, ob Gott wirklich ist. Der erste Schritt für mich zurück war, dass ich neben meinem Bett auf die Knie ging und emotionsgeladen zu Gott schrie, dass ich, obwohl ich nicht sicher sei, ob er überhaupt da ist, für eine Weile so leben würde, als ob er da wäre, weil ich keine andere Möglichkeit sah, meinen Weg zu ihm zurückzufinden. Die neue Schöpfung hat begonnen. Es war ein schrittweiser Prozess für mich, obwohl es sicher nicht bei jedem so ist. Gott wurde für mich in den folgenden paar Jahren immer realer, so sehr, dass das, was ursprünglich als Glauben an das Unbekannte begann, sich in Kennt-

---

27 »Wo bist du?« (1 Mose 3,9). Franz Delitzsch zitierend schreibt H. Ray Dunning von Adam: »›Gott sucht ihn nicht, weil er die Kenntnis von seinem Aufenthaltsort, sondern weil er die Gemeinschaft mit ihm verloren hat.‹ Gott beabsichtigte mit der Suche, Adam ins Bewusstsein zu bringen, dass er nun verloren ist und dass es keine Abhilfe in dieser schlimmen Lage geben kann, ohne sich dieser Tatsache bewusst zu werden. So wird die Gnade Gottes direkt an der Schwelle des Falls in der Menschheitsgeschichte gefeiert.« (DUNNING: *Reflecting the Divine Image*, S. 55). Und so war es auch bei mir – »the beat goes on«, der Takt – und der Herzschlag – geht weiter.

nis verwandelte, die mit einer hohen Überzeugung verbunden war, die bereits an Sicherheit grenzte. Paulus sprach über eine solche Erfahrung wie die meine in 1 Kor 2,14: »Ein Mensch, der Gottes Geist nicht hat, lehnt ab, was von Gottes Geist kommt; er hält es für Unsinn und ist nicht in der Lage, es zu verstehen, weil ihm ohne den Geist Gottes das nötige Urteilsvermögen fehlt.« Mit der neuen Schöpfung werden unsere geistlichen Sinne geweckt und ein lebenslanger Prozess beginnt, in dem wir Gott immer deutlicher sehen, während wir in seiner Gegenwart – im Garten – leben.

Genauso wie die Schöpfung auf Gottes Initiative beginnt und sich in Reaktion auf Gottes ständige Gegenwart und Herrschaft fortsetzt, so hängt auch die neue Schöpfung von Gottes Initiative ab. Es ist wahr, was Paulus in Röm 1,20 sagt: »Seit der Erschaffung der Welt sind seine Werke ein sichtbarer Hinweis auf ihn, den unsichtbaren Gott, auf seine ewige Macht und sein göttliches Wesen.« Dennoch ist dies nicht die ganze Geschichte, wie der Rest des Römerbriefs deutlich macht. Der große Theologe des 20. Jahrhunderts, Karl Barth, drückt aus, dass Gottes »Werke« in der Natur in ihrer absoluten Rätselhaftigkeit lauter Fragen sind, auf die Gott allein die Antwort ist. Gott weist uns in unsere Schranken und damit über unsere Schranken hinaus.[28] Um weiterzukommen benötigen wir Offenbarung. Es ist äußerst wichtig, dies zu betonen. Es ist nicht unser Geist, der uns zu Gott führt; wir lernen Gott kennen, weil Gott uns sich selbst und seine Wesensart offenbart. Wir können, so Barth, unseren Weg zu Gott nicht durch Argumente finden. Gott ist zu groß, um von unserem winzigen menschlichen Verstand allein ergründet zu werden.

Hätte Gott sich uns nicht offenbart, wären wir wie die Athener in Apg 17, die »dem unbekannten Gott« einen Altar gebaut hatten. Aber Gott hat sich uns durch das Leben, den Tod und die Auferstehung Christi offenbart, und durch sein Wort und seinen kostbaren Heiligen Geist fährt Gott fort, sich selbst aufs Neue zu offenbaren.

Wegen dieses Angewiesenseins auf die Offenbarung Gottes sollten

---

28 Vgl. KARL BARTH / CORNELIS VAN DER KOOI: *Gesamtausgabe. Der Römerbrief.* Zweite Fassung 1922. Zürich: TVZ Theologischer Verlag Zürich, 2010, S. 72.

wir der Strömung in der christlichen Apologetik, die durch naturwissenschaftliche Argumente zu beweisen versucht, dass es einen Designer gibt, keine übertriebene Aufmerksamkeit schenken. Selbst wenn wir Erfolg damit hätten: Jemanden dazu zu bringen zu akzeptieren, dass es einen Designer gibt, hat wenig mit dem Kern der Schöpfungsgeschichte zu tun. Paulus stellte ausdrücklich fest, dass die großen Wahrheiten über Gott durch Offenbarung kommen, nicht durch menschliche Weisheit:

> Nur Gottes Geist ist dazu imstande. Denn genauso, wie die Gedanken eines Menschen nur diesem Menschen selbst bekannt sind – und zwar durch den menschlichen Geist –, genauso kennt auch nur der Geist Gottes die Gedanken Gottes; niemand sonst hat sie je ergründet. Wir aber haben diesen Geist erhalten – den Geist, der von Gott kommt, nicht den Geist der Welt. Darum können wir auch erkennen, was Gott uns in seiner Gnade alles geschenkt hat. Und wenn wir davon reden, tun wir es mit Worten, die nicht menschliche Klugheit, sondern der Geist Gottes uns lehrt; wir erklären das, was Gott uns durch seinen Geist offenbart hat, mit Worten, die Gottes Geist uns eingibt.
> (1 Kor 2,11–13)

Wir dürfen nicht erwarten, dass der Geist eines Menschen, der noch nicht in Christus neu geschaffen worden ist, in der Lage sein wird, genaue Wahrheiten über die Schöpfung zu äußern. Von daher ist die eigentliche Herausforderung für das Christentum im 21. Jahrhundert (was die Schöpfung anbelangt), die Schöpfungsgeschichte der Bibel gerade *nicht* in den Naturwissenschaftsunterricht zu bringen. Die Aufgabe besteht letztendlich nicht darin, dass wir das Denken der Menschen verändern; vielmehr ist es an Gott, die Herzen zu verändern. Nur mit verändertem Herzen wird die Schöpfungsgeschichte vollendet. Und die Geschichte eines veränderten Herzens wird nicht mit Plakaten und Demonstrationen verkündet, die fordern, dass der Schöpfungsbericht der Bibel gleich viel Zeit im Klassenzimmer erhält wie die Evolution. Die Geschichte kann doch gar nicht von einem nicht von Gott erneuerten Naturwissenschaftslehrer erzählt werden, der die Liebe Gottes nicht kennt, aber versuchen soll, die Schöpfungsgeschichte auszulegen. Es handelt sich um eine Geschichte, die am besten erzählt wird, während man demütig unter einem Kreuz kniet: Gott schuf alles Leben in besonderer Schönheit, und derselbe Schöpfergott litt und starb für mich Unwürdigen, damit ich Leben bekommen kann, wie es wirklich von Gott gedacht war. Das ist die biblische Schöpfungsgeschichte in ihrer ganzen Fülle, die alle 1634 Seiten meiner Bibel berücksichtigt.

Wenn wir darauf bestehen, eine verkürzte Version der Schöpfungsgeschichte, die nur die erste Seite umfasst, in den naturwissenschaftlichen Unterricht einzubringen, vergessen wir, dass der Kern der Botschaft eine Offenbarung von Gott selbst ist, eine Botschaft, die »Gott uns durch seinen Geist offenbart hat, mit Worten, die Gottes Geist uns eingibt« (1 Kor 2,13). Ferner gibt es, wie in Kapitel 1 dargestellt, Grund zur Annahme, dass die verkürzte und »entgeistlichte« Fassung der Schöpfungsgeschichte, die viele Christen in den naturwissenschaftlichen Unterricht aufgenommen haben möchten, sogar auf einer fehlerhaften biblischen Interpretation beruht und noch dazu im Widerspruch zu den Auffassungen einiger wichtiger historischer Persönlichkeiten des Christentums steht – Wesley, Calvin und Augustinus beispielsweise. Und schließlich basiert diese Version der Schöpfungsgeschichte vielleicht nicht nur auf einer fehlerhaften Sichtweise der Bibel, sondern möglicherweise ist insbesondere ihr Verständnis der Naturwissenschaften falsch. Daher wollen wir uns in den nächsten Kapiteln dieses Buches mit den Naturwissenschaften befassen.

Es gibt keine wichtigere Mitteilung als die Schöpfungsgeschichte (wenn sie vollständig erzählt wird). Daher sollten wir uns sicher sein, dass wir sie richtig verstanden haben, oder zumindest, dass wir sie nicht unnötig verzerren, wenn wir sie weitergeben. Zugleich aber fordert das Christentum eine Balance, die auf der Seite der Liebe schwerer wiegt als auf der Seite des korrekten Wissens aller Details. Paulus schrieb:

> Nun zu einem anderen Punkt, den ihr angesprochen habt: Darf man Fleisch essen, das den Götzen geopfert wurde? »Wir

alle wissen doch in dieser Sache Bescheid«, sagt ihr, und damit habt ihr sicher Recht. Aber bloßes Wissen macht überheblich. Was uns wirklich voranbringt, ist die Liebe. Wenn sich jemand etwas auf sein Wissen einbildet, weiß er noch gar nicht, was es bedeutet, echtes Wissen zu haben. Echtes Wissen ist nur bei dem zu finden, der Gott liebt; denn wer Gott liebt, weiß, dass Gott ihn kennt und liebt. (1 Kor 8,1–3)

Und Paulus schrieb auch: »Und das ist meine Bitte an Gott: dass er eure Liebe, verbunden mit der rechten Erkenntnis und dem nötigen Einfühlungsvermögen, immer größer werden lässt.« (Phil 1,9).

Als Naturwissenschaftler, der viel über die Erkenntnis redet, besteht daher meine Aufgabe beim Schreiben dieses Buches darin, alles mir Mögliche zu tun, um die richtige Balance und das nötige Einfühlungsvermögen zu finden, um sicherzustellen, dass der Ruhepunkt, auf den meine Ausführungen zulaufen, ein christlich erbauender ist.

Kapitel 3

Der Zeitrahmen der Schöpfung

IN DEN BEIDEN VORANGEGANGENEN KAPITELN habe ich betont, dass der Zweck der Bibel darin besteht, uns zu Gott zu führen. Die Bibel erzählt uns von unserem verlorenen geistlichen Zustand und von Gottes Plan für die geistliche Wiederherstellung. Das ist sicherlich die vorrangige Stoßrichtung des Wortes Gottes vom ersten Buch Mose bis zur Offenbarung. Aber auch wenn das vorrangige Ziel der Bibel darin besteht, uns zu Gott zu führen, ist es für Gottes Volk eine grundlegende Voraussetzung zu wissen, dass das Universum existiert, weil Gott es durch seinen Befehl ins Dasein gerufen hat. Der Gott, der in Offb 21,5 sagt: »Ich mache alles neu«, ist auch der Gott von 1 Mose 1,1, von dem es heißt: »Im Anfang schuf Gott den Himmel und die Erde«. Der Gott, der uns in Christus zu einer neuen Schöpfung macht (2 Kor 5,17), ist auch der Gott, der am Anfang die Grundlage dafür schuf (1 Mose 2,7). Dies ist eine entscheidende biblische Aussage. Das Universum ist nicht zufällig hier, noch leben die Menschen auf dieser Erde durch bloßen Zufall. All dies geschah, weil Gott es durch seinen Befehl ins Dasein rief, durch sein Wort:

> Der Sohn ist das Ebenbild des unsichtbaren Gottes, der Erstgeborene, der über der gesamten Schöpfung steht. Denn durch ihn wurde alles erschaffen, was im Himmel und auf der Erde ist, das Sichtbare und das Unsichtbare, Könige und Herrscher, Mächte und Gewalten. Das ganze Universum wurde durch ihn geschaffen und hat in ihm sein Ziel. Er war vor allem anderen da, und alles besteht durch ihn. (Kol 1,15–17)

Es ist bedauerlich, dass in der evangelikalen Christenheit sehr viel Energie aufgewandt wurde, um die Frage zu diskutieren, wie lange es her ist, dass Gott diesen Befehl gab. Eine Interpretation von 1 Mose 1 sagt, dass das vor etwa 6 000 Jahren geschah. Eine andere Interpretation, die von Christen vertreten wird, die die Bibel nicht weniger achten, besagt, dass man nicht allein aufgrund theologischer Argumente entscheiden kann, wann der Startschuss zur Schöpfung gegeben wurde. Eine lange Zeit lang konnten Christen nicht wissen, welche dieser beiden Interpretationen von 1 Mose 1 am ehesten zur Wahrheit führt. In 2 Petr 3,8 lesen wir: »Für den Herrn ist ein Tag wie tausend Jahre, und tausend Jahre sind für ihn wie ein Tag.« Petrus teilt uns mit, dass unser Zeitrahmen nicht Gottes Zeitrahmen ist, und erinnert uns daran, gar nicht erst zu versuchen, Gott in unseren kleinen Rahmen zu pressen.

Wie bereits erwähnt, gleicht die heutige Situation derjenigen, mit der die Christen vor 400 Jahren konfrontiert wurden. Bevor Galilei seine wissenschaftlichen Daten sammelte, konnten die Christen nicht entscheiden, welche der beiden Interpretationen des Verses, der sagt »die Erde steht fest« (Ps 104,5), richtig war. Einige meinten, die Stelle sollte im übertragenen Sinne, also symbolisch, verstanden werden, andere meinten, sie müsse wortwörtlich verstanden werden. Beide Interpretationen hatten den gleichen theologischen Inhalt (»Gott ist treu«), aber sie hatten verschiedene naturwissenschaftliche Inhalte (»die Erde im Zentrum« im Gegensatz zu: »die Sonne im Zentrum«). Vor Galilei konnten die Christen nicht wissen, welche Interpretation die beste war. Zusätzlich zu Gottes Wort studierte Galilei jedoch auch Gottes Schöpfung, und daraus schloss er, dass die symbolische Interpretation die richtige ist. Ebenso stehen wir heute vor zwei möglichen Interpretationen der Frage: »Wie lange liegt Gottes Schöpfungshandeln zurück?« Es ist nur folgerichtig, wenn wir erwarten, dass die Erforschung von Gottes Welt helfen wird, die beiden möglichen Interpretationen von Gottes Wort zu verstehen.

3.1 Altersbestimmung mit radioaktivem Zerfall

Um zu ermitteln, wie lange es her ist, dass Gott die Erde schuf, müssen wir einige der grundlegenden Eigenschaften der Materie erörtern. Es gibt 92 natürliche chemische Elemente (über einige weitere streiten sich die Gelehrten), von denen 84 leicht auf der Erde gefunden werden, zum Beispiel Kohlenstoff, Sauerstoff, Wasserstoff und Phosphor. Viele dieser Elemente liegen in verschiedenen Formen vor, die man *Isotope* nennt. Das Element Kohlenstoff beispielsweise kommt in drei Formen vor: ^{12}C, ^{13}C und ^{14}C. Obwohl sie sich in ihrer Masse unterscheiden, verhält sich jede der drei Formen des Kohlenstoffs in chemischen Reaktionen genauso wie die anderen.

Jedes Atom eines Isotops hat eine bestimmte Anzahl von Neutronen und Protonen, die im Zentrum des Atoms in einer Struktur untergebracht sind, die man *Atomkern* oder *Nukleus* nennt. Das Isotop ^{12}C beispielsweise besitzt sechs Protonen und sechs Neutronen in seinem Atomkern, während ^{14}C über acht Neutronen und sechs Protonen verfügt. Der Überschuss an Neutronen in einem ^{14}C-Atom macht seinen Atomkern instabil. Aus diesem Grund zerfällt gelegentlich ein Kern in eine stabilere Form. Dies geschieht, wenn eines der acht Neutronen sich in zwei Teile spaltet: ein Proton und ein energiereiches Elektron. Dabei fliegt das Elektron (ein sogenanntes *Betateilchen*) aus dem Kern, das Proton bleibt zurück. Das Ergebnis ist ein Atom mit einem Neutron weniger (sieben) und einem zusätzlichen Proton (sieben). Das Extraproton führt zur Veränderung der chemischen Eigenschaften des Atoms, da Atome mit sieben Protonen einem anderen Element, dem Stickstoff, entsprechen. Kurz zusammengefasst: Kohlenstoff-14 ist instabil und zerfällt mit der Zeit zu Stickstoff. Die Energie, die bei dem Zerfall freigesetzt wird, kann gemessen werden und wird als *Radioaktivität* bezeichnet.

Nicht alle Isotope sind instabil. Zum Beispiel ist ^{13}C mit seinen sieben Neutronen und sechs Protonen ein stabiles Element und unterliegt nicht dem radioaktiven Zerfall. Von den 84 Elementen, die in der Natur leicht gefunden werden können, gibt es insgesamt 339 Isotope und die meisten davon sind stabil. Es sind aber gerade die instabilen Isotope, mit denen man das Alter der ältesten Gesteine auf der Erde ermitteln kann.

Die Zerfallsraten der verschiedenen Elemente wurden in den vergangenen 100 Jahren sorgfältig untersucht und sind für die verschiedenen Isotope sehr genau bekannt. Betrachten wir beispielsweise Uran-235 (^{235}U). Es zerfällt über eine Reihe von Zwischenprodukten zu dem Element Blei-207. Naturwissenschaftler haben sich die Rate dieses Zerfalls angesehen und festgestellt, dass er erstaunlich langsam erfolgt. Es würde 713 Millionen Jahre dauern, bis die Hälfte einer Probe von Uran-235 zu Blei-207 zerfallen ist. (Manche Wissenschaftler rechnen heute mit einem Wert von 704 Mill. Jahren, der sich ergibt, wenn ein gewichtetes Mittel über experimentelle Werte aus mehreren Studien gebildet wird.) Wenn ich mit meinen Studenten darüber spreche, höre ich häufig, dass sie nicht glauben, dass eine so lange Zeit überhaupt gemessen werden kann.»Wie können Naturwissenschaftler das jemals auch nur annähernd zuverlässig wissen?«, fragen sie. Die Antwort ist einfach.

Wenn ein Uranatom zerfällt, sendet es einen Strahlungspuls aus, der mit einem Geigerzähler gemessen werden kann. Jedes Zerfallsereignis löst einen Klick im Geigerzähler aus. Wenn Sie eine Unze Uran haben, wird ein Geigerzähler etwa 4 Milliarden Zerfälle pro Sekunde registrieren. Das klingt nach viel und scheint zu implizieren, dass Uran sehr instabil ist, aber das ist es nicht, wenn man bedenkt, wie viele Atome in dieser Sekunde *nicht* zerfallen. Selbst in einer Stunde wird von jeder Billion Uranatomen nur eines zerfallen. Mit dieser Information kann man nun schnell errechnen, wie lange es dauern würde, bis eines von zwei Uranatomen zu Blei zerfallen wäre, nämlich etwa 713 Millionen Jahre.

Wenn die Erde unendlich alt wäre, würde es kein Uran-235 auf diesem Planeten mehr geben. Es wäre alles zu Blei zerfallen. Das Vorhandensein von Uran-235 ist ein Indiz für das endliche Alter der Erde. Wie alt ist die Erde nun also? Um das abzuschätzen, muss man messen, wie viel des Urans zerfallen ist. Und wie kann das geschehen? Um die Methode zu veranschaulichen, machen wir eine vereinfachende Annahme. Zur Ermittlung des Alters einer einzelnen sehr alten Gesteinsprobe nehmen wir mal an, dass kein Blei in dem Gestein vorhanden war, als es ursprünglich gebildet wurde.[1] Wenn wir nun herausfinden, dass in einem bestimmten Mineral der Gesteinsprobe genau gleiche Mengen von Uran und Blei enthalten sind, dann wäre das Gestein damit 713 Millionen Jahre alt. Alles Blei würde von dem zerfallenen Uran stammen, und wenn die Elemente nun in gleichen Mengen vorhanden sind, muss genau die Hälfte des Urans zerfallen sein. Wenn in der Probe dagegen etwa drei Mal so viele Blei- wie Uranatome enthalten wären, wäre nur noch ein Viertel des ursprünglichen Urans vorhanden und das Gestein damit 1,426 Milliarden Jahre alt.

Nun, da Sie mit dem Prinzip vertraut sind, müssen wir die Vereinfachung überprüfen. Man kann natürlich nicht davon ausgehen, dass es anfangs kein Blei im Gestein gab. Daher benötigt man eine Methode, um abzuschätzen, wie viel Blei bereits vorhanden war, als das Gestein ursprünglich gebildet wurde. Dazu gibt es eine einfache Möglichkeit: Das Blei, das aus Uran gebildet wird, ist das Isotop Blei-207. Aber es gibt auch noch ein anderes Bleiisotop, Blei-204, und umfangreiche Daten zeigen, dass Blei-204 und Blei-207 sich chemisch gesehen identisch verhalten. Bei der ursprünglichen Entstehung eines Minerals (das heißt, wenn sich das Gestein bildet), kann der chemische Mineralisierungsprozess nicht zwischen den beiden Bleiisotopen unterscheiden. Also wird jedes der beiden Bleiisotope ohne Unterschied gewählt, und die beiden Isotope sollten dann im gleichen relativen Mengenverhältnis im Mineral enthalten sein, wie sie generell in der Erdkruste vorkommen. Nun kommen wir zu dem entscheidenden Punkt: Wenn bei seiner ursprünglichen Formung Uran-235 in das Gestein eingebaut wurde, so wäre es danach langsam zerfallen und hätte zusätzliches Blei-207 produziert, aber eben kein Blei-204.[2] Wenn das Gestein nur ein paar Tausend Jahre alt wäre, gäbe es fast kein mess-

---

[1] Lassen Sie sich von dieser vereinfachenden Annahme nicht erschrecken. Sie wird nur getroffen, um sicherzustellen, dass der Leser das Prinzip versteht. Wir werden diese Vereinfachung wieder zurücknehmen, sobald das Prinzip klar ist.
[2] Da die ursprüngliche Menge von Blei-207 leicht errechnet werden kann, wenn man erstens die aktuelle Menge von Blei-204 im Gestein und zweitens das Verhältnis

bares zusätzliches Blei. Wenn es allerdings Hunderte von Millionen Jahren alt wäre, gäbe es viel mehr davon. Die Menge des zusätzlichen Bleis ist genau gleich der Menge des Uran-235, die zerfallen ist.

Um sicherzugehen, dass das Grundprinzip hinter der Datierungsmethode klar ist, möchte ich einen einfachen Vergleich bemühen. Stellen Sie sich vor, dass Sie beim Besuch eines fremden Landes von Guerillakämpfern als Geisel genommen werden. Sie befinden sich in Einzelhaft, ohne zu jemand anderem Kontakt zu haben – es gibt nur Sie und die Reisetasche, die Sie bei sich hatten, als Sie gefangen genommen wurden. Da Sie nach einer Möglichkeit suchen, mit dem Datum auf dem Laufenden zu bleiben, während Sie eingesperrt sind, stöbern Sie in Ihrer Tasche und finden zwei Schachteln Kosmetiktücher. Sie nehmen die Tücher aus den Schachteln heraus und zählen sie durch – insgesamt dreihundert Stück. Und dies ist Ihr Plan, wie Sie den Überblick über die vergangene Zeit während Ihrer Gefangenschaft behalten wollen: Jeden Tag werden Sie eines der Tücher von dem Stapel der 300 nehmen und benutzen, um Ihr Gesicht und die Hände abzuwischen. Jedes verwendete Tuch entspricht einem Tag. Am ersten Tag sind es 299 neue Tücher und ein benutztes. Im Laufe der Zeit wird der Stapel der benutzten Tücher höher, und wenn 150 Tage vergangen sind (etwa 5 Monate), befindet sich die Hälfte der Tücher auf dem Stapel mit den sauberen Tüchern und die andere Hälfte auf dem mit den benutzten.

Bei der Gesteinsdatierung entspricht das Uran den sauberen Tüchern und Blei-207 den gebrauchten. Uran verwandelt sich in Blei, genauso wie neue Tücher zu gebrauchten werden. Die atomare Uhr tickt, vergleichbar mit der täglichen Benutzung eines Kosmetiktuchs. Ein Klick hier, ein Tag dort – die Zeit schreitet voran. Der Unterschied ist jedoch, dass die atomare Uhr nicht nur 300 Tage lang tickt, sondern Millionen Tage, ja sogar Millionen Jahre lang. Schon in längst vergangenen Tagen und Epochen hat die Uhr im Gestein getickt. In gewissem Sinne wurde auch das uranhaltige Mineral als »Geisel«

---

von Blei-204 zu Blei-207 in der Erdkruste kennt, ist es ein Leichtes, so die Menge des zusätzlichen Bleis-207 im Gestein zu ermitteln.

genommen. In diesem Fall wird es in einem Gestein »gefangen« gehalten, und seine Zerfallsprodukte, die Blei-207-Atome, blieben, wie die gebrauchten Tücher in unserem Beispiel, im Inneren dieses Gesteins eingesperrt, und zwar seit dem Augenblick, als das Gestein ursprünglich gebildet wurde – vor Hunderten von Millionen, vielleicht Milliarden Jahren.[3]

Die Analogie mit den Kosmetiktüchern beruht auf der Annahme, dass Sie an dem Tag ihrer Gefangennahme keine bereits gebrauchten Tücher bei sich hatten. Wenn Sie zu Beginn des Experiments schon verwendete Tücher in ihren Taschen gehabt hätten, würde Ihr »Kalender« ungenau sein, es sei denn, Sie konnten die Anzahl der am Anfang bereits vorhandenen gebrauchten Tücher bestimmen. In der Tat ist dies genau die Situation, mit der man sich befassen muss, wenn man Messungen des Alters durch die Ermittlung des in Blei-207 zerfallenen Uran-235 durchführen will. Es ist zwingend notwendig festzustellen, wie viel Blei-207 zum Zeitpunkt der Gesteinsbildung bereits vorhanden war, damit man die Menge an zusätzlichem Blei-207 berechnen kann, das als Zerfallsprodukt gebildet wurde. Genauso zuverlässig, wie man die Anzahl der zuvor bereits benutzten Kosmetiktücher durch Zählen bestimmen kann, ist glücklicherweise die Methode zur Bestimmung des ursprünglich vorhandenen Bleis-207 (siehe Anmerkung 2).

So gut Ihre Technik, in der Gefangenschaft die Zeit nachzuverfolgen, auch sein mag, ist sie eventuell dennoch nicht absolut sicher. Was ist, wenn Sie zum Beispiel einige Ihrer gebrauchten Tücher aus Versehen weggeworfen haben? Sollte dies der Fall sein, dann wäre in der Folgezeit das Verhältnis von neuen zu gebrauchten Tüchern kein genauer Indikator mehr für die bereits vergangene Zeit. Bei der Datierung von Gesteinen sind sich die Wissenschaftler gleichermaßen bewusst, dass in der Vergangenheit eines Gesteins ein Problem

---

3 Jeder Vergleich hinkt. Anders als bei der Analogie mit den Kosmetiktüchern ist die *Anzahl* der zerfallenden Atome pro Zeiteinheit nicht konstant. Konstant ist die Zerfalls*rate* einer gegebenen Anzahl von Mutteratomen des Ursprungselementes. Wenn im Laufe der Zeit die noch vorhandene Anzahl der Mutteratome immer kleiner wird, werden damit einhergehend weniger Atome des Zerfallsproduktes produziert.

dieser Art aufgetreten sein könnte. Zu beachten ist beispielsweise, dass Blei leicht verdampft. Wenn daher ein sagen wir eine Milliarde Jahre altes Gestein auch nur irgendwann im Laufe seiner Geschichte aufgrund von vulkanischer Aktivität auf eine sehr hohe Temperatur erhitzt wurde, dann könnte ein Teil des Bleis-207 aus der Gesteinsschmelze verdampft sein. Wie die fälschlicherweise weggeworfenen gebrauchten Kosmetiktücher, könnte ein Teil des Bleis »verloren« gegangen sein. Es gibt Möglichkeiten, solche Ereignisse zu erkennen und in den Berechnungen zu korrigieren. Die meisten sind allerdings zu technisch, um in einem allgemeinen Buch wie diesem besprochen werden zu können.[4] Ein paar der eher unkomplizierten Methoden, mit denen Naturwissenschaftler die Datierung von Gesteinen auf Probleme dieser Art prüfen können, wollen wir jedoch betrachten. Eine besteht darin, zur Kontrolle ein zweites, alternatives System zur Altersbestimmung zu nutzen.

Ein Beispiel für ein zweites System, das sogar für noch zuverlässiger gehalten wird als die Uran-Blei-Uhr, ist verbunden mit Kalium-40, einem weiteren instabilen Isotop. Im Laufe der Zeit zerfällt das Isotop Kalium-40 zu Argon-40. Es dauert etwa 1,25 Milliarden Jahre, bis die Hälfte einer Probe von Kalium-40 zerfallen ist (erinnern wir uns, dass die Methode zur Bestimmung dieser »Lebensspanne« unkompliziert und zuverlässig ist, wie weiter vorne besprochen). Der Kalium-Argon-Mechanismus ist besonders zuverlässig, weil bei der Entstehung vieler Mineralien Kaliumatome eine feste Position in der jeweiligen atomaren Struktur haben. Als Beispiel für eine solche Struktur betrachte man das Muster der weißen und schwarzen Felder auf einem Schachbrett. Jedes weiße Feld und jedes schwarze Feld hat eine feste und genau bestimmte Position auf dem Brett. So verhält es sich auch mit der Position der Kaliumatome in dem Mineral des Gesteins. Bei seiner ursprünglichen Entstehung besitzt ein Mineral eine ganz be-

---

4 Für eine detaillierte Behandlung der Datierungsmethoden siehe G. Brent Dalrymple: *The Age of the Earth*. Stanford, ca (usa): Stanford University Press, 1991. Eine Zusammenfassung bietet Kenneth R. Miller: »Scientific Creationism vs. Evolution: The Mislabeled Debate«. In: Ashley Montagu (Hrsg.): *Science and Creationism*. New York: Oxford University Press, 1984. S. 18–63, hier: S. 28–35.

stimmte Anzahl von Kaliumatomen, wie das Schachbrettmuster eine festgelegte Anzahl weißer Felder hat. Alle Atome sind fest zusammengefügt, genau wie die Schachbrettfelder. Da Kalium-40 instabil ist, zerfällt es mit der Zeit. Was nun an der erwarteten Menge an Kalium fehlt, sollte in der Form seines Zerfallsprodukts Argon vorhanden sein, einem Gas, das im Gestein eingeschlossen wird. Diese Datierungsmethode ist wunderbar selbstüberprüfend: Wenn die Anzahl der fehlenden Kaliumatome (wie »fehlende weiße Felder« auf einem Schachbrett) nicht exakt der Anzahl der nun zusätzlich vorhandenen Argonatome entspricht, so wissen die Naturwissenschaftler, dass es eine »Schmelze« oder ein anderes katastrophales Ereignis in der Vergangenheit des Gesteins gegeben haben muss, was die Methode für das entsprechende Gestein unbrauchbar macht.[5] Wenn andererseits die fehlenden Kaliumatome und die zusätzlichen Argonatome in gleicher Anzahl vorhanden sind, dann können die Wissenschaftler das Alter des Gesteins durch die Bestimmung des Verhältnisses von Kalium-40-Atomen zu Argon-40-Atomen errechnen.

Kommen wir zurück zu der Analogie mit der Gefangenschaft. Nehmen wir einmal an, dass Sie tatsächlich etwas skeptisch sind, was die Zuverlässigkeit der Methode des Tücherzählens zur Bestimmung der vergangenen Zeit angeht. Sie sind zum Beispiel besorgt, dass einige der gebrauchten Tücher aus Versehen weggeworfen wurden. In Gefangenschaft werden kleine Dinge manchmal ganz groß, und diese Sorge belastet Sie, zumal Ihnen versprochen wurde, dass sie am 300. Tag freigelassen werden sollen. Aber wann ist das nur? Was kann ein Gefangener nur tun? Nach Ihrer Messung sind 150 Tage vergangen. Nehmen wir an, Ihnen wird ein kurzer Besuch bei Ihrem Mitreisenden gestattet, der wie Sie gefangen genommen wurde und seitdem wie Sie in Einzelhaft sitzt. Nach einer angemessenen Begrüßung zweier Personen, die sich nach vielen Tagen Gefangenschaft kurz wiedersehen dürfen, wenden Sie sich beide der Frage zu, wie

---

5 In der Analogie mit den Kosmetiktüchern könnten wir sagen, dass die Anzahl der *fehlenden sauberen* Tücher immer exakt gleich der Anzahl der *gebrauchten* Tücher sein muss. Wenn das nicht so ist, dann wäre klar, dass unser Zeitbestimmungssystem hier unzuverlässig ist.

viele Tage seit Ihrer Gefangennahme schon vergangen sind. Sie erklären Ihr System und weisen darauf hin, dass Sie 150 Tage vermuten, aber aufgrund der Möglichkeit, einige der Tücher verloren zu haben, etwas unsicher sind. Zu Ihrer großen Freude erfahren Sie, dass Ihr Begleiter ein ähnliches System hat, um die bereits vergangenen Tage zu zählen. In seiner Tasche hatte er eine Tüte mit 203 Pistazien. Jeden zweiten Tag hat er eine gegessen und die leeren Schalen (die zwei Hälften zählt er als eine Schale) aufbewahrt. Da er derzeit 75 leere Schalen und noch 128 Pistazien hat, kommen Sie beide, jeder mit seinem eigenen Datierungssystem, zum gleichen Ergebnis. Es sind 150 Tage vergangen und Ihre letzten Zweifel verschwinden. Die zwei unabhängigen Bestätigungen haben Sie überzeugt, dass es nur noch 150 Tage bis zur Entlassung sind.

Wie die zwei Gefangenen, die die Zeit, die seit ihrer Gefangennahme vergangen ist, gegengeprüft haben, führen auch Naturwissenschaftler häufig Gegenprüfungen für das Alter eines Gesteins durch. Um sicherzugehen, dass das Alter wirklich stimmt, werden zwei verschiedene Verfahren verwendet (zum Beispiel die Uran-Blei-Methode und die Kalium-Argon-Methode). Wenn die beiden Ergebnisse nicht übereinstimmen, gab es in der Vergangenheit des Gesteins irgendwelche Unregelmäßigkeiten und eine weitere Analyse ist notwendig. Wenn dagegen zwei Datierungsmethoden übereinstimmen, dann gibt es (wie bei den beiden Gefangenen, von denen der eine Kosmetiktücher und der andere Pistazien benutzte) ein hohes Maß an wissenschaftlichem Vertrauen, dass das Alter des Gesteins korrekt ist.

Lassen Sie uns noch kurz eine dritte Datierungsmethode betrachten, eine, die auf dem Zerfall von Rubidium-87 zu Strontium-87 beruht. Man erinnere sich daran, dass in dem Beispiel mit den frischen und gebrauchten Kosmetiktüchern alle benutzten Tücher, die schon vor dem Beginn der Gefangenschaft in der Reisetasche waren, ein erhebliches Problem bei der Ermittlung der Anzahl vergangener Tage verursachen würden, es sei denn Sie wüssten, wie viele es waren. Ebenso ist es nötig, wie Sie sich erinnern, beim Uran-Blei-System das im Laufe der Zeit gebildete zusätzliche Blei-207 zu bestimmen (das heißt jenes, welches durch den Zerfallsprozess produziert wurde). Ein Vorteil der Rubidium-Strontium-Methode besteht nun darin, dass die bereits bei der Bildung des Gesteins vorhandene Menge des Zerfallsproduktes nicht bekannt sein muss. Ein zweiter Vorteil ist, dass mit ihr das Alter mehrerer verschiedener Mineralien im gleichen Gestein untersucht werden kann. Wenn nicht alle Mineralien das gleiche Alter ergeben, dann ist klar, dass das Gestein in den vorangegangenen Jahrmillionen einer vulkanischen Erhitzung oder irgendeiner anderen Störung ausgesetzt war und damit für die Datierung nicht geeignet ist. Das Schöne an der Rubidium-Strontium-Methode ist, dass sie sich quasi selbst überprüft (durch die Analyse mehrerer Mineralien im gleichen Gestein) und man sich keine Gedanken über bereits bei der Gesteinsentstehung vorhandene Zerfallsprodukte machen muss.

Wenn man nur eine Methode zur Altersbestimmung eines Gesteins anwendet, kommt man in die gleiche Situation wie in dem Gefangenschaftsszenario, wenn man dort keine Möglichkeit hätte, eine zweite Quelle zur Bestätigung seiner Messung zu finden. Das Vertrauen wächst hingegen, wenn es mehrere unabhängige Datierungsmethoden gibt. Und in der Tat existieren zurzeit vierzig unabhängige Isotopensysteme, die von Geologen zur Datierung von Mineralien angewandt werden. Jedes Jahr werden beinahe tausend wissenschaftliche Arbeiten veröffentlicht, in denen diese Systeme Verwendung finden – und alle stimmen nahezu miteinander überein. Hunderttausende von Gesteinsproben wurden von Hunderten verschiedener Labore datiert. Wenn wir noch einmal auf die Gefangenschaftsanalogie zurückkommen, entspricht das also nicht einer Gegenprüfung von nur zwei Datierungsmethoden. Es sind viele, viele verschiedene Methoden, die den Zeithorizont der Erde alle in demselben Bereich sehen.

3.2 Einwände von Befürwortern einer jungen Erde

Inkonsistenzen bei der Datierung von Gesteinen Befürworter einer jungen Erde weisen darauf hin, dass die Ergebnisse verschiedener Datierungsmethoden nicht völlig übereinstimmen. Ferner geben Sie zu bedenken, dass einige Gesteine aus verschiedenen Gründen nicht mit diesen Methoden datiert werden können. Die Geologen stimmen ihnen in diesen Punkten völlig zu. Aber selbst wenn wir eine Fehlergrenze von 5 bis 10 Prozent bei den Datierungsmethoden annehmen würden, wäre die Erde immer noch über 4 Milliarden Jahre alt statt der gegenwärtigen Schätzung von 4,6 Milliarden Jahre. Um zu einem Erdalter von nur 6 000 Jahren zu gelangen, müssten die Methoden Fehler erzeugen, die viele Größenordnungen darüber liegen. Über Fehler zu schreiben, bei denen die verschiedenen Messungen tatsächlich nur wenige Prozent voneinander abweichen, und dann zu behaupten, dass die Methode deswegen unbrauchbar sei, dürfte unfair sein gegenüber den Lesern, die nicht mit den Details vertraut sind. Jeder, der lange Zeit in Forschungslaboren gearbeitet hat, weiß, dass Messtechniken selten perfekt funktionieren. Die Tatsache, dass unterschiedliche und voneinander unabhängige radiometrische Datierungsmethoden *relativ* gut miteinander übereinstimmen, bestätigt deren Richtigkeit – noch dazu, wenn man bedenkt, dass es Uhren sind, die bereits Hunderte Millionen oder mehr Jahre ticken. Die Tatsache, dass sie nicht immer perfekt übereinstimmen, weist auf die Grenzen dieser naturwissenschaftlichen Methoden hin, macht sie aber nicht unbrauchbar. Bedenken Sie bitte auch, dass es bei der Frage, welche der beiden Interpretationen von 1 Mose 1 die richtige ist, nicht darum geht, ob die Erde 4,3 Milliarden Jahre oder 4,6 Milliarden Jahre alt ist. Solche Fragen können wir den Naturwissenschaftlern überlassen, die gründlich die Details erforschen, die zu geringfügigen Abweichungen in ihren Daten führen. Für uns ist die entscheidende Frage, ob die Erde 6 000 Jahre oder 4,6 Milliarden Jahre alt ist. Wir dürfen uns nicht zu der Vorstellung hinreißen lassen, dass geringe Schwankungen in den Daten, die von nahezu allen Geologen als erklärbar akzeptiert werden, in dieser Frage relevant wären.

Könnten sich die Zerfallsraten, d. h. die Halbwertszeiten, verändert haben?
In unserer Analogie mit den sauberen und gebrauchten Kosmetiktüchern sagten wir, dass wir die verstrichene Zeit durch Zählen der Anzahl der verwendeten Tücher messen und diese Messung mit der Abnahme der Zahl der sauberen Kosmetiktücher gegenprüfen könnten. Solange man die Regel von einem Tuch pro Tag befolgt, wäre man in der Lage genau zu sagen, wie viele Tage seit dem Beginn der Gefangenschaft vergangen sind. Natürlich würde jede Veränderung in der Häufigkeit der Tücherbenutzung das ganze Zeitmesssystem stören.

Die Befürworter einer jungen Erde argumentieren schon seit Längerem, dass die Zerfallsraten von heute nicht unbedingt die gleichen sein müssen wie die Zerfallsraten in der Vergangenheit. Offenkundig wäre die »Uhr« nutzlos, wenn es eine Zeit gab, in der die verschiedenen Zerfälle (zum Beispiel Kalium zu Argon, Uran zu Blei, Rubidium zu Strontium) schneller stattgefunden haben. Deshalb gebietet es die Fairness gegenüber Befürwortern einer jungen Erde, diese Idee sorgfältig zu prüfen. Der radioaktive Zerfall von einem Element zu einem anderen beinhaltet eine Veränderung im Kern des Atoms, weshalb wir kurz abschweifen müssen, um die Struktur eines Atoms zu erörtern.

Ein Atom besteht aus einem Kern in seinem Zentrum, der von einer Wolke umgeben ist, die eine charakteristische Anzahl von Elektronen enthält. Die Elektronen bewegen sich ständig mit unvorstellbar hohen Geschwindigkeiten. Ein Atom ist schon klein, aber der Kern in der Mitte nimmt einen besonders winzigen Bereich ein. Um dies zu veranschaulichen, stellen wir uns vor, es wäre möglich, ein Atom so zu vergrößern, dass der Kern die Größe eines Fußballs besitzt. Bei dieser Vergrößerung würde das Gebiet, das das gesamte Atom einnimmt, einen Durchmesser haben, der größer ist, als der Mount Everest hoch ist. Die Elektronen, die selbst bei dieser Vergrößerung noch extrem klein wären, würden durch diesen riesigen Raum sausen, in dem sich nichts anderes befindet als nur der einsame, dichte Fußball in der Mitte. Zusammenfassend kann man sagen, dass ein Atom, klein wie es ist, fast ausschließlich aus leerem Raum besteht.

Der winzige, dichte Kern im Zentrum des Atoms hat Eigenschaften, die sich völlig von dem riesigen Raum unterscheiden, der es umgibt. Die Kräfte, die die Dinge innerhalb des einzelnen Kerns zusammenhalten, unterscheiden sich von der Art der Kräfte, die die verschiedenen Atome in einem Molekül zusammenhalten. Ein Wassermolekül (H_2O) zum Beispiel besteht aus zwei Wasserstoffatomen, die an ein einzelnes Sauerstoffatom gebunden sind. Die Wechselwirkung zwischen verschiedenen Atomen ist eine Sache der Elektronenwolke in dem leeren Raum, und es ist nicht schwierig, diese Wechselwirkungen durch verschiedene physikalische und chemische Mittel zu stören. Im Vergleich dazu ist jedoch der »Klebstoff«, der die Teile des Kerns zusammenhält, über eine Million Mal stärker.[6] Die Bestandteile eines Atomkerns können nicht so einfach verändert werden und sind fast komplett immun gegen Störungen von außen.

Der radioaktive Zerfall geschieht durch Veränderungen im Atomkern, nicht in der Elektronenwolke im leeren Raum um den Kern. Wenn ein Element zerfällt (z. B. Uran zu Blei), dann sind die Dinge, die dies bewirken, nukleare Ereignisse, die äußerst robust sind gegen Störungen von außen. Naturwissenschaftler haben große Anstrengungen unternommen, um die Zerfallsraten zu verändern. Sie haben zum Beispiel versucht, die Zerfallsraten durch Erhitzen auf Temperaturen bis zu 2 500 °C oder durch Kühlung bis zu −253 °C zu beeinflussen und fanden praktisch keine Auswirkungen. Es wurden Messungen unter einem Druck von mehreren Tausend Atmosphären sowie Messungen mit unterschiedlichen Gravitationsfeldern und magnetischen Feldern durchgeführt, alles quasi ohne Auswirkungen

---

6 Um sich ein Bild machen zu können, was eine Million Mal wirklich bedeutet, lassen Sie uns folgenden Vergleich anstellen. Während ich dies schreibe, habe ich eine Halblitertasse Kaffee vor mir stehen. Ich kann der Kraft, die die Tasse auf den Tisch drückt, leicht entgegenwirken – ich nehme die Tasse einfach und hebe Sie hoch. Wenn es andererseits möglich wäre, eine Million Mal so viel in die Tasse zu füllen, entspräche dies dem Gewicht von etwa 300 suv-Geländelimousinen in dem Halbliterplatz, der jetzt von meinem Kaffee eingenommen wird. Selbst der stärkste Kran, den es gibt, wäre nicht in der Lage, diese Tasse zu heben, wenn eine so starke Kraft die Tasse nach unten drückt.

auf die Zerfallsraten.[7] Alle Arten radioaktiven Zerfalls, die für radio-metrische Datierungen verwendet werden, sind im Grunde genom-men resistent gegen physikalische und chemische Einflüsse. Selbst bei solchen Zerfallsmechanismen, bei denen kleine chemische Beein-flussungen vorstellbar wären (z. B. beim Kalium-Argon-Zerfall), wur-de dies niemals beobachtet. Kernphysiker, seien sie Christen oder nicht, sind sich praktisch zu 100 Prozent einig, dass es in der Erd-geschichte nichts gab, was die Zerfallsraten signifikant hätte beein-flussen können.[8] Doch selbst wenn man herausfinden *würde*, dass *alle* unterschiedlichen Zerfallsmechanismen durch eine Kraft beein-flusst worden sein könnten, die *jede* der Zerfallsraten entsprechend verändert hätte, halten es Physiker – Christen und Nichtchristen glei-chermaßen – sogar noch um so mehr für undenkbar, dass sie *alle* jeweils gerade so verändert wurden, dass im Ergebnis die gleichen gewaltigen prozentualen Fehler auftreten, die erforderlich sind, um fälschlicherweise ein Erdalter von 4,6 Milliarden Jahren zu ermitteln, wenn es in Wirklichkeit nur 6 000 Jahre betragen würde.

Einige Leser werden immer noch nicht davon überzeugt sein, dass die Erde Milliarden Jahre alt ist. »Ich traue den Physikern nicht«, mögen sie denken. »Woher wollen die wissen, dass nicht noch et-was entdeckt wird, was die Zerfallsraten beeinflusst hat?« Dieses Misstrauen gegen die Physiker hat einen einfachen Grund. Unverän-derliche Zerfallsraten und eine alte Erde lassen in der Konsequenz auf die Verwendung symbolischer Sprache im Schöpfungsbericht schließen. Obwohl viele anerkennen, dass bildhafte Sprache in den Psalmen und anderen poetischen Büchern der Bibel verwendet wird, erregt die Vorstellung, im Schöpfungsbericht solche dichterischen Freiheiten zu finden, deutliches Unbehagen bei ihnen. Ich kann die-ses Unbehagen und die Gründe für das Zögern gut nachvollziehen. Es ist wirklich wichtig, *sicher* zu sein. In diesem Sinne lesen Sie daher bitte weiter.

---

7 Eine detailliertere Erörterung der Versuche, die Zerfallsrate zu ändern, findet man in DALRYMPLE: *The Age of the Earth*, S. 88–89.

8 Als Kernphysiker wird jemand bezeichnet, der auf dem Gebiet der Kernphysik promoviert hat.

Das Konzept der radiometrischen Datierung beruht auf einer wesentlichen Annahme (nämlich unveränderte Zerfallsraten), und obwohl wahrscheinlich jeder Kernphysiker auf der Erde (ob Christ oder nicht) zustimmt, dass die Zerfallsraten sich im Laufe der Erdgeschichte nicht verändert haben, ist das Thema doch so wichtig, dass wir fragen müssen, ob es bestätigende Daten gibt. Gibt es noch andere Möglichkeiten, das Alter der Erde zu bestimmen? Gibt es zuverlässige Methoden, die nicht von konstanten Raten radioaktiver Zerfälle abhängen, bei denen einige Christen Bedenken haben – seien es Einzelpersonen oder Gruppierungen, die zögern, der Überzeugung der Kernphysiker zu vertrauen?[9] Haben Sie auch schon einmal versucht, das Alter eines Baumes durch Abzählen seiner Jahresringe zu schätzen? In der Grundschule haben wir gelernt, dass Bäume im Sommer schneller wachsen als im Winter. Daraus resultiert das jahreszeitliche Wachstumsmuster – ein heller Frühholzring und ein dunkler Spätholzring entsprechen einem Jahr. Die ältesten bekannten noch lebenden bzw. existierenden Bäume sind die Grannenkiefern, die an den östlichen Hängen der Sierra Nevada in der Nähe der Grenze zwischen Kalifornien und Nevada in den usa wachsen. Durch Zählen der Jahresringe wissen wir, dass diese Greise ungefähr 6 000 Jahre alt sind. Da so mancher von uns Baumjahresringe gesehen und gezählt hat und da 6 000 Jahre mit einer wortwörtlichen Auslegung von 1 Mose im Einklang stehen, bereitet dies wohl kaum jemandem Unbehagen. Allerdings ändert sich die Lage auf verblüffende Weise, wenn man einige der toten Bäume in der näheren Umgebung genauer untersucht. Durch die Analyse ihrer Ringe wird deutlich, dass die ältesten Bäume dort bereits vor 11 800 Jahren wuchsen.[10] Allein die-

---

9 Weitere Beispiele zur Bestätigung, die hier nicht besprochen werden können, liefert Dalrymple: *The Age of the Earth*, S. 364–392. Darüber hinaus wird interessierten Lesern sehr empfohlen, folgenden Artikel zu lesen: Roger C. Wiens: *Radiometrische Altersbestimmungen – Eine christliche Sicht*. Überarbeitete Fassung 2002. url: http://www.schoepfung-durch-evolution.de/media/Wiens-Altersbestimmung.pdf
Die folgenden Ausführungen zu Baumringen, Eisbohrkernen und Seesedimenten basieren auf Informationen aus diesem Artikel.
10 Die Methode, mit der man bestimmt, wann diese toten Bäume lebten, besteht darin, das exakte Muster ihrer äußeren Ringe innerhalb von noch lebenden Bäumen

ser Befund verlegt den Zeitpunkt der Entstehung der Erde außerhalb eines streng wörtlichen Verständnisses des biblischen Berichts.

Wenn man 12 000 Jahre in der Zeit zurückgeht, kommt man zu der letzten Eiszeit. Daher endet dort die Methode des Zählens der Jahresringe der Grannenkiefern, sodass diese Technik für noch ältere Datierungen nicht zur Verfügung steht. Allerdings gibt es analoge Methoden, die es Forschern erlauben, Jahre weit über 12 000 hinaus zu zählen. Eine besteht darin, die jahreszeitlichen Eisschichten, die sich tief in die Gletscher der Antarktis und Grönlands erstrecken, zu zählen. Das Eis ist natürlich aus gefallenem Schnee entstanden. Genauso wie die Ringe in einem Baum zeigt das Eis jahreszeitliche Schwankungen, die mit den komprimierten Schneeschichten in Zusammenhang stehen. Schichten mit Staub beispielsweise sind im Sommer stärker ausgeprägt als zu anderen Jahreszeiten. Außerdem sind Luftblasen und Eiskristalle im Sommer größer als im Winter. Dies sind nur zwei von mehreren regelmäßig wechselnden Parametern, die es Forschern ermöglichen, schön der Reihe nach die Jahre abzuzählen, um so zu einer Datierung der Bildung der einzelnen Schichten zu gelangen. Mit hoch spezialisierten Bohranlagen wurde der etwa 3 000 Meter lange bzw. tiefe zylinderförmige Bohrkern in Abschnitte zerlegt. Hunderttausende von Messungen wurden an Proben einzelner Zylinder durchgeführt. Die ältesten Abschnitte bei dieser Bohrung reichen 180 000 Jahre zurück.

Eine weitere verwandte aber völlig unabhängige Möglichkeit des »Zählens von Ringen« bzw. Schichten stammt aus der Analyse von Sedimenten am Grund von Seen. Ebenso wie Bäume und verdichteter Schnee erzeugt auch das Sediment, das auf den Grund eines Sees fällt, jedes Jahr ein spezifisches jahreszeitliches Muster. Im Frühjahr ist das Sediment reich an Mineralien aus Hochwasser führenden Bächen,

---

aufzufinden. Durch diese Kalibrierung ermittelt man das Zeitfenster für die Jahre der Bildung des äußeren Holzes eines bestimmten toten Baumes. Durch das Zurückzählen der weiteren inneren Ringe des toten Baumes von dem nun bekannten Jahr am Rand aus kann man bestimmen, wann dieser Baum zu wachsen begann. Auf diese Weise gelang es zu zeigen, dass das innerste Holz der ältesten toten Bäume vor 11 800 Jahren entstand.

während es im Sommer und Herbst reich ist an organischem Material aus faulenden pflanzlichen Fasern, Algen und Pollen. Hunderte von Seen wurden so analysiert, und die auf diese Weise datierten ältesten Sedimentschichten sind 35 000 Jahre alt. Da die Schichten stark zusammengedrückt werden, ist die Methode auf noch ältere Sedimente nicht mehr zuverlässig anzuwenden. Aber zweifellos können die Schichten deutlich weiter als 6 000 Jahre zurück gezählt werden.

Baumringe zeigen, dass die Erde mindestens 12 000 Jahre alt ist. Seesedimente zeigen, dass sie mindestens 35 000 Jahre alt ist. Es wurden Eisbohrkerne mit Schichten von 180 000 Jahren ans Tageslicht befördert. Und die Datierung alter Gesteine durch radioaktiven Zerfall führt uns noch tiefer in die Urgeschichte von Gottes Schöpfung.

3.3 Das Alter des Universums: Abschätzungen der Astrophysik

Die nächste unabhängige Bestätigung des hohen Alters der Erde kommt von Forschungen ganz anderer Art – dem Studium der Sterne, d. h. aus dem naturwissenschaftlichen Fach Astronomie. Bevor wir uns damit beschäftigen, sei noch angemerkt, dass Astronomen und Astrophysiker davon überzeugt sind, dass das Universum einen Anfang hat, es also einen Zeitpunkt für seine Entstehung gibt. Und nicht nur das: Eine der wohlbegründeten Hypothesen über seine Entstehung besagt, dass es aus dem »Nichts« kam (und diese Hypothese ist nicht religiös motiviert – sie beruht schlicht auf dem Wissen aus einem Teilgebiet der modernen Physik, das als Quantenmechanik bekannt ist).[11] Außerdem folgen aus Daten im Zusammenhang mit der Entstehung des Universums gerade solche Anfangswerte, die scheinbar genau darauf abgestimmt waren, Leben zu ermöglichen.[12]

Der kaum bestreitbare Befund, dass das Universum tatsächlich

---

11 Es gibt erhebliche Diskussionen darüber, was das »Nichts« eigentlich bedeutet. Siehe dazu TIMOTHY FERRIS: *The Whole Shebang: A State-of-the-Universe(s) Report*. New York: Simon & Schuster, 1997.

12 Eine ausführliche Besprechung dieser Befunde aus einer christlichen Perspektive liefert der Astronom HUGH ROSS: *The Creator and the Cosmos*. Colorado Springs, CO (USA): NavPress, 1993, Kapitel 14.

einen Anfang hatte und dass es ziemlich wahrscheinlich mit einer »Quantenfluktuation« aus dem Nichts begann, dürfte eine der theologisch befriedigendsten Schlussfolgerungen sein, die je von der Naturwissenschaft zu erwarten sind. Liberale Theologen hatten am Ende des 19. Jahrhunderts noch geschlossen, dass die Erde und das Universum zeitlos wären, und beschlossen deshalb, dass die biblische Schöpfungsgeschichte nicht für mehr gehalten werden sollte als ein menschlicher Mythos oder eine Legende. Der bekannte Theologe Karl Barth, der vor allem in der ersten Hälfte des 20. Jahrhunderts schrieb, reagierte auf den Liberalismus seiner Lehrer und gründete eine theologische Bewegung, die als »Neo-Orthodoxie« bekannt wurde. Eines der Grundprinzipien seiner theologischen Auffassung war, dass die Bibel Gottes Offenbarung an die Menschen ist und deshalb ernst genommen werden muss. Barth trat allein auf die Bibel gestützt dafür ein, dass das Universum einen Anfang gehabt haben müsse – und schwamm damit gegen den Strom seiner liberalen Kollegen. Außerdem stritt er dafür, dass der Kosmos aus dem Nichts entstanden sei.[13] Seine Schlussfolgerungen basierten nicht auf Naturwissenschaft, sondern waren rein theologisch.

Heute akzeptieren Naturwissenschaftler fast einstimmig die Vorstellung, dass das Universum einen Anfang hatte. Manche Christen zögern zwar immer noch, dies in der Form zu akzeptieren, weil sie fest mit der Ansicht verbunden ist, dass der Anfang eine sehr lange Zeit zurückliegt. Dennoch stimmt diese Ansicht wundervoll mit dem biblischen Bericht überein: »Im Anfang schuf Gott den Himmel und die Erde«. Auch wenn es bildhafte Sprache in 1 Mose 1 gibt, so ist die Botschaft doch klar: Es gab einen Anfang und er ist durch das Wirken Gottes zustande gekommen.

Die Urknalltheorie geht von der Hypothese aus, dass das Universum seinen Anfang an einem einzigen und ersten Punkt in Raum und Zeit genommen hat – mit einer submikroskopischen Singularität der gesamten Masse bzw. Energie des Universums. Es kam zu

---

13 KARL BARTH: *Die Kirchliche Dogmatik.* Dritter Band. *Die Lehre von der Schöpfung.* Erster Teil. Zollikon-Zürich: Evangelischer Verlag, 1947, S. 109–110.

einer »Explosion« von unvorstellbarem Ausmaß, die alle dabei erst entstehende Materie mit Geschwindigkeiten im Bereich der Lichtgeschwindigkeit nach außen in den dabei erst entstehenden Raum »schleuderte«. Seit diesem singulären Moment (dem Beginn der uns bekannten Zeit) dehnt sich das Universum aus und astronomische Berechnungen legen nahe, dass es das wahrscheinlich auch weiterhin tun wird (soweit die Astronomen es vorhersagen können).

Wenn das Universum auseinander fliegt, dann sollten Astrophysiker in der Lage sein, die Geschwindigkeit zu bestimmen, mit der sich alles voneinander fortbewegt. Mit dieser errechneten Geschwindigkeit müsste es dann möglich sein zu bestimmen, wie lange es her ist, dass alle Teile des Universums ihre Reise begannen. Lassen Sie mich das Grundprinzip mit einer Analogie veranschaulichen, die wir alle nachvollziehen können.

Nehmen wir an, Sie sind jung und total verliebt in jemanden, der in einer anderen Stadt lebt. Nach einem traumhaften gemeinsamen Wochenende kommt die Zeit für den unvermeidlichen Abschiedskuss und für ihre Abreise. Sie verabschieden sich mit den Worten, dass Sie sie (oder ihn) in genau drei Stunden anrufen werden. »Geh dann zum Telefon«, sagen Sie, als Sie in Ihr Auto steigen. Sie kommen sofort auf die Autobahn, stellen den Tempomat ein und verbringen die nächsten paar Stunden damit, an Sie-wissen-schon-wen zu denken. Plötzlich fällt Ihnen ein, dass Sie in der Aufregung bei der Abreise nicht darauf geachtet haben, wie spät es war. Wie können Sie Ihr Versprechen halten, nach genau 3 Stunden anzurufen? Wenn Sie jetzt anrufen, wird sie noch nicht am Telefon sein und es sicher nicht hören. Sie können auch keine Nachricht hinterlassen, da der Anrufbeantworter defekt ist. Wenn Sie später anrufen, wird sie schon total aufgewühlt sein und denken, dass Sie tot im Straßengraben liegen. Glücklicherweise aber hatten Sie den Tempomat auf 100 km/h eingestellt und den Reisekilometerzähler auf null gesetzt, als Sie losgefahren sind. Da Sie ein guter Kopfrechner sind, ist Ihnen sofort klar, dass Ihre Abreise genau dann drei Stunden her sein wird, wenn Sie 300 Kilometer zurückgelegt haben. Es ist soweit: Ihr Kilometerzähler zeigt 300 km. Sie nehmen Ihr Mobiltelefon – und sind wieder vereint.

Wenn Sie diese Berechnung nachvollziehen können, werden Sie das Prinzip verstehen, mit dem die Naturwissenschaftler das Alter des Universums berechnen. Wenn Naturwissenschaftler die Entfernung der Erde zu einer weit entfernten Galaxie bestimmen können, und wenn sie bestimmen können, wie schnell sie sich von uns weg bewegt, dann können sie damit die Zeit berechnen, die vergangen ist, seit die Erde und die ferne Galaxie zum Zeitpunkt des Urknalls vereint waren.

Die Geschwindigkeit ihres Autos zu bestimmen war leicht, weil Sie den Tempomat benutzt haben. Aber wie ist es mit der Geschwindigkeit, mit der sich eine Galaxie bewegt – kann man die überhaupt ermitteln? An einem anderen Beispiel will ich Ihnen veranschaulichen, wie das funktioniert. Nehmen wir an, jemand fährt in einem Pickup auf der Landstraße. Auf der Ladefläche sitzt ein Schlagzeuger, der auf einer großen Trommel trommelt. Wenn das Auto vorbeifährt, scheint sich der Klang der Trommel zu verändern. Sobald sich das Auto von Ihnen entfernt, scheint die Trommel tiefer zu klingen, als vorher, als das Auto mit der Trommel auf Sie zukam. Wahrscheinlich werden Sie nie jemanden sehen, der auf einem Pickup trommelt, aber Sie werden ein ähnliches Phänomen wahrnehmen, wenn Sie an einer Straße stehen und ein vorbeifahrendes Auto dauernd hupt oder ein Einsatzwagen ein Martinshorn eingeschaltet hat, oder auch wenn Sie an einem Bahngleis stehen, während ein fahrender Zug hupend oder pfeifend an Ihnen vorbeifährt.[14] In jedem dieser Fälle wird der Klang tiefer, wenn das Fahrzeug sich von Ihnen weg bewegt.

Warum erscheint der Klang der Trommel tiefer, nachdem der Pickup vorbei gefahren ist? Der Grund ist einfach, wenn Sie verstehen, dass Töne sich als Druckwellen ausbreiten. Je näher die Druckwellen

---

14 Die Analogie mit dem Schlagzeuger auf der Ladefläche eines Pickups – so weit hergeholt sie auch scheinen mag – habe ich bewusst gewählt, weil sie die Natur des Schalls sehr schön zeigt. Jede Schwingung der vibrierenden Trommelmembran erzeugt eine wandernde Druckwelle. Je schneller die Membran schwingt, desto dichter folgen die Druckwellen aufeinander und desto höher ist der Ton des Klangs. Die häufig verwendeten Illustrationen einer Autohupe oder einer Lokpfeife sind meiner Meinung nach nicht so gut geeignet, die zugrunde liegende mechanische Natur des Schalls aufzuzeigen.

beieinander sind, desto höher klingt der Ton. Wenn die Druckwellen der Luft nahe beieinanderliegen, registriert das Ohr das als hohen Ton. Bei jedem Schlag auf die Trommel werden die Druckwellen (die von der schwingenden Membran der Trommel erzeugt werden) sich zu Ihnen hin ausbreiten. Die Druckwellen werden sich ganz natürlich zu Ihrem Ohr bewegen, aber wenn die Quelle der Entstehung dieser Wellen sich auch auf Sie zu bewegt, dann kommen die Wellen näher zusammen und Sie werden einen Ton hören, der höher klingt, als der eigentlich erzeugte. Nachdem der Pickup vorbei gefahren ist, werden die Druckwellen von der schwingenden Membran der Trommel immer noch Ihr Ohr erreichen, aber jetzt wird jede Druckwelle ein wenig weiter von der vorhergehenden weg sein, weil die Quelle sich von Ihnen weg bewegt. Daher wird es so klingen, als ob die Trommel einen tieferen Klang hat. Dieses Phänomen ist als Dopplereffekt bekannt, und könnte theoretisch verwendet werden, um zu messen, wie schnell sich der Wagen auf Sie zu oder von Ihnen weg bewegt hat. Tatsächlich ermöglicht dieses Prinzip es Polizisten, mittels einer Radarpistole die Geschwindigkeit von entgegenkommenden Fahrzeugen zu messen, und es ermöglicht Talentsuchern beim Baseball, die Geschwindigkeit eines Fastballs, also eines mit sehr hoher Geschwindigkeit geworfenen Balls, bei einem vielversprechenden Werfer zu bestimmen.

Mit diesem Prinzip ist es auch möglich, die Geschwindigkeit abzuschätzen, mit der Galaxien sich von uns weg bewegen. Wie Schall bewegt sich auch Licht in Form von Wellen. Und so wie Schallwellen einen tieferen Klang haben, wenn die Druckwellen mit größerem Abstand an unser Ohr gelangen, so scheint Licht rot, wenn die Lichtwellen länger gestreckt werden. (Lichtwellen mit kurzer Wellenlänge erscheinen violett, und Wellen mit mittlerer Wellenlänge erscheinen grün bis gelb.) So wie ein Wagen, der sich von uns weg bewegt, bewirkt, dass die Trommel tiefer klingt, so bewirkt ein Stern, der sich von uns weg bewegt, eine Verschiebung seines Lichts zum roten Ende des Lichtspektrums hin. Durch Messen der Rotverschiebung ist es möglich, die Geschwindigkeit einer sich von uns wegbewegenden Galaxie zu bestimmen.

Folglich ist man also in der Lage, die Geschwindigkeit, mit der sich eine Galaxie von uns entfernt, zu messen, genauso wie Sie in unserem obigen Beispiel die Geschwindigkeit benötigten, mit der Sie von der Liebe Ihres Lebens wegfuhren. Aber wir erinnern uns, dass Sie, um zu bestimmen, wann die drei Stunden vergangen waren, nicht nur Ihre konstante Geschwindigkeit, sondern auch die zurückgelegte Wegstrecke kennen mussten. Daher ist die Berechnung der Geschwindigkeit einer sich entfernenden Galaxie für eine Berechnung der Zeit noch nicht ausreichend. Wir müssen auch ihre Entfernung wissen. Das Prinzip der Entfernungsmessung ist allerdings noch einfacher als das der Geschwindigkeitsmessung. Stellen Sie sich eine Taschenlampe vor, die in der Nacht leuchtet. Je näher man sich an der Lampe befindet, desto heller ist es. Wenn Sie die Taschenlampe aus 300 Meter Entfernung sehen, erreicht nur wenig von dem Licht Ihre Augen, während wenn sie sich 30 cm vor Ihrem Gesicht befindet, fast alles Licht auf Sie allein gerichtet ist. Wenn Sie die Helligkeit direkt an der Taschenlampe selbst kennen, sind Sie in der Lage zu sagen, wie weit die Taschenlampe von Ihnen entfernt ist, indem sie schauen, wie hell sie Ihnen dort an der Stelle erscheint. Wenn Sie ein geeignetes Messgerät hätten, könnten Sie eine physikalische Formel benutzen, die es Ihnen ermöglicht, ausgehend von der Lichtmenge, die Ihr Messgerät trifft, die Entfernung genau zu berechnen. Bei einer bestimmten Helligkeit wären Sie somit in der Lage, die Entfernung von der Taschenlampe anzugeben. Das ist genau das Prinzip, das genutzt wird, um die Entfernung zu einem Stern in einer entfernten Galaxie zu bestimmen.[15]

Nachdem auf diese Weise Geschwindigkeiten und Entfernungen für eine Vielzahl von Galaxien bestimmt wurden, berechneten Naturwissenschaftler den Zeitpunkt, zu dem sich das Material in unserem Teil des Universums von dem Material in entfernten Teilen

---

15 Es ist natürlich notwendig, die tatsächliche Helligkeit des Sterns an seinem Ursprungsort zu kennen. Diese Bestimmung kann auf verschiedene Weise erfolgen. Ausführliche Erläuterungen dazu findet man beispielsweise in W. L. FREEDMAN: »The Expansion Rate and Size of the Universe«. In: *Scientific American* 267 (1992), Heft 5. S. 54–60.

des Universums trennte, auf 12 bis 16 Milliarden Jahre. Wie Sie sich erinnern werden, haben Geologen ermittelt, dass das Alter der Erde etwa 4,6 Milliarden Jahre beträgt (und diese Bestimmung erfolgte durch einen völlig anderen Mechanismus, der in keiner Weise mit den Messungen der Rotverschiebung in der Astronomie zusammenhängt). Mit anderen Worten, der Stoff unter unseren Füßen wurde also nicht schon zu Beginn des Universums zu dem vereinigt, was wir Erde nennen. Äußerst bemerkenswert ist aber, dass diese zwei völlig unabhängigen Mechanismen, einer zur Bestimmung des Alters von Gesteinen in der Geologie und der andere zur Bestimmung des Alters des Universums in der Astrophysik, doch Alter von derselben Größenordnung ergeben. Eine äußerst ausgeklügelte Messung führt für das Universum zu einem Alter von einigen Milliarden Jahren, und eine andere völlig unabhängige Art der Messung führt zu dem Ergebnis, dass die Erde seit einigen Milliarden Jahren existiert. Wir haben also zwei Möglichkeiten betrachtet, das Alter von Teilen des Universums zu ermitteln, und beide ergeben ein Alter, das deutlich höher ist als 6000 Jahre. Ich kann die Bedeutung der Tatsache, dass dieses hohe Alter auf zwei unabhängigen Indizienbeweisen beruht, die dieses Ergebnis bekräftigen, gar nicht genug betonen. Kernphysiker (ob Christ oder nicht) stimmen darin überein, dass die Zerfallsraten der Atome im Verlauf der Erdgeschichte unverändert blieben, und folglich akzeptieren Physiker die radiometrische Datierung als eine zuverlässige Methode, um das Alter der Erde abzuschätzen. Und Astronomen (Christen gleichwie Nichtchristen) – eine völlig andere Expertengruppe, die ganz andere Messmethoden benutzt – ermitteln ein Alter des Universums, das zu der radiometrischen Datierung der Erde passt.

Als wir das Alter der Erde besprochen haben, sahen wir, dass es mehrere unabhängige Methoden zur Messung des Alters von bestimmten Bestandteilen der Erde gibt – Bäume, Eis und Seesedimente. Wie steht es damit im Fall des ganzen Universums? Gibt es weitere Methoden zur Altersbestimmung seiner Komponenten? Das soeben beschriebene Verfahren misst das Alter des Universums, indem die Zeit bestimmt wird, die vergangen ist, seit seine Bestandteile nach dem Urknall voneinander getrennt wurden. Das ist möglich durch die Messung der Rotverschiebung der sich voneinander entfernenden Sterne und Galaxien. Aber gibt es noch andere Möglichkeiten?

Es gibt sie in der Tat. Schauen wir uns beispielsweise Folgendes an. Licht bewegt sich mit einer Geschwindigkeit von knapp 300 000 Kilometern pro Sekunde. Der Stern, der der Erde am nächsten ist, ist unsere Sonne. Da die Sonne 150 Millionen Kilometer von der Erde entfernt ist, bedeutet dies, dass ein Lichtteilchen (Photon) 8,3 Minuten für die Reise von seiner Quelle in der Sonne bis zur Atmosphäre unserer Erde benötigt. Diese Rechnung ist ganz einfach, und wahrscheinlich wird keiner von uns ihre Richtigkeit anzweifeln. Es ist jedoch genauso einfach, die Dauer der Reise des Lichts auf dem Weg von sehr viel weiter entfernten Sternen und Galaxien zu uns zu berechnen. Die am weitesten entfernten Galaxien, die detektiert wurden, sind mindestens 12 Milliarden Lichtjahre von der Erde entfernt (ca. 114 000 000 000 000 000 000 000 Kilometer). Das bedeutet, dass das Licht, das die Erde jetzt von einer dieser Galaxien erreicht, seine Quelle vor 12 Milliarden Jahren verlassen hat. Wenn das Licht dieser Galaxie bereits so lange unterwegs ist, dann muss die Entstehung dieser Galaxie mindestens ebenso lange her sein. Zwölf Milliarden Jahre liegen erstaunlich nahe an dem, was man mittels der Messung der Rotverschiebung als Alter des Universums erhält, wie wir zuvor besprochen haben. Diese Berechnung kann als äußerst zuverlässig angesehen werden, wenn denn die Lichtgeschwindigkeit sich seit Beginn der Schöpfung nicht deutlich verändert hat. Und die Physiker sind sich absolut sicher, dass sie es nicht hat.[16] Uns bleibt nur eine

---

16 Die Lichtgeschwindigkeit ist fest verbunden mit den fundamentalen Gesetzen des Elektromagnetismus (Maxwell-Gleichungen). Wenn sich die grundlegenden Naturgesetze geändert hätten, würden diese Veränderungen auch Auswirkungen auf die Spektrallinien in den Lichtspektren (d. h. auf die Muster des emittierten Lichts) gehabt haben, die von den Atomen verschiedener Elemente herrühren. Da die Spektrallinien in dem alten Licht der Galaxien und Sterne mit denen in heute erzeugtem Licht übereinstimmen, müssen die Gesetze, die zum Zeitpunkt der Emission des alten Lichts wirksam waren, zwangsläufig die gleichen gewesen sein wie heute. Und wenn es keine Veränderung der Naturgesetze gab, dann folglich auch keine Änderung der Lichtgeschwindigkeit.

Schlussfolgerung: Das Universum ist nicht jung. Die beiden Methoden zur Schätzung des Alters des Universums sind dabei nur zwei Beispiele, es gibt natürlich noch weitere unabhängige Methoden. Angesichts einer sehr großen Menge in sich schlüssiger Daten, die weit über den Rahmen dieses Buches hinausgehen, bestehen für quasi alle professionellen Astronomen keine Zweifel, dass das Universum in der Tat alt ist.[17]

Nicht nur, dass die Experten sich einig sind – die Schlussfolgerungen und Ergebnisse, die wir diskutiert haben, sowohl der Datierung von Komponenten des Universums durch die Astrophysik als auch der Altersbestimmung von Objekten auf der Erde durch die Geologie, sind tief im Grundgerüst ihrer Disziplinen verankert. Die Folgerung, dass die Schöpfung alt ist, entstammt nicht besonderen Auslegungen am Rand dieser Disziplinen; sie kommt aus dem Innersten dessen, womit Kernphysiker, Geologen und Astronomen sich jeden Tag beschäftigen. Wenn Sie oder ich sagen, dass sich die Wissenschaftler hier irren, bedeutet das zu sagen, dass diese gesamten Disziplinen – Kernphysik, Geologie und Astronomie – in quasi allen ihren Aussagen falsch liegen. Es sind eben solche Prinzipien und Grundlagen, auf denen diese Disziplinen insgesamt gegründet sind, die die Wissenschaftler nicht an ihren Messungen des Alters der Erde und des Universums zweifeln lassen.

Wenn auch nur eine der voneinander unabhängigen Datierungstechniken korrekt ist, genügt das schon, um zu zeigen, dass der Bericht von 1 Mose in gewisser Weise interpretiert werden muss. Schon die Baumringdaten sind mit einem streng wörtlichen Verständnis von 1 Mose nicht vereinbar. Die Stammbäume der Menschen aus der Bibel sind der Grund dafür, die Erde auf 6 000 Jahre zu datieren. Wenn die Erde mindestens 11 800 Jahre alt ist, muss man davon ausgehen, dass Vorfahren in den Stammbäumen fehlen. Sobald man das

---

17 Details zu den anderen Methoden finden Sie beispielsweise in HOWARD J. VAN TILL (Hrsg.): *Portraits of Creation: Biblical and Scientific Perspectives on the World's Formation.* Grand Rapids, MI (USA): Eerdmans, 1990; sowie in: *Hubble Uncovers Oldest ›Clocks‹ in Space to Read Age of Universe.* Pressemitteilung 24. April 2002. URL: http://hubblesite.org/ newscenter/archive/releases/2002/2002/10/

tut, betritt man den Bereich der Interpretation und nimmt 1 Mose nicht mehr streng wörtlich. Wenn die Seesedimentdaten oder die Eisbohrkerndaten auch nur annähernd richtig sind, ist interpretierendes Lesen von 1 Mose erforderlich, wenn man dieses Buch naturwissenschaftlich betrachten möchte. Das heißt aber auch: Wollte man einem streng wörtlichen Verständnis des ersten Kapitels von 1 Mose treu bleiben, so muss man die Position vertreten, dass alle oben genannten naturwissenschaftlichen Disziplinen falsch sind. Nicht eine von ihnen kann dann richtig sein.

Angesichts der überwältigenden Fülle von Anhaltspunkten ist es für Christen angebracht zu akzeptieren, dass die Naturwissenschaften Details von Gottes Wirken offenbar machen. Wenn wir unseren Verstand vor dieser Form der Offenbarung verschließen, verpassen wir die Möglichkeit, einen Einblick in die Arbeitsweise des Gottes, den wir so sehr lieben, zu erhalten. Manchmal sind wir Menschen so sehr mit den Detailfragen unseres eigenen Handelns beschäftigt, dass wir gar keinen Sinn dafür haben, die Herrlichkeit und Schönheit des Wirkens Gottes zu erfassen. Ebenso sehen viele Astronomen, Geologen und Physiker, deren Nasen so tief in Büchern stecken und deren Augen an Computerbildschirmen kleben – in einer mechanistischen Welt von Berechnungen und von Beobachtungen quasi durch eine Lupe – die Größe eines zeitlosen Gottes nicht. Gleichzeitig hindern sich viele Christen, die ihr Denken fest an einer einzigen Bedeutung des Wortes »Tag« in 1 Mose 1 ausgerichtet haben, selbst daran, zu verstehen, auf welche Weise Gott tatsächlich geschaffen hat. Hier haben wir eine Entdeckung mit überwältigenden Ansatzpunkten, um auf die Hand Gottes in der Schöpfung hinzuweisen, und zu vielen von uns entgeht sie.

Im 28. Kapitel des ersten Buches Mose wird uns Jakobs Traum erzählt. Der Traum handelte von Gott und seinem Wirken in der zukünftigen Nation Israel. Die Verse 1 Mose 28,16–17 beschreiben Jakobs Reaktion nach seinem Erwachen: »»An diesem Ort ist der HERR und ich habe es nicht gewusst.‹ Und er hatte Angst und sagte: ›Was für ein Ehrfurcht gebietender Ort! Hier ist das Haus Gottes – das Tor zum Himmel!‹«.[18]

Was ist nötig, damit vielen Christen bewusst wird, dass sie eine Gelegenheit verpassen, die Gegenwart Gottes in der Schöpfung zu fühlen und wahrzunehmen? Die Naturwissenschaften untersuchen diese Schöpfung. Da es *Gottes* Schöpfung ist, gilt: »An diesem Ort ist der Herr«. Wie Jakob übersehen zu viele von uns die Erhabenheit in der Natur. Oh, dass wir doch das Wirken Gottes sähen und dass wir dann mit gebeugten Knien und anbetenden Herzen und Verstand in den gemeinsamen Chor der Worte Jakobs einstimmen würden: »Was für ein Ehrfurcht gebietender Ort! Hier ist das Haus Gottes – das Tor zum Himmel!«

---

18 *Neues Leben. Die Bibel.* Holzgerlingen: scm Hänssler, 2008.

Kapitel 4

Der Fossilbefund

GESTEINE geben uns nicht nur wichtige Informationen über das Alter der Erde, sondern bestimmte Gesteine liefern infolge des Fossilisationsprozesses auch Informationen über die Typen von Organismen, die zur Zeit der Gesteinsbildung lebten. Üblicherweise wird eine Fossilisation, man spricht auch von Versteinerung, dadurch in Gang gesetzt, dass die Organismen rasch in Sediment verschüttet werden. Im Laufe der Zeit wird das Sediment immer stärker gepresst, weil von oben neue Sedimentschichten aufgelagert werden. Mit der Zeit wird auch das Wasser herausgedrückt und schließlich mineralisiert das Sediment (das heißt, es wird in Gestein umgewandelt), sodass ein Abdruck von den erhaltenen Teilen des eingeschlossenen Organismus zurückbleibt. In der Regel, aber nicht immer, bestehen die Fossilien nur aus den harten Teilen, nämlich dem Skelett oder der Schale des eingeschlossenen Lebewesens.

4.1 Schrittweiser Wandel in den Fossilien: Zusammenhang mit dem Alter der Gesteine

In Gesteinen, die über 1 Milliarde Jahre alt sind (für eine Diskussion der Datierungsmethoden siehe Kapitel 3), sind die einzigen Hinweise auf früheres Leben die mikroskopisch kleinen Fossilien von Einzellern. Tatsächlich finden Naturwissenschaftler Fossilien von mehrzelligen Organismen nur bei der Untersuchung von Sedimentgestein, das jünger als 550 Millionen Jahre ist. Bezeichnenderweise enthalten Gesteine dieses Alters jedoch wiederum nur *einfache* mehrzellige Organismen. Man findet darin Tiere ohne Rückgrat (das heißt wirbellose Tiere), aber Fossilien von anspruchsvolleren Tieren wurden darin nie gefunden. Wenn man Gesteine untersucht, die ein wenig jünger sind – sagen wir 500 Millionen Jahre alt – findet man Fossilien von Fischen, aber diese Fische unterscheiden sich stark von unseren heutigen; die Körper dieser Fische waren offenbar von einer knöchernen Rüstung umgeben, und sie enthielten keine Kieferknochen in ihren Schädeln. Gesteine, die 350 bis 500 Millionen Jahre alt sind, enthalten Fossilien von Fischen, die Kiefer besitzen, aber sie enthalten keine Überreste von Amphibien (wie Frösche und Salamander) oder Reptilien. Erst in Gesteinen, die etwa 350 Millionen Jahre alt sind, finden Naturwissenschaftler die Überreste der ersten Landtiere, Amphibien und Insekten, denen nach weiteren etwa 50 Millionen Jahren die Reptilien folgen. In Gesteinen, die jünger als circa 230 Millionen Jahre sind, werden Fossilien von Säugetieren gefunden. Und schließlich wurden in Gesteinen, die etwa 150 Millionen Jahre alt sind, versteinerte Vögel gefunden.

Die Vögel, Säugetiere und anderen Wirbeltiere, die in diesen frühen Zeiten lebten, unterscheiden sich stark von den Tierarten, die heute existieren. Während der Zeit von vor 230 Millionen Jahren bis vor 65 Millionen Jahren dominierten Dinosaurier die Welt der Reptilien. Die ersten Vögel hatten, wie die ältesten Gesteine zeigen, Zähne und echte Schwänze (ganz anders als die kleinen Sterze, die Vögel heute an ihrem Hinterleib haben). Die Säugetierfossilien, die in den ältesten Gesteinen gefunden werden, sind alle winzig – etwa von der Größe einer Maus. All das ändert sich jedoch, wenn man jüngere Gesteine betrachtet. Bei der Untersuchung von immer jüngeren Gesteinen sieht man allmählich Fossilien, die zunehmend der Fauna ähneln, die heute auf unserer Erde angetroffen wird. Auch die Pflanzenfossilien unterliegen Veränderungen, die mit dem Alter der Gesteine in Zusammenhang stehen. Betrachten Sie einmal Abbildung 4.1 und beachten Sie, dass es eine sehr gute Korrelation zwischen dem Alter der Gesteine und den eingebetteten Typen von Organismen gibt. Das Diagramm zeigt zwar nur einen einzigen Typ zu jedem Alter, aber es ist bemerkenswert, dass in den sehr alten Gesteinen viele dieser extrem ungewöhnlichen Arten gefunden werden. Unsere »moderneren« Säugetierarten sind nur in Gesteinen zu finden, die jünger als 65 Millionen Jahre sind.

Die Felsgesteine stellen so etwas wie einen großen Schubladenschrank dar – aber nicht für Akten, sondern für einige der Organismen, die auf der Erdoberfläche gelebt haben. Wir können jede Schublade datieren und dann hineinschauen. Was wir sehen, ist eine nahezu perfekte Korrelation zwischen dem Alter der Schublade und den Organismentypen, die wir darin finden. Es ist schwierig, zu irgendeiner anderen Schlussfolgerung als der zu kommen, dass es einen sukzessiven Wandel der Typen von Organismen, die auf der Erde gelebt haben, gegeben hat. Diejenigen von uns, die diesen Befund akzeptieren und an einen Schöpfer glauben, denken, dass das, was entdeckt wurde, der große Aktenschrank von Gottes Schöpfung ist – 250 000 Arten, die für uns aufbewahrt sind, um die wunderbaren Details der Schöpfung zu untersuchen. Daran ist nichts unbiblisch. Erinnern Sie sich, dass wir versuchen, zwischen zwei möglichen Sichtweisen von 1 Mose 1 zu unterscheiden. Die erste behauptet, dass Gott schuf und dass bei der Beschreibung der Schöpfung in 1 Mose 1 keine symbolische Sprache verwendet wird. Die zweite Sichtweise behauptet, dass Gott schuf, aber dass der Bericht über Gottes Tätigkeit in Form eines großen Hymnus festgehalten ist, der das Werk Gottes preist, ohne dabei zu versuchen, eine naturwissenschaftliche Aufzeichnung dessen zu geben, was genau geschehen ist. Wir finden Hymnen dieser Art in der gesamten Bibel, besonders in den Psalmen. Psalm 18 spricht davon, dass Gott Nasenlöcher hat, die Rauch ausatmen, und einen Mund, der Feuer speit. Genauso wie bei 1 Mose 1 können wir zwei Sichtweisen dieses Psalms in Erwägung ziehen. Die erste behauptet, dass Gott wirklich eine Nase und einen Mund hat und dass Gott wirklich Rauch ausatmet und Feuer speit, wenn er wütend ist. Die zweite behauptet, dass der Psalmist, David, den Zorn Gottes so beschrieben hat, dass wir alle ihn nachempfinden können, indem er eine bildhafte Sprache verwendet, die uns zu einem besseren Verständnis des Wesens Gottes führen soll. Wir könnten nie ganz sicher sein, welche

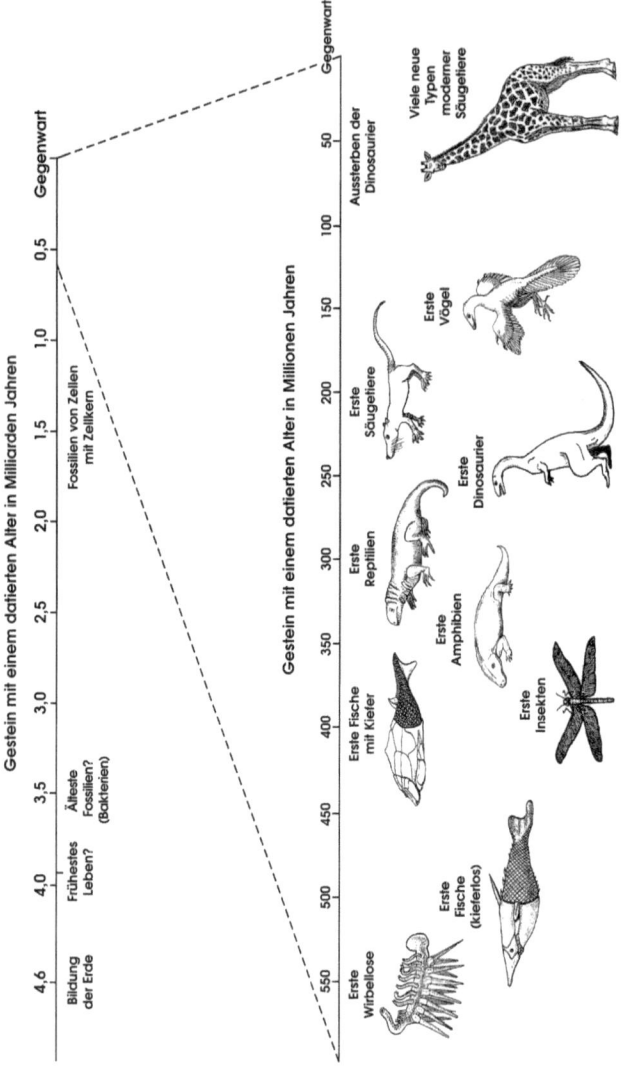

Abb. 4.1: Erstes Erscheinen verschiedener Lebensformen im Fossilbefund.

Sichtweise von 1 Mose 1 richtig ist, wenn Gott den Menschen nicht erlaubt hätte, den Fossilbefund zu untersuchen und zu entdecken, was die Methode des schöpferischen Wirkens Gottes in all seiner Majestät ist – sukzessive und nicht in einem Augenblick.[1]

Es sei an dieser Stelle darauf hingewiesen, dass der Befund in den Gesteinen in keiner Weise bedeutet, dass Gott mit der Schöpfung nichts zu tun hatte oder dass Gott nur Gesetze einsetzte und sich dann zurückzog und zusah, wie sich alles entfaltete. Der Fossilbefund besagt lediglich, dass die Schöpfung zunächst aus einfachen Organismen bestand, und dass in späteren Zeiten neue, immer ausgefeiltere Organismen zu diesen hinzukamen.

4.2 Drei Ansichten zur Bedeutung des Fossilbefunds

Angesichts des immensen Alters der Erde und angesichts des Fossilbefunds, soweit ich ihn bis hierher beschrieben habe, gibt es für Christen drei vernünftige Deutungsmöglichkeiten, die (zumindest anfangs) im Einklang mit diesen Befunden zu stehen scheinen.

Möglichkeit 1 Gott schuf jede einzelne Art von Grund auf neu (das heißt, aus dem Nichts), eine Art nach der anderen. Am Anfang seines Wirkens zog Gott es vor, die einfachsten Organismen zu schaffen, aber im Laufe der Zeit kam Gott schließlich zu den komplizierteren. Jede einzelne Art wurde jedoch von Gott neu erschaffen – aus dem Nichts.[2]

---

1 Obwohl es stimmt, dass wir vielleicht nie *sicher* gewusst hätten, welche Sichtweise richtig ist, wenn nicht auch Daten aus Gottes Welt statt nur aus Gottes Wort gesammelt worden wären, so denken dennoch viele Theologen, dass man häufig durch den Gebrauch exegetischer Hilfsmittel feststellen kann, ob ein bestimmter Text bildhaft oder wörtlich aufgefasst werden sollte. Dies erfordert eine sorgfältige Analyse der Sprache, des Hintergrunds und des gesamten biblischen Kontextes. Der angesehene evangelikale Theologe Henri Blocher erläutert diese Hilfsmittel in einer besonders verständlichen Analyse der ersten Kapitel von 1 Mose (BLOCHER: *In the Beginning*).

2 Einige Leser werden eine Variante von *Möglichkeit 1* bevorzugen. Sie bleiben gegenüber den Datierungsmethoden skeptisch (trotz der in Kapitel 3 zur Verfügung gestellten Informationen) und glauben, dass Gott jede Art von Grund auf neu ge-

Möglichkeit 2 Gott schuf bestimmte Typen von Organismen in Schüben von schöpferischer Tätigkeit und danach erfuhren einige Organismen Veränderungen durch das, was einige Fachleute als Mikroevolution bezeichnen, wodurch eine Reihe verwandter Arten erzeugt wurden. Vielleicht erschuf Gott beispielsweise einen Hunde-Urtyp. Im Laufe der Zeit entstanden aus diesem Urtyp durch natürliche Prozesse Füchse, Wölfe, Hyänen und sogar unser moderner Haushund. Nach dieser Ansicht kann man die Abstammung all der verschiedenen Hundeartigen, die es gibt, auf einen einzigen Hunde-Urtyp zurückverfolgen, der von Gott erschaffen wurde. Andererseits sind Hunde und Katzen nach dieser Vorstellung sehr unterschiedliche Tiere, die keinen gemeinsamen Vorfahren haben. Sie stammen von verschiedenen Urtypen ab.

Möglichkeit 3 Gott erschafft durch seine Führung und sein Einwirken auf einen Prozess von sukzessiven Veränderungen. Tiere, Pflanzen und andere Organismen haben tatsächlich gemeinsame Vorfahren. Aber verursacht durch einen Prozess, der unter dem ständigen Oberbefehl Gottes steht und in seiner Gegenwart stattfindet, hat die Geschichte des Lebens den Verlauf genommen, den wir vorfinden. Nach dieser Auffassung, die auch *Theistische Evolution* oder *Schöpfung durch Evolution* genannt wird, ist Gott nicht unbedingt zu manchen Zeiten aktiver als zu anderen. Der »Geist Gottes schwebte« vielmehr über der Schöpfung (1 Mose 1,2), ist immer gegenwärtig und hat immer den Oberbefehl, während die Schöpfung sich nach Gottes Willen und Befehl entfaltet.[3]

---

schaffen hat, aber dass Gott das vor nur rund 6 000 Jahren getan hat, und zwar in sechs 24-Stunden-Tagen. Hierzu wird im Laufe des Buches noch einiges mehr gesagt werden müssen. Die Richtigkeit oder Unrichtigkeit dieser Deutungsmöglichkeit hängt nicht alleine von den Datierungsmethoden ab.

3 Einige Christen vertreten eine Variante von *Möglichkeit 3*. Nach dieser Auffassung hat Gott eine Reihe von Regeln bzw. Gesetzen festgelegt, und danach lässt er die Dinge mit minimaler Einmischung einfach laufen. Vielen Christen, einschließlich mir selbst, ist bei dieser Sichtweise aber unwohl, hauptsächlich aus theologischen Gründen. Der Gott des Alten und des Neuen Testaments ist kein abwesender Gutsherr. Die biblische Sicht von Gott ist, dass seine Gegenwart immanent und zugänglich ist. Wenn das für

Nach Meinung vieler Christen können wir nicht allein auf der Grundlage der Bibel zwischen diesen drei Möglichkeiten entscheiden. Der biblische Bericht teilt uns mit, dass Gott geschaffen hat, und die Naturwissenschaft macht deutlich, dass Gott es über einen langen Zeitraum getan hat (siehe Kapitel 3). Die Bibel sagt uns wenig über die Art des Handelns Gottes. Zum Beispiel stellt 1 Mose 1,20 fest: »Es soll das Wasser vom Gewimmel lebender Wesen wimmeln, und Vögel sollen über der Erde fliegen unter der Wölbung des Himmels!« Und in 1 Mose 1,24 heißt es: »Die Erde bringe lebende Wesen hervor nach ihrer Art«. Offensichtlich geschah es auf Gottes Befehl, aber wie? Alle drei genannten Möglichkeiten betonen Gottes schöpferische Tätigkeit, und alle stehen gleichermaßen mit 1 Mose 1 in Einklang.

Ausgehend von der Behauptung, dass jede der drei Möglichkeiten »schriftgemäß« ist, also gleichermaßen als biblische Deutung legitim ist, werden wir nun mit dem Vorhaben beginnen, zu ermitteln, welche am besten mit dem vereinbar ist, was wir aus anderen Quellen als der Bibel wissen. Dabei ist es wichtig zu betonen, dass das Sammeln von Informationen aus der geschaffenen Welt nicht bedeutet, dass man das Wort Gottes hinter sich lässt. In Joh 1,1 heißt es: »Am Anfang war das Wort; das Wort war bei Gott, und das Wort war Gott.« Und Joh 1,3 stellt fest: »Durch ihn ist alles entstanden; es gibt nichts, was ohne ihn entstanden ist.« Die Welt, die die Naturwissenschaft untersucht, ist Gottes geschaffene Welt. Wenn wir unsere Bibeln liegen lassen und uns aufmachen, um die Welt um uns herum zu studieren, lassen wir nicht irgendwie Gott zurück, dort in unseren Bibeln. Gott *war* in seiner Schöpfung gegenwärtig, und Gott *ist* immer noch in seiner Schöpfung gegenwärtig. Wenn wir die Schöpfung betrachten, erforschen wir daher die Werke Gottes in einer Weise, die durchaus Ähnlichkeit mit dem Studium der Bibel hat. Die Bibel ist ein heiliges Buch, aber in einem gewissen Sinn sind auch die Erde und ihre Bestandteile – als Gottes Werk – heilig. Wenn wir Gottes Universum

---

den Gott der Bibel insgesamt zutreffend ist, möchte ich behaupten, dass das auch für den Gott der Schöpfung gilt. Der biblische Bericht gibt keinen Hinweis auf einen Schöpfer, der einen Prozess beginnt und dann komplett zur Seite tritt.

studieren, verlassen wir Gottes Gegenwart nicht. Wenn wir Christen sind und durch die Brille des Glaubens in die Schöpfung schauen, bleiben wir in dieser Gegenwart.

4.3 Das plötzliche Erscheinen von Zellen auf der Erde?

Eine der erstaunlichsten Tatsachen, die sich bei der Untersuchung der Gesteine ergeben hat, ist, dass Belege für Leben gefunden wurden, die 3,5 bis 3,8 Milliarden Jahre alt sind – was dem Alter der Erde sehr nahe kommt.[4] Als sich die Erde gebildet hat, wurde sie immer wieder von gigantischen Meteoriten bombardiert und ihre Oberfläche war sehr heiß. Die meisten Naturwissenschaftler schätzen, dass sie lange Zeit noch nicht ausreichend abgekühlt war, damit Leben sich etablieren konnte. Erst kurz vor der Zeit, zu der tatsächlich Hinweise auf Leben im Fossilbefund erscheinen, war die Erde weit genug abgekühlt. Leben ist natürlich ein äußerst komplexes Phänomen, und obwohl wir vielleicht nicht wissen, welche Prozesse in den ältesten Zellen, die wir im Fossilbefund sehen, abliefen, ist es wirklich erstaunlich, überhaupt Hinweise auf Zellen aus der Anfangszeit der Erde in den Gesteinen zu finden. Wenn Naturwissenschaftler diese Daten ohne die Brille des Glaubens betrachten, gehen sie daher davon aus, dass die Lebensentstehung unter den entsprechenden atmosphärischen Bedingungen und bei der entsprechenden Zusammensetzung der Erde offensichtlich ein sehr wahrscheinliches natürliches Geschehen sein muss. Als Christen glauben wir, dass die Entstehung des Lebens in der Tat ein sehr wahrscheinliches Ereignis war, dass ihre hohe Wahrscheinlichkeit aber dadurch begründet ist, dass dies eine Reaktion auf Gottes Befehl und Gottes Gegenwart war.

Zwei grundlegende Fragen, die mit dem Ursprung der Zellen in Zusammenhang stehen, drängen sich auf. Die eine bezieht sich auf die chemische Zusammensetzung der Moleküle, die man in den Zellen fand. Viel Forschungsarbeit wird auf den Ursprung dieser Moleküle

---

4 E. G. Nisbet / N. H. Sleep: »The Habitat and Nature of Early Life«. In: *Nature* 409 (2001). S. 1083–1091; S. Simpson: »Questioning the Oldest Signs of Life«. In: *Scientific American* 288 (2003), Heft 4. S. 70–77.

gerichtet. Unglücklicherweise sind die atmosphärischen Bedingungen zum Zeitpunkt der Entstehung des Lebens nicht sicher bekannt. Wenn, wie viele Naturwissenschaftler glauben, die atmosphärischen Bedingungen so waren, dass Elektronen leicht von neu gebildeten Molekülen entfernt werden konnten (das bezeichnet man als eine *reduzierende Atmosphäre*), dann hätten sich Moleküle wie Aminosäuren, Purine, Pyrimidine und Zucker, die alle für das Leben, wie wir es kennen, grundlegend sind, leicht gebildet. Die Zurückhaltung der Wissenschaftler bei der Beantwortung der Frage, ob die frühen Bedingungen tatsächlich reduzierend waren, wurde ein wenig durch die Entdeckung eines 4,6 Milliarden Jahre alten Meteoriten gemildert, der von einem Asteroiden abbrach und auf der Erdoberfläche landete. Er trug die meisten dieser Stoffe in seinem Inneren.[5] Wenn die Moleküle ohne Weiteres in einem Meteoriten innerhalb unseres eigenen Sonnensystems produziert wurden, dann halten es viele Naturwissenschaftler für wahrscheinlich, dass sie auch leicht auf der Oberfläche der Erde produziert werden konnten. Dennoch wird diese Frage heftig diskutiert und die Naturwissenschaftler sind sich tatsächlich nicht sicher, ob die frühe Atmosphäre der Erde die Entfernung von Elektronen förderte.[6]

Eine Beschreibung der vermuteten Herkunft von Molekülen, die als Bausteine des Lebens dienen, ist nur eine Seite der Medaille. Noch eine ganz andere Sache ist es, den Ursprung der komplizierten »Maschinerie«, die eine funktionierende Zelle bildet, zu beschreiben. Und da sind wir bei der zweiten Frage: dem Ursprung der Zellen selbst. Lebende Zellen sind wie eine miniaturisierte Fabrik, ein Zentrum zur Montage und Demontage, einschließlich einer eigenen Bibliothek mit komplizierten Anweisungen, die aufs Genaueste befolgt werden. Die Welt der Naturwissenschaft hat kaum begonnen zu erforschen, wie

---

5 E. T. Peltzer u. a.: »The Chemical Conditions on the Parent Body of the Murchison Meteorite: Some Conclusions Based on Amino, Hydroxy and Dicarboxylic Acids«. In: *Advances in Space Research* 4 (1984), Heft 12. S. 69–74.
6 Für eine Diskussion dieser Arbeit siehe A. Lazcano / S. L. Miller: »The Origin and Early Evolution of Life: Prebiotic Chemistry, the Pre-rna World, and Time«. In: *Cell* 85 (1996). S. 793–798.

die Zelle in all ihrer Komplexität entstanden sein könnte, und in der Tat sind einige Naturwissenschaftler so erstaunt über die Schnelligkeit des Auftretens von Zellen auf der Erde (fast unmittelbar nachdem die Erde weit genug abgekühlt war, um ihre Existenz zu ermöglichen), dass sie annehmen, das Leben sei nicht hier entstanden. So wurde vorgeschlagen, dass das Leben irgendwo anders im Universum seinen Anfang genommen haben könnte, an einem Ort, wo mehr Zeit dafür zur Verfügung gestanden hätte. In diesem Fall wäre es, so der Vorschlag, durch einen Meteoriten oder einen anderen außerirdischen Körper hierher transportiert worden.[7]

Als Christen sehen wir das Erscheinen dieser Zellen durch unsere Brille des Glaubens. Die ersten Zellen, so glauben wir, erschienen als Reaktion auf Gottes Befehl und durch die ständige Gegenwart des Geistes Gottes. Ob die Zellen vor 3,8 Milliarden Jahren entstanden, vor 3,8 Millionen Jahren oder erst vor 3 800 Jahren, hat für uns keine besondere Bedeutung. Sobald das Leben durch die Brille des Glaubens betrachtet wird, sobald wir glauben, dass es auf Gottes Befehl hin und aufgrund von Gottes Gegenwart geschah, wird es theologisch irrelevant, wann es genau geschah. Wir können uns »zurücklehnen« und uns von den Daten aus Gottes geschaffener Welt sagen lassen, wann dies geschah. Betrachten wir noch einmal die oben beschriebenen *Möglichkeiten 1* bis *3*. Wenn es um den Ursprung der Zellen geht, unterscheiden sich die drei nicht; sie beziehen sich nur auf den Ursprung der Arten. Jede von ihnen nimmt an, dass die Zellen aufgrund von Gottes Befehl erschienen. Wie lange es dauerte, bis Gottes Gebot ausgeführt war, ist unerheblich. Gott könnte ein Wunder derart vollbracht haben, dass die erste Zelle aus dem Nichts, in einem Augenblick, erschien. Ich wünschte, Sie und ich wären in der Lage, in eine Zeitmaschine zu steigen, die uns in der Zeit zurückbringen würde, um bei diesem Ereignis dabei zu sein. Wahrscheinlich würden wir ein Mikroskop mitnehmen wollen, damit wir es beobachten könnten, zusammen mit einigen Reagenzgläsern, damit wir

---

7 Siehe FRANCIS CRICK: *Life Itself: Its Origin and Nature.* New York: Simon & Schuster, 1981.

die Beschaffenheit der Moleküle innerhalb der Zellen analysieren könnten. Wären wir dazu in der Lage, könnte es durchaus sein, dass unsere Beobachtungen ergeben würden, dass die ersten Zellen in einem Augenblick entstanden. Das wäre in Ordnung. Es stünde im Einklang mit der Bibel, und wir könnten dann ins 21. Jahrhundert zurückkehren, um von unserem aufregenden Abenteuer zu berichten.

Aber gibt es nicht auch eine alternative Beobachtung, die ebenso mit der Bibel in Einklang stünde sowie mit jeder der drei oben genannten Möglichkeiten für den Ursprung der Arten? Ist es nicht auch möglich, dass Gottes Gegenwart und Gottes Befehl natürliche Prozesse subtil beeinflusst haben könnten, wodurch die sonst sehr unwahrscheinlichen Ereignisse wahrscheinlich wurden? Dieser Vorstellung nach könnte Gott in einer solch unterschwelligen Art und Weise gewirkt haben, dass Sie und ich mit unseren Mikroskopen und Reagenzgläsern nie in der Lage sein würden, ein besonderes Wunder zu beobachten – jedenfalls nicht, bis wir zurücktreten, das fertige Produkt betrachten und die Wahrscheinlichkeit berechnen, mit der solche Ereignisse *ohne* Gottes Gegenwart und *ohne* Gottes Befehl eintreten.[8] Ist es in diesem Sinne nicht sogar möglich, dass es vom Beginn bis zur Fertigstellung vielleicht Jahrmillionen gedauert haben könnte, bis die Moleküle sich zu der fertigen »Fabrik« einer Zelle zusammengesetzt haben? (Die Differenz zwischen den 4 Milliarden Jahren, als die Erde begonnen haben könnte, sich abzukühlen, und den 3,8 Milliarden Jahren, als die Zellen auftauchten, beträgt immerhin 200 Millionen Jahre.)

Betrachten wir die folgende Analogie. Nehmen wir an, wir könnten eine andere Reise in Zeit und Raum machen, zurück in die Werkstatt von Leonardo da Vinci, um zu beobachten, wie er die *Mona Lisa* malt. Wenn Sie und ich in der Lage wären, in der Zeit zurückzureisen, um

---

8 Weil es natürlich nicht möglich ist, mit unseren Mikroskopen und Reagenzgläsern in der Zeit zurückzureisen, werden wir niemals in der Lage sein, diese formale Berechnung durchzuführen. Aber dennoch können wir, die wir heute leben, zu der Überzeugung gelangen – insbesondere wenn wir das Ergebnis durch die Glaubensbrille betrachten –, dass das, was wir beobachten, von einem Meistermaler produziert wurde – Gott, unserem Schöpfer.

die einzelnen Pinselstriche da Vincis mit unserem handlichen Mikroskop zu beobachten und die Farben in den Reagenzgläsern zu analysieren, so würden wir doch nie erkennen, dass ein Meisterwerk gemalt wurde. Da wir unsere technische Raffinesse des 21. Jahrhunderts verwenden würden, um die chemische Zusammensetzung der Farbe auf der Leinwand zu untersuchen, könnten wir alle Details erklären, warum manche Chemikalien die eine Farbe haben und andere eine andere Farbe. Wir wären möglicherweise in der Lage, das Prinzip zu erklären, durch das die Farbe auf der Leinwand haftet, und fähig zu erklären, warum manche Leinwände besser sind als andere. Wir könnten die Pinselstriche analysieren und alle Bewegungen der Hand des Malers und des Pinsels vollständig erklären. »Sieht für uns wie ein gewöhnliches Gemälde aus«, würden wir sicherlich schlussfolgern. Durch diese Techniken allein würden wir kaum erkennen, dass der Geist eines Genies die Auftragung der Farben auf die Leinwand lenkte. Eine Analyse der Pinselstriche kann die künstlerische Erhabenheit von da Vincis Werk nicht nachweisen. Nur wenn wir zurücktreten und das fertige Gemälde in seiner ganzen Schönheit betrachten, können wir erkennen, dass ein Meister am Werk gewesen ist und den Pinsel zu dem vom Künstler gewünschten Ergebnis führte.

Wenn diese Analogie tatsächlich dem entspricht, wie Gott das Leben geschaffen hat – sukzessive, mit »Strichen«, die für die Naturwissenschaftler durch die »Brille« ihrer Gerätschaften nur wie gewöhnliche Chemie erscheinen – wäre es dadurch weniger ein Wunder? Selbst wenn Naturwissenschaftler in der Lage wären, die genauen, rein natürlich erscheinenden Schritte in der Geschichte der Lebensentstehung zu erklären, besagt das in irgendeiner Weise, dass das Werk, das sie beschreiben, nicht von der Hand des Meisters geführt wurde? Das majestätische und lebendige Bild vom Inneren der Zelle ist ein Meisterwerk ohnegleichen. Geschaffen durch den Befehl des Wortes Gottes und durch die Gegenwart des Geistes Gottes, genährt durch die Vision Gottes, des Vaters, im Hinblick auf die ersehnte Nachkommenschaft, ist die Zelle das zum Leben erweckte Gemälde Gottes. Wenn man dieses lebendige Bild in seiner ganzen bewegenden Erhabenheit untersucht, ist dann die Frage, ob es 200 Millionen Jahre oder 200 Mikrosekunden dauerte, überhaupt relevant? Sukzessive oder in einem Augenblick – wäre eines davon weniger das Werk Gottes als das andere?

Die drei diskutierten Möglichkeiten für die Entstehung der Arten stehen alle im Einklang mit dem Neuen und dem Alten Testament der Bibel. Jede erkennt an: »Am Anfang war das Wort [...] Durch ihn ist alles entstanden; es gibt nichts, was ohne ihn entstanden ist.« (Joh 1,1.3). Des Weiteren erkennt jede an, dass die Arten in Gottes Gegenwart entstanden sind, denn »der Geist Gottes schwebte über dem Wasser« (1 Mose 1,2). *Möglichkeit 1* besagt, dass jede neue Art aus dem Nichts entstanden ist. *Möglichkeit 2* besagt, dass jeder Urtyp neu entstand, möglicherweise aus dem Nichts, und dass neue, verwandte Arten aus dem Urtyp durch »Mikroevolution« entstanden. *Möglichkeit 3* besagt, dass jede neue Art aus bereits vorhandenen Arten entstanden ist. In Bezug auf diese drei Möglichkeiten ist die Frage, ob die Zellen sukzessive entstanden (über Hunderte von Millionen Jahren) oder plötzlich (in einem Augenblick) irrelevant. Entscheidend ist, dass es auf Gottes Befehl und aufgrund von Gottes Gegenwart geschah.

4.4 Das plötzliche Erscheinen vielzelligen Lebens?

Das »schnelle« und unerklärliche Erscheinen von Zellen ist nur *eine* verblüffende Information aus dem Fossilbefund.[9] Ich habe betont, dass die Schnelligkeit und die fehlende Erklärung durchaus eine theologische Bedeutung haben können – aber nicht müssen. Als Schöpfer könnte Gott es bevorzugt haben, auf plötzliche und überraschende Art zu schaffen. Das muss aber nicht so sein. Es ist durchaus möglich, dass Gott es bevorzugt hat, dermaßen subtil durch die Einflussnahme auf natürlich *erscheinende* Prozesse zu wirken, dass der mechanistisch-reduktionistische Ansatz, den die Naturwissenschaften verwenden,

---

9 Man nennt es »schnell« im geologischen Sinne, das heißt bezogen auf die Zeit der Entstehung der Erde und das Erscheinen von Zellen »bald« danach. Je nach persönlicher Sichtweise sind mehr als 200 Millionen Jahre natürlich nicht unbedingt eine *kurze* *Zeit* zu nennen.

gar nicht in der Lage ist, zwischen Vorhandensein und Abwesenheit von Gottes Gegenwart und Schöpfungsbefehl zu unterscheiden. Gott hat die Freiheit, so zu wirken, wie er möchte, sei es subtil oder überwältigend.

Vom Erscheinen der ersten Zellen kommen wir nun zu anderen faszinierenden Geschichten, die sich aus der Analyse der fossilen Daten ergeben. Viel ist über das »plötzliche« Erscheinen des tierischen Lebens vor etwa 545 Millionen Jahren geschrieben worden. Dieses offenbar bahnbrechende Ereignis in der Geschichte des Lebens, das zu Beginn der geologischen Epoche, die man Kambrium nennt, stattgefunden hat, wurde entsprechend *kambrische Explosion* genannt. Obwohl die Naturwissenschaftler immer noch die Belege diskutieren, geht *eine* Interpretation des Fossilbefunds davon aus, dass viele der wesentlichen Baupläne des Tierreiches (man nennt sie *Phyla* bzw. *Stämme*) innerhalb von 15 bis 20 Millionen Jahren erschienen. Ein Bauplan ist dabei nichts weiter als die grundlegenden Merkmale des Körperbaus eines Organismus. Arthropoden (beispielsweise Krebse, Insekten und Spinnen) mit ihren gegliederten Beinen und ihrem äußeren Körperskelett repräsentieren einen Bauplan. Ringelwürmer (wie z. B. Regenwürmer) mit ihren sich wiederholenden Körpersegmenten sind nach einem anderen Plan aufgebaut. Nematoden wiederum sind unsegmentierte Würmer und stellen einen dritten Bauplan dar. Unsere eigene Gruppe, die als Stamm der Chordata bekannt ist, besitzt einen Bauplan mit einem Nervenstrang auf der Rückseite und mehreren charakteristischen embryonalen Merkmalen (Kiementaschen und ein stabförmiger Stützapparat, den man *Chorda* nennt). Alle Mitglieder unserer Gruppe haben diese Eigenschaften – Frösche, Mäuse und Fische, um nur einige zu nennen. Fast alle grundlegenden Baupläne, die in der Tierwelt (einschließlich uns selbst) existieren, scheinen ihren großen Auftritt auf der Erde zur Zeit der kambrischen Explosion gehabt zu haben. Dies bedeutet nicht, dass Insekten schon zu diesem Zeitpunkt erschienen (tatsächlich gab es sie noch nicht), aber Organismen mit den grundlegenden Strukturmerkmalen, die denen ähneln, die Insekten und Krebse charakterisieren, kommen in Gesteinen dieses Alters vor, während sie in Gesteinen, die noch älter sind, nicht vorkommen. Auch bedeutet es sicherlich nicht, dass Frösche und Mäuse bereits während der kambrischen Explosion existierten, aber Fossilien mit einigen ihrer grundlegenden Merkmale, wie beispielsweise ein Rückgrat, kommen in Gesteinen dieses Alters vor, während sie in Gesteinen, die älter als 550 Millionen Jahre sind, nicht gefunden werden.

Wegen der »Explosion« der fossilen Vielfalt in Gesteinen dieses Alters sehen einige Christen dies als ein Indiz für einen Schub schöpferischer Tätigkeit Gottes an. Die Vorstellung von einer »Explosion neuer Arten« in einem geologischen »Augenblick« ist besonders angesichts von *Möglichkeit 2* bemerkenswert – der Schaffung von Urtypen in einer regen Phase kreativer Aktivität.[10]

Der Begriff der kambrischen Explosion wurde besonders durch den Erfolg eines sehr beliebten Buches mit dem Titel *Wonderful Life* des verstorbenen Harvard-Naturwissenschaftlers Steven Jay Gould bekannt.[11] Allerdings ist die tatsächliche Existenz dieser »Explosion« in naturwissenschaftlichen Kreisen sehr umstritten. Gould war ein hervorragender Schriftsteller, der Bücher und Artikel für die naturwissenschaftlich nicht ausgebildete Öffentlichkeit schrieb. Aus diesem Grund sind die von ihm verbreiteten Vorstellungen bei Nichtfachleuten besonders bekannt, während konkurrierende naturwissenschaftliche Ansichten kaum Verbreitung gefunden haben. Tatsache ist, dass viele Biologen bezweifeln, dass die kambrische Explosion jemals wirklich stattgefunden hat. Einige denken, sie sei ein reines Artefakt. Was ihrer Überzeugung nach wirklich geschah, ist, dass vor etwa 550 Millionen Jahren eine Veränderung dazu führte, dass sich die Wahrscheinlichkeit für Versteinerungen stark erhöhte. Aus diesem Grund, so argumentieren sie, bedeutet das »plötzliche« Auftreten von vielzelligen Tieren im Fossilbefund nicht so sehr eine drastische Veränderung, *welche* Tiere es gab; vielmehr drückt es nur die Erhaltungsfähigkeit der Tiere, die bereits existierten, aus und damit

---

10 Man beachte, dass dieser »geologische Augenblick« 10 bis 20 Millionen Jahre umfasst, was etwa 250 000 bis 500 000 menschlichen Generationen entsprechen würde.
11 Steven J. Gould: *Wonderful Life*. New York: W. W. Norton, 1989.

die Wahrscheinlichkeit für ihr Auftreten im Fossilbefund.[12] Andere Biologen betonen, dass die Organismen, die in den Fossilien des Kambriums entdeckt wurden, nicht grundsätzlich unterschiedliche Baupläne repräsentieren – *noch* nicht. Nach dieser Ansicht handelte es sich in vielen Fällen um Zwischenformen mit einigen der Attribute eines bestimmten Stammes, aber noch nicht allen Charakteristika.[13]

Unabhängig davon, ob die kambrische Explosion sich als echt entpuppt oder nicht, ist Vorsicht geboten, bevor wir uns *Möglichkeit 2* anschließen. Selbst wenn eine Flut von neuen Urtypen zu diesem Zeitpunkt geschaffen worden wäre, ist das Ergebnis nicht annähernd so dramatisch, wie viele Laien denken. Es gab keine Insekten, Seesterne, Krebse, Schnecken, Spinnen, Fische, Frösche, Eidechsen, Krokodile, Vögel, Mäuse, Hunde, Katzen, Affen, Elefanten, Wale, Landpflanzen und unzählige andere »Urtypen« – dies alles kam viel, viel später. Abbildung 4.2 zeigt einige der Tierarten, die laut Fossilbefund vor etwa 545 Millionen Jahren existierten. Man beachte, dass sie sich sehr von den Körperformen unterscheiden, an die wir gewöhnt sind. Die »Urtypen« der heutigen Organismen erscheinen der Reihe nach und mit zeitlichem Abstand im Fossilbefund (man betrachte dazu nochmals Abbildung 4.1). Kurz gesagt, es gibt nur dünne Belege, die die Vorstellung von wenigen Schüben schöpferischer Aktivität *(Möglichkeit 2)* unterstützen. Dies wird im Folgenden noch deutlicher.

Bevor wir weiter untersuchen, was der Fossilbefund über das Auftreten anderer mehrzelliger Organismen zu sagen hat, ist es wichtig, innezuhalten und darüber nachzudenken, wie wir persönlich als Christen Gottes Wirken erleben. Die meisten von uns glauben, dass Gott in unserem Leben nicht *nur* durch plötzliche und spektakuläre Taten wirkt; Gottes Geist wirkt in unserem Leben auch auf viel subtilere Weise. Tatsächlich würden wohl die meisten von uns zustimmen, dass Gottes Heiliger Geist jederzeit in unserem Leben an der Arbeit

---

12 Siehe zum Beispiel G. A. Wray / J. S. Levinton / L. H. Shapiro: »Molecular Evidence for Deep Precambrian Divergences Among Metazoan Phyla«. In: *Science* 274 (1996). S. 568–573.

13 Für eine gute Diskussion dieser Ansicht siehe S. C. Morris: »Nipping the Cambrian ›Explosion‹ in the Bud?« In: *Bioessays* 22 (2000), Heft 12. S. 1053–1056.

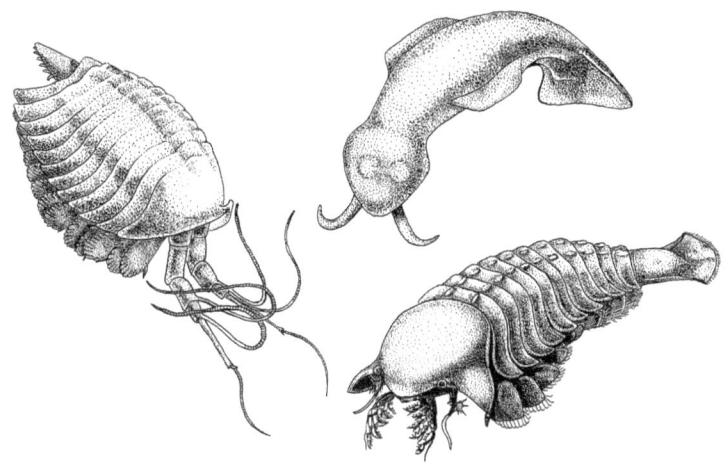

Abb. 4.2: Beispiele für fossilisierte Tiere in Gesteinen, die auf etwa 545 Millionen Jahre datiert werden.

ist und dass seine Gegenwart sich häufig nur so subtil zeigt, dass wir viele der einzelnen Empfindungen von Gottes Gegenwart auch anders interpretieren könnten. Oft sind wir nur dadurch, dass wir zurücktreten und das Werk Gottes durch unsere Glaubensbrille betrachten, in der Lage zu erkennen, dass es der Heilige Geist war, der die Veränderung bewirkte – Gottes sanfter, subtiler, aber allmächtiger Heiliger Geist.

Einer meiner Lieblingsabschnitte der Bibel ist die Geschichte von Elia, als er sich am Tiefpunkt seines Lebens befand. Er war so traurig, dass er sagte: »Es ist genug. Nun, HERR, nimm mein Leben hin!« (1 Kön 19,4). Nach einiger Zeit führte Gott ihn auf einen großen Berg, wo Elia zu hören bekam, dass die Gegenwart des Herrn im Begriff war, an ihm vorüberzugehen. Es geschah Folgendes:

> Da kam ein Wind, groß und stark, der die Berge zerriss und die Felsen zerschmetterte vor dem HERRN her; der HERR aber war nicht in dem Wind. Und nach dem Wind ein Erdbeben; der

Herr aber war nicht in dem Erdbeben. Und nach dem Erdbeben ein Feuer, der Herr aber war nicht in dem Feuer. Und nach dem Feuer der Ton eines leisen Wehens. Und es geschah, als Elia das hörte, verhüllte er sein Gesicht mit seinem Mantel, ging hinaus und stellte sich in den Eingang der Höhle. (1 Kön 19,11–13)

Der Grund, warum Elia aus der Höhle heraustrat, ist, dass in dem kaum vernehmbaren Ton eines leisen Wehens die Gegenwart Gottes zu finden war, vor der er sein Gesicht mit dem Mantel verhüllte. Gott wirkt auf verschiedene Weisen, und wenn Gottes Tätigkeit in der Schöpfung in erster Linie in Form eines leisen Flüsterns geschah, dann sollten wir bereit sein, aus unserer Höhle hinaus zu treten und wie Elia ehrfurchtsvoll stehen zu bleiben, denn wir betreten den heiligen Boden von Gottes Schöpfung. Im Rest dieses Kapitels wollen wir untersuchen, ob *Möglichkeit 3* die richtige ist. Folgen Sie in anbetender Gesinnung und achten Sie auf das Flüstern Gottes.

4.5 Das plötzliche Erscheinen einiger moderner Typen?

Elefanten? Nur wenige Säugetiere sind wegen ihrer unverwechselbaren Körperform leichter erkennbar als ein Elefant. Sein starker Rüssel wird zum Atmen, Riechen, Tasten, Handhaben von Gegenständen und Erzeugen von Klängen verwendet. Die Muskeln und Nerven sind so empfindlich, dass ein Elefant mit dem Ende seines Rüssels eine Erdnuss aufheben, sie mit der kleinen Spitze an der Rückseite des Rüssels öffnen, die Schale wegblasen und die beiden Kerne vorsichtig in den Mund legen kann. Im Gegensatz zu dieser Handlung, die viel Feingefühl erfordert, kann ein Elefant seinen Rüssel auch benutzen, um Baumstämme mit einem Gewicht von fast einer halben Tonne zu heben und zu bewegen.[14] Um diesem enormen Gewicht entgegenzuwirken (plus dem Eigengewicht des Kopfes von 250 kg), hat der Elefant einen kurzen Hals, was aus mechanischen Gründen vorteilhaft ist, und eine Sehne so dick wie ein menschlicher Arm, die

---

14 J. Shoshani: »Understanding Proboscidean Evolution: A Formidable Task«. In: *Trends in Ecology and Evolution* 13 (1998), Heft 12. S. 480–487.

sich nach hinten erstreckt, um den Kopf an knöchernen Vorsprüngen, die von den einzelnen Wirbeln nach oben ragen, zu verankern.[15]

Zusätzlich zu seinen vielen charakteristischen äußeren Merkmalen hat der Elefant viele ungewöhnliche Skelettmerkmale, die fossil erhalten bleiben. Die enorme Muskelmenge im Rüssel muss am Schädel verankert werden, sodass der Elefant an einer unverwechselbaren Position eine große Öffnung besitzt, durch die die Enden der vielen Muskelgruppen zu den inneren Befestigungsstellen laufen. Andere Säugetiere haben die gleiche Öffnung, aber sie ist nicht annähernd so groß und sitzt weiter unten am Schädel. Ferner hat der Elefant eine weitere Öffnung, durch die eine große Anzahl von Blutgefäßen und Nerven läuft und die Infraorbitalkanal genannt wird. Andere Säugetiere haben die gleiche Öffnung, aber sie ist bei ihnen im Verhältnis viel kleiner. Elefanten unterscheiden sich auch durch die Bildung von Stoßzähnen, die in Wirklichkeit nur zwei übergroße seitliche Schneidezähne sind (die zweiten Zähne von der Mitte aus).

Kurz gesagt: Form, Knochenbau und Merkmale des Schädels, die Struktur des Halses und der Extremitäten und andere Skelettmerkmale unterscheiden den Elefanten von allen anderen Tieren. Wir könnten den Elefanten für einen bestimmten Urtyp halten. Da er groß ist und dicke Knochen besitzt, fossilisiert er leicht und wird ohne Weiteres von Paläontologen in den Gesteinen entdeckt. Was hat uns der Fossilbefund über den Ursprung dieses Urtyps zu sagen – hat er eine plötzliche (*Möglichkeit 2*) oder eine sukzessive Herkunft (*Möglichkeit 3*)? Was ist mit der Möglichkeit, dass alle Angehörigen dieses Urtyps zu einem bestimmten Zeitpunkt aus dem Nichts geschaffen wurden (*Möglichkeit 1*)? Untersuchen wir, was die Daten aus dem Fossilbefund uns zu sagen haben.

Die gefundenen Fossilien umfassen 164 verschiedene mit dem Elefanten verwandte Arten, von denen man annimmt, dass sie alle zur Ordnung der Proboscidea gehören. Von diesen sind heute nur noch zwei am Leben: der Afrikanische Elefant (*Loxodonta africana*) und der

---

15 DERS.: »It's a Nose! It's a Hand! It's an Elephant's Trunk«. In: *Natural History* 106 (1997), Heft 10. S. 36–45.

Asiatische Elefant *(Elephas maximus)*. Das wollige Mammut *(Mammuthus primigenius)*, eine dritte Art, die vor 4 000 Jahren ausgestorben ist, wurde im Eis konserviert und es besteht zumindest eine geringe Chance, dass sie eines Tages durch die Technologie des Klonens wieder zum Leben erweckt werden könnte. Eine andere Mammutart, *Mammuthus Columbi*, mit ihren vier Meter langen Stoßzähnen, und der etwas kleinere und entfernt verwandte Mastodon, *Mammut americanum*, lebten wahrscheinlich bis vor etwa 20 000 Jahren in der Umgebung von San Diego, meinem Zuhause. Dies ist bekannt, weil sich nicht mehr als 200 Kilometer von meinem Haus entfernt die Teergruben von La Brea in der Innenstadt von Los Angeles befinden. Jahrhundertelang kamen Tiere zu diesem Ort, in der Annahme, dass es ein Teich war. Sie verfingen sich dabei in einer klebrigen Schmiere von teilweise flüssigem Teer, in der sie dann für die Nachwelt als Fossilien konserviert wurden. Wenn Sie zufällig nach Südkalifornien kommen, dann machen Sie einen kurzen Besuch im Page Museum, wo Sie ein paar dieser Exemplare als Knochenwunder bestaunen können.

Weil Elefanten und ihre Verwandten solche markanten Skelettmerkmale besitzen und weil sie durch die Erdgeschichte hindurch besonders gut fossilisierten, ist es möglich, die Geschichte dieser beeindruckenden Tiere zu rekonstruieren. In fossilführenden Schichten, die sich vor etwa 50 Millionen Jahren bildeten, sind Tiere konserviert, die viele der Skelettmerkmale aus der Ordnung der Elefanten aufweisen. Zu jener Zeit waren sie so groß wie ein kleines Schwein und hatten keinen Rüssel (wie man aufgrund der oben erwähnten Schädelmerkmale schließt). Doch in Gesteinen, die jünger sind (30 bis 40 Millionen Jahre), wird deutlich, dass die Mitglieder der Elefantenfamilie schon viel größer wurden und dass sie die entsprechenden Öffnungen besaßen, um einen kleinen Rüssel unterzubringen. Als sie an Größe zunahmen, nahm gleichzeitig der Abstand des Kopfes vom Boden zu – je größer der Körper, desto weiter ist der Mund von der Nahrung am Boden entfernt. Die mit dem Elefant verwandten Tierfamilien hatten zwei Möglichkeiten, mit diesem Problem des vergrößerten Abstands zum Boden fertig zu werden: Die eine be-

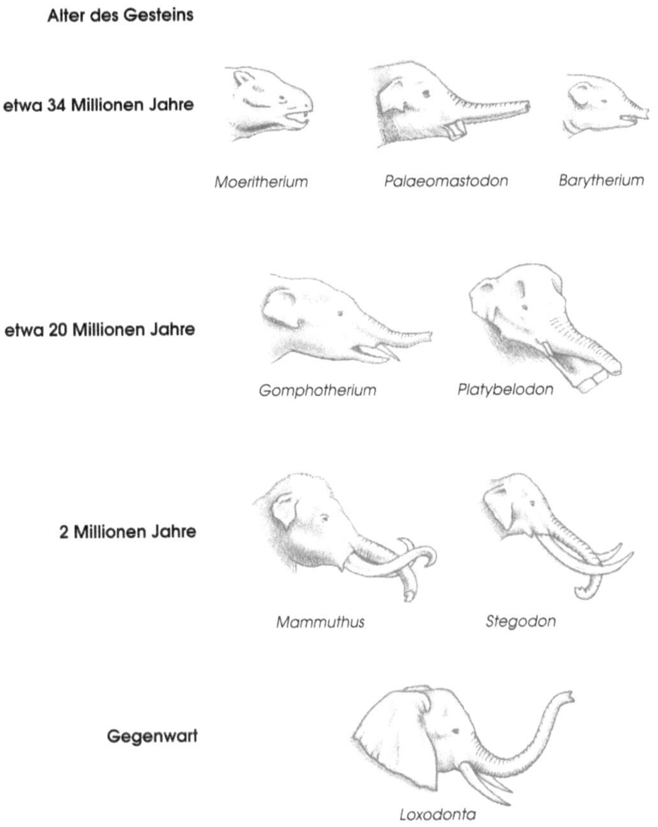

Alter des Gesteins

etwa 34 Millionen Jahre

Moeritherium   Palaeomastodon   Barytherium

etwa 20 Millionen Jahre

Gomphotherium   Platybelodon

2 Millionen Jahre

Mammuthus   Stegodon

Gegenwart

Loxodonta

Abb. 4.3: Veränderungen in der Abstammungslinie der Elefanten in den vergangenen 34 Millionen Jahren.

stand darin, einen verlängerten Unterkiefer auszubilden; die andere bestand darin, einen langen Rüssel zu bekommen. Abbildung 4.3 zeigt eine Zeichnung von *Platybelodon*, der einen sehr langen Unterkiefer mit zwei langen, flachen daraus herausragenden Zähnen hatte, was zu einem Kiefer führte, der fast wie eine Schaufel benutzt werden konnte. Die Abbildung zeigt auch eine verwandte Art, die zur gleichen Zeit lebte und keinen langen Kiefer hatte, aber dafür einen langen Rüssel. Vor 7 bis 10 Millionen Jahren hatten die damaligen Arten alle voll ausgebildete Rüssel und diejenigen mit den langen Unterkiefern waren ausgestorben.

Kehren wir zu der ersten der drei diskutierten Schöpfungsmethoden Gottes zurück, nämlich der Vorstellung, dass jede Art zu einem bestimmten Zeitpunkt aus dem Nichts geschaffen wurde. Wenn dies tatsächlich die Methode war, die Gott benutzte, ist es verblüffend, dass Gott in den ersten 98,7 Prozent der Erdgeschichte keine elefantenähnlichen Organismen gemacht hat. (Die letzten 55 Millionen Jahre entsprechen nur 1,3 Prozent der Erdgeschichte.) Es ist außerdem interessant, dass, als Gott begann, elefantenähnliche Arten zu schaffen, keine von ihnen einen Rüssel hatte. Alle diese Tiere starben aus. Er fuhr dann fort, neue Arten mit Rüsseln zu schaffen, zunächst kurze, aber im Laufe der Zeit machte er neue, größere Arten und gab ihnen längere Rüssel. Auch sie starben aus. Schließlich, etwa in den letzten 5 Millionen Jahren, schuf Gott Arten, die immer mehr den heutigen Elefantenarten ähneln. Wenn Gott jede einzelne der unzähligen elefantenähnlichen Arten aus dem Nichts schuf, dann ist klar, dass er eine gewisse Struktur bei den Konstruktionen verfolgte. Je näher wir der Gegenwart kommen, desto stärker sehen die neuen Arten unseren gegenwärtigen Arten ähnlich.

Die Vorstellung, dass Gott in dem etwa letzten einen Prozent der Erdgeschichte plötzlich aus dem Nichts elefantenähnliche Arten geschaffen haben soll, ist allerdings etwas verblüffend, vor allem wenn man die sukzessiven Veränderungen bei seinen »Werken« im Laufe der Jahrmillionen in Betracht zieht. Da die Bibel diese Sichtweise der »Schöpfung aus dem Nichts« in keiner Weise fordert, geschweige denn, dass sie auch nur angedeutet würde, sollten wir ruhig zögern, diese Vorstellung anzunehmen. In der Bibel heißt es, dass die Erschaffung der Vielfalt des Lebens auf Gottes Befehl hin geschah, aber es wird weder gesagt, ob dies aus dem Nichts geschah, noch ist mit Gewissheit zu schließen, dass es der Reihe nach durch einzelne Befehle für jede Art geschah. Wenn jemand dies glauben will, ist er oder sie frei, dies zu tun, aber es ist unangemessen, darauf zu bestehen, dass dies *die* biblische Sichtweise sei.

Eine alternative Sichtweise ist, dass die ganze Schöpfung zwar auf Gottes Befehl und unter dem Einfluss seiner Gegenwart geschah, aber eben *nicht* in der Weise, wie Geppetto den Pinocchio in seiner Holzwerkstatt schuf oder wie eine Gruppe von Architekten und Ingenieuren eine beeindruckende Brücke entwirft und baut *(Möglichkeit 1)*. Die Bibel teilt uns mit, dass Gott schuf, aber sie sagt uns nicht wie, und wir müssen vorsichtig sein, dass wir den Gott des Universums nicht in eine unserer menschlichen Schablonen pressen. Wir dürfen Gottes Wirken nicht darauf begrenzen, wie *wir* meinen, arbeiten zu würden, wenn wir Gott wären.

Was erfahren wir über die Art des Handelns Gottes, wenn wir die Bibel studieren? Eine Sache, die wir lernen, ist sicher, dass Gott Freiheit in seine Schöpfung eingebaut hat. Nehmen wir zum Beispiel Joh 3,16: »Denn Gott hat der Welt seine Liebe dadurch gezeigt, dass er seinen einzigen Sohn für sie hergab, damit jeder, der an ihn glaubt, das ewige Leben hat und nicht verloren geht.« Die Schlüsselworte in dieser Stelle sind: »jeder, der an ihn glaubt«. Mit anderen Worten: Gott zwingt niemanden. Er gibt uns die Freiheit zu glauben oder nicht zu glauben. Diejenigen, die sich entscheiden zu glauben, werden das ewige Leben haben; diejenigen, die sich dagegen entscheiden, werden das ewige Leben nicht haben. Diese Betonung der Freiheit in Gottes Schöpfung findet man überall in der Bibel. Gottes Gegenwart beeinflusst den Ausgang von Ereignissen – oft auf übernatürliche Weise, aber immer im Kontext der menschlichen Freiheit. König Saul enttäuschte Gott und schwächte das Volk Israel dramatisch; König David war andererseits ein Mann nach dem Herzen Gottes (1 Sam 19,14). Beide waren freie Männer, nicht Marionetten eines himmlischen Puppenspielers, auch keine Roboter, die auf einen

Knopfdrücker im Sternenhimmel reagieren. Sie trafen ihre Entscheidungen in gottgewollter Freiheit. Als Hananias und Saphira ihren Besitz verkauften (Apg 5,1–11), hätten sie den gesamten Erlös für Gott an die Gemeinde geben können. Sie entschieden sich, es nicht zu tun, und trafen diese Entscheidung in Freiheit. Als der sterbende Stephanus betete: »Herr, rechne ihnen diese Sünde nicht an!« (Apg 7,60), war er nicht gezwungen, diese herzzerreißenden Worte auszusprechen. Sie kamen aus der Tiefe seines Herzens. Es war ein Schrei der Liebe für seine Henker, und es gab keinen Marionettenmeister, der dabei die Fäden seiner Stimmbänder zog.

Die Bibel stellt fest, dass Gott den Befehl zur Schöpfung gab und dass das dazu führte, dass die verschiedenen »Arten« bzw. Typen hervorgebracht wurden. Es ist klar, dass als Folge von Gottes Befehl und in seiner Gegenwart zahlreiche elefantenähnliche Arten erschaffen wurden, aber die Bibel behauptet nicht, dass Gott für jede neue Art der Reihe nach neue Befehle aussprach. So wie Gott dem Volk Israel Freiheit ließ und so wie Gott uns heute in unserem Leben Freiheit lässt, so könnte die Freiheit durchaus auch ein zentraler Bestandteil von Gottes biologischer Welt sein. Das heißt nicht, dass Gott nicht eine beaufsichtigende Rolle bei der Schöpfung einnimmt, vielleicht so ähnlich, wie er es in meinem und Ihrem Leben tut. Aber es gibt von vornherein keinen biblischen Grund für die Annahme, dass die Schöpfung der biologischen Welt so geschah, dass der Gott des Universums immer dann, wenn er eine neue Art wünschte, den »Schöpfungsknopf« drückte, Art für Art. Er tut das nicht in den täglichen Angelegenheiten meines Lebens (wofür ich dankbar bin), und es gibt keinen Grund, weder biblisch noch anderweitig, davon auszugehen, dass er das in der biologischen Welt tut. Gottes Geist leitet die Fortentwicklung des Lebens. Seine Gegenwart ist nie fern von der Schöpfung, so wie sie nie weit von den Ereignissen in meinem Leben entfernt ist. Dennoch respektiert Gott meine Freiheit und achtet (wie ich vermute) auch die Freiheit in der übrigen Schöpfung.

Schildkröten? Einer der größten Einwände, die manche Christen bezüglich der Vorstellung von einer Schöpfung durch sukzessive Veränderungen haben, ist ein (ihrer Meinung nach) beobachtetes Fehlen von Übergangsformen im Fossilbefund. Im Rest dieses Kapitels wollen wir untersuchen, ob diese Beobachtung richtig ist. Dazu werden wir den Fossilbefund von mehreren verschiedenen Tiergruppen untersuchen, um zu sehen, ob Übergangsarten gefunden wurden – und falls nicht, nach den Ursachen fragen.

Ebenso wie Elefanten in der Welt der Säugetiere äußerst markant sind, so sind es die Schildkröten in der Welt der Reptilien. Nur wenige Körperformen sind markanter und leichter erkennbar. Obwohl heute noch rund 260 Schildkrötenarten auf der Welt existieren, reagieren viele davon empfindlich auf veränderte Umweltbedingungen und stehen damit in der Gefahr, durch den Ansturm menschlicher Aktivitäten Verluste zu erleiden.

Der Bauplan der Schildkröte ist einer der ältesten und konservativsten unter allen Wirbeltieren (d. h. mit nur wenigen Veränderungen im Laufe der Geschichte). Schildkröten treten erstmals im Fossilbefund in Gesteinen auf, die auf ein Alter von 210 Millionen Jahren datiert wurden, was sie damit viermal älter macht als die mit den Elefanten verwandte Gruppe, die wir im vorherigen Abschnitt besprochen haben. Nun die wichtige Frage: Erscheinen sie alle auf einmal, oder ist es möglich, einige schildkrötenähnliche Arten auszumachen, die auf der Erde lebten »kurz« bevor die Schildkröten selbst erschienen? Abbildung 4.4 zeigt die Existenz einer Gruppe von Reptilien, die eine Reihe von Skelettmerkmalen der Schildkröten aufweisen. Vor 255 Millionen Jahren gab es Organismen, die kleine, knöcherne Platten in der Mitte ihres Rückens hatten. Diese Platten waren nicht lückenlos genug, um der gegenwärtigen Funktion des Schildkrötenpanzers gedient haben zu können: Mechanischer Schutz und Wärmeisolierung. Es wird angenommen, dass sie den Zweck hatten, das Rückgrat zusätzlich zu stützen. In Gesteinen, die nicht ganz so alt sind (248 Millionen Jahre), findet man Fossilien, in denen die Knochenplatten den Großteil der oberen Körperfläche bedecken, die aber nicht miteinander verbunden sind. Eine andere Art, die etwa zur gleichen

Zeit lebte, besaß verbundene Knochenplatten, die tatsächlich den gesamten Körper abdeckten. Es war kein typischer Schildkrötenpanzer, aber er ähnelte ihm gewiss. Diese Organismen besaßen auch andere Skelettmerkmale, die dem Bauplan der Schildkröte ähnelten.[16] Das Wichtigste an alldem ist, dass diese Organismen genau zum richtigen Zeitpunkt im Fossilbefund auftauchen – kurz vor dem Erscheinen der fertig entwickelten Schildkröten.

Elefanten und Schildkröten haben die gleiche Botschaft für uns. Sie erscheinen nicht plötzlich und voll ausgebildet im Fossilbefund. Kurz vor ihrem Debüt treten andere Tiere mit ähnlichen, aber primitiveren Merkmalen auf, allerdings nur um wieder zu verschwinden, wenn die »Echten« ihren Auftritt haben. Vielleicht versucht das Flüstern am Höhleneingang uns etwas zu sagen – über Gottes Subtilität und darüber, wie der Schöpfungsbefehl Gottes wirklich ausgeführt wurde.

Wale? Nur wenige Tiergruppen faszinieren uns mehr als Delfine und Wale. Die zusammen etwa 75 Arten werden *Cetacea* genannt. Ein Mitglied dieser Ordnung, der Blauwal, ist mit bis zu hundert Metern Länge und 160 Tonnen Gewicht das größte Tier, das jemals die Erde bewohnt hat, und übertrifft damit sogar die größten Dinosaurier. Mein Büro in San Diego befindet sich auf einer Klippe mit Blick auf den Pazifischen Ozean. In den Wintermonaten kann man manchmal sehen, dass sich Ausflugsboote an einer bestimmten Stelle im Ozean versammeln. Wenn man genau hinsieht, wird man bald erkennen, dass eine Fontäne aus Luft und Wasser in der Nähe der Boote hochschießt – ein Zeichen dafür, dass die Suche nach einem umherziehenden Grauwal erfolgreich war.

Wir Menschen lieben Wale. Sei es der beeindruckende Gesang eines werbenden männlichen Buckelwals oder die majestätische Schönheit des Orca-Wals Shamu, der bei Sea World unter dem Beifall seiner Fans aus dem Wasser springt – eine besondere Würde umgibt die

---

16 Michael Lee: »The Turtle's Long-Lost Relatives«. In: *Natural History* 103 (1994), Heft 6. S. 63–65.

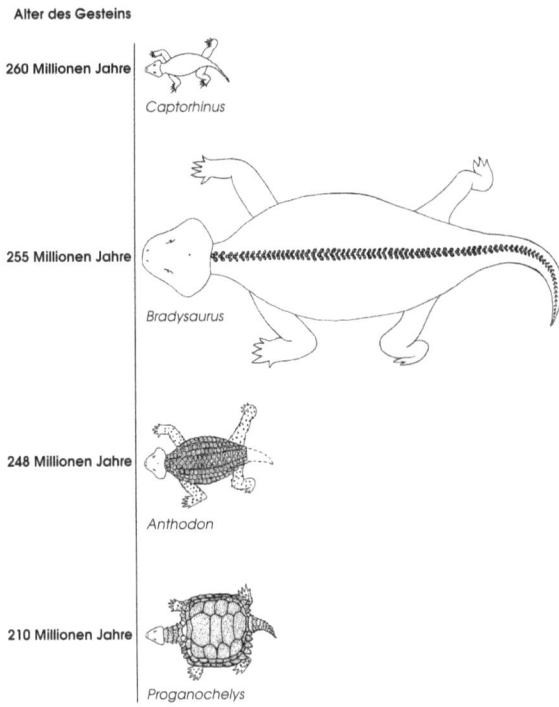

Abb. 4.4: Veränderungen bei schildkrötenähnlichen Fossilien
im Laufe der Zeit.

Wale und fesselt unsere Vorstellungskraft. Seit Langem gelten Wale als Mysterium. Das Buch Hiob in der Bibel erwähnt ein gewaltiges Seeungeheuer, den Leviatan. Wir wissen nicht genau, was hier beschrieben wird (einige denken, es war ein riesiges Krokodil, aber es könnte genauso gut ein Wal gewesen sein).

Gott, der HERR, spricht dort:

> »Ziehst du den Leviatan mit der Angel herbei, und hältst du mit dem Seil seine Zunge nieder? Kannst du einen Binsenstrick durch seine Nase ziehen und mit einem Dorn seine Kinnlade durchbohren? [...] Siehe, die Hoffnung auf ihn erweist sich als trügerisch. Wird man nicht schon bei seinem Anblick niedergeworfen? Niemand ist so tollkühn, dass er ihn aufreizte.«
> (Hiob 40,25–26; 41,1–2)

Das Mysterium, das die Wale umgibt, wird vielleicht am besten in dem Roman *Moby-Dick* dargestellt, einem Meisterwerk, das Herman Melville vor fast eineinhalb Jahrhunderten schrieb. Melville nutzte den Wal, um die geheimnisvolle Kraft des Bösen zu personifizieren, die sich geheimnisvoll im Hintergrund aufhält und den menschlichen Geist quält. In einem Abschnitt lässt Melville den Erzähler seiner Geschichte mit der Frage ringen, wie dieses rätselhafte Tier zu klassifizieren sei. Ist der Wal ein Fisch? Er beginnt mit einem Zitat des großen Biologen Linnaeus (auch unter dem Namen Linné bekannt) und geht dann zu seiner eigenen Diagnose über:

> »Wegen ihres warmblütigen Herzens mit zwei Kammern, ihrer Lungen, ihrer beweglichen Augenlider, ihren innen hohlen Ohren, penem intrantem feminam mammis lactantem« und schließlich »ex lege naturae jure meritoque«. Ich habe dies meinen Freunden Simeon Macey und Charley Coffin aus Nantucket unterbreitet, die beide auf einer Fahrt Backskameraden von mir waren, und sie stimmten in der Auffassung überein, dass die dargelegten Gründe ganz und gar unzureichend seien. Charley verstieg sich gar zu der Behauptung, sie seien Humbug.
> Hiermit gebe ich kund, dass ich alle Beweise außer acht lasse und den guten, altmodischen Standpunkt vertrete, dass der Wal

ein Fisch sei, wobei ich mich auf den heiligen Jona als Rücken-
deckung berufe. Da wir nun diese grundsätzliche Frage geklärt
haben, stellt sich die nächste, nämlich, in welcher Hinsicht der
Wal sich innerlich von anderen Fischen unterscheidet. Oben
hat Linnaeus euch diese Merkmale genannt. Doch kurz und
knapp sind es diese: Lungen und warmes Blut, wohingegen
alle anderen Fische lungenlose Kaltblüter sind.

Weiter: wie sollen wir den Wal nach seinen offensichtlichen
äußerlichen Eigenschaften bestimmen, um ihn so für alle Zeiten
klar und deutlich zu kennzeichnen? Um es kurz zu machen: Ein
Wal ist *ein blasender Fisch mit einem waagerechten Schwanz*. Da habt
ihr ihn. Ganz gleich wie kurz, ist diese Begriffsbestimmung
doch das Ergebnis langer, tiefsinniger Betrachtung. Ein Walroß
bläst ungefähr wie ein Wal, aber das Walroß ist kein Fisch, weil
es amphibisch lebt. Doch der letzte Teil der Definition ist im
Verbund mit dem ersten Teil sogar noch zwingender: Fast jeder
wird bemerkt haben, dass alle dem Landbewohner vertrauten
Fische keinen flachen, sondern einen senkrechten, »auf und
nieder« stehenden Schwanz besitzen. Dagegen nimmt bei den
blasenden Fischen der Schwanz, mag er auch ähnlich geformt
sein, ausnahmslos eine waagerechte Stellung ein.[17]

Selbst heute, 150 Jahre später, scheinen die Wale für viele ein biologisches Rätsel darzustellen. Aber trotz der Ansichten von Herman
Melvilles Erzähler: Sie sind eindeutig Säugetiere. Gleichwohl war
(bis vor Kurzem) ihr Erscheinen im Fossilbefund enorm plötzlich –
vollständig und eindeutig ausgebildet – ohne einen Hinweis auf die
»Missing Links« (d. h. die fehlenden Übergangsformen) zwischen
ihnen und dem Rest der Säugetierwelt. Obwohl die Biologen seit Langem damit rechneten, dass die fehlenden Übergangsformen eines
Tages gefunden würden, gab es keine Anzeichen dafür – solange
nicht, bis sich die Paläontologen aufmachten, um eifrig an genau den
richtigen Stellen nach ihnen zu suchen. Seitdem hat sich alles geändert. Mehrere wichtige Bindeglieder wurden inzwischen gefunden,
und der Grad der Ähnlichkeit dieser Übergangsfossilien mit heutigen

---

17 Herman Melville: *Moby-Dick oder: Der Wal*. Hrsg. v. Daniel Göske. Übers. v.
Matthias Jendis. 7. Aufl. München: Carl Hanser Verlag, 2001, S. 229–231.

Walen korreliert mit dem Alter der Gesteine, in denen sie gefunden wurden.

Moderne Wale haben ein spezielles Schallortungssystem, das dazu geeignet ist, die Richtung zu ermitteln, von der aus sich der Schall im Wasser ausbreitet. Dieses System arbeitet äußerst effizient. In der Tat ist die Echoortung (die Verwendung von Schall) eine wichtige Navigationshilfe bei Zahnwalen und Delfinen. Ein Großteil des Schalls wird nicht durch äußere Ohren, wie wir sie haben, sondern über Vibrationen des Kiefers wahrgenommen, die durch ein »Fettpolster« an das Mittelohr übertragen werden, das sich in einem vergrößerten Loch in der Nähe des Kiefers befindet und an das Mittelohr angrenzt. Ab da werden die Schallwellen dann nahezu in der gleichen Weise weiterverarbeitet wie bei anderen Säugetieren. Das Kieferloch, in dem sich das Fettpolster befindet, ist ein Skelettmerkmal, an dem man Wale und Delfine sicher erkennen kann. Alle besitzen es. Dann wurde jedoch das versteinerte Skelett eines 52 Millionen Jahre alten Wals, *Pakicetus*, in Pakistan an einem vermutlich flachen Ufer eines großen Meeres gefunden. Das Skelett wies verschiedene Erkennungsmerkmale auf, die es eindeutig als einen kleinen (wolfsgroßen) Wal identifizieren. Die Zähne dieses Exemplars ähneln allerdings nicht denen der Wale, sondern denen bestimmter Landtiere, von denen man bereits vorher annahm, dass sie mit den Walen verwandt sind. Außerdem hatte das Tier ein Hörsystem wie Landlebewesen – keine Anzeichen für einen Ort, an dem der Fettpolster-Apparat untergebracht gewesen sein könnte, der für andere Wale und Delfine kennzeichnend ist.

Kurz nachdem Pakicetus entdeckt worden war, wurde ein weiterer wichtiger Fund gemacht, diesmal in der ägyptischen Sahara. Er bestand aus vielen Fossilien der Walart *Basilosaurus*. Das Gestein, in dem diese Fossilien gefunden wurden, ist deutlich jünger – etwa 40 Millionen Jahre alt. Und diese Walart ist groß (15 Meter lang). Besonders bemerkenswert an diesem Fossil ist die wunderbare Konservierung einer fast vollständigen hinteren Gliedmaße. Im Vergleich zu den 15 Metern Länge des Wals ist dieses Hinterbein mit seinen 45 Zentimetern zwar ziemlich klein, aber es handelt sich um eine nahezu perfek-

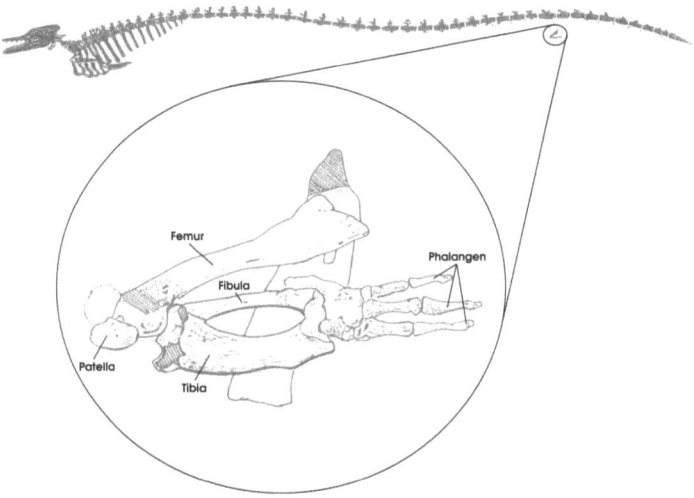

Abb. 4.5: Basilosaurus mit hinterer Gliedmaße (40 Mill. Jahre altes Fossil).

te Säugetiergliedmaße mit genau dem gleichen Knochenbau wie bei anderen Säugetieren (siehe Abbildung 4.5). Am dichtesten am Körper befindet sich ein gewöhnlicher Oberschenkelknochen (Femur). An dessen Spitze folgen ein ordentlicher Knieknochen (die Patella) und die beiden Unterschenkelknochen, die wir Menschen genauso wie alle Säugetiere haben (die Tibia, d. i. das Schienbein, und die Fibula, d. i. das Wadenbein). An dessen Ende hatte dieser Wal einen Fuß mit den entsprechenden Knöchel-, Fuß- und Zehenknochen (Phalangen). Da dieser Fuß, verglichen mit dem Rest des Körpers, winzig war, besaß er wahrscheinlich keine Funktion; stattdessen handelte es sich ziemlich sicher um eine übrig gebliebene Struktur (Rudiment), die für das Tier zwar nicht mehr nützlich, aber auch noch nicht beseitigt worden war.

Um die Geschichte der Wale abzurunden, fehlt noch ein Fossil, das vom Alter her zwischen dem fast »modernen« *Basilosaurus* mit seinen 40 Millionen Jahre alten Hinterbeinen und dem etwa 52 Millionen Jahre alten Pakicetus liegt. Etwa 120 Meter über der Gesteinsformation, die Pakicetus enthielt, befand sich ein weiteres Bett aus Sedimentgestein, von dem sich herausstellte, dass es ein fast vollständiges Exemplar eines Wales enthielt, der *Ambulocetus* genannt wurde. Dieses Tier besaß eine Vielzahl von Skelettmerkmalen, die es zweifellos als Wal kennzeichneten, aber es hatte auch Merkmale im hinteren Bereich, die es klar als Übergangsart erkennen ließen: Hinterbeine in voller Länge und einen Schwanz (siehe Abbildung 4.6). Aufgrund der Struktur der Wirbelsäule sind Paläontologen davon überzeugt, dass dieses Tier sich durch eine Auf- und Abbewegung der Wirbelsäule fortbewegt hat, ganz ähnlich wie die entsprechende vertikale Bewegung, die man von Geparden und anderen Mitgliedern der Familie der Katzen kennt. Von den großen Füßen an diesem Organismus nimmt man an, dass sie die Stelle der Schwanzflosse der späteren Wale einnahmen; sie würden bei einer Auf-und-ab-Bewegung den Schub erzeugen, genauso wie die gewaltige und kräftige Schwanzflosse, die wir heute sehen, wenn Shamu bei Sea World für uns auftaucht. Im Laufe der Jahre wurden noch weitere Zwischenformen gefunden. Diese Geschichte der fossil überlieferten Zwischenformen reicht von Organismen, die nahe mit den Vorfahren der Nilpferde verwandt sind, bis hin zu den modernen Walen, und damit ist sie zu einer der größten Geschichten der »Übergangsarten« in der gesamten Biologie geworden.[18]

Aus diesen Entdeckungen sollten wir eine wichtige Lektion lernen. Lange Zeit wurde der Wal von einigen Christen als ein klares Beispiel

---

18 Drei neuere Artikel zeigen die bemerkenswerten Fortschritte im Verständnis der Stammesgeschichte der Wale. Eine allgemeine Zusammenfassung findet man in K. WONG: »The Mammals That Conquered the Seas«. In: *Scientific American* 286 (2002), Heft 5. S. 70–79. Für eine mehr fachwissenschaftliche Diskussion siehe J. G. THEWISSEN u. a.: »Skeletons of Terrestrial Cetaceans and the Relationship of Whales to Artiodactyls«. In: *Nature* 413 (2001). S. 277–281; sowie auch P. D. GINGERICH u. a.: »Origin of Whales from Early Artiodactyls: Hands and Feet of Eocene Protocetidae from Pakistan«. In: *Science* 293 (2001). S. 2239–2242. Darüber hinaus wird ein völlig unabhängiger genetischer Nachweis der Verwandtschaft von Walen und Flusspferden in Kapitel 6 behandelt.

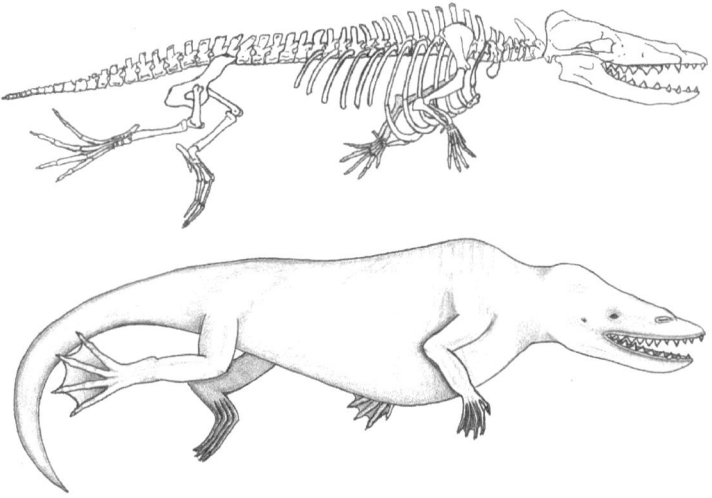

Abb. 4.6: Ambulocetus, ein Tier mit vielen walähnlichen Merkmalen, das in
der Übergangszeit zu den Walen lebte.

für einen Bauplan angeführt, der aus dem Nichts geschaffen worden sein muss (*Möglichkeit 1*), da er scheinbar plötzlich im Fossilbefund auftrat. Doch sollte man vorsichtig damit sein, Gottes Handeln immer dort einzufügen, wo die menschliche Erkenntnis gerade nicht weiter weiß. Die Lücken im Fossilbefund sind nicht die Orte, an denen wir nach Gott suchen sollten. Vielmehr ereignete sich *alles*, was geschehen ist, aufgrund von Gottes Gegenwart, Gottes Befehl und Gottes Zulassung. Da ist keine Suche nötig! »Durch ihn ist alles entstanden; es gibt nichts, was ohne ihn entstanden ist.« (Joh 1,3)

Der erste Landgang: Tetrapoden? Gesteine, die älter sind als etwa 400 Millionen Jahre, zeigen, dass der terrestrische Teil der Erde (das Festland) während der ersten 90 Prozent seiner Existenz äußerst öde war, ohne Pflanzen und ohne Tiere. All das änderte sich jedoch drastisch. Den Beginn davon sieht man in Gesteinen, die etwas jünger als 400 Millionen Jahre sind. Diese Gesteine erzählen uns, dass die Erde ein ganz neues Aussehen bekam, als die Landpflanzen entstanden und das Land zum ersten Mal grün wurde. Anfangs waren die Pflanzenarten alle klein (höchstens etwa 30 Zentimeter hoch), aber das blieb nicht lange so. Sobald Pflanzen diese neuen Nischen gefunden hatten, gediehen sie und hatten einen enormen Erfolg. Vor etwa 380 Millionen Jahren gab es Pflanzenarten in der Größe von Sträuchern und die erste grüne Revolution war in vollem Gange.

Die Tiere blieben zunächst in den Ozeanen. Der Fossilbefund ist hinsichtlich Landtiere für die ersten 30 Millionen Jahre der Pflanzeninvasion auf dem Land schweigsam. So wie die Steine 4,2 Milliarden Jahre in Bezug auf Landpflanzen schweigen, so schweigen sie etwa 4,23 Milliarden Jahre in Bezug auf Landtiere. Es überrascht angesichts der üppigen Nahrungsmöglichkeiten auf dem Land jedoch nicht, dass vor etwa 370 Millionen Jahren eine neue Gruppe von Tieren im Fossilbefund erscheint. Diese Organismen besaßen mehrere neuartige Strukturen, die für das Leben auf dem Land inmitten der Pflanzen nützlich waren. Die bemerkenswerteste Struktur waren Beine an den Stellen, wo sich bei seetüchtigen Tieren die Flossen be-

finden. Im Laufe der Zeit gab es viele weitere Veränderungen, wie
zum Beispiel ein Wandel der Struktur der Wirbelsäule. Bei Fischen ist
die Wirbelsäule zur Befestigung von Muskeln wichtig, die die wellen-
förmige Bewegung für das Fortkommen im Wasser ermöglichen. An
Land besitzt die Wirbelsäule eine ganz andere Funktion; dort ist sie
als Stützstab notwendig, um den Körper entgegen der Schwerkraft
aufrecht zu halten, während seine neuen Beine ihn emporheben und
ihn nach vorne bewegen. Die Lungen waren keine besonders neuartige Errungenschaft, da viele Fischarten schon Lungen hatten, um
ihre Kiemenatmung zu ergänzen. (Es gibt in der Tat auch heute noch
Hunderte von Fischarten, die Luft atmen.)

Bis in die 1990er Jahre waren Biologen und Paläontologen über
die Tatsache verblüfft, dass Fossilien aus der oben genannten Zeit
entweder Fische oder Tetrapoden (Organismen mit Beinen) waren
und es kaum Anzeichen für eindeutige Zwischenformen gab. Das
hat sich in den folgenden Jahren durch mehrere wichtige Fossilienfunde dramatisch geändert. Das Äquivalent der Beine sind bei den
Fischen die Flossen. Viele der Fische dieser Epoche hatten, wie Fische
heute, Flossenstrahlen als Gerüst in ihren Flossen und keine der Kno-
chenstrukturen, die die Gliedmaßen der Landtiere auszeichnen. Es
gab jedoch eine Gruppe von Fischen, die keine Flossenstrahlen hatten, sondern stattdessen einzelne Knochen, die in mancher Hinsicht
denjenigen in den Gliedmaßen der Tetrapoden ähneln. Bis vor Kurzem erforderte das Erkennen dieser Ähnlichkeit ein wenig Fantasie;
sie war nicht besonders überzeugend. Das änderte sich jedoch 1998.
Da wurde eine versteinerte Fischflosse einer neuen Art in einem Gestein genau des richtigen Alters entdeckt (370 Millionen Jahre) – das
entspricht der Zeit, für die die Existenz von Übergangsorganismen
erwartet wurde. Das Fossil hat einen ausgeprägten Oberarmknochen
(Humerus), Speiche (Radius) und Elle (Ulna) und acht Finger, die die
Flosse bzw. Hand etwa in der gleichen Weise gliedern wie bei einem
der frühesten Tetrapoden (Abbildung 4.7). Doch der Organismus mit
dieser Knochenstruktur in seiner Flosse war eindeutig ein Fisch, was
gleich mehrere Skelettmerkmale der Knochen, mit denen die Flosse
am Körper befestigt ist, erkennen lassen.

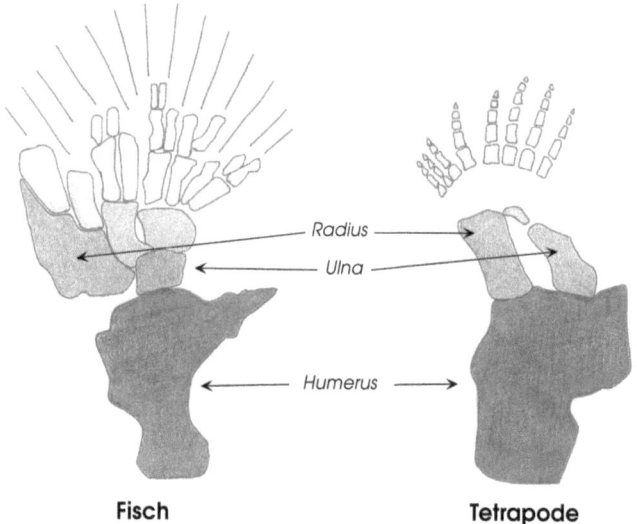

Fisch   **Tetrapode**

Abb. 4.7: Vergleich der Knochen in der Flosse einer bestimmten Fischart mit
denen im Vorderbein einer bestimmten Tetrapodenart. Details
in E. B. DAESCHLER / N. SHUBIN: »Fish with Fingers?« In: *Nature* 391
(1998). S. 133 und NEIL SHUBIN: *Der Fisch in uns. Eine Reise durch die
3,5 Milliarden Jahre alte Geschichte unseres Körpers.* Frankfurt am
Main: S. Fischer Verlag, 2009.

Wie ist es nun bei den frühesten Tetrapoden? Im Gegensatz zu den Fischen haben alle an Land lebenden Wirbeltiere maximal fünf Finger bzw. Zehen an den vorderen und hinteren Gliedmaßen. Tatsächlich gibt es in der ganzen Geschichte des Lebens nur eine Handvoll Ausnahmen von dieser Regel. Bemerkenswerterweise findet man diese Ausnahmen nur bei Fossilien innerhalb eines sehr schmalen Zeitfensters – vor etwa 370 Millionen Jahren. Abbildung 4.8 zeigt zwei von ihnen und vergleicht sie mit einem typischen fünfzehigen Tetrapoden, der später lebte (vor etwa 300 Millionen Jahren).[19] Man beachte, dass einer dieser Übergangstetrapoden acht Finger bzw. Zehen hatte, genau wie der in Abbildung 4.7 gezeigte Fisch; der andere hatte sieben. Man beachte auch, dass beide nur eine geringe Anzahl von Handgelenk- bzw. Fußgelenkknochen besaßen (ein weiteres Kennzeichen des Übergangs), wodurch sie sich von dem 300 Millionen Jahre alten Tetrapodenfossil mit einer größeren Anzahl Knochen im Gelenk deutlich unterscheiden.

Der Befund bei den Gliedmaßen der Organismen, die man in etwa 370 Millionen Jahre altem Gestein findet, stellt nur eines der Merkmale dar, die die Grenzlinie zwischen Fischen und Tetrapoden verwischen. *Acanthostega* ähnelte viel mehr einem Tetrapoden als einem Fisch; dennoch besaß er einige Merkmale, die auf das Vorhandensein von inneren fischähnlichen Kiemen hinweisen. Das ist ein weiteres Beispiel für ein Übergangsmerkmal, das genau zum richtigen Zeitpunkt auftritt.[20]

Die Entdeckung von Arten mit Übergangsmerkmalen in genau dem Zeitfenster, in dem Landtiere erstmals im Fossilbefund erscheinen, wäre schon eine sehr große Zufälligkeit, wenn sie keine Bedeutung haben sollte. Übergangsarten zwischen Fischen und Tetrapoden findet man nur in Gesteinen aus einem extrem engen Zeitfenster (et-

---

19 Abbildung 4.8 ist neu gezeichnet nach einer Abbildung von F. H. Pough / J. B. Heiser / W. N. McFarland: *Vertebrate Life*. 4. Aufl. Upper Saddle River, NJ (USA): Prentice Hall, 1996, S. 288–302. Die dargestellten Arten sind (von links nach rechts) Acanthostega, Ichthyostega und Diadectes.

20 M. I. Coates / J. A. Clack: »Fish-like Gills and Breathing in the Earliest Known Tetrapod«. In: *Nature* 352 (1991). S. 234–236.

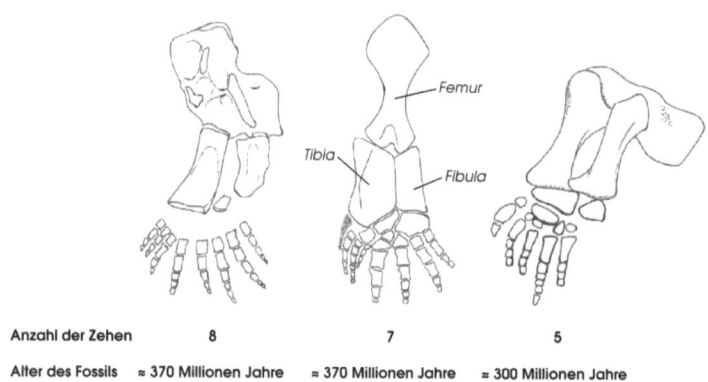

Anzahl der Zehen	8	7	5
Alter des Fossils	≈ 370 Millionen Jahre	≈ 370 Millionen Jahre	≈ 300 Millionen Jahre

Abb. 4.8: Vorderbeine früher Tetrapoden (von links nach rechts: Acanthostega, Ichthyostega und Diadectes).

wa 0,2 Prozent der Erdgeschichte), und bereits unmittelbar danach
kommen Fossilien von Landtieren vor. Mir scheint (und mit mir fast
allen anderen Biologen), dass diese Daten uns etwas über den Übergang ans Land mitteilen. Die ersten Landtiere waren so fischähnlich,
dass es als so gut wie sicher gelten muss, dass sie von Fischen abstammen.[21]

Sollte uns dies als Christen beunruhigen? Nein, überhaupt nicht.
Denken Sie an die drei Möglichkeiten, die wir in diesem Kapitel diskutiert haben. *Möglichkeit 2* besagt, dass Gott aktiv wurde, wenn ein
neuer Bauplan erforderlich war. *Möglichkeit 3* besagt, dass Gott sich
niemals zurückzog – alles, was geschieht, Kleines und Großes, findet aufgrund von Gottes Gegenwart statt. Nach *Möglichkeit 3* nimmt

---

21 M. I. Coates / J. E. Jeffery / M. Ruta: »Fins to Limbs: What the Fossils Say«. In:
Evolution & Development 4 (2002), Heft 5. S. 390–401. Details finden sich auch in dem
allgemeinverständlichen Buch von Neil Shubin: *Der Fisch in uns. Eine Reise durch die
3,5 Milliarden Jahre alte Geschichte unseres Körpers.* Frankfurt am Main: S. Fischer Verlag,
2009. Hierin wird auch der Fund der berühmt gewordenen Übergangsform *Tiktaalik*
geschildert.

Gott subtil Einfluss auf die Geschehnisse bei der Entstehung von Organismen, um sicherzustellen, dass das, was geschieht, in Übereinstimmung mit seinem Willen und Plan voranschreitet. Alle drei Möglichkeiten sind gleichermaßen kompatibel mit der Bibel, da Gottes geschriebenes Wort über die Details des Mechanismus schweigt. Um etwas über den Mechanismus zu erfahren, wenden wir uns an die Daten aus Gottes Schöpfung, der Natur, von der der Fossilbefund ein Teil ist.

Reptilien zu Säugetieren? Säugetiere gibt es schon eine sehr lange Zeit. Erstmals treten sie im Fossilbefund in Gesteinen auf, die auf etwa 225 Millionen Jahre datiert werden. Das liegt genau im Zeitalter der Reptilien. Ichthyosaurier beispielsweise (beeindruckende Reptilien, die bemerkenswerte Ähnlichkeiten mit unseren heutigen Delfinen zeigen) tummelten sich im Meer. Gleichzeitig lebten auch die weniger stromlinienförmigen Plesiosaurier, die ihre langen, breiten und flachen Gliedmaßen als Paddel benutzten, um durch das Wasser zu rudern. Die ersten Dinosaurier traten zusammen mit den Schildkröten auf, über die wir oben sprachen. Es gab noch keine Vögel am Himmel, aber die neuen Pterosaurier hatten ihr Debüt, beeindruckende Kreaturen sehr unterschiedlicher Größe – von der Größe eines Sperlings bis zu einer Flügelspannweite von fünfzehn Metern bei einer anderen Art. Stellen Sie sich ein Geschöpf wie dieses auf dem Dach Ihres Hauses vor: Die ausgebreiteten Flügel reichen vom First bis zu den Dachrinnen. Alle fliegenden Organismen, seien es Vögel, Fledermäuse oder Insekten, müssen eine glatte Tragflächenoberfläche (Flügel) haben, um Auftrieb gegen die Luft erzeugen zu können. Bei den Pterosauriern wurde der Auftrieb durch einen membranartigen Hautlappen erzeugt, der zwischen dem Körper und einem unvorstellbar langen »Ringfinger« befestigt war. Dieser Finger wuchs so lange, bis er die Länge des gesamten Körpers erreichte. (Alle anderen Finger behielten die normale Größe.) Die ausgestreckte Haut, die mit der einen Kante am Körper und mit der anderen an dem riesigen Finger befestigt war, diente als gewaltiger »Supermann-Umhang« für den Gleitflug.

Dies ist die Welt, in die die Säugetiere hineinkamen und in der sie in ihren frühen Jahren lebten. Im Unterschied zu einigen ihrer Verwandten bei den Reptilien und anders als dann viele Jahre später, haben die frühen Säugetiere die Tierlandschaft noch nicht dominiert. Es waren kleine Tiere, in der Regel nicht viel größer als eine Maus. Verschiedene Skelettmerkmale weisen darauf hin, dass sie einen hoch entwickelten Geruchssinn hatten und ein viel empfindlicheres Gehör als ihr Gegenüber bei den Reptilien. Aufgrund dieser Tatsache und weiterer Erwägungen vermuten viele Naturwissenschaftler, dass sie nachts umher huschten, um nach Nahrung zu suchen, wobei ihre Warmblütigkeit und die besseren Wahrnehmungsfähigkeiten ihnen einen Vorteil gegenüber den größeren Raubtieren unter den Reptilien verschafft haben dürften.

Im Fossilbefund findet sich eine Untergruppe von Reptilien, die als *Cynodonten* bekannt sind und erstmals vor etwa 260 Millionen Jahren erschienen. Als die Naturwissenschaftler Fossilien untersuchten, die jünger waren (245 Millionen Jahre alt), sahen sie eine Reihe von Veränderungen bei den Cynodonten. Genauer gesagt: Sie wurden zunehmend säugetierähnlicher. Wir werden uns hier nur mit einer dieser Veränderungen befassen – einer, die besonders eindeutig ist zur Unterscheidung zwischen einem Reptil und einem Säugetier. Säugetiere haben ein viel empfindlicheres Hörsystem als Reptilien. Wenn Sie in der Schule einen guten Biologieunterricht hatten, werden Sie sich vielleicht daran erinnern, dass es im Mittelohr drei winzige Knochen gibt – Malleus, Incus und Stapes (auch Hammer, Amboss und Steigbügel genannt). Vielleicht können Sie sich sogar noch daran erinnern, wie das System funktioniert. Wenn Schallwellen an das Ohr gelangen, werden diese drei Knochen, die miteinander verbunden sind, in Schwingungen versetzt. Die Vibrationen des Steigbügels, dem letzten Knochen der Dreierreihe, verhalten sich dabei wie ein Miniaturtrommelschlägel, der auf eine winzige Membran (das ovale Fenster) klopft. Alle Säugetiere nutzen diese Knochen, um Geräusche wahrzunehmen (siehe Abbildung 4.9).

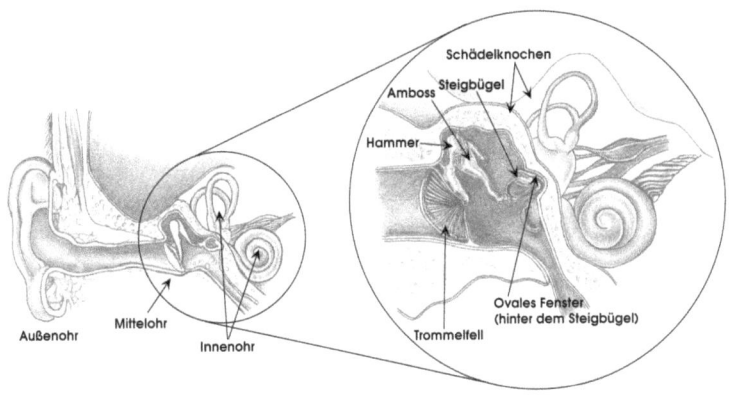

Abb. 4.9: Knochen des Mittelohrs.

Reptilien wie die Cynodonten haben nur einen Knochen im Mittelohr, den Steigbügel. Allerdings haben sie zwei interessante Knochen in dessen Nähe. Die Knochen werden Articulare und Quadratum genannt und dienen als Gelenk zwischen dem Ober- und Unterkiefer. Bei Säugetieren bildet eine andere Gruppe von Knochen das Gelenk, Dentale und Squamosum. Nun kommen wir zu dem verblüffenden Teil unserer Geschichte. Die Cynodonten, die kurz vor der Zeit der ersten Säugetiere lebten, umfassen eine Untergruppe von Arten mit einem Doppelgelenk. Das erste Gelenk war eine Dentale-Squamosum-Verbindung (genau wie die, die man in Säugetieren findet), und etwas weiter hinten im Mund befand sich das zweite Gelenk, das »altmodische« Articulare-Quadratum-Gelenk der Reptilien. Bemerkenswerterweise grenzt das alte Gelenk nun an das Trommelfell an, und es erscheint sehr wahrscheinlich, dass es einem doppelten Zweck diente: dem eines Gelenks und, aufgrund seines Anschlusses ans Trommelfell, der Übermittlung von Schallwellen. Abbildung 4.10 zeigt dies im Detail.

Der entscheidende Punkt bei alledem ist, dass die Fossilien der Cynodonten, die nur wenig älter sind als der Ursprung der Säugetiere, ein Mittelohr haben, das Übergangsmerkmale aufweist. Zwei

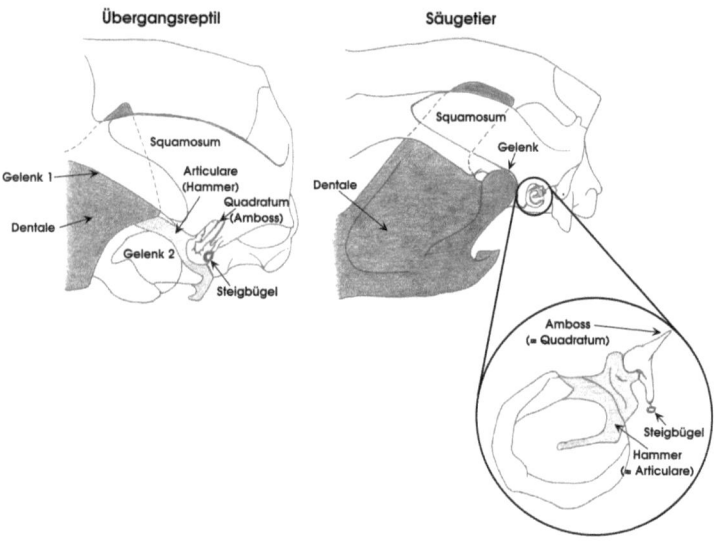

Abb. 4.10: Knochen des Kiefergelenks und Mittelohrs in einem Übergangs-
reptil und einem Säugetier (siehe POUGH / HEISER / MCFARLAND:
Vertebrate Life, S. 607).

Knochen, die zuvor als Verbindung der Kiefer dienten, sind verkleinert und werden von einem neuen Knochenpaar begleitet, das als eine zweite Verbindung dient. Die beiden verkleinerten Knochen befinden sich neben dem »Trommelschlägel« (dem Steigbügel), und zwar so, dass sie stark dem Amboss und Hammer in Säugetieren ähneln. Nahezu alle Biologen gehen davon aus, dass im Laufe der Zeit (einige Hunderttausend Jahre) die andere Verbindung zum eigentlichen und einzigen Kiefergelenk wurde, während die Knochen Quadratum und Articulare freigegeben wurden und zu den bekannten Mittelohrknochen Amboss und Hammer wurden.

In der ganzen übrigen Erdgeschichte gab es keine Organismen wie diese Cynodonten. Und in der Tat starben sie alle kurz nach dem Erscheinen der Säugetiere aus und sind nie wieder aufgetaucht. Sie lebten höchstens ein Prozent der Erdgeschichte lang auf der Erde, und das gerade, als die Säugetiere erstmals im Fossilbefund erschienen. Und nicht nur das. Sie weisen auch eine Reihe anderer Säugetierkennzeichen auf, insbesondere bei der Zahnstruktur und weiterer Merkmale des Schädels.

Wenn man diese Informationen nun vorliegen hat, kann man kaum anders als zu dem Schluss gelangen, dass es wirklich eine Reihe von ausgezeichneten Kandidaten für den Übergang zwischen Reptilien und Säugetieren gibt. Es ist einfach nicht wahr, dass Säugetiere plötzlich im Fossilbefund auftreten, bereits vollständig ausgebildet und ohne einen Hinweis auf Übergangsarten. Tatsächlich ist genau das Gegenteil der Fall.

Reptilien zu Vögeln? Im Jahr 1861 wurde ein Fossil mit einer Reihe von interessanten Merkmalen gefunden. Heute weiß man, dass das Fossil etwa 150 Millionen Jahre alt ist, und inzwischen wurden sechs weitere Exemplare dieser Art gefunden (Abbildung 4.11). Dieser Organismus, bekannt als *Archaeopteryx*, hatte Flügel, Federn und andere Merkmale, die Vögel charakterisieren. Allerdings gab es einige signifikante Unterschiede zwischen ihm und modernen Vögeln. Von einem festlichen Truthahnessen werden Sie sich vielleicht daran erinnern, dass moderne Vögel am Hinterteil etwas besitzen, was wir manchmal als Sterz bezeichnen (offiziell wird die Struktur *Pygostyl* genannt). Das Pygostyl ist quasi des Vogels Schwanz. Es handelt sich immer um eine kurze und kleine aber fette Struktur, an der die Schwanzfedern befestigt sind. Vögel sind in der Lage, das Pygostyl, das aus einer Reihe kleiner verschmolzener Wirbel besteht, im Flug zu drehen, um das Gleichgewicht zu halten. Archaeopteryx hatte, genau wie die Reptilien, kein Pygostyl. Er hatte stattdessen einen langen Schwanz, fast so lang wie sein Körper, mit Federn, die seitlich aus dem Schwanz heraustreten (Abbildung 4.12).[22]

Es gibt aber noch weitere interessante Unterschiede. Diejenigen unter uns, die gerne Hühnerflügel essen, werden sich etwas mit der Anatomie eines Flügels auskennen. Denken Sie an Ihren letzten Chicken Wing, wenn wir unsere Beschreibung an der Innenseite beginnen und uns in Richtung Spitze vorarbeiten. Als erstes (am dichtesten an der Brust) kommt der Humerus (Oberarmknochen). Sie werden sich an diesen Knochen erinnern; es ist derjenige mit dem meisten Fleisch daran. (Wir Menschen besitzen den gleichen Knochen. Er liegt unter unserem Bizeps.) Wenn man dann weiter in Richtung Flügelspitze kommt, stößt man auf zwei Knochen, genauso wie es in unserem Unterarm zwei Knochen gibt. Aber ganz am Ende hat ein Vogel anstelle von Fingern einen Stummel. An dieser dicken, fingerähnlichen Ausbuchtung sind Federn befestigt, und der Vogel kann sie im Flug drehen und wenden zur besseren Navigation bei geringen Geschwindigkeiten. Archaeopteryx hatte so einen kleinen Vorsprung nicht; stattdessen besaß er wie seine Dinosaurierverwandten drei Finger in der vorderen Gliedmaße – drei Finger, die aus seinem Flügel herausragten.

Wenn Sie Hühnerbrust mögen, wird Ihnen vielleicht aufgefallen sein, dass Vögel ein großes Brustbein haben, das fast wie der Kiel eines Segelbootes aussieht. Der Brustbeinkamm dient zur Befestigung der ausgeprägten Brustmuskulatur, die erforderlich ist, um die Flügel

---

22 Neu gezeichnet nach Pat Shipman: *Taking Wing: Archaeopteryx and the Evolution of Bird Flight*. New York: Simon & Schuster, 1998, S. 126.

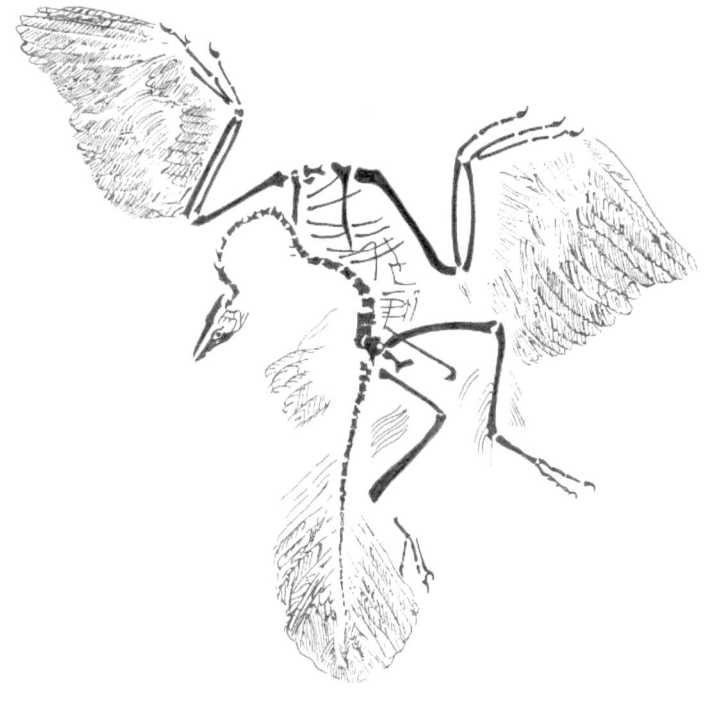

Abb. 4.11: Fossil des Archaeopteryx.

zu bewegen. Im Unterschied dazu hatte Archaeopteryx überhaupt keinen Brustbeinkamm; er besaß ein regelrecht flaches Brustbein in seiner Brust, genau wie Reptilien (und auch wie wir Säugetiere).

Sowohl Vögel als auch Dinosaurier haben drei Zehen, die nach vorne gerichtet sind, und eine Zehe, die nach hinten gerichtet ist. Bei den Dinosauriern sitzt die nach hinten gerichtete Zehe ziemlich weit oben und ist stark verkleinert. Bei den modernen Vögeln ist die vierte Zehe in Richtung der drei vorderen Zehen gekrümmt. Tatsächlich ist die Krümmung so stark ausgeprägt, dass sie den vorderen Zehen

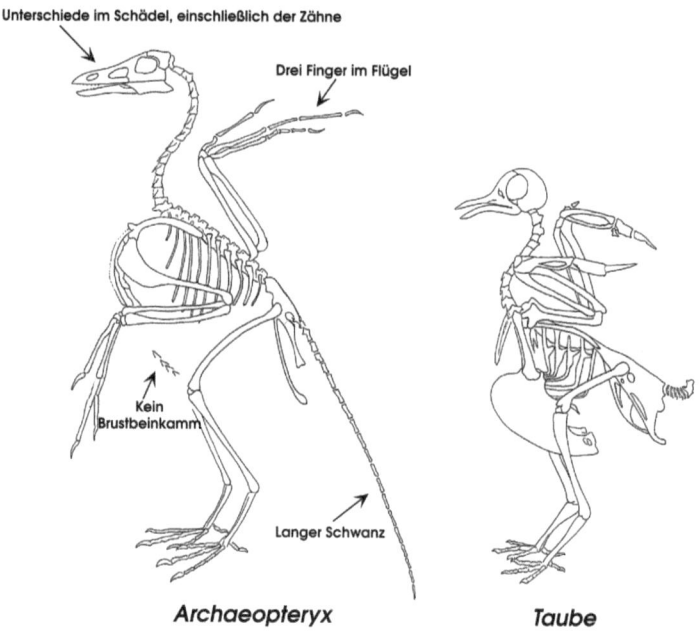

Unterschiede im Schädel, einschließlich der Zähne

Drei Finger im Flügel

Kein Brustbeinkamm

Langer Schwanz

Archaeopteryx

Taube

Abb. 4.12: Archaeopteryx im Vergleich mit einer Taube.

entgegensteht und der Fuß damit als Greifgerät dient, wodurch Vögel mit ihren Zehen auch Äste umfassen können. Jeder, der schon mal einen Kanarienvogel auf seiner Sitzstange betrachtet hat, konnte sehen, wie die hintere Zehe sich unter die Sitzstange rundet, während die drei nach vorne gerichteten Zehen sich darüber krümmen. Beim Archaeopteryx nahm die hintere Zehe eine Zwischenposition zwischen der von bestimmten Dinosaurierarten und der von Vögeln ein. Anstatt nach hinten zu zeigen, war sie zwar nach innen gebogen, aber sie war ganz klar nicht opponierbar, also nicht gegenüberstellbar, wie es bei den modernen Vögeln möglich ist. Und, als letztes, hatte Archaeopteryx wie Reptilien auch noch Zähne.

Archaeopteryx ist nicht die einzige Übergangsvogelart, die unter den Fossilien gefunden worden ist, obgleich er besonders interessant ist, da er so viele Merkmale von Reptilien besitzt. Es wurden auch Fossilien einer Reihe anderer Vogelarten gefunden, die vor 100 Millionen Jahren lebten. Es ist offensichtlich, dass einige der Vögel, die damals lebten, noch Zähne hatten, die Schwänze waren länger und einige besaßen Finger mit Krallen, die ein wenig aus den Flügeln herausragten.

Paläontologen denken heute beinahe einhellig, dass sie die Abstammung der Vögel erklären können. Es gab eine Gruppe von Dinosauriern, die sogenannten Theropoden, mit drei Zehen, hohlen Knochen und bipeden Gliedmaßen (das heißt, sie konnten auf zwei Beinen laufen). Dies alles sind vogelähnliche Merkmale. Nicht alle Theropoden hatten so wie die frühen Vögel drei »Finger« (einige hatten vier), aber es gab eine Untergruppe, die das hatte, und man nimmt an, dass es diese Gruppe war (die man Tetanurae nennt), aus der die Vorläufer der Vögel hervorgegangen sind. Es gibt noch eine andere Untergruppe dieser Tetanurae, die noch weitere Gemeinsamkeiten mit Archaeopteryx besitzt (auf die ich hier aber nicht näher eingehen möchte), und so nimmt die Entwicklung ihren Lauf. Es ist besonders interessant, dass Fossilien aus dieser letzten Untergruppe (den Maniraptora) gefunden wurden, bei denen ein erwachsenes Tier auf einem Haufen von Eiern sitzt. Anscheinend wurde dieser Dinosaurier verschüttet und anschließend fossilisiert, während er seine Eier bebrütete, genauso wie ein Vogel es tun würde. Man hat die Struktur dieser Theropodeneier analysiert und dabei spezifische Eigenschaften gefunden, die sonst nur von Vogeleiern bekannt sind.

Man meint, die Abstammung der Vögel deshalb immer besser zu verstehen.[23] Seit 1990 wurden bereits dreimal so viele Vogelfossilien aus der Zeit von vor 150 Millionen bis vor 70 Millionen Jahren gefunden, wie bis dahin entdeckt wurden (soweit es aufgezeichnet wurde). Die Analyse dieser Fossilien und weiterer, die sicher demnächst noch entdeckt werden, wird zusätzliche Einzelheiten zur Abstammung der Vögel ans Licht bringen.[24]

Von Nichtfachleuten ist viel über die Ansicht geschrieben worden, dass Archaeopteryx keine echte Übergangsform war. Es ist wahr, dass Archaeopteryx nahezu sicher nur einen Seitenzweig der Abstammungslinie darstellt, die zu den Vögeln führte, aber das ist für die Debatte bedeutungslos. Und zwar aus folgendem Grund: Wie wir im nächsten Abschnitt sehen werden, repräsentieren Fossilien, die gefunden und von Naturwissenschaftlern untersucht werden können, nur einen winzigen Bruchteil der Arten, die tatsächlich auf der Erde lebten. Die Wahrscheinlichkeit, eine der Arten fossil zu finden, die genau in der Abstammungslinie der modernen Vögel liegt, ist außerordentlich klein. Und das Gleiche gilt auch für irgendeine andere Gruppe von Organismen. Was Paläontologen häufiger finden, sind Fossilien von Arten, die mit denen *verwandt* sind, die direkt zu

---

23 Siehe S. CHATTERJEE: *The Rise of Birds*. Baltimore, MD (USA): Johns Hopkins University Press, 1997; sowie SHIPMAN: *Taking Wing*.

24 In den 1990er Jahren sind so viele Übergangsarten von Vögeln und Dinosauriern entdeckt worden, dass es schwierig geworden ist, den Unterschied zwischen dem, was bisher als ein Vogel bezeichnet worden ist, und dem, was als ein Dinosaurier eingestuft wurde, zu bestimmen. Verschiedene Dinosaurierarten sind gefunden worden, die auf bemerkenswerte Weise alle wichtigen Übergangsphasen bei der Entstehung von Federn einnehmen (siehe R. O. PRUN / A. H. BURSH: »Which Came First, the Feather or the Bird?« In: *Scientific American* 288 [2003], Heft 3. S. 84–93). Auch ist ein vierflügeliger Dinosaurier entdeckt worden, der viele Merkmale mit Archaeopteryx teilt. Er verwendete seine vier gefiederten Flügel als Tragflächen zum Gleiten, ganz ähnlich wie Gleithörnchen ihre aufgespannten Hautlappen verwenden, um heute von Baum zu Baum zu gleiten (siehe X. XU u. a.: »Four-Winged Dinosaurs from China«. In: *Nature* 421 [2003]. S. 335–340).

der Abstammungslinie gehören. Archaeopteryx hatte sowohl vogelähnliche als auch reptilähnliche Merkmale. Biologen glauben, dass
Hunderte (vielleicht Tausende) ähnlicher Arten vor 100 Millionen
bis 200 Millionen Jahren lebten, und die meisten dürften Vertreter
der kleinen Seitenäste der Abstammungslinie gewesen sein. Es war
einfach Zufall, dass Archaeopteryx diejenige Art war, die in einem
Gebiet der Welt lebte, das für die Entstehung von Fossilien bestens
geeignet war. Und als Folge davon blieb ein winziger Bruchteil dieser
Population als Fossilien für uns erhalten, die wir heute untersuchen
können. Vielleicht werden eines Tages andere verwandte Arten entdeckt werden. Vielleicht wird eines Tages sogar jemand ein Fossil von
einer Art entdecken, die wirklich zu der direkten Abstammungslinie
der Vögel gehört. Allerdings gäbe es keine Möglichkeit dies festzustellen, und selbst wenn, hätte es keine wirkliche Bedeutung – alles,
was wir brauchen, sind die Verwandten. Lassen Sie mich erklären
warum.

4.6 Weshalb finden die Wissenschaftler nicht *mehr* Übergangsformen?

In den letzten Jahrzehnten ist die Anzahl der gefundenen Übergangsarten enorm gestiegen. *Möglichkeit 1* (plötzliche Erschaffung jeder neu-
en Art aus dem Nichts) und *Möglichkeit 2* (plötzliche Erschaffung
jedes neuen Urtyps aus dem Nichts) sind mit der Existenz dieser
Übergangsarten, die wir besprochen haben, unvereinbar. Vor allem
Nichtbiologen haben viel Aufhebens gemacht um die relative Seltenheit von Übergangsformen im Vergleich zu der massiven Über-
last der Arten, die sich eindeutig in die eine oder die andere Gruppe einordnen lassen. Ich würde behaupten, dass die Tatsache, dass
überhaupt Übergangsformen von Organismen im Fossilbefund existieren, ausreichend ist, um zu zeigen, dass *Möglichkeit 3* (sukzessive
Erschaffung aller Lebensformen) viel besser zu den Daten passt als
die beiden anderen Möglichkeiten. Paradoxerweise gewann *Möglichkeit 2* in den 1990er Jahren unter Nichtbiologen stark an Popularität,

trotz der Tatsache, dass dies das Jahrzehnt in der Geschichte war, in dem die meisten Übergangsformen entdeckt wurden. Zweifellos ist ein Grund dafür, dass es eine Weile dauert, bis Funde, die in der naturwissenschaftlichen Literatur veröffentlicht wurden, bis zu den Nichtbiologen durchsickern. Dennoch bleibt die Frage: Warum gibt es nicht mehr Übergangsformen? Sie treten gewiss nicht in Hülle und Fülle im Fossilbefund auf, und keine von ihnen ist heute noch am Leben. Warum? Die Antwort ist einfach.

Die Seltenheit der Fossilisation Obwohl 250 000 Arten in den Regalen der Paläontologen abgelegt sind, ist dies nur ein winziger Bruchteil aller Arten, die je auf dem Erdboden existiert haben. Man schätzt, dass es heute auf der Erde über 10 Millionen Arten gibt, und es ist wahrscheinlich, dass dies weniger als 1 Prozent der Arten darstellt, die jemals auf der Erde gelebt haben. Wie wunderbar geeignet die Fossilien auch sind, um die Geschichte des Lebens zu erforschen, Versteinerung ist und bleibt ein überaus unwahrscheinliches Ereignis. Nur ein winziger Bruchteil der Organismen, die zufällig zur richtigen Zeit am richtigen Ort sind, wird auf Dauer erhalten bleiben. Normalerweise zerfällt ein Organismus, wenn er stirbt, und nur die harten Teile bleiben zurück, die schließlich mikrobiell zersetzt, gefressen oder chemisch zerstört werden. Damit ein Körper zu einem Fossil umgewandelt werden kann, muss er in der Regel schnell in Sediment eingebettet werden. Die überwältigende Mehrheit der Organismen, insbesondere der Landorganismen, wird nie zur richtigen Zeit am richtigen Ort sein, um auf diese Weise für immer konserviert zu werden. Damit die harten Teile in Gestein umgewandelt werden können, muss die schnelle Verschüttung durch das Sediment in der Regel auch noch so erfolgen, dass der Körper dabei nicht wesentlich zerstört wird.

Und dennoch: Obwohl Fossilisation so unwahrscheinlich ist, besitzen wir eine enorme Anzahl von Fossilien. Sollte dann, angesichts dieser Tatsache, die gewaltige Sammlung von Fossilien nicht eine zufällige Stichprobe *aller* Organismen sein, die je gelebt haben, einschließlich einer großen Zahl von Übergangsformen? Die Antwort lautet Nein, und dafür gibt es einen gewichtigen Grund. Ich will versuchen, es zu veranschaulichen.

Übergangsarten kommen vorwiegend in kleinen Populationen vor Betrachten wir eine Inselpopulation einer nicht fortziehenden Vogelart mit einem kurzen Schnabel.[25] Nehmen wir an, es gibt 100 Vögel auf der Insel. Angenommen, bei einem Vogel tritt eine genetische Veränderung auf, als deren Ergebnis sein Schnabel ein wenig länger ist als bei den anderen Vögeln auf der Insel. Vielleicht ermöglicht die genetische Veränderung es diesem Vogel, kleine Würmer effektiver aus vermodernden Baumstämmen zu graben. Daher lebt er länger und gesünder und produziert mehr Nachkommen als jeder der anderen 99 Vögel auf der Insel. Die Folge davon wäre, dass in der nächsten Generation ein höherer Prozentsatz der Vögel lange Schnäbel hat. Nehmen wir an, dass diese genetische Veränderung die Effektivität der Reproduktion verdoppelt und er dadurch zwei Nachkommen hinterlässt, die bis ins Erwachsenenalter überleben, während alle anderen Vögel nur einen überlebenden Nachkommen haben. Diese beiden werden weiterhin erfolgreicher sein als ihre kurzschnabeligen Verwandten. Folglich werden eine Generation später die Vögel mit langen Schnäbeln vielleicht 4 Prozent dieser Vogelart auf der Insel ausmachen. In diesem hypothetischen Beispiel besteht nach einer überschaubaren Zeitspanne die Vogelpopulation weitgehend aus der langschnabeligen Variante. Nehmen wir jetzt an, dass es im Laufe der Zeit einige andere genetische Veränderungen gibt – Veränderungen, die die Fortpflanzungsgewohnheiten der Vögel modifizieren. Vielleicht tritt eine genetische Veränderung auf, die dazu führt, dass Weibchen Männchen mit langen Schnäbeln generell bevorzugen. Im Laufe der Zeit setzt sich auch dieses Merkmal bei den Vögeln auf der Insel durch. Nicht nur, dass jetzt alle Vögel lange Schnäbel haben, sondern auf-

---

25 Das hier angegebene Beispiel ist hypothetisch. Eine sehr schön geschriebene Untersuchung von im Laufe der Zeit tatsächlich geschehenen Veränderungen der Schnabelstrukturen bei kleinen, isolierten Populationen von Finken findet man in JONATHAN WEINER: *Der Schnabel des Finken*. München: Droemer Knaur, 1996.

grund der zweiten genetischen Veränderung besitzen sie tatsächlich auch eine starke Präferenz für andere Vögel mit langen Schnäbeln.

Begeben wir uns nun auf das Festland, wo es eine Population von 100 000 Exemplaren der gleichen hypothetischen Vogelart gibt. Nehmen wir an, dass die erste genetische Veränderung auch dort auftritt – *ein* Vogel hat einen langen Schnabel. Angenommen, auch dieser Vogel besitzt einen leichten Vorteil, genau wie der Vogel auf der Insel. In der nächsten Generation hinterlässt er vielleicht zwei Nachkommen, während der Durchschnitt von allen anderen nur bei einem liegt. Das bedeutet, dass nun zwei von 100 000 Vögeln lange Schnäbel haben. Ein Jahr später wären es vielleicht vier, dann acht von 100 000. Aber es würde viel, viel länger dauern, bis die Vögel mit den langen Schnäbeln die Population dominieren. Und nicht nur das, es gibt auch noch weitere Gründe, warum die Wahrscheinlichkeit für die Durchsetzung des langen Schnabels in einer so großen Population gering ist. Die meisten genetischen Veränderungen sind nämlich »rezessiv«. Das heißt, dass zwei Kopien des neuen Gens in einem Individuum vorhanden sein müssen, damit es ausgeprägt wird. Jeder Vogel besitzt zwei Kopien von jedem Gen. Es ist schon unwahrscheinlich, dass ein einzelner Vogel eine *einzige* Kopie des seltenen Gens hat; stellen Sie sich nur vor, wie unwahrscheinlich es dann ist, dass seine *beiden* Genkopien von der seltenen Form sind. Für unsere kleine Inselpopulation von 100 Vögeln ist es jedoch aufgrund der Inzucht (Leser, die Hundeliebhaber sind, wissen, wovon ich spreche) *viel, viel* wahrscheinlicher, zwei Kopien der seltenen Form des Gens zu besitzen. In dieser kleinen Population, wo alle Vögel miteinander verwandt sind, ist es nicht besonders ungewöhnlich, dass ein Individuum zwei Kopien des gleichen veränderten Gens hat. Von daher ist es, ohne alle technischen Details zu erörtern, schon klar, dass eine kleine Population seine genetische Ausstattung *viel* schneller ändern kann als eine große Population.

Ein anderer Aspekt der beiden Vogelpopulationen muss noch erörtert werden. In unserem Beispiel war eine zweite genetische Veränderung auf der Insel aufgetreten. Diese zweite genbasierte Veränderung führte dazu, dass die Vögel auf der Insel sich nur noch mit Vögeln paarten, die lange Schnäbel besitzen. Im Grunde wurden die Vögel auf der Insel dadurch eine getrennte biologische Art. Das übliche Kriterium, das entscheidet, ob zwei Populationen Mitglieder der gleichen oder verschiedener Arten sind, ist, ob sie sich miteinander paaren. Betrachten wir die Festlandpopulation. Wenn in dieser großen Population eine genetische Veränderung auftreten würde, die dazu führt, dass Vögel zur Paarung Partner bevorzugen, die längere Schnäbel besitzen, wären solche Vögel dort, wo fast alle Schnäbel kurz sind, nicht sehr erfolgreich. Folglich gibt es in einer großen Population einen stark stabilisierenden Effekt, der dazu führt, dass wesentliche Änderungen im Paarungsverhalten verhindert werden. In einer kleinen Population, insbesondere bei einer, die unter umweltbedingtem Druck steht oder der neue und ungewohnte Formen der Nahrung oder des Lebensraums zur Verfügung stehen, gibt es jedoch eine starke Tendenz, dass Arten sich schnell ändern.

Unter dem Strich bedeutet dies, dass Populationen, in denen Veränderungen geschehen, kleine Populationen sind, die in irgendeiner Weise von der großen Population isoliert sind. (Auf einer Insel zu leben ist dabei nur eine Möglichkeit, wie eine Population von ihrer größeren »elterlichen« Population isoliert werden kann.) Aber wie hängt das nun mit der Seltenheit von Übergangsformen im Fossilbefund zusammen? Der Punkt ist, dass, wenn sich Arten in ihren Merkmalen ändern, dies eben in kleinen, isolierten Populationen geschieht. Wenn man jetzt noch berücksichtigt, dass eine Fossilisation ein äußerst unwahrscheinliches Ereignis ist, ist die Häufigkeit von Versteinerungen irgendwo auf der größeren Landmasse viel höher. Wenn die Population, in der die Veränderungen geschehen, ein Gebiet einnimmt, das beispielsweise nur ein hundertstel eines Prozents der Fläche ist, die die große Hauptpopulation einnimmt, dann ist die Häufigkeit einer Versteinerung hier entsprechend niedrig. Genauso verhält es sich, wenn die Übergangsformen verglichen mit der größeren stabilen Population nur für eine relativ kurze Zeit existieren. Dann verringert dies die Wahrscheinlichkeit weiter, eine Übergangsform als Fossil »einzufangen«. Fakt ist, dass einige Übergangsformen »gefangen« *wurden* (und ein paar davon haben wir besprochen), aber die meisten wurden es eben nicht. Überraschend ist dies aber keineswegs – es ist genau das, was Genetiker vorhersagen.

Diese Tatsache ist es wohl, die von Leuten, die glauben, dass die Erde nur einige Jahrtausende alt ist, am meisten missverstanden wird. Kürzlich aß ich mit einer bekannten Person zusammen zu Abend, die als ein Vertreter der Ansicht einer jungen Erde und einer vollausgebildeten Schöpfung aus dem Nichts Vorträge in der ganzen Welt hält. »Das Fehlen von Übergangsformen im Fossilbefund ist das entscheidende Argument«, sagte er mir. Zunächst einmal irrt er sich bezüglich des Fehlens der Übergangsformen. Eine Reihe von Übergangsformen *sind* gefunden worden. Der entscheidende Punkt ist jedoch, dass er, zusammen mit unzähligen anderen, die an eine junge Erde glauben, die Gründe für die Seltenheit solcher Fossilien nicht versteht. Da es so wichtig ist, dieses Missverständnis zu klären, möchte ich diesen Abschnitt mit einer einfachen Illustration beenden.

Nehmen wir mal an, dass Sie gebeten werden, mit einer Hochleistungskamera durch das Land zu reisen, um von einem Flugzeug aus zufällige Nahaufnahmen des Landes zu machen. Es gibt nur eine Bedingung für Ihre Reise: Die Flugroute muss absolut zufällig sein. Nehmen wir außerdem an, dass Sie, wenn Sie fertig sind, 250 000 Fotos gemacht haben, die jeweils ein Stück Land von knapp 100 Quadratmetern Fläche zeigen (in etwa die Größe des Vorgartens eines gewöhnlichen amerikanischen Hauses). Kommen wir jetzt zu dem Auftrag. Ihre Aufgabe ist es, sich aus dieser Reihe von Fotografien ein Bild vom Leben in Amerika zu machen. Tatsache ist, dass, wenn Sie 250 000 Fotos haben und wenn diese wirklich zufällig sind, die Wahrscheinlichkeit nur 25 Prozent beträgt, dass überhaupt nur auf *einem* Ihrer Fotos eine Person zu sehen ist. Tatsache ist auch, dass selbst wenn Sie genügend Bilder haben, sodass Sie tatsächlich beginnen könnten, eine Vorstellung vom Leben in Amerika zu entwerfen, Sie mit ziemlicher Sicherheit keine Bilder von den Orten dabei hätten, die das Geschehen in Amerika ganz besonders beeinflussen – das Kapitol und das Weiße Haus beispielsweise. Außerdem sind wichtige Orte wie diese in der Regel größer als die hundert Quadratmeter großen Landstücke, die auf Ihre Bilder passen. Die Wahrscheinlichkeit, dass Sie auch nur eines dieser Schlüsselbilder in Ihrer zufälligen Sammlung haben, wäre extrem gering – selbst wenn Sie über 250 Milliarden Fotos verfügten statt der 250 000.

Ich befürchte, dass meine Essensbegleitung ein unzureichendes Verständnis von Statistik und Genetik hatte. (Seine Expertise liegt dafür in einem anderen Fachgebiet.) Die Fossilien sind wie zufällige Schnappschüsse, und selbst die gesamte Sammlung aller bis heute gefundenen Fossilien liefert nur ein höchst unvollständiges Bild von der Geschichte des Lebens auf der Erde. So wie eine zufällige Reihe von Schnappschüssen uns im besten Fall nur ein fragmentarisches, unvollständiges Bild des Lebens in Amerika geben würde, genauso erwartet man, dass die Fossilien uns nur einen winzigen Einblick in die Vielfalt der Lebensformen gewähren, die tatsächlich auf der Erde existiert haben. Dazu kommt, dass man nur erwarten kann, die Arten im Fossilbefund zu finden, die zu den großen, sich nicht verändernden Populationen gehörten, und nur selten solche finden wird, die zu den winzigen Populationen gehörten, wo die wirklich interessanten Dinge passierten.

4.7 Wenn die Schöpfung durch sukzessive Veränderungen erfolgt (Möglichkeit 3), warum sehen wir dies heute nicht geschehen?

Der Fossilbefund zeigt deutlich, dass in ferner Vergangenheit ganz andere Organismen auf der Erde lebten als heute. Die Lebensformen haben sich drastisch verändert. Dass die Veränderungen dabei sukzessive erfolgt sind, sollte aus der in diesem Kapitel gegebenen kurzen Übersicht über den Fossilbefund deutlich geworden sein. Es gibt tatsächlich Übergangsfossilien. Zwar ist die Überlieferung solcher Arten unvollständig, aber wir haben einige gute Gründe dafür gesehen. Als Professor der Biologie wird mir häufig die Frage gestellt, warum, wenn Gottes Schöpfungsmethode sukzessive Veränderung ist, wir nicht auch heute diese allmählichen Veränderungen stattfinden sehen.

Fakt ist, *dass* wir auch heute noch solche Veränderungen beobachten können. Obwohl ein oft zitiertes Beispiel dafür, der Birkenspanner, teilweise diskreditiert worden ist,[26] gibt es in der biologischen Literatur viele Beispiele von Organismen, bei denen sich Eigenschaften als Reaktion auf Umweltveränderungen mit der Zeit verändern.[27] Kritiker werden jedoch nicht müde zu betonen, dass diese geringfügigen Veränderungen in dieser Debatte bedeutungslos seien, da sie eben nur dies sind – *kleine* Veränderungen.

Haben Naturwissenschaftler also jemals etwas Großes beobachtet, wie beispielsweise eine neue Struktur? Es gibt Beispiele von neuen Strukturen. Beispielsweise können ziemlich leicht Taufliegen mit einem zusätzlichen Flügelpaar gezüchtet werden. Aber selbst hier, wo die Veränderungen augenscheinlich groß sind, weisen die Kritiker zu Recht darauf hin, dass das zusätzliche Flügelpaar völlig funktionslos ist und es viel mehr Veränderungen erfordern würde, um es funktionstüchtig zu machen.

Hat die Naturwissenschaft denn jemals etwas wirklich Großes direkt beobachtet, wie die Entstehung einer echten neuen Art? Auch hier kann die Wissenschaft auf einige Veränderungen hinweisen, die zwei Gruppen von Organismen reproduktiv voneinander isolieren. Nach den meisten Definitionen für eine biologische Art sind es dann zwei Arten, wo es früher nur eine gab.[28] Jedoch unterscheiden sich auch hier die neu entstandenen Arten nicht großartig voneinander.

Die Menschen haben es geschafft, viele verschiedene Hunderassen zu züchten, aber selbst nach Hunderten von Jahren sind alle immer

---

26 Vgl. JONATHAN WELLS: *Icons of Evolution: Science or Myth?* Washington, D.C. (USA): Regnery, 2000. Das Buch von Wells kann als *eine* Sicht der Dinge herangezogen werden. Dabei ist es jedoch wichtig, auch die ursprüngliche naturwissenschaftliche Kritik zu beachten, die Folgendes aussagt: »Differenzieller Vogelfraß […] stellt den wesentlichen Einflussfaktor auf die Evolution des Melanismus bei den Birkenspannern dar« (MICHAEL E. N. MAJERUS: *Melanism: Evolution in Action.* New York: Oxford University Press, 1998, S. 116).

27 Siehe M. R. ORR / T. B. SMITH: »Ecology and Speciation«. In: *Trends in Ecology and Evolution* 13 (1998), Heft 12. S. 502–506. Vgl. ferner WEINER: *Der Schnabel des Finken;* sowie D. E. SOLTIS / P. S. SOLTIS: »Polyploidy: Recurrent Formation and Genome Evolution«. In: *Trends in Ecology and Evolution* 14 (1999), Heft 9. S. 348–352.

28 ORR / SMITH: »Ecology and Speciation«.

noch Hunde und Mitglieder einer einzigen Art. Trotz der wunderbaren Vielfalt, die von Taubenzüchtern geschaffen wurde, haben wir immer noch nichts weiter als Tauben, nicht eine einzige neue Vogelart. Wenn das gesprochene Wort Gottes und die ständige Gegenwart des Geistes Gottes durch sukzessive Veränderungen Neues schafft, warum sind dann die Menschen nicht in der Lage, diesen Prozess zu reproduzieren? Warum können wir einen solchen Prozess nicht so steuern, dass große Veränderungen im Körperbau erfolgen?

Es gibt eine einfache Antwort auf diese Fragen. So einfach sie aber auch ist, unser begrenzter Zeithorizont macht es uns äußerst schwer, sie nachzuvollziehen. Aber bevor wir uns damit im Detail befassen, muss noch ein anderer Aspekt angesprochen werden. Hunde sind immer noch Hunde und Tauben sind immer noch Tauben, weil Züchter lediglich die bereits bestehenden Instruktionen (die Gene) für die Entwicklung von Hunden und Tauben umarrangiert haben. Auch wenn uns die Zeit lang vorkommen mag, seit Menschen schon züchten, so war sie doch viel zu kurz, um viele neue Varianten von Genen zu erhalten. Zum größten Teil ist das, was die Züchter getan haben, eine Umordnung der alten Gene; sie kombinierten sie neu, um neue Varietäten zu erzeugen. Die genetischen Baupläne können in der Zeitspanne der menschlichen Zuchtgeschichte (in der Größenordnung von Jahrhunderten) zwar neu angeordnet werden, die Erzeugung von *neuen* Bauplänen dauert aber sehr viel länger, weil sie viele kleine genetische Veränderungen erfordert, von denen jede äußerst selten geschieht.

Uns Menschen fällt es schwer einzusehen, dass Dinge, die wir in unserer Lebenszeit nicht tun können, durchaus leicht vollbracht werden können, wenn sie durch Gottes Befehl und Gottes Geist gelenkt werden, der durch seinen Einfluss auf die natürlichen Prozesse durch alle Zeitalter hindurch wirkt.[29] Wir sollten ein Bewusstsein dafür ge-

---

29 Wie wir weiter oben diskutiert haben, lässt Gott vielleicht eine ordentliche Portion Freiheit im Schöpfungsprozess selbst zu. Das Alte Testament jedenfalls sagt aus, dass die Schöpfung auf Gottes Befehl hin geschah. Viele Details erhalten wir dabei nicht. Im Neuen Testament heißt es: »Durch ihn ist alles entstanden«. Auch diese Aussage schweigt bezüglich des Mechanismus, auch nach der ergänzenden Klausel »es gibt

winnen, wie lang die Zeit wirklich ist, die Gott zur Verfügung stand. Wenn uns das gelingt, werden wir vielleicht sehen, dass die Unfähigkeit des Menschen, das Schöpfungsgeschehen selbst zu beobachten oder zu reproduzieren, irrelevant ist für die Frage, ob es tatsächlich auf diese Weise stattgefunden hat.

4.8 Ein Bewusstsein für die Zeit gewinnen

Das zweite, was ich von meinen Studenten zu hören bekomme (neben der Frage, warum es Menschen nicht gelungen sei, den Prozess mehr als nur einigermaßen nachzuahmen oder zu beobachten), ist, dass es eine Sache sei zu erklären, wie Vögel längere Schnäbel bekommen konnten, aber es etwas ganz anderes sei, zu erklären, wie ein Reptil sich in einen Vogel verwandeln konnte. Schließlich müsste sich Haut zu Federn verwandeln, Vorderbeine müssten zu Flügeln werden und die Lungen eines Reptils müssten bedeutende Veränderungen durchlaufen, um von den sackförmigen Lungen der Reptilien zu den durchflossenen Lungen der Vögel zu werden. Es gibt zwei entscheidende Antworten auf diese Frage. Die erste ist, dass als Reaktion auf den Befehl des Wortes Gottes und der Gegenwart des Geistes Gottes alles möglich ist. Die zweite lautet, dass wir weiter daran arbeiten müssen, ein besseres Verständnis für den enormen Zeitraum, in dem dies stattgefunden hat, zu gewinnen.

Wenn die Erde tatsächlich so alt ist, wie sie nach allem Wissen zu sein scheint, ist es wichtig für uns, dass wir versuchen, uns ein Bild davon zu machen, wie viel Zeit das wirklich ist. Das ist keine leichte Aufgabe, weil wir es gewohnt sind, in Perioden von Jahrzehnten und Jahrhunderten zu denken. Für uns sind bereits 200 Jahre eine sehr lange Zeit. Die meisten von uns haben den Film *Zurück in die*

---

nichts, was ohne ihn entstanden ist« (Joh 1,3). Die Bibel sagt uns damit immerhin, dass alles unter Gottes Autorität und in Gottes Gegenwart geschah. Genauso wenig wie die Innewohnung von Gottes Gegenwart die schöpferische Freiheit im Leben jedes einzelnen geisterfüllten Glaubenden ausschließt, so schließt sie auch die schöpferische Freiheit in der Geschichte des Lebens nicht aus. Unter seiner Hoheit wünscht Gott Freiheit für die ganze Schöpfung.

Zukunft gesehen. Stellen Sie sich vor, sie selbst reisten 200 Jahre in der
Zeit zurück und versuchten, den Menschen mitzuteilen, was in den
200 Jahren passiert ist. Die Menschen würden kaum in der Lage sein
zu verstehen, was ein Auto ist, geschweige denn alles das, was ein
modernes Auto enthält, z. B. elektrische Fensterheber, Airbags und
schlüssellose Zentralverriegelung. Sie würden staunen, während Sie
ihnen von Kühlschränken, Elektroherden, Film und Fernsehen er-
zählten, ganz zu schweigen von Mikrowellengeräten, die in einigen
Sekunden warme Baguettes hervorzaubern. Stellen Sie sich die Verwirrung vor, wenn Sie versuchen würden, ihnen zu erklären, was ein
Computer ist und wie das Internet es Ihnen ermöglicht, mit einem
Knopfdruck ein Produkt von der anderen Seite des Atlantiks zu be-
stellen. Malen Sie sich ihre Gesichter aus, wenn Sie ihnen sagen, dass
jeden Tag Tausende von Menschen in 12 Stunden von London nach
Los Angeles fliegen und dass Ingenieure imstande waren, Raketen
zu bauen, die Menschen auf den Mond und wieder zurück befördert haben! Für uns sind 200 Jahre eine sehr lange Zeit und in einer
solchen Zeit kann sehr viel passieren.

Wie ist es mit den 4 Milliarden Jahren der Geschichte des Lebens –
wie lang ist das? Wenn wir die 4 Milliarden Jahre auf ein Jahr kompri-
mieren könnten, dann würde die Zeit vor 2 Milliarden Jahren dem
Juni des Jahres entsprechen und vor 500 Millionen Jahren entspräche
dem 16. November. Alle zwei Stunden würden eine Million Jahre
vergehen. Damit würde die Zeit vor einer Million Jahren 22 Uhr am
Silvesterabend entsprechen. Und 15 Sekunden vor 0 Uhr in der Sil-
versternacht würde Julius Caesar geboren werden. Etwa 5 Sekunden
vor Mitternacht würde Columbus seinen Fuß an das Ufer der westlichen Hemisphäre setzen. Und schließlich, etwa 0,8 Sekunden vor
Mitternacht, würden Sie geboren werden, um mit dem Mitternachts-
gong (mal angenommen, Sie würden 100 Jahre alt) zu sterben. Die
200 Jahre, von denen ich oben sprach, und die letzten 100 Jahre, die
Sie selbst erlebt hätten, mit all den Entwicklungen, die in dieser Zeit
möglich waren, wären mit zwei Wimpernschlägen vorüber.

Wenn die Erde wirklich so alt ist, wie sie nach allem Wissen zu
sein scheint, dann ist die Menge an Zeit, die für die Erfüllung des

Schöpfungsbefehls Gottes zur Verfügung stand, beinahe unermesslich. Angenommen, Sie fertigen einen Zeitstrahl von der Geschichte der Erde an. Sie legen fest, dass in Ihrem Zeitstrahl jedes Jahr einem tausendstel Zentimeter entsprechen soll. Wenn Sie mit der Bildung der Erde in der linken Ecke Ihres Papiers beginnen und für jedes Jahr einen tausendstel Zentimeter abtragen, dann müsste das Papier 46 Kilometer lang sein, um die ganze Erdgeschichte zu umfassen. Die letzten 100 Jahre mit all ihren Neuerungen wären nur ein Fleckchen von der Dicke eines Bleistiftstriches am rechten Rand des 46 Kilometer langen Blattes Papier. Es ist schwer für uns, uns eine so große Zeitspanne vorzustellen, da wir noch nicht wie Gott über eine Ewigkeitsperspektive verfügen. Für unseren ewigen Gott sind diese 4,6 Milliarden Jahre nicht einmal ein Wimpernschlag seiner ewigen Augen. Wahrscheinlich wird es für einen ewigen Gott etwas wie Zeit, so wie wir sie kennen, im Grunde gar nicht geben. Es ist sogar denkbar, dass Gott in der Lage sein könnte, sich in der Zeit zu bewegen, so wie Sie und ich im Raum hin und her gehen können. Auch wenn wir es schwierig finden, in langen Zeiträumen zu denken, sollten wir es doch versuchen, wenn wir Gott als Schöpfer verstehen wollen.

Keine andere Art, die Gott geschaffen hat, ist dazu in der Lage – und selbst uns fällt es nicht leicht. Gott aber hat uns dieses Privileg gegeben – die Freude, in der Zeit zurückblicken zu können, um das Meisterwerk sich entfalten zu sehen. Verschließen wir die Augen nicht vor Gottes Werk in der Vergangenheit, und sei es nur, weil es uns wichtige Facetten des Wirkens Gottes in der Gegenwart klarmachen kann.

Kapitel 5

Jenseits des Fossilbefunds

Die geografische Verteilung der Vielfalt des Lebens

IM VORHERIGEN KAPITEL haben wir gesehen, dass der Fossilbefund darauf hindeutet, dass es eine ständige und anhaltende Veränderung der Typen von Lebewesen gab, die die Erde im Verlauf ihrer Geschichte bewohnt haben. Das Spektrum der Pflanzen und Tiere, die die Erde heute bewohnen, scheint ganz anders zu sein als das vor 50 Millionen Jahren, was wiederum ganz anders gewesen zu sein scheint als die Organismen, die vor 500 Millionen Jahren existierten, die wiederum … und so weiter bis zurück zum Anfang. Diese Daten widersprechen nicht im Geringsten der Bibel; sie informieren uns ein wenig darüber, was es für die Schöpfung heißt, als Reaktion auf Gottes Befehl und durch die ständige Gegenwart seines Geistes erfolgt zu sein. Das sich im Laufe der Zeit ändernde Vorkommen von Organismen macht deutlich, dass Gottes Schöpfungshandeln sukzessive erfolgt ist und viel länger dauerte, als einige Christen sich vorgestellt haben.

Was für ein Privileg ist es doch, mit unserer Glaubensbrille in die Urzeiten zurückblicken zu können! Durch diese Brille erfahren wir etwas über die Natur des göttlichen Handelns, wozu bis vor Kurzem noch niemand die Gelegenheit hatte. Nun möchte ich die gleiche Brille gerne dazu verwenden, in andere Dimensionen zu spähen – die des Raumes. Anstatt in der Dimension der Zeit zurückzublicken, lassen Sie uns unsere Brille nach draußen auf die heutige Schöpfung richten und untersuchen, wie sich ihre geografische Verteilung auf der Erde darstellt. Indem man die Verteilung der Lebewesen im Hier und Jetzt untersucht und mit der Untersuchung der zeitlichen Entwicklung verbindet, wird die Art des Wirkens Gottes sogar noch klarer erkennbar.

5.1 Geografische Isolation und ihre kurzfristigen Folgen

Unterschiede bei Menschen Vor einigen Jahren verbrachte ich einen Nachmittag auf dem Internationalen Flughafen Heathrow in London. Ich vermute, dass kein Ort auf der Erde ein anschaulicheres Beispiel für die geografisch bedingte Vielfalt des Menschen bietet. Als ich durch den Flughafen ging, hörte ich große Unterschiede, wie Menschen sprechen, und sah ebenso unterschiedliche Gewohnheiten, sich zu kleiden. Ich bemerkte kulturelle Unterschiede in den Rollen von erwachsenen Männern und Frauen und der Art, wie Kinder behandelt werden. Ich ging von einem Bereich des Flughafens, wo viele Menschen sehr dunkle Haut hatten, in einen anderen Bereich, wo die Haut hell war und das Haar blond. Die Menschen, die rund um die Gates der Japanischen Fluggesellschaften standen, sahen ganz anders aus als die meisten, die darauf warteten, an Bord von Malaysia Airlines zu gehen. Diese Erfahrung war wirklich eine Veranschaulichung des vielfältigen Erbes der Menschheit.

Die Grundlage für all diese Vielfalt ist natürlich, dass bis vor Kurzem der menschliche Genpool (unser vollständiger Bestand an Genen) in verschiedene isolierte Gebiete der Welt verteilt war. Die Menschen in Finnland sehen anders aus als die Menschen in Afrika, weil die beiden Genpools für eine lange Zeit rein geografisch voneinander getrennt waren. Nach einer jahrtausendelangen geografischen Trennung haben sich in jeder Gegend der Welt unverwechselbare Merkmale angesammelt. Die allgemeine Körperform ist durch die Gene bestimmt, die wir alle von unseren gemeinsamen Vorfahren her teilen, aber mit immer länger andauernder Isolation sammeln sich geografisch einzigartige Formen bestimmter Gene an, und dies wiederum führt zu charakteristischen Körpermerkmalen.

Obwohl die Menschen, die in Japan leben, anders aussehen als die in Schweden, sind sie alle zweifellos noch Mitglieder der gleichen Art. Beide Gruppen haben eine Reihe gemeinsamer Vorfahren, und auch wenn seitdem Tausende von Jahren vergangen sind, sind die Unterschiede zwischen den Gruppen wirklich eher oberflächlich. Menschen tragen die Spuren der geografischen Isolation, aber weil diese nur in der Größenordnung von Jahrtausenden bestand, gibt es insgesamt nur wenige Anzeichen dafür. Wie sieht es damit bei den Tieren und Pflanzen aus? Zeigen auch sie die Kennzeichen der geografischen Isolation wie der Mensch? Das ist tatsächlich der Fall. Solche Untersuchungen zeigen uns die Auswirkungen der geografischen Isolation sogar noch viel deutlicher. Wenn es so ist, dass neue Varianten von Lebewesen entstehen, weil sich mit der Zeit genetische Unterschiede akkumulieren, so ermöglichen uns groß angelegte Studien an Tieren und Pflanzen, die Auswirkung von räumlicher Trennung zu erforschen, die sich nicht nur über Tausende von Jahren erstreckt, wie es beim Menschen der Fall war, sondern über Hunderte von Tausenden oder gar Millionen von Jahren. Diesem wichtigen Thema werden wir unsere Aufmerksamkeit in diesem Kapitel widmen.

Die Auswirkungen der geografischen Isolation auf den Hawaii-Inseln Schauen wir uns als Beispiel die Hawaii-Inseln an. Alle diese Inseln entstanden auf die gleiche Weise: Sie kamen als Folge von vulkanischer Aktivität aus dem Ozean. Die Insel Kauai ist mit etwa 5 Millionen Jahren die älteste. Big Island (»die große Insel«) von Hawaii ist immer noch vulkanisch aktiv und mit etwa 700 000 Jahren die jüngste. Da die Hawaii-Inseln über 3 200 Kilometer vom nächsten Kontinent bzw. der nächsten Inselgruppe entfernt liegen, sind sie ein Beispiel für geografische Isolation in ihrer extremsten Form, und darüber hinaus bestand diese Isolation bereits seit der Entstehung der Inselkette. Ebenso wie Japan von Menschen besiedelt wurde, deren Vorfahren woanders herkamen, so besiedelten die Vorfahren der Tiere und Pflanzen der Hawaii-Inseln jede neu auftauchende Insel, sobald sie ihre Spitze aus dem Ozeanwasser streckte.

Es ist leicht nachzuvollziehen, wie Migration bei Menschen geschieht – die Reisenden selbst sind in der Lage, die Beförderungsmittel zu bauen. Aber wie konnten Tiere und Pflanzen isolierte Landflecken besiedeln? Die Widerstandsfähigkeit von Pflanzensamen ist legendär, und sicherlich leitete die Ausbreitung von Samen durch Luftströmungen und treibende Baumstämme die Besiedlung ferner Inseln schon bald nach ihrer Entstehung ein. Bei ihrer Ankunft waren anfangs sicher nur kahle Felsen, Sand und vereinzelte Stücke Treibholz vorhanden. In der Tat gibt uns ein Besuch von bestimmten Gegenden Big Islands mit ihren ausgedehnten schwarzen Vulkangesteinen auch heute noch ein gutes Bild davon, wie Kauai, die erste Insel, am Anfang ausgesehen haben wird. Jetzt, 5 Millionen Jahre später, wird sie Garteninsel genannt und ist nicht zuletzt für ihren botanischen Reichtum berühmt. Sie diente als Drehort für Filme wie *Jurassic Park* und *South Pacific*. Mit der Zeit hat die Anwesenheit von Pflanzen die karge Landschaft verändert und fruchtbaren Boden erzeugt, der es neuen, weniger robusten Pflanzen, die auch als Samen dort ankamen, ermöglichte, sich anzusiedeln. Sich vorzustellen, wie Tiere die Inseln besiedelten, fällt schon schwerer. Zweifellos wurden einige Insektenarten in den Spalten und Rissen treibender Baumstämme über den Ozean befördert. Andere kamen vermutlich wegen ihrer geringen Größe, und weil sie Flügel hatten, durch die Luft dort an. Sie wurden von Luftströmungen über die weite Entfernung getragen. Wenn Ihnen eine solche Reise unwahrscheinlich erscheinen mag, denken Sie mal daran, wie beschränkt unsere Perspektive eigentlich ist. Eine Million Jahre sind zehntausend Jahrhunderte, und Ereignisse, die uns sehr unwahrscheinlich vorkommen, treten durchaus ein, wenn genügend Zeit zur Verfügung steht. Daher könnten Luftströmungen und Baumstämme, die Insekten und andere wirbellose Tiere trugen, gelegentlich durchaus zur Besiedelung von Inseln geführt haben. Andererseits ist es schwierig, sich ein Szenario vorzustellen, wie größere Lebewesen über Tausende Kilometer Ozean gelangen können, und sei es in zehntausend Jahrhunderten – es sei denn sie haben Flügel. Interessanterweise gibt es auch nur eine Säugetierart, die als in Hawaii heimisch eingestuft wird. Man muss nicht besonders gelehrt und man muss auch kein Biologe sein, um treffsicher eine Vermutung abzugeben, um was für eine Art es sich handelt. Es gibt nur ein Säugetier, das Flügel hat: die Fledermaus. Daher ist es nicht verwunderlich, dass die Menschen, als sie vor etwas mehr als einem Jahrtausend ihren Fuß auf Hawaii setzten, dort nur ein Säugetier antrafen – einen Typ Fledermaus, den es nur auf Hawaii gab. Die einzigen anderen »großen« Tiere, die bei der Ankunft des Menschen vorgefunden wurden, waren viele Arten von Vögeln. Dass die einzigen »großen« Tiere Flügel hatten, zeigt deutlich, dass ihre Vorfahren auf dem Luftweg nach Hawaii kamen.

Im vorigen Kapitel wurde besprochen, dass die Nachkommen von Organismen, die in irgendeiner Weise isoliert sind (z. B. indem sie auf einer Insel gestrandet sind), im Laufe der Zeit charakteristische Merkmale ansammeln können. Wenn die Zeit der Trennung sehr lange andauert, können sie tatsächlich so unterschiedlich werden, dass sie nicht einmal mehr in der Lage sind, sich mit den Nachkommen der gemeinsamen Vorfahren am Ursprungsort zu paaren. Auf Hawaii sind nun Hunderttausende von Jahren vergangen, seit diese Fledermausart und die verschiedenen Vogelarten auf der Insel ankamen. Die großen auf Hawaii heimischen Tierarten sind einzigartig und nirgendwo sonst auf der Welt zu finden. Sie haben alle Flügel, was darauf hinweist, dass ihre Vorfahren von einem anderen Ort aus anreisten, aber interessanterweise gibt es keine Mitglieder dieser Spezies von Hawaii irgendwo anders auf der Erde. Warum ist das so? Es gibt einen einfachen Grund: Genauso wie die Menschen in Japan sich zunehmend von Menschen in Afrika unterschieden, so veränderten sich die Fledermaus und die Vogelarten, die sich auf Hawaii niederließen, im Laufe der Zeit deutlich. In diesem Fall jedoch über einen viel größeren Zeitraum (Hunderttausende oder Millionen von Jahren statt nur Jahrtausende), was zu derart entscheidenden Veränderungen führte, dass sie tatsächlich zu einer eigenen Art, einer einmaligen Spezies, geworden sind.

So wie Hawaii einzigartige Vogelspezies und Fledermäuse hat, so besitzen diese Inseln auch ein einmaliges Spektrum von Insekten. Nehmen wir beispielsweise die kleine Fliege, genannt *Drosophila*, die von Genetikern bereits seit vielen Jahren große Aufmerksamkeit erhält. Geschätzt über 3 000 verschiedene Arten dieser Fliege gibt es auf der Welt, etwa 800 davon auf Hawaii.[1] Etwa die Hälfte aller Arten ist bereits wissenschaftlich untersucht. Bezeichnenderweise haben die Arten auf Hawaii bestimmte Merkmale, die sie von anderen Arten auf der Welt unterscheiden. Für die Biologen ist es aufgrund dieser Eigenschaften klar, dass sie aus der Ansiedlung einer kleinen Anzahl Arten hervorgegangen sind, die sich im Laufe der Zeit auseinanderentwickelt haben, indem Anpassungen an bestimmte Umgebungen stattfanden. Einige Arten beispielsweise sind gut an die Ernährung mit Mikroorganismen angepasst, die man nur in einer verwesenden Pflanze einer bestimmten Art findet, die wiederum nur in den trockenen Gebieten einer Insel vorkommt. Andere sind an ein Leben in Verbindung mit Pflanzen, die im Regenwald vorkommen, angepasst. Trotz der Vielzahl der Arten, die jeweils an eine bestimmte Nahrungsquelle angepasst sind, ist doch deutlich, dass diese verschiedenen Arten auf Hawaii miteinander verwandt sind, weil sie alle einige Merkmale teilen, die man sonst nirgendwo auf der Welt findet.

Während sich die Fledermaus allmählich veränderte und dadurch zu einer eigenen Art geworden ist, traten bei den Drosophila-Fliegen drastischere Veränderungen auf, und sie wurden so zu vielen neuen Arten. Es fanden in hohem Maße Anpassungen an das jeweils spezifische Mikroklima und die Nahrungsquellen statt – mit dem Ergebnis, dass viele neue Arten entstanden, von denen jede an ihre eigene spezifische Nische angepasst ist. Dennoch ist in beiden Fällen (Fledermäuse wie auch Drosophila) und sogar in der gesamten Flora und Fauna der Hawaii-Inseln eine Tatsache beherrschend: Alles ist quasi dadurch bestimmt, welche Organismen jeweils als Gründer fungierten. Das Spektrum der Insekten auf Hawaii unterscheidet sich

---

1 Siehe H. L. CARSON / K. Y. KANESHIRO: »Drosophila of Hawaii«. In: *Annual Review of Ecology and Systematics* 7 (1976). S. 311–345; W. B. HEED: »Host Plant Specificity and Speciation in Hawaiian Drosophila«. In: *Taxon* 20 (1971). S. 115–121.

von dem Spektrum der Insekten in anderen Teilen der Welt, weil es durch die Organismen, die dort zufällig gelandet sind, begrenzt ist. Außerdem ist der Grund dafür, dass es auf Hawaii beinahe so viele verschiedene Arten von Drosophila gibt wie in den anderen Teilen der Welt zusammen, dass es viele der Insektenarten, die es auf dem Festland gibt, auf Hawaii *nicht* gibt. Eine neue von Blütennektar lebende Drosophila-Art konnte deswegen leicht entstehen, weil keine andere Insektenart vorhanden war, die auf den Blütenbesuch der Pflanzen dort spezialisiert war. Keiner anderen war die Reise nach Hawaii gelungen. Deshalb dürfte die Nische bzw. spezialisierte Lebensweise des Blütenbesuchs für einen speziellen Typ Insekt frei gewesen sein, wodurch es einer Gruppe dieser kleinen Fliegen möglich war, sich optimal an diese spezifische Nische anzupassen. Die Inseln von Hawaii tragen deutliche Kennzeichen ihrer Geschichte – auf ihnen leben Zehntausende von einzigartigen heimischen Arten. Die besondere Palette an heimischen Arten wurde zweifellos dadurch bestimmt, welchen Organismen die Reise auf die Inseln gelang.

Bedeutet dies, dass Gott nicht der Schöpfer der ganzen majestätischen Pflanzen- und Tierwelt auf Hawaii ist? Keineswegs. Es bedeutet nur, dass die Schöpfung sukzessive geschah und sich durch Modifikation der existierenden Lebensformen vollzog, die sich auf Hawaii niedergelassen hatten. Aber dies ist auf der anderen Seite auch genau der springende Punkt! Es *besagt wirklich*, dass – als Reaktion auf Gottes Schöpfungsbefehl und in der Gegenwart von Gottes Geist – Arten, die an anderen Orten entstanden waren, allmählich zu ihren hawaiianischen Versionen verändert wurden. Genauso wie schwarze Haut beim Menschen im Allgemeinen ein Merkmal der Abstammung eines Individuums ist, so weisen die spezifisch hawaiianischen Merkmale bei allen Arten von Taufliegen, Vögeln und der Fledermaus deutlich darauf hin, dass sukzessive Veränderung das Leitmotiv der Schöpfung auf Hawaii gewesen ist. Dieses Leitmotiv der sukzessiven Veränderungen wird uns langsam vertraut. Als wir weiter oben mit unserer Brille in der Zeit zurückblickten, sahen wir genau das gleiche Phänomen. Lassen Sie uns die Brille nun verwenden, um andere Gebiete der Welt zu betrachten.

5.2 Seen sind wie isolierte Inseln

Man könnte sich fragen, ob die Tier- und Pflanzenwelt auf Hawaii eine Ausnahme ist. Was wäre, wenn der Gott der plötzlichen Schöpfung aus dem Nichts (*Möglichkeit 1*) sich einfach entschieden hätte, eine einzigartige Tierwelt auf Hawaii zu schaffen? Wer sind wir, dass wir Gottes Beweggründe dafür, solche Organismen dort hinzusetzen, hinterfragen wollen? Vielleicht ist es einfach Zufall, dass Gott nur solche Organismen auf Hawaii schuf, die auch durch die Luft getragen werden könnten oder die in einem driftenden Baumstamm eingebettet eine lange Reise überleben könnten. Mit dieser Möglichkeit im Hinterkopf wollen wir ein weiteres Beispiel für die Auswirkungen geografischer Isolation untersuchen. Bei Landlebewesen kann eine Isolation durch die Besiedlung einer fernen Insel erfolgen. In der Wasserwelt sind es Seen, die ebenfalls voneinander getrennt werden können. Wenn es kein System von miteinander verbundenen Bächen und Flüssen gibt, kann ein See durchaus für Tausende oder gar Millionen von Jahren von einem anderen isoliert sein. Daher ist für Wasserlebewesen ein isolierter See das, was für Landlebewesen eine Insel ist. Seen kommen und gehen im Verlauf der Erdgeschichte; deshalb kann die Untersuchung von Seen uns wichtige Lektionen über die Schöpfung lehren.

Drei afrikanische Seen wurden besonders ausführlich untersucht: der Victoriasee, der Malawisee und der Tanganjikasee. Letzterer ist mit einem geschätzten Alter von etwa 10 Millionen Jahren der älteste dieser Seen. Der Malawisee bildete sich vor etwa 4 Millionen Jahren und der Victoriasee ist etwa 500 000 Jahre alt. Die Entstehungszeiten der Seen bzw. die Abstände dazwischen liegen in derselben Größenordnung wie die der verschiedenen Hawaii-Inseln. Deshalb kann man die Frage stellen, ob jeder See eigene einzigartige Fischarten aufweist. Die Hypothese einer Schöpfung durch sukzessive Veränderungen sagt dies voraus, da die Fische des Tanganjikasees von denen im Victoriasee und Malawisee isoliert wurden und sich daher im Laufe der Zeit eigene neue Arten gebildet haben müssten.

Arten sind an bestimmte Lebensweisen angepasst. Leoparden beispielsweise sind optimal an das Leben als Raubtier angepasst. Sie sind schnell, haben scharfe Zähne, können sich an ihre Beute anpirschen und haben eine Farbgebung, die es ihnen ermöglicht, sich vor dem Angriff so lange wie möglich versteckt zu halten. Andere Tiere sind an ganz andere Lebensweisen angepasst. Kühe beispielsweise haben mehrere Mägen und flache Zähne zum Mahlen, wodurch sie in der Lage sind, als Grasfresser zu leben. Sie und ich wären mit Gras als Nahrung nicht gut bedient, noch wären wir gute Pirschjäger von Hirschen und Antilopen, wenn wir keine Waffen hätten. Genauso wie es eine Vielzahl von Lebensweisen an Land gibt, an die verschiedene Lebewesen angepasst sind, so gibt es auch eine Vielzahl von verschiedenen Nahrungsmöglichkeiten im Wasser. Algen wachsen auf Felsen, und sie sind eine Nahrungsquelle für einige Fischarten. Insektenlarven finden sich besonders reichlich in und um Klüften zwischen Felsen und in Gesteinsspalten. Mollusken (Organismen wie Muscheln und Schnecken) leben in Schalen, und sie stellen eine ideale Nahrungsquelle für Fische dar, die in der Lage sind, die Schalen zu zertrümmern. Selbst die Körper anderer Fische könnten möglicherweise als Nahrungsquelle dienen. So wie es eine Vielzahl von ökologischen Nischen auf dem Land gibt, so gibt es auch in einem See viele verschiedene Möglichkeiten zur Spezialisierung. Bei Fischen könnte man auch Anpassungen an spezielle Lebensweisen erwarten, die auf ganz bestimmte Arten Nahrung eingestellt sind – genauso wie es auf dem Land zu Anpassungen kam. Tatsächlich könnte man sogar erwarten, dass die gleichen Formen von Spezialisierungen in jedem der drei oben erwähnten Seen vorkommen sollten.

Wenn ein See entsteht, enthält er zunächst keine reiche Vielfalt des Lebens. Seine anfängliche Fischpopulation hängt davon ab, was zufällig durch die Wasserströme, die in ihn einfließen, angeschwommen kommt. Wenn allerdings die Theorie der sukzessiven Veränderung der Organismen richtig ist, dann dürfte es bei den Fischen allmählich zu Anpassungen an die verschiedenen sich herausbildenden Nahrungsquellen kommen. Im Laufe der Zeit steht mit der Entwicklung des Sees eine zunehmende Zahl von ökologischen Nischen zur Verfügung – und Spezialisierung wird zu einem Vorteil.

Eine Gruppe von Fischen, nämlich Buntbarsche, findet man in allen drei der oben genannten afrikanischen Seen.[2] Diese Fische haben bestimmte Merkmale im Körperbau, die sie von anderen unterscheiden und die deutlich zeigen, dass sie alle miteinander verwandt sind. Sie weisen auch spezifische Verhaltensmerkmale auf. Buntbarsche kümmern sich beispielsweise um ihren Nachwuchs. Häufig geschieht dies so, dass das Weibchen ihre befruchteten Eier in ihr Maul nimmt und sie dann dort ausbrütet und behütet, bis der Nachwuchs geschlüpft ist. Sobald die kleinen Fische groß genug sind, um für sich selbst zu sorgen, erlaubt sie ihnen, ihr Maul zu verlassen und in die wirkliche Welt draußen zu schwimmen. Der Tanganjikasee enthält etwa 200 Buntbarscharten, die jeweils an eine bestimmte Art der Ernährung und des Verhaltens angepasst sind. Bestimmte Arten beispielsweise sind daran angepasst, die Schuppen von anderen Fischen abzuschaben und sich von dem Protein der Schuppen zu ernähren. Andere haben sich auf die Ernährung mit Larven spezialisiert; wieder andere fressen Eier. Einige Arten sind daran adaptiert, Algen von der Oberfläche von Gestein und anderem Material zu schaben. Sie haben Zähne, die an Meißel erinnern und damit eine perfekte Form und Struktur zum Schaben besitzen. Andere Arten haben schmale spitze Köpfe mit spitzen Schnauzen und langen dünnen Zähnen. Diese Arten sind auf das Hervorholen von Insektenlarven aus winzigen Spalten spezialisiert. Es gibt einige Arten, die auf das Zerdrücken von Mollusken adaptiert sind, und andere, die sich darauf spezialisierten, die Schwanzflossen anderer Fische abzukneifen. Die Arten im Malawisee, die sich an Insektenlarven in Felsspalten als Nahrung angepasst haben, sind in der Färbung, Schnauzenform und Zahnstruktur den Arten, die dies im Tanganjikasee und Victoriasee tun, sehr ähnlich. Das Gleiche gilt für andere Arten, die daran angepasst sind, Algen von der Oberfläche von Gesteinen zu schaben oder die Schuppen anderer Fische abzuschaben. Tatsächlich sind sich die an gleiche Lebensweisen angepassten Arten in den verschiedenen Seen

---

2 Siehe M. L. J. STIASSNY / A. MEYER: »Cichlids of the Rift Lakes«. In: *Scientific American* 280 (1999), Heft 2. S. 64–69.

so ähnlich, dass Sie und ich wohl kaum in der Lage wären, sie auseinanderzuhalten (Abbildung 5.1). Dennoch sind die Arten in den verschiedenen Seen wirklich verschiedenartig: Sie können sich nicht paaren.

Die Tatsache, dass die Algenfresser im Malawisee eine andere biologische Art sind als die Algenfresser im Tanganjikasee, scheint für jemanden, der an eine plötzliche Schöpfung der Arten aus dem Nichts glaubt *(Möglichkeit 1)*, zunächst nicht besonders von Bedeutung zu sein. Er wird vorbringen, dass Gott einfach beschloss, für jeden See einen eigenen Satz von Arten zu machen. Aber ganz so einfach ist es nicht. Es gibt mehrere Methoden, um zu zeigen, dass alle Buntbarsche im Malawisee eng miteinander verwandt sind. Die Algenfresser des Malawisees haben bestimmte Merkmale (siehe unten), die zeigen, dass sie eng mit den Insektenfressern in dem gleichen See verwandt sind. In der Tat gibt es absolut keinen Zweifel daran, dass die Algenfresser viel stärker mit den Insektenfressern aus dem gleichen See verwandt sind als mit den Algenfressern im Tanganjikasee. Die Begründung ist einfach. Beide Arten im Malawisee stammen von der gleichen Buntbarschart ab, die den See ganz am Anfang besiedelte. Im Laufe der Zeit haben sich die Fische in verschiedene Arten diversifiziert, wobei jede an eine spezielle Lebensweise angepasst ist.

Es gibt vielfältige Belege dafür, dass alle 300 bis 500 Buntbarscharten im Malawisee von einer einzigen Art abstammen. Der sicherste Beweis kommt jedoch aus der Analyse ihrer DNA. Genauso wie Sie Ihre DNA von Ihren Eltern geerbt haben, wodurch diese mit der Ihrer Eltern nahezu identisch ist, so haben auch diese Fische die DNA von den Vorfahren geerbt, die den Malawisee einst als Erste besiedelten. Die Zeit war lang genug für Veränderungen, aber es ist immer noch deutlich zu erkennen, dass die DNA aller Buntbarsche im Malawisee einer gemeinsamen Linie entstammt und dass sie sich von der DNA der Buntbarsche im Tanganjikasee unterscheidet. Dies steht nicht mit *Möglichkeit 1* in Einklang, da die Ähnlichkeiten in der DNA deutlich machen, dass alle Buntbarsche im Malawisee, egal wie unterschiedlich ihr Aussehen ist, miteinander verwandt sind. Ebenso sind jene im Tanganjikasee miteinander verwandt. Die Arten in beiden Seen

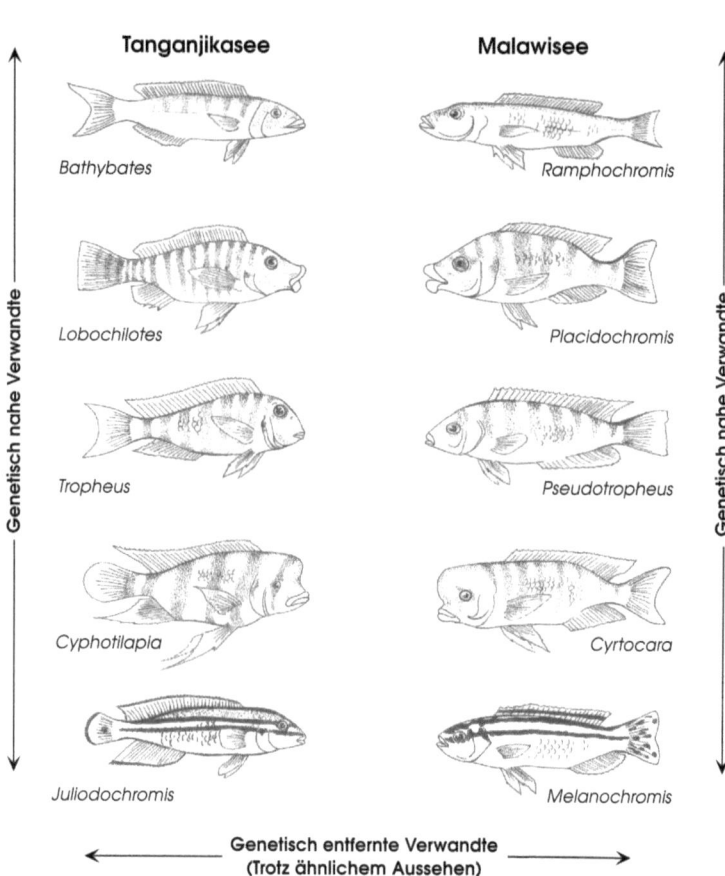

Abb. 5.1: Buntbarsche des Tanganjikasees und des Malawisees.

sind Buntbarsche, sodass sie natürlich auch miteinander verwandt sind, aber sie sind viel entfernter verwandt – sie sind nur über viele Generationen entfernt verwandte Arten.[3]

Wir haben zwei Möglichkeiten besprochen, wie Organismen isoliert wurden. In einem Fall geschah die Isolierung auf neu gebildeten Inseln, in dem anderen Fall geschah sie in neu gebildeten Seen. In beiden Fällen besitzt das abgesonderte Gebiet jeweils seinen ganz eigenen Satz von Arten, die nirgendwo anders auf der Welt vorkommen. Darüber hinaus weisen die vorhandenen Arten Merkmale auf, die zeigen, dass sie von einer kleinen Zahl von Siedlern abstammen, die sich anschließend in viele neue Arten diversifizierten. Gottes Schöpfungsbefehl führt zu Modifikation und Anpassung der Gründerarten (*Möglichkeit 2* oder *Möglichkeit 3*, aber nicht *Möglichkeit 1*).

5.3 Weitere Beispiele für geografische Isolation

Inseln und Seen, die nicht miteinander verbunden sind, sind offensichtliche Beispiele für physische Isolation. Gibt es noch andere, nicht so offensichtliche Barrieren, die zu physischer Isolation führen können? Wie die Frage bereits impliziert, lautet die Antwort Ja. Da ist zum Beispiel das Fell einer bestimmten Säugetierart. In freier Wildbahn haben die meisten Säugetiere kleine Insekten oder andere Gliederfüßer im Fell. Wir tun alles, um Flöhe, Zecken und andere kleine Organismen, die die Gesundheit unserer Hunde und Katzen beeinträchtigen können, zu entfernen. Wir können unsere Haustiere mit Pulver bestreuen und sie regelmäßig baden. Gegebenenfalls können wir sie sogar zum Tierarzt bringen, damit sie »entlaust« werden. In freier Wildbahn lebende Säugetiere haben diesen Vorteil nicht. Tatsächlich gibt es einige winzige Insektenarten nirgendwo sonst auf

---

3 Der Victoriasee, der jüngste der Seen, besitzt etwa 500 Arten, von denen die meisten von einer kleinen Zahl von Vorfahrenarten in den vergangenen 100 000 Jahren abstammen. Allerdings trocknete dieser See vor etwa 14 000 Jahren fast aus, und viele der neuen Arten sind seit dieser Zeit entstanden (E. Verheyen u. a.: »Origin of the Superflock of Cichlid Fishes from Lake Victoria, East Africa«. In: *Science* 300 [2003]. S. 325–329).

der Welt, als nur auf einer bestimmten Säugetierart. Läuse sind nicht wie Flöhe in der Lage, wie mit Spiralfedern zu springen. Auch sind Läuse nicht wie Fliegen, die leicht in die Luft aufsteigen und sich so von einer Nahrungsquelle zur nächsten bewegen können. Läuse haben natürlich Beinchen, aber sie verbringen ihr ganzes Leben wandernd in dem pelzigen Wald eines einzigen Säugetiers. Es wurden Studien mit verschiedenen Arten von Taschenratten und den Läusen, die man auf ihnen findet, durchgeführt.[4] Einige Rattenarten haben viele gemeinsame Merkmale und sind eng miteinander verwandt, während andere Arten sich deutlicher unterscheiden und entfernter verwandt sind. Die Vorstellung einer Schöpfung durch sukzessive Veränderungen (*Möglichkeit 2* oder *Möglichkeit 3*) impliziert, dass die Taschenrattenarten, die einander am meisten ähneln, auf eine einzige Vorfahrenart in der jüngeren Vergangenheit zurückzuführen sind, wohingegen ein Paar ungleicher Arten ihre gemeinsame Vorfahrenart viel weiter zurück in der Vergangenheit hat. Wenn die Vorstellung von einer Abstammung mit sukzessiven Veränderungen richtig ist, dann würde man erwarten, dass die Parasiten, die ihr ganzes Leben im Fell der Ratte verbringen, sich auch verändern. Betrachten wir zum Beispiel zwei Rattenarten, die wir als Art *A* und Art *B* bezeichnen wollen. Nehmen wir einmal an, dass sie einander in vielerlei Hinsicht ähneln, obwohl sie Mitglieder verschiedener Arten sind und sich daher nicht erfolgreich miteinander paaren können. Man könnte erwarten, dass, wenn die Arten *A* und *B* eng miteinander verwandt sind, die Läuseart, die das Fell der Rattenart *A* bewohnt, auch stark der Läuseart der Rattenart *B* ähnelt. Warum? Für die Läuse gibt es nur eine Existenzmöglichkeit; sie sind von der Mutterratte an die Babyratte weitergegeben worden – und so lief es seit jeher. In gewissem Sinne entspricht jeweils eine bestimmte Taschenrattenart einer Insel. Eine einzelne Läuseart wohnt auf der »Insel«, und da die Ratten der Art *A* sich nie mit Art *B* paaren oder anderweitig Kontakt haben, ist es für eine Läuseart nicht möglich, von einer »Insel« auf die andere um-

---

4 R. D. M. Page: »Temporal Congruence Revisited: Comparison of Mitochondrial DNA Sequence Divergence in Cospeciating Pocket Gophers and Their Chewing Lice«. In: *Systematic Biology* 45 (1996), Heft 2. S. 151–167.

zuziehen. Die beiden pelzigen Wälder kommen nie miteinander in Kontakt, und folglich sind die Läusearten auch voneinander isoliert.

Durch eine Untersuchung der Läuse, die Art *A* besiedeln, war es möglich zu zeigen, dass sie tatsächlich eine andere Art sind als die Läuse, die Art *B* besiedeln. Vielleicht klingt dies nicht überraschend, selbst für diejenigen nicht, die an *Möglichkeit 1* glauben. Man könnte sagen, dass Gott nun mal einfach für jede Rattenart eine andere Läuseart aus dem Nichts erschaffen hat. Wenn da nicht ein verräterisches Zeichen wäre! Betrachten wir eine Rattenart, die wir *C* nennen und die sich sehr stark von den Arten *A* und *B* unterscheidet. Wenn man die Läuse auf Art *C* untersucht, findet man eine erstaunliche Parallele: Wie die Ratten, in deren Fell sie sich aufhalten, haben auch die Läuse auf Rattenart *C* nur wenig Ähnlichkeiten mit den Läusearten, die auf den Rattenarten *A* und *B* leben – sie sind nur sehr entfernt verwandt. Die Rattenarten veränderten sich in der Zeit, die vergangen ist, seit sie einen gemeinsamen Vorfahren hatten. Ein langer Zeitraum hatte viele Veränderungen zur Folge. Ein kurzer Zeitraum seit der Abstammung zweier Arten von einer gemeinsamen Vorfahrenart bedeutet weniger Veränderungen. Interessanterweise laufen die Veränderungen in den Läusearten nahezu perfekt parallel zu den Veränderungen in den Taschenrattenarten. Mit anderen Worten: Wenn die Ratten eng verwandte Arten sind, sind auch die Läuse, die jede trägt, eng miteinander verwandt. Wenn andererseits die Rattenarten nur entfernt verwandte Arten sind, sind auch die Läuse, die jede trägt, entfernt verwandte Arten. Warum ist das so? Je mehr Zeit vergangen ist, seit die beiden Arten einen gemeinsamen Vorfahren hatten, desto mehr Gelegenheit gab es seither für Veränderungen.[5]

Es sei noch betont, dass die Bestimmung des Verwandtschaftsgrades bei den Ratten- und Läusearten keinen großen Spielraum für Subjektivität lässt. Die Analyse der Sprache der Gene, das heißt der DNA, zeigt deutlich, welche Arten eng miteinander verwandt sind. So

---

5 Der Klarheit wegen habe ich mich in dieser Diskussion auf nur drei Arten konzentriert. Die detaillierte Studie von Page (ebd.) wertet 15 verschiedene Arten von Taschenratten und 17 Läusearten aus. Die Verwandtschaftsbeziehungen spiegelten sich in beiden Organismengruppen außergewöhnlich übereinstimmend wider.

wie Ihre DNA von jedem Ihrer Elternteile stammt und deshalb nahezu mit deren identisch ist, so ist sie auch fast die gleiche wie schon in einem bestimmten Ururururgroßelternteil. Da sich die DNA in nur fünf oder sechs Generationen kaum ändert, wird sie immer noch *fast* gleich sein. Aber sie ändert sich, und wegen der vergangenen Zeit *gibt* es Unterschiede – kleine Unterschiede, aber doch größer als die, die man findet, wenn man Ihre DNA mit der Ihrer Eltern vergleicht.

Genetiker können sagen, wie nah Organismen verwandt sind, indem sie bestimmte Abschnitte der DNA untersuchen. Je ähnlicher bestimmte Segmente bei zwei Organismen sind, desto kürzer ist in der Regel die Zeitspanne, die vergangen ist, seitdem die DNA in einem gemeinsamen Vorfahren war. Je mehr von den spezifischen Abschnitten der DNA sich unterscheiden, desto länger liegt es zurück, dass die beiden Organismen einen gemeinsamen Vorfahren hatten. Ratten, die eng verwandt sind, besitzen ähnliche DNA. Entfernt verwandte Ratten haben weniger ähnliche DNA. Das Gleiche gilt auch für die Läuse, die jede Rattenart trägt.

Ich möchte sicherstellen, dass die Belege für eine gemeinsame Abstammung bei Taschenratten über die Ebene der Arten hinaus deutlich geworden sind. Die Ratten haben nicht lediglich ähnliche DNA und ähnliche körperliche Eigenschaften – nein, das entscheidende Argument hier ist, dass es eine zweite unabhängige Gruppe von Organismen gibt, die während dieser Reise der schrittweisen Veränderungen hin zu neuen Arten per Anhalter mitfährt. Wenn die sukzessiven Veränderungen der Wahrheit entsprechen, dann würde man erwarten, dass die »Anhalter« sich im Laufe der Zeit parallel zu ihren »Fahrern«, den Rattenarten, verändern. Die Tatsache, dass beide sich wirklich zusammen verändert haben, weist deutlich auf *Möglichkeit 2* oder *Möglichkeit 3* hin – neue Arten entstehen nicht aus dem Nichts, sondern durch schrittweise Veränderung aus bereits existierenden Arten. Neue Arten von Ratten gehen jeweils auf eine einzige Vorfahrenart zurück, und jede neue Läuseart stammt ebenso jeweils von ihrer eigenen einzigen Vorfahrenart ab. Dies ist nur einer von vielen Gründen, warum Biologen, die wie ich selbst Christen sind, davon überzeugt sind, dass *Möglichkeit 1* (Erschaffung jeder neuen Art aus dem Nichts) nicht die Methode ist, mit der Gottes Schöpfungsbefehl ausgeführt wurde.

Die Erscheinungen, die ich beschrieben habe (hawaiianische Fledermäuse, Vögel und Fliegen; die Buntbarsche in afrikanischen Seen und die Taschenratten und Läuse in Nordamerika), sind lediglich Beispiele für Veränderungen, die über relativ »kurze« Zeiträume stattfanden – im Bereich von mehreren Hunderttausend Jahren. In jedem dieser Fälle kann man die Gründerorganismen auch als Urtypen auffassen. Studien wie jene, die ich zusammengefasst habe, liefern eindeutige Beweise, dass Veränderungen stattfinden, aber die Untersuchungen sind jeweils auf einen einzigen Urtyp beschränkt. *Möglichkeit 2* besagt, dass es eine Grenze für Veränderungen gibt. Sie können wohl innerhalb eines Urtyps erfolgen, aber Organismen von verschiedenen Urtypen besitzen nach dieser Auffassung keine gemeinsamen Vorfahren. Wenn *Möglichkeit 3* wahr ist und die gesamte Schöpfung durch Abstammung mit sukzessiven Veränderungen entstanden ist, dann sollte man noch viel größere Auswirkungen der geografischen Isolation sehen können, wenn man den Effekt von Millionen von Jahren dauernder Isolation untersucht statt den einer Isolation von Hunderttausenden von Jahren, mit dem wir uns bisher beschäftigt haben. Wir werden sehen, ob diese Erwartung sich erfüllt. Bevor wir dazu kommen, möchte ich in einem kurzen Exkurs erörtern, was wir über die Art von Gottes Wirken in der Welt durch unsere persönlichen Erfahrungen als an Jesus Christus Glaubende wissen. Ich werde das dann auf den Schöpfergott übertragen und auf das, was wir bisher über das Wirken Gottes in der Schöpfung gelernt haben.

5.4 Wo ist Gottes Wirken in der Geschichte der geografischen Auffächerung der Lebensformen?

Eine der grundlegendsten theologischen Wahrheiten ist, dass Gott die Menschen nicht als Roboter geschaffen hat. Gott hat nicht alle Aktivitäten in unserem Leben vorprogrammiert. Gott ist nicht die unmittelbare und direkte Ursache für jedes scheinbar gute oder schlechte

Ereignis, das uns widerfährt. Wenn Gott das wäre, würden wir nicht mehr sein als seine Marionetten. Bedenken wir beispielsweise Paulus Aussage: »Eines aber wissen wir: Alles trägt zum Besten derer bei, die Gott lieben; sie sind ja in Übereinstimmung mit seinem Plan berufen.« (Röm 8,28). Was bedeutet das für einen Christen? Kürzlich hielt einer meiner ganz persönlichen Helden, mein Vater, eine Andacht in der Seniorengruppe seiner Kirchengemeinde. In seiner Andacht zog er eine Parallele zwischen dem Lotsen auf einer Hochseefähre und Gott als Lotsen im Leben von uns Christen. Er erläuterte dies anhand eigener Erfahrungen auf einer Fährfahrt in der Nähe von Vancouver (British Columbia, Kanada) und erzählte, wie der Lotse das Schiff durch einen undurchdringlichen Nebel navigierte. Mein Vater beschrieb seine Gefühle, wie sie aus dem trüben Nebel herausgeführt wurden und den tiefblauen Himmel erblickten, und wie der sattgrüne Wald der angesteuerten Insel in Sicht kam. Die Andacht meines Vaters macht ein Grundprinzip der evangelikalen Christenheit deutlich: Gott ist als unser Lotse persönlich daran beteiligt, uns durch die Unwägbarkeiten des Lebens zu führen. Aus dem Hintergrund steuert Gott uns fast unsichtbar durch den Nebel in unserem Leben zu dem endgültigen, unbeschreiblich schönen Bestimmungsort. Gott wirkt so, dass alle Dinge zum Besten dienen.

Es ist mir wichtig zu betonen, wie subtil und unaufdringlich der Lotse die Fähre in der Analogie meines Vaters leitet. Mein Vater wählte die Analogie, um zu illustrieren, dass Gottes Gegenwart nicht die eines Puppenspielers ist, der an den Fäden einer Marionette zieht. Obwohl Gott bei unserer Reise immer alles unter Kontrolle hat, gilt: »Dieser Herr aber ist der Geist, von dem wir gesprochen haben. Und wo der Geist des Herrn ist, da ist Freiheit.« (2 Kor 3,17). Die auf diese Bibelstelle folgenden Gedanken sagen, dass wir frei sind, in das Ebenbild Christi verwandelt zu werden, und es wird über die Tatsache gesprochen, dass wir erwarten können, hart bedrängt zu werden, ratlos zu sein, verfolgt und unterdrückt zu werden, aber aufgrund von Gottes Gegenwart in unserem Leben werden wir bis zum Ende aushalten. Es gibt in Bibeltexten wie diesen keine Hinweise auf einen Gott, der Fäden zieht. Stattdessen wird die Parallele zu einem

Licht gesehen. Gottes Gegenwart durchdringt alles. Sein Licht weist
den Weg. Seine Liebe ist überwältigend. Gott hat »in Christus seine Weisheit sichtbar werden lassen, eine Weisheit, die uns zugute
kommt. Denn Christus ist unsere Gerechtigkeit, durch Christus gehören wir zu Gottes heiligem Volk, und durch Christus sind wir erlöst.«
(1 Kor 1,30). Er ist ein allgegenwärtiger Helfer in allen Nöten (Ps 46,2),
aber er hantiert nicht ständig an unseren Lebensfäden herum. Es gibt
keine biblische Unterstützung für eine solche Auffassung. Gott möchte, dass wir unser Leben in seiner Gegenwart leben, aber immer in
der Freiheit, die unsere Lebensumstände zulassen.

Wenn dies so zutrifft, dann sollten wir damit rechnen, dass Gott
auch in anderen Bereichen seiner Schöpfung Freiheit lässt. Schon die
Schöpfungserzählung der Bibel selbst deutet eine solche Freiheit an:
»Und Gott sprach: Es *soll* das Wasser vom Gewimmel lebender Wesen
wimmeln, und Vögel *sollen* über der Erde fliegen unter der Wölbung
des Himmels! [...] Und Gott sprach: *Die Erde bringe lebende Wesen hervor*
nach ihrer Art: Vieh und kriechende Tiere und wilde Tiere der Erde
nach ihrer Art! Und es geschah so.« (1 Mose 1, 20.24; Hervorhebun-
gen nicht im Bibeltext). Es gibt hier nicht die geringste Andeutung
davon, dass Gott jede einzelne Kreatur so schuf, wie Marionetten
einzeln von ihrem Schöpfer hergestellt werden. Im Gegenteil, der
Schlüsselbegriff in Gottes Schöpfungsbefehl lautet »sollen«. Damit
ist klar, dass die Schöpfung auf Gottes Befehl hin erfolgte und dass alles in seiner Gegenwart und unter seiner Kontrolle passierte, aber die
Vorstellung, dass Gott Millionen verschiedener Arten wie ein Mario-
nettenbaumeister schuf, ist eine menschliche Idee und keine biblisch
begründete Vorstellung. Wenn wir eine biblische Vorstellung bekommen möchten, sollten wir uns Aussagen wie dem »Schweben« des
Geistes Gottes (1 Mose 1,2) oder »das Licht leuchtet in der Finsternis«
(Joh 1,5) zuwenden. Diese Bibelstellen reden nicht von einem Gott,
der Zwang ausübt, sondern von einem allgegenwärtigen Gott, der unseren Lebensweg erhellt, genauso wie er den Weg für die Schöpfung
ausgeleuchtet hat. In Hebr 13,8 wird uns gesagt: »Denn Jesus Christus
ist immer derselbe – gestern, heute und in alle Ewigkeit.« Wenn dem
so ist und wenn Jesus ein Spiegelbild des Vaters ist, ist es dann nicht

berechtigt, Parallelen zwischen dem Charakter und der Arbeitsweise von Jesus Christus und der Arbeitsweise des Schöpfers zu ziehen? Schließlich sind sie eins – und unveränderlich. Gibt es von daher nicht eine viel bessere Analogie, wie Gott den Verlauf der Schöpfung lenkte, als gerade die Analogie eines Chefdesigners – einer Art göttlichen Uhrmachers? Das Bild des über der Schöpfung schwebenden Geistes und des wegweisenden Lichts ist biblisch, während das des Chefingenieurs eine Erfindung der modernen Gesellschaft und des industriellen Zeitalters ist.

Vieles in der Schöpfung mag durchaus innerhalb der Freiheit geschehen sein, die Gott der Schöpfung selbst gab, ebenso wie vieles, was in meinem Leben geschieht, sich innerhalb meiner Entscheidungsfreiheit bzw. der von anderen Personen ereignet. Nichts kann mich aus Gottes Gegenwart reißen, und ich versuche stets Gottes Gebote zu beachten – aber ich lebe mein Leben in Freiheit. Es wäre im Einklang mit Gottes Charakter, wenn Gott dieselbe Art von Freiheit auch der Schöpfung gab. Lassen Sie uns einige Folgen dieser Freiheit genauer betrachten.

5.5 Langzeitisolation – die Auswirkungen der Kontinentalverschiebung

Die Beispiele, die in den früheren Abschnitten dieses Kapitels ausgewählt wurden, veranschaulichen die Wirkung der geografischen Isolation auf die Artbildung über Hunderttausende von Jahren, aber nicht über viele Millionen Jahre. Was die »kurzfristige« Isolation hervorbringt, würden manche nur als geringfügige Änderungen bezeichnen, wenngleich es Änderungen sind, die zu neuen Arten geführt haben. Wenn, wie im vorherigen Kapitel behauptet, *Möglichkeit 3* (die gesamte Schöpfung geschah durch sukzessive Veränderungen) richtig ist und nicht *Möglichkeit 2* (sukzessive Veränderungen, aber nur innerhalb von Urtypen), dann könnte es vielleicht möglich sein, noch stärkere Auswirkungen von geografischer Isolation zu finden, wenn die Trennung viele Millionen Jahre statt nur Hunderttausende andauerte. *Möglichkeit 3* sagt voraus, dass Veränderungen, die bereits bei kurzen Zeiträumen beobachtet wurden, über lange Zeiträume noch ausgeprägter sind.

Als ich noch klein war, wies mein Vater (der kein Geologe ist) mich darauf hin, dass Südamerika und Afrika wie ineinandergreifende Stücke eines Puzzles aussehen. Er erzählte mir auch von der Theorie der Kontinentalverschiebung: Die beiden Kontinente waren einmal verbunden, gleiten aber bereits seit Urzeiten auseinander. So gut Südamerika und Afrika auch zusammenpassen: Wenn wir unsere Weltkarte genauer unter die Lupe nehmen, so sehen wir doch, dass es nicht perfekt passt. Der Grund für diese Abweichungen ist nicht, dass die Theorie der Kontinentalverschiebung falsch ist. Es waren Erosion und Veränderungen des Meeresspiegels, die seit dem Beginn des Auseinandertreibens vor etwa 100 Millionen Jahren dazu geführt haben. Da das erodierte Material noch unter dem Meeresspiegel auf dem sogenannten Kontinentalschelf vorhanden ist, können die beiden Puzzleteile genauer zusammengefügt werden, wenn das unter Wasser liegende, erodierte Land mit einbezogen wird. Dies kann man leicht tun, indem man Karten benutzt, die den untergetauchten Schelf um einen Kontinent enthalten. Das Ergebnis ist ein Kilometer für Kilometer nahezu perfektes Ineinandergreifen der beiden Kontinente.

Aber es gibt noch weitaus mehr Belege für die Kontinentalverschiebung als nur das Zusammenpassen der Kontinente auf einer Karte. Fossilien eines besonderen Reptils mit ineinandergreifenden Zahnreihen, die wie eine Reuse funktionieren, sind im Gestein nur an zwei Orten auf der Welt gefunden worden: Mesosaurus lebte am östlichen Rand von Südamerika und am südwestlichen Rand von Afrika. Das Gebiet in Afrika hat viele Ähnlichkeiten mit seinem südamerikanischen Pendant. Man findet auf jeder Seite des Atlantiks in den entsprechenden Gegenden auch charakteristische, zusammenpassende Felsformationen.

Es ist möglich, die Geschwindigkeit zu messen, mit der die Kontinentalverschiebung stattfindet. Wenn eisenhaltige geschmolzene Lava aus der Erde austritt, orientieren sich die eisenhaltigen Mineralien genau wie ein Kompass in Richtung der magnetischen Pole. Wenn sich so über lange Zeiträume Gesteinsformationen bzw. Felsen bilden, enthalten sie eigentlich überall kleine erstarrte Kompasse, die zum magnetischen Nordpol zeigen. Immer mal wieder haben sich die magnetischen Nord- und Südpole im Laufe der Zeit umgekehrt. Wir können hier nicht auf die Details eingehen, aber es ist möglich, mithilfe der magnetisierten Mineralien und der Umkehr der magnetischen Pole die Geschwindigkeit zu bestimmen, mit der die Kontinente auseinanderdrifteten.[6] Die Geschwindigkeit, mit der sich die Erdteile voneinander entfernt haben, hängt von dem jeweiligen Gebiet ab und liegt im Schnitt in der Größenordnung von fünf Zentimetern pro Jahr. Dies klingt nach einem Schneckentempo (und das ist es auch), aber bei 100 Millionen Jahren entspricht das einer Entfernung von 5 000 Kilometern – ungefähr der Entfernung, die Afrika und Südamerika trennt.

Die Messung der Geschwindigkeit der Kontinentalverschiebung durch die Veränderungen in der Ausrichtung der magnetisierten Mineralien stellt eine indirekte Art dar, die Bewegung der Kontinente in der Vergangenheit nachzuverfolgen. Es wäre noch überzeugender, wenn wir die Bewegungen der Kontinente jetzt, quasi in Echtzeit, verfolgen könnten. Tatsächlich ist es mit zwei voneinander unabhängigen Methoden möglich, die Geschwindigkeit zu bestimmen, mit der verschiedene Orte auf der Erdoberfläche sich voneinander fortbewegen. Die erste Technik besteht darin, Laserstrahlen auf einen speziellen Satelliten zu richten und dann mit hoher Präzision die Zeitdauer zu messen, die der Strahl benötigt, bis er wieder auf die Erde zurückreflektiert wird. Mit dieser Methode ist es gelungen, zu zeigen, dass eine Forschungsstation in Maryland sich von einer Station in England mit einer Geschwindigkeit von 1,7 Zentimetern pro Jahr entfernt. Die hiervon völlig unabhängige zweite Methode basiert auf Messungen der Signale ferner Quasare im Weltraum. Durch die Messung der Differenz der Empfangszeiten des gleichen Signals

6   Einen guten Überblick über die Bestimmung der Driftgeschwindigkeit mit verschiedenen Techniken findet man in E. J. Tarbuck / F. K. Lutgens: *Earth Science*. 9. Aufl. Upper Saddle River, NJ (USA): Prentice Hall, 2000, S. 199–205.

vom Quasar an zwei verschiedenen Standorten auf der Erde und dem Vergleich dieses Unterschieds mit dem in einem wiederholten Experiment zu einem späteren Zeitpunkt ist es möglich, die Geschwindigkeit zu errechnen, mit der die beiden Orte sich voneinander entfernt haben. Diese beiden unabhängigen Methoden ergeben die gleiche Driftgeschwindigkeit. Sie variiert ein wenig in Abhängigkeit davon, welche Gegenden der Welt verglichen werden, aber beide Methoden ergeben Werte, die in derselben Größenordnung liegen wie diejenigen, die durch die Untersuchung der magnetischen Felder in den alten Gesteinen gewonnen wurden.

Diese drei Methoden liefern damit nicht nur überzeugende Beweise für die Kontinentalverschiebung, sondern auch bedeutende unabhängige Bestätigungen für das hohe Erdalter. Wenn beispielsweise Afrika und Südamerika tatsächlich in der fernen Vergangenheit einmal *ein* Kontinent waren, so haben wir also drei völlig unabhängige Methoden zur Bestimmung, wie lange sie ungefähr benötigt haben, um ihre heutige Position zu erreichen – etwa 100 Millionen Jahre. Wenn es nur *eine* Messtechnik geben würde, die auf diese Zeitdauer hinweist, könnten wir noch gerne behaupten, dass das naturwissenschaftliche Wissen unvollständig und möglicherweise fehlerhaft ist. Wenn es allerdings wie hier drei unabhängige Methoden gibt, um zu einem Ergebnis zu gelangen, und alle Methoden das gleiche liefern, dann ist klar, dass das Ergebnis stimmen wird. Es sei daran erinnert, dass wir in Kapitel 3 Methoden zur Altersbestimmung von Gesteinen mithilfe radioaktiver Isotope erörtert haben. Sie weisen auf ein Erdalter von über 4 Milliarden Jahren hin. Darüber hinaus besprachen wir eine völlig unabhängige Methode zur Bestimmung des Alters des Universums mit den Techniken der Astrophysik. Sie führt zu Altersabschätzungen im Bereich von mehreren Milliarden Jahren. Und nun haben wir hier im Abschnitt zur Kontinentalverschiebung ein bestimmtes erdgeschichtliches Ereignis durch die Kombination verschiedener Techniken untersucht und festgestellt, dass alle Indizien in eine ferne Vergangenheit zurückführen – viel, viel weiter zurück als nur 6 000 Jahre. Sie führen uns in die Zeit vor mehreren Zehnmillionen Jahren.[7]

Obwohl wir bisher nur das Auseinanderbrechen von Afrika und Südamerika erörtert haben, kann man natürlich auch anderen Ereignissen nachgehen. Die Techniken, mit denen man die Bewegungen nachvollzieht, gehen weit über das einfache Anlegen der Teile eines Puzzles, wie wir es oben diskutiert haben, hinaus. Ein besonders interessanter Aspekt der Geschichte der Kontinente ist die Trennung von Südamerika, der Antarktis und Australien. Die Antarktis war nicht immer die polare Eiskappe, die sie heute ist. Fossilfunde deuten darauf hin, dass sie in früheren Jahren, als das Weltklima viel milder war als heute, eine reiche Flora und Fauna besaß. In der Tat waren diese drei Kontinente bis vor 50 Millionen Jahren miteinander verbunden. Dann driftete Australien jedoch davon und blieb bis zur Ankunft des Menschen biologisch fast völlig von anderen Landmassen isoliert. Fünfzig Millionen Jahre sind eine sehr lange Zeit für isoliert lebende Organismen. Wenn der biblische Befehl: »Und Gott sprach: Die Erde lasse …« (1 Mose 1, 11), der im gleichen Sinne (»lassen«, »sollen«) im ersten Kapitel der Bibel fast ein Dutzend Mal vorkommt, wirklich bedeutet, dass Gott seiner Schöpfung Freiheit gewährt, und wenn der von Gott initiierte und aufrechterhaltene Prozess wirklich zu sukzessiven Veränderungen führt, dann ist in einer so langen Zeit sehr viel Spielraum für Veränderungen. Auf Hawaii sahen wir, dass die 5 Millionen Jahre andauernde Isolation dazu führte, dass neue Arten von Drosophila-Fliegen, Vögeln und Fledermäusen entstanden, ganz zu

---

7 Aufmerksame Leser könnten zu Recht darauf hinweisen, dass die heutige Geschwindigkeit der Kontinentalverschiebung nicht der Geschwindigkeit in der Vergangenheit entsprechen muss. Sie haben auch Recht, wenn sie darauf hinweisen, dass die Bestimmungen der Driftgeschwindigkeiten in der Vergangenheit auf der Annahme beruhen, dass die Zerfallsraten der radioaktiven Isotope konstant geblieben sind. Wie bereits in Kapitel 3 erwähnt, sind sich allerdings alle Kernphysiker darin einig, dass die Zerfallsraten sich in den letzten 100 Millionen Jahren nicht geändert haben. Der springende Punkt ist hier jedoch, dass die *unabhängig* voneinander abgeleiteten Zahlen (gegenwärtige Driftraten und Abschätzungen, die von magnetisierten Eisenerzen aus der Erdvergangenheit gewonnen wurden) in *Übereinstimmung* miteinander sind, und beide weisen auf einen Zeitrahmen hin, der etwa zehntausendfach größer ist als 6 000 Jahre.

schweigen von vielen anderen Veränderungen. In den Seen Ostafrikas betrachteten wir Veränderungen, die zur Artbildung (Speziation) bei Buntbarschen führten. Und schließlich sahen wir im Fell von Taschenratten die sukzessiven Veränderungen, die zur Artbildung bei Läusen führten. Der Zeitrahmen für diese Veränderungen betrug allenfalls Hunderttausende von Jahren. Wenn Gott wirklich Freiheit in seine Schöpfung eingebaut hat, und wenn die Schöpfung wirklich immer durch sukzessive Veränderungen der vorhergehenden Arten erfolgte, dann wird es besonders interessant sein, zu untersuchen, was es für Folgen hat, 50 Millionen Jahre lang auf einer isolierten »Insel« zu leben.

5.6 Die Isolation des Inselkontinents Australien

Die Geschichte Australiens beginnt bereits eine »Weile« früher als vor 50 Millionen Jahren und ist eng mit der Trennung Südamerikas von Nordamerika und von Afrika vor etwa 100 Millionen Jahren verbunden. Zum Zeitpunkt dieser Trennung waren Dinosaurier noch die vorherrschende große Lebensform auf der Erde. Zwar gab es bereits Säugetiere, aber sie waren meist klein und ihre Vielfalt war bei Weitem nicht so groß wie heute. Es gab damals zwei wichtige Säugetiergruppen. Eine Gruppe, die als *Beuteltiere* (Metatheria bzw. Marsupialia) bezeichnet wird, gebärt ihre Jungen ziemlich bald nach der Befruchtung und bebrütet sie in einem besonderen äußeren Beutel am Bauch der Mutter. Die andere Gruppe, die *Plazentatiere* genannt wird, hat eine besondere Ernährungseinrichtung (eben die Plazenta), die es dem Nachwuchs ermöglicht, innerhalb des Körpers der Mutter ernährt zu werden. Wie aus dem Fossilbefund hervorgeht, besaß Südamerika zum Zeitpunkt der Trennung keine sehr große Vielfalt an Plazentasäugetieren. Es gab dort beispielsweise keine Fleischfresser, Insektenfresser oder Nagetiere mit Plazenta. Wir werden später noch auf Südamerika zurückkommen, aber hier ist es wichtig, diese geringe Vielfalt der frühen Plazentatiere verglichen mit dem, was in anderen Teilen der Welt vorhanden war, zur Kenntnis zu nehmen.

Beuteltiere andererseits waren in Südamerika viel häufiger als andernorts. Zu der damaligen Zeit war die Südspitze von Südamerika noch mit der Antarktis verbunden und die wiederum war mit Australien verbunden. Auch herrschte in der Antarktis ein viel milderes Klima als heute. Obwohl der Fossilbefund der Säugetiere, die in Australien zum Zeitpunkt der Trennung lebten, äußerst spärlich ist, scheint es doch, dass es in erster Linie Beuteltiere waren. Wenn Plazentatiere vorhanden waren, so starben sie ziemlich schnell aus, wie aus einer umfangreichen australischen Fossiliensammlung der Organismen, die vor 15 bis 25 Millionen Jahren lebten, hervorgeht. Diese besteht nämlich ausschließlich aus Beuteltieren.

Bei der Diskussion der Drosophila-Fliegen von Hawaii und der Buntbarsche der afrikanischen Seen besprachen wir das Konzept der ökologischen Nische. Jeder Organismus ist an eine bestimmte Lebensweise angepasst. Einige Fliegen sind an die Ernährung durch Blüten angepasst; andere an ein Leben von faulenden Früchten. Einige Fische sind daran angepasst, Algen von Felsen zu schaben; andere sind darauf spezialisiert, Schuppen von vorbeischwimmenden Fischen abzuschaben. Tatsache ist jedoch, dass beide Gruppen von Fischen und beide Gruppen von Fliegen jeweils weiterhin bestimmte gemeinsame charakteristische Merkmale aufweisen – Kennzeichen, die zeigen, dass sie miteinander verwandt sind. Die Zeit seit ihrer Entstehung ist relativ kurz verglichen mit der gesamten Geschichte des Lebens auf der Erde. Diese Fliegen haben alle noch genügend der ursprünglichen Merkmale ihrer Vorfahren beibehalten, sodass sie als Drosophila identifiziert werden können. Und auch die hier betrachteten Fische weisen alle genügend ihrer ursprünglichen Kennzeichen auf, sodass sie immer noch als Buntbarsche erkannt werden können. Der Zeitraum, seitdem Australien und Südamerika sich getrennt haben, ist jedoch größer (etwa zehn- bis zwanzigmal so groß), sodass wir, wenn die Vorstellung der Schöpfung durch sukzessive Veränderungen korrekt ist, größere Veränderungen erwarten dürfen. Eine längere Zeit bietet mehr Möglichkeiten für Veränderungen als auf Hawaii, in den afrikanischen Seen und dem Fell von Taschenratten beobachtet wurden.

In den bisherigen Beispielen hingen die Eigenschaften der sich entwickelnden Organismen vor allem von zwei Faktoren ab: den Gründerspezies und den ökologischen Nischen, die sich den Gründerarten auftaten. Das Leben auf Hawaii wurde zu einem Teil durch eine kleine Anzahl von Drosophila-Fliegen mitbegründet, die zufällig von Luftströmungen auf ihre neue Inselheimat geweht wurden.

Wenn wir uns nun einen Überblick über die Situation in Australien verschaffen wollen, so werden wir uns auf Säugetiere beschränken. So wie es bei Fischen zu Anpassungen zur Ausnutzung der unterschiedlichen ökologischen Nischen in einem See kommen kann, so können bei Säugetieren Anpassungen zur Besetzung der verschiedenen Nischen, die auf dem Land existieren, auftreten. Und ebenso wie sich in der Regel die gleichen ökologischen Nischen in verschiedenen Seen ausbilden, so entwickeln sich auch ähnliche Nischen auf verschiedenen Kontinenten. Die Tatsache, dass Nordamerika und Australien durch Tausende von Kilometern Wasser voneinander getrennt sind, spielt in dieser Hinsicht keine Rolle. Australien hat ausgedehnte Graslandflächen, Steppen und Wälder genau wie Amerika. In Nordamerika war es der Büffel, der als Säugetier optimal an das Leben in der Prärie angepasst war – bis die Menschen eingriffen. In Australien war es das Känguru. Auch wenn sich in verschiedenen Gegenden der Welt die gleichen ökologischen Nischen entwickeln mögen, wird durch die vorkommenden Gründungsmitglieder festgelegt, welche Organismen im Folgenden auftreten werden, um diese Nischen zu füllen. Wenn zum Beispiel die Säugetierarten, die in Australiens frühen Jahren vorhanden waren, Beutel hatten, dann ist es durchaus möglich, dass auch nach 50 Millionen Jahren sukzessiver Veränderungen der Lebensformen alle Organismen, die sich in dieser Zeit entwickelt haben, Beutel haben. Wenn die Gründerorganismen eine Plazenta hatten, dann dürften die Organismen, die durch sukzessive Veränderungen hervorgebracht wurden, alle eine Plazenta haben. Da die ökologischen Nischen sich ähneln, können wir trotzdem erwarten, dass sich jeweils ein ähnliches Spektrum von Organismen ergibt, um sich die Vorteile dieser ökologischen Nischen zunutze zu machen.

In Australien besitzt ein Säugetier, das Numbat oder auch Ameisenbeutler *(Myrmecobius)* genannt wird, eine lange, spitze Schnauze, die optimal geeignet ist, um auf dem Boden Ameisenkolonien zu erschnüffeln. Es hat eine reduzierte Anzahl von kleinen, flachen Zähnen, die auf seine einzige, einfache Nahrungsquelle spezialisiert sind, und es hat kräftige vordere Gliedmaßen, die zum Graben in Erdhügeln optimal geeignet sind. Seine Körperform ähnelt auffallend dem Ameisenfresser der westlichen Hemisphäre, dem Ameisenbär *(Myrmecophaga)*. Dieser hat ungefähr die gleiche Größe, eine extrem lange Nase und ein Gebiss, das dem seines australischen Pendants verblüffend ähnelt. Es gibt jedoch einen wesentlichen Unterschied zwischen diesen beiden – der eine Ameisenfresser besitzt einen Beutel, der andere nicht.

Viele weitere Beispiele von parallelen Merkmalen in der Körperstruktur zeigen sich, wenn man die Säugetiere der beiden Kontinente vergleicht (Abbildung 5.2). In Australien ist ein Säugetier namens Wombat an die Lebensweise eines sogenannten *grabenden Pflanzenfressers* angepasst. Das bedeutet, dass er besonders geeignet ist, sich durch den Boden zu graben, und dass er nur Pflanzenmaterial frisst. Der Wombat sieht seiner Entsprechung in Nordamerika, dem Murmeltier, sehr ähnlich – bis auf einen wichtigen Unterschied. Wenn Sie einen weiblichen Wombat auf den Rücken drehen, werden Sie feststellen, dass sie einen Beutel besitzt, wo das Murmeltier einen Bauchnabel hat. Ferner gibt es in Australien Tiere, die unseren Eichhörnchen ähneln, darunter einige, die daran angepasst sind, von einem Baum zum anderen zu gleiten – Flughörnchen bzw. Gleithörnchen. Auch in anderen Teilen der Welt kommen Gleithörnchen vor. Der Unterschied ist natürlich wieder, dass das australische Gleithörnchen ein Beuteltier ist. Es hat einen Beutel und keinen Bauchnabel. Bis zu seinem Aussterben im 20. Jahrhundert hatte Australien seinen eigenen Wolf, den Tasmanischen Wolf (Beutelwolf). Er war an die gleiche Lebensweise wie unsere Wölfe angepasst und auf den ersten Blick ähnelte sein Aussehen sehr dem seines nordamerikanischen Pendants. Der Unterschied ist allerdings, dass er von den kleinen Beuteltieren abstammt, die Australien zur Zeit der Kontinentaltrennung bewohnten

– und die hatten Beutel. Weiterhin gibt es in Australien kleine ha-
senähnliche Pflanzenfresser (Hasenkängurus), es gibt verschiedene
Beutelmäuse und Beutelmulle, und in früheren Zeiten gab es noch
katzenähnliche Fleischfresser. Alle kennzeichnet ein grundlegender
Unterschied zu ähnlichen amerikanischen Arten, und dieser Unterschied trägt eine deutliche Botschaft der Abstammung dieser Tiere –
sie alle haben einen Beutel.[8]

Auffällig ist, dass eine wichtige Körperform in der australischen
Fauna fehlt. Es gibt keine Huftiere, die in den Ebenen umherziehen.
Stattdessen gibt es einen anderen Typ Lebewesen, der die ökologischen Nischen besetzt, die in der übrigen Welt von den Huftieren
besetzt werden: Australien besitzt eine große Vielfalt von Känguru-
arten. Statt auf Hufen zu laufen, hüpfen sie auf zwei Beinen, und bei
langsamer Fortbewegung nutzen sie ihren kräftigen Schwanz fast wie
ein weiteres Bein. Es existieren die gleichen Graslandnischen, aber
in diesem Fall brachte die Natur, wie Gott sie eingesetzt hat, einen
anderen Körperbauplan hervor, dem es gut gelingt, die verfügbare
ökologische Nische zu nutzen.

Konvergenz (ähnliche Körperstrukturen für ähnliche ökologische
Nischen) ist also keine starre Regel. Es *haben* sich durchaus ähnliche
Körperformen in dieser Gegend der Welt entwickelt, aber sie sind
eben nicht identisch und manchmal sogar sehr andersartig. Aber die
Beschaffenheit der Vielfalt des Lebens in Australien im Vergleich zum
Rest der Welt weist doch überraschend deutlich auf eines hin: Man
kann folgern, dass fast alle Säugetiere in Australien miteinander verwandt sind, weil sie alle das gleiche eindeutige Kennzeichen besitzen
– einen Beutel, wo die Säugetiere in der restlichen Welt einen Nabel
haben.[9]

---

8 Weitere Details über die australischen Säugetiere finden sich beispielsweise in D. W.
Walton / B. J. Richardson (Hrsg.): *Fauna of Australia. Mammalia.* Bd. 1B. Canberra:
Australian Government Publishing Service, 1989; sowie in Ronald Strahan (Hrsg.):
Complete Book of Australian Mammals. Sydney: Angus & Robertson, 1983.

9 Von der Regel, dass die übrige Welt nur von Plazentatieren besiedelt wird, gibt
es eine einzige Ausnahme. Die Ausnahme sind die Opossums, die ursprünglich aus
Südamerika stammen und bis nach Nordamerika gewandert sind, nachdem sich eine
Landbrücke zwischen den beiden Kontinenten gebildet hatte. Die interessante Ge-

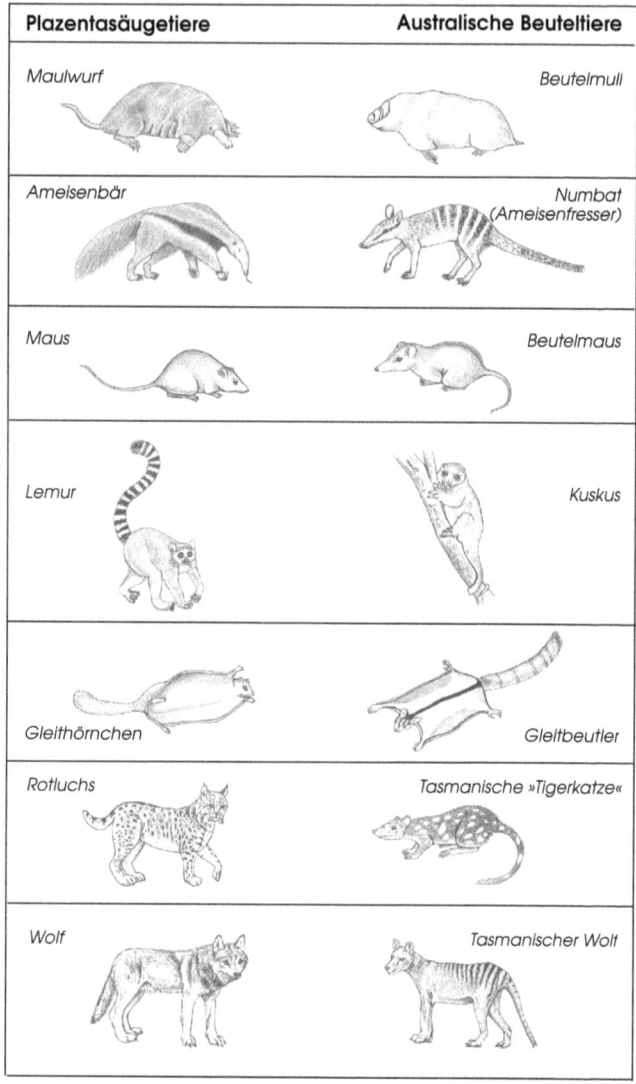

Plazentasäugetiere	Australische Beuteltiere
Maulwurf	Beutelmull
Ameisenbär	Numbat (Ameisenfresser)
Maus	Beutelmaus
Lemur	Kuskus
Gleithörnchen	Gleitbeutler
Rotluchs	Tasmanische »Tigerkatze«
Wolf	Tasmanischer Wolf

Abb. 5.2: Vergleich der Körperformen von Plazentatieren mit den entsprechenden Körperformen der australischen Beuteltiere.

Ausnahmen von einer Regel sind oft besonders aufschlussreich. Stellen Sie sich vor, Ihnen wird eine afrikanische Familie mit zehn hübschen Kindern vorgestellt. Neun von ihnen haben schwarze Haut, gekräuseltes Haar und dunkelbraune Augen. Das zehnte jedoch ist anders. Es hat blondes, gewelltes statt gekräuseltes Haar, blaue Augen und helle Haut. Sie müssen kein sehr scharfsinniger Beobachter sein, um zu vermuten, dass das blonde Kind eine familiäre Vergangenheit hat, die sich von der der anderen Kinder unterscheidet. Sie können nachfragen, wie es dazu kam, dass das Kind Teil dieser Familie geworden ist, oder es lassen, aber eins ist sicher: Sie erkennen, dass es auf eine andere Weise in die Familie gekommen ist als die anderen neun Kinder. Bei der Untersuchung der Familie der Säugetiere, die in Australien lebt, können wir aufgrund von gemeinsamen Merkmalen sagen, dass sie fast alle miteinander verwandt sind. Allerdings gibt es zwei Gruppen von langjährigen Mitgliedern der australischen Familie, die sich deutlich abheben, weil sie anders sind. Diesen Mitgliedern fehlt der kennzeichnende Beutel, und an seiner Stelle haben sie einen Bauchnabel.

Genau wie bei dem kleinen blonden Kind in der afrikanischen Familie sind wir geneigt zu fragen, wie diese beiden Gruppen von Lebewesen Teil der Familie der australischen Säugetiere geworden sind. In beiden Fällen ist es ein anderes Merkmal als die Außenseite ihres Bauches, das uns den entscheidenden Hinweis gibt, wie es zu der Adoption in die australische Säugetierfamilie kam. Die erste Gruppe hat ein Merkmal, das sie von allen anderen Säugetieren der Welt unterscheidet. Sie besitzt damit eine verräterische Besonderheit, die erklärt, wie sie nach Australien kam, um sich der Familie dort anzuschließen. Bei dieser Gruppe handelt es sich um die Fledermaus, und die hat Flügel.

Beim Nachdenken über die zweite Gruppe muss man die Geografie der Umgebung von Australien untersuchen. Australien liegt, im Gegensatz zu den Hawaii-Inseln, die weiter vorne bereits besprochen

---

schichte der Beuteltiere in Südamerika wird später noch erörtert. Die Existenz des Opossums spiegelt diese Geschichte wider.

wurden, nicht weit vom nächsten Land entfernt. Tatsächlich reihen sich viele Inseln zwischen Australien und dem nächstgelegenen Kontinent, Asien, auf. Wenn man berücksichtigt, dass Millionen von Jahren zur Verfügung standen, ist es begreiflich, dass es kleinen Tieren wie Mäusen und Ratten gelang, die relativ kurze Strecke von einer Insel zur anderen auf Treibgut zurückzulegen, sodass sie letzten Endes den Weg von Asien nach Australien schafften. Und genau das ist auch passiert. Daher ist es nicht überraschend, dass Australien einige kleine Nagetiere mit Plazenta besitzt, deren Vorfahren nach allem, was man weiß, bereits vor mehreren Millionen Jahren angekommen sind.

Die Säugetiere Australiens sind eine isolierte Gruppe. Bestimmte Merkmale (der Beutel ist nur eines von vielen) machen deutlich, dass fast alle Mitglieder eine gemeinsame Reihe von Vorfahren haben. Diese Vorfahren bewohnten das Land zum Zeitpunkt der Trennung von Südamerika und der Antarktis vor mehr als 50 Millionen Jahren. Aber im Verlauf dieser 50 Millionen Jahre haben sie sich verändert. Nirgendwo auf der Erde gibt es Arten, die ihnen genau gleichen. Das entstandene Leben ist immer ein Produkt seiner Geschichte, und über einen sehr langen Zeitraum verändern sich Körperformen. Allerdings bleiben verräterische Kennzeichen der Vergangenheit bestehen. Heute bewundern wir die Ergebnisse von Gottes Gebot. »Und Gott sprach: Die Erde bringe lebende Wesen hervor nach ihrer Art: Vieh und kriechende Tiere und wilde Tiere der Erde nach ihrer Art! Und es geschah so.« (1 Mose 1,24). Die Erde gehorchte Gottes Gebot, und als Folge von Gottes Gegenwart in der Schöpfung haben wir nun eine eindrucksvolle Reihe von »Arten« – so eindrucksvoll, dass selbst Gott in all seiner Majestät und Größe sie betrachtete und für gut erklärte. Mit den Worten aus 1 Mose 1,31: »Und Gott sah alles, was er gemacht hatte, und siehe, es war sehr gut.« – in der Tat sehr gut.

5.7 Anpassung an eine ökologische Nische

Wie wir besprochen haben, liegt der Schlüssel zur Vielfalt der Lebensformen in der Vielfalt der ökologischen Nischen, die es in der Welt der Biologie gibt. Jeder Organismus macht Anpassungen an eine bestimmte Lebensweise durch. Wenn ein Organismus sich auf das Fressen von Fleisch einstellt, wäre es am besten, einige scharfe Zähne zu haben, um das Fleisch von den Knochen abzubekommen. Organismen, die keine scharfen Zähne besitzen, haben eine geringere Chance, bis zum Fortpflanzungsalter zu überleben, wenn alle ihre »verwandten« Arten lange und spitze Zähne haben. Wenn die Nahrung knapp ist, werden Organismen, die das Fleisch nicht recht von den Knochen abbekommen, über einen langen Zeitraum in der Regel eher weniger werden im Vergleich zu den besseren Mitessern.

Überall wo Tiere sind, gibt es eine ökologische Nische für Fleischfresser, und eine der Regeln in der Welt der Biologie ist, dass sich immer, wenn genug Zeit zur Verfügung steht, Fleischfresser entwickeln werden. Darüber hinaus wird es im Allgemeinen weitere Spezialisierungen geben. Ameisenbären sind eine fleischfressende Art, aber sie sind dennoch an eine ganz andere Lebensweise angepasst als beispielsweise Löwen. Füchse, Hyänen und Seelöwen sind auch Fleischfresser, aber sie haben wieder ihre eigenen, einzigartigen Spezialisierungen.

Die Welt der Biologie hat in diesem Bereich Ähnlichkeiten mit der Welt der Wirtschaft. Bestimmte *ökonomische* Nischen sind infolge der Veränderungen in der Lebensweise der Menschen auf der ganzen Welt verbreitet. Vor 200 Jahren wusste niemand, was ein Tankwart ist. Mit dem Aufkommen der Autos taten sich eine ganze Reihe neuer ökonomischer Nischen auf. Heute können Sie nach Schweden reisen und auch dort Leute finden, die Benzin zapfen (oder zumindest Ihr Geld annehmen, nachdem Sie Ihr Benzin selbst gezapft haben). Die Wahrscheinlichkeit ist hoch, dass die Person, die die Tankstelle betreibt, helle Haut und helle Haare hat. Überall wo es Straßen gibt, gibt es eine ökonomische Nische für Menschen, die Tankstellen betreiben. Im hohen Norden von Kanada haben die Tankwarte in der

Regel dunkle Augen und eine weniger helle Haut als die in Schweden. Wenn Sie in Kenia zum Tanken anhalten, können Sie davon ausgehen, dass die Menschen, die die Nische des Tankwarts besetzen, schwarze Haut und noch weitere Merkmale haben, die sie von denen unterscheiden, die Sie in Mexico City treffen werden. Die ökonomische Nische existiert überall, wo Straßen zu finden sind, aber die Merkmale der Menschen, die sie besetzen, variieren.

Es ist nicht schwer jemanden zu finden, der die Tankstellennische besetzen kann. In weniger als einem Tag hat der Bedienstete die Grundlagen erlernt, wie beispielsweise das Öffnen und Schließen der Tankstelle, das Erledigen des nötigen Papierkrams, das Bedienen der Kasse und vielleicht sogar (Gott bewahre!) das Zapfen von Benzin. Am Ende dieses Tages würde er oder sie – vorausgesetzt die Person besitzt bestimmte wichtige Eigenschaften wie Ehrlichkeit und ein freundliches Lächeln – ein vollwertiger Tankstellenbediensteter sein. Tankstellenbedienstete, die unehrlich, ständig schlecht gelaunt oder beim Schließen schlampig sind, würden nicht lange angestellt bleiben. Doch wenn sie die grundlegenden Eigenschaften haben, können sie die Tankstelle so lange betreiben, wie die ökonomische Nische an diesem speziellen Ort besteht.

Nun zum eigentlichen Punkt: Die ökonomische Nische existiert auf der ganzen Erde, aber die körperliche Beschaffenheit der Menschen, die sie besetzen, ist durch die Geschichte der jeweiligen Region bedingt. Menschen mit sehr dunkler Haut betreiben Tankstellen in Kenia, weil Menschen mit diesem Merkmal dort seit Langem beheimatet sind. Darüber hinaus variiert die spezifische Art und Weise, wie die Nische ausgefüllt wird, mit der Kultur und Geschichte der Region. Vor Kurzem war ich in Japan, wo die Menschen, welche die Nische des Tankwarts besetzen, nicht nur ein wenig anders aussehen als ihre Kollegen in San Diego, sondern sie führen die Aufgabe auch ganz anders aus. In Japan wurden wir an der Tankstelle von zwei jungen Männern in makellos weißen Uniformen empfangen. Sie führten uns zu einer freien Zapfsäule und gaben uns irgendwie das Gefühl, wichtige Personen zu sein. Sie zapften uns Benzin, reinigten die Scheiben und überprüften Öl- und Wasserstand. Nachdem alles erledigt war, gingen sie vor uns zur Straße und gaben uns Zeichen, als die Straße frei war, damit wir uns wieder in den Verkehr einfädeln konnten. Das Ganze wurde noch abgerundet, als ich in den Rückspiegel schaute und sah, dass sie sich immer wieder verbeugten, wohl aus Dankbarkeit dafür, dass wir ihre Tankstelle gewählt hatten. Die ökonomische Nische existiert also nicht nur auf der ganzen Welt, und die Menschen, die diese Nische besetzen, haben nicht nur unterschiedliche körperliche Merkmale, sondern sie haben auch unterschiedliche Ansätze, die Nische erfolgreich auszufüllen. Ich vermute, dass eine Tankstelle, die in Japan versuchen würde, so zu arbeiten, wie man es in San Diego tut, nicht lange im Geschäft bleiben könnte.

Der Grund für diesen Exkurs zu den *ökonomischen* Nischen war natürlich, dass sie einen engen Bezug zu der biologischen Geschichte des Lebens auf der Erde haben. In Australien gibt es die gleichen *ökologischen* Nischen wie andernorts auf der Erde, aber die körperlichen Merkmale der Organismen, die die Nischen besetzen, sowie deren Verhaltensanpassungen spiegeln die Geschichte der Gegend wider. Man kann die Eigenschaften der heutigen Organismen anhand der Organismen, die dort existierten, als die ökologische Nische entstanden ist, auf klare und unmissverständliche Weise erklären. So wie der Bau von Autostraßen weltweit dazu führte, dass neue Nischen (Tankwart ist nur eine davon) von irgendwelchen Leuten, die gerade in der Region lebten, ausgefüllt wurden, und so wie die Nische Eigenheiten bekam, die der Region entsprechen, so entwickelten sich in der Welt der Biologie Organismen, die bestens geeignet waren, die ökologischen Nischen auszufüllen. Welche Organismen diese Nischen ausfüllten, hing auch hier davon ab, wer in der Anfangszeit da war.

5.8 Keine Säugetiere für die ökologischen Nischen in Neuseeland

Viele andere faszinierende Berichte zeigen, inwiefern die Merkmale der Arten, die eine Gegend bewohnen, von der Geschichte der

Gegend abhängen. Wir werden ein paar weitere Beispiele kurz betrachten, um die Allgemeingültigkeit dieser Beobachtung klar zu
machen. Im Gegensatz zu Australien gab es in Neuseeland bis zur
Ankunft des Menschen keine Säugetiere (natürlich mit Ausnahme
eigener Fledermausarten). Allerdings gab es Vögel. Eine Reihe dieser Vögel sind Mitglieder der Gruppe, die *Laufvögel* genannt werden,
von denen uns wahrscheinlich der Strauß und der Emu am geläu-
figsten sind. In Neuseeland gab es bis zur Ankunft des Menschen
im ersten Jahrtausend n. Chr. etwa 16 verschiedene Arten von Moas
– straußähnlichen Vögeln. Einige dieser Arten waren riesig, bis zu
drei Meter hoch, und wogen 70 Kilogramm. Alle starben bald nach
der Ankunft des Menschen aus, zweifellos als Folge übermäßiger
Bejagung. Es ist keine zufällige Fügung, dass es eine solche Vielfalt
von flugunfähigen Vögeln in einem Land gibt, das keine Säugetiere
hat. In der Tat mag der Grund für ihren Erfolg zum Teil darin liegen,
dass sie, bis dieses eine große Säugetier – der Mensch – ankam, nur
wenige natürliche Feinde hatten. Der andere Grund könnte durchaus
der sein, dass die ökologischen Nischen, die normalerweise von Säugetieren besetzt worden wären, frei und verfügbar waren – in diesem
Fall eben für die Vögel. Es ist bedauerlich, dass wir diese beeindruckenden Vögel nicht mehr sehen können, aber sie boten sicherlich
gute Mahlzeiten für die polynesischen Inselbewohner, die Neuseeland besuchten und irgendwann auch besiedelten. Heute existieren
lediglich noch Knochen von diesen Vögeln.

Eine Gruppe von Laufvögeln hat den Ansturm der Menschen in
Neuseeland jedoch überlebt. Noch heute gibt es drei verschiedene
Arten, die diese Gruppe – den Kiwi – repräsentieren.[10] Jede Art ist
eng mit den anderen verwandt und keine von ihnen ist irgendwo anders auf der Welt zu finden. Es ist interessant, dass dieser Vogel ein
säugetierähnliches Leben in einer Welt lebt, in der es keine Säugetiere gibt, die die ökologischen Nischen besetzen könnten. Die Federn
des Kiwis unterscheiden sich von denen der meisten Vögel; tatsächlich sehen sie struppig und fast pelzähnlich aus. Der Kiwi hat kei-

---

10 Siehe W. A. CALDER: »The Kiwi«. In: *Scientific American* 239 (1978), Heft 1. S. 102–110.

nen Schwanz (bei fliegenden Vögeln ist der Schwanz wichtig, um während des Fluges das Gleichgewicht zu halten), und seine Flügel sind kaum mehr als Stummel, die man nur zu sehen bekommt, wenn man in seinem pelzähnlichen Mantel aus feinen, flaumigen Federn nach ihnen sucht. Er hat kräftige Beine, die er zum Wühlen und zum Kämpfen gebraucht. Er ist ein aggressiver kleiner Vogel, ganz so wie ein streitlustiges Wiesel oder der amerikanische Nerz. Sein Hauptnahrungsmittel ist der Regenwurm, der in dem fruchtbaren und feuchten neuseeländischen Boden besonders häufig vorkommt. Er sieht fast wie ein kleiner Ameisenbär aus, wenn er auf der Suche nach Würmern den Boden durchwühlt. Dazu nutzt er seinen hoch entwickelten Geruchssinn – eigentlich ein Kennzeichen von Säugetieren und von Vögeln sonst nicht so bekannt. Genau wie Säugetiere, aber im Gegensatz zu Vögeln sonst, besitzt der weibliche Kiwi zwei funktionstüchtige Eierstöcke. In der Tat ähnelt dieser Vogel so sehr einem Säugetier, dass ein Biologe ihm halb im Scherz den Titel eines *Säugetiers ehrenhalber* verliehen hat.[11] Der springende Punkt ist, dass ökologische Nischen entstehen und dass bereits vorhandene Organismen sich im Laufe der Zeit genetisch verändern, was es ihnen ermöglicht, besser an das Leben in dieser Umgebung angepasst zu werden. Heute finden Biologen bei ihrer Untersuchung der Organismen die Kennzeichen, die auf die Geschichte der Gegend hinweisen. In dem Fall von Neuseeland gab es keine Säugetiere, aber es gab Vögel, und deshalb wurden manche Vögel zunehmend an ein säugetierähnliches Leben angepasst.

5.9 Die ökologische Nische für schnellfüßige Fleischfresser in Südamerika

Dass Vögel Nischen besetzen, die normalerweise von Säugetieren besetzt sind, geschah nicht nur in Neuseeland. Eine weitere Insel ist in diesem Zusammenhang besonders beachtenswert – eine Insel, die wir als einen Kontinent bezeichnen: Südamerika, das eine ereignis-

---

11 Ebd.

reiche geologische Geschichte vorzuweisen hat. Nach der Trennung von Afrika war es weiterhin mit Nordamerika verbunden, bis sich diese beiden Kontinente vor etwa 65 Millionen Jahren trennten. Und bis vor Kurzem blieben sie auch getrennt (zumindest nach geologischen Maßstäben). Vor etwa 2,5 Millionen Jahren bewirkte ein starkes Absinken des Meeresspiegels aufgrund der Bildung einer polaren Eiskappe in Verbindung mit einer Hebung der Landmasse dort, wo jetzt Panama und Nordkolumbien liegen, eine erneute Verbindung beider Kontinente. Die lange Zeit der Isolation führte zu einer charakteristischen Vielfalt von Säugetieren auf jedem der beiden Kontinente. Wie bereits erwähnt, scheint es, dass es in Südamerika zum Zeitpunkt der Trennung, wenn überhaupt, nur wenige Fleischfresser mit Plazenta gab. Deswegen wurde nach der Trennung die große ökologische Nische für Fleischfresser ursprünglich von zwei verschiedenen Tiergruppen besetzt – Beuteltieren und Vögeln. Wie in Australien entwickelten sich in Südamerika katzen- und wolfsähnliche Beuteltiere. Die wolfsähnlichen Tiere waren besonders bemerkenswert. Die Arten variierten in der Größe von der eines Stinktiers bis zu der Größe eines Bären. Es gab sogar ein großes Säbelzahnraubtier mit Beutel, ganz ähnlich seinem Pendant mit Plazenta, dem sogenannten Säbelzahntiger. (Letzterer zog in *Nord*amerika umher, vermutlich solange, bis er von den Menschen bis zur Ausrottung gejagt wurde.) All dies steht im Einklang mit dem, was wir von Australien gehört haben – ähnliche ökologische Nischen entwickeln sich in der ganzen Welt, und Organismen durchlaufen ähnliche Anpassungen an diese Nischen. Der größte limitierende Faktor ist, welche Organismen gerade an einem bestimmten Ort der Welt anwesend sind, wenn die ökologische Nische sich auftut.

Es gibt allerdings einen fundamentalen Unterschied zwischen den Beutelraubtieren Südamerikas (ebenso Australiens) und den Raubtieren mit Plazenta in der übrigen Welt. Die Beutelraubtiere hatten weder lange Beine noch hatten sie spezielle Skelettanpassungen, die mit hohen Laufgeschwindigkeiten in Verbindung stehen. Somit scheint es, dass die eigentliche Nische der Hochleistungsfleischfresser, die Hochgeschwindigkeitspflanzenfresser (wie beispielsweise Pferde) angreifen können, von einer völlig anderen Gruppe von Organismen besetzt wurde. Welche Lebewesen waren das? In Südamerika wurden viele fossile Exemplare einer großen Gruppe von Laufvögeln in Gesteinen gefunden, die zwischen 62 und 2,5 Millionen Jahre alt sind. Sie werden als Terrorvögel (oder auch Riesenkraniche) bezeichnet.[12] Manche Arten waren bis zu drei Meter groß und hatten einen Kopf, der fast einen Meter lang war, mit einem Rachen, der fast bis auf einen halben Meter Durchmesser geöffnet werden konnte. Sie hatten sehr kräftige Beine und riesige Füße mit scharfen Krallen. Es gibt gute Gründe anzunehmen, dass sie Geschwindigkeiten von 65 Kilometern pro Stunde erreichen konnten – schnell genug, um mit vielen der schnellsten Pflanzenfresser mithalten zu können. Es wird vermutet, dass sie bei der Jagd mit ihrem mächtigen Bein nach ihrem Opfer langten, um es aus dem Gleichgewicht zu bringen. Sobald dies geschehen war, wurde das erschreckte Tier mit dem gigantischen, kräftigen Schnabel und den Krallen in Stücke gerissen. Wie die Moas von Neuseeland hatten die Terrorvögel Südamerikas nur kleine Stummelflügel. Wahrscheinlich waren diese nützlich, um bei der Hochgeschwindigkeitsjagd das Gleichgewicht halten zu können.

So wurde also in Südamerika die Nische der großen, schnellen Fleischfresser von Vögeln und nicht von Säugetieren besetzt. Tatsächlich starben letztendlich die katzen- und hundeähnlichen Beuteltiere sogar aus, sehr wahrscheinlich wegen ihrer Unfähigkeit, mit den leistungsfähigen, schnellen Laufvögeln konkurrieren zu können. Allerdings existieren diese Vögel nun auch nicht mehr. Was mit ihnen geschah, ist Gegenstand der Spekulation, aber sicher ist, dass ihr Aussterben eng mit der Wiederherstellung der Landbrücke zwischen Nord- und Südamerika verbunden ist. In Gesteinen, die auf weniger als 2,5 Millionen Jahre datiert werden, findet man in Südamerika Fossilien von nordamerikanischen Fleischfressern. In älteren Gesteinen kommen diese nicht vor. Biologen glauben daher, dass die Gleichzeitigkeit des Verschwindens der Terrorvögel und des plötzlichen

---

12 Siehe L. G. MARSHALL: »The Terror Birds of South America«. In: *Scientific American* 270 (1994), Heft 2. S. 90–95.

Auftauchens der schnellfüßigen Raubtiere aus dem Norden kein Zufall ist. Sie denken, dass es einen Konkurrenzkampf zwischen den beiden Gruppen von Organismen (Terrorvögeln und schnellen Säugetieren, die ähnliche ökologische Nischen besetzen) gegeben haben könnte, bei dem die Säugetiere gewannen. Eine weitere Möglichkeit, die die vorhergehende aber nicht unbedingt ausschließt, ist, dass die Küken der Terrorvögel für die neu angekommenen Fleischfresser eine besonders leichte Beute waren. Eine dritte Möglichkeit schließlich ist, dass die Eier der Terrorvögel, die bis dahin auf dem Boden sicher waren, plötzlich Angriffen von neuen Organismen ausgesetzt waren, die aus dem Norden kommend nach Süden wanderten. Was auch immer die Ursache war, die Terrorvögel starben etwa zur gleichen Zeit aus, zu der die Landbrücke sich bildete, und die nordamerikanischen Fleischfresser übernahmen die Vorherrschaft auf dem südlichen Kontinent.

5.10 Wenn Reptilien die Hauptrolle spielen

Um die Analyse der engen Verbindung zwischen der geografischen Geschichte und der Geschichte der Arten zu vervollständigen, kehren wir noch einmal nach Australien zurück. Ich habe bereits das Fehlen von Säugetieren mit Plazenta in Australien angesprochen und geschildert, wie die Beuteltiere viele der ökologischen Nischen ausfüllten, die in anderen Gegenden der Welt von Plazentatieren besetzt sind. Tatsache ist aber auch, dass es nur eine begrenzte Anzahl von Beuteltieren in Australien gab, die die Rolle der großen Fleischfresser übernahm. Welches Tier wiederum ernährte sich von den größten Kängurus? Welches Tier besetzte den Thron auf dem Gipfel der australischen Nahrungskette? Die Antwort ist ebenso interessant wie überraschend. Bis vor einigen Zehntausend Jahren wurde die Spitze der australischen Nische für Fleischfresser weder von einem Säugetier noch von einem Vogel besetzt, sondern von einem Reptil – in diesem Fall einer riesigen Echse aus der Gattung der Warane. Die Echse, *Megalania*, war über fünf Meter lang und wog fast eine halbe Tonne. Sie hatte damit die Größe eines Kodiakbären.[13] Da wir nur Fossilien haben, wissen wir wenig über sie, aber ihr monströser Kiefer und die scharfen, gebogenen Zähne machten sie sicherlich zu einem schrecklichen Gegner. Die Vorstellung von einem langsamen, schwerfälligen, kaltblütigen Reptil am Ende der Nahrungskette mag uns zunächst überraschen, aber wir müssen uns nur klar machen, dass (vor der gegenwärtigen Ära der Säugetiere) lange Zeit Reptilien, in Form von Dinosauriern, tatsächlich die dominierenden Lebewesen auf der ganzen Erde waren. Daher sollte es uns nicht verwundern, wenn, aufgrund des Fehlens eines kräftigen fleischfressenden Säugetiers, sich eben ein Reptil entwickelt hat, das diese Lebensweise übernahm.

Der Gedanke von riesigen Reptilien in der ökologischen Nische für Fleischfresser bekommt besondere Relevanz dadurch, dass es ein Lebewesen gibt, von dem wir mehr als nur Fossilien haben: den immer noch existierenden Komodowaran oder Komododrachen.[14] Wieder einmal ist es bemerkenswert, dass dieser ungewöhnliche Organismus sich in einer Inselumgebung entwickelt hat, in der es keine schnellfüßigen, fleischfressenden Säugetiere gab, nämlich auf Inseln vor der Küste Neuguineas. Der Komodowaran, eine Art aufgeblasene Version eines Zwergwarans, kann eine Länge von drei Metern erreichen und wiegt mit bis zu 80 kg so viel wie eine junge Löwin. Da Komodowarane nicht besonders schnell sind (bis zu 18 Kilometern pro Stunde auf kurzen Strecken), legen sie sich auf die Lauer, bis beispielsweise ein Hirsch, ihr bevorzugtes Beutetier, in Reichweite kommt. Dann zerren sie an dem Fleisch des Hirsches. Selbst wenn der Hirsch fliehen kann, was nicht selten vorkommt, so wurde er aber wahrscheinlich mit besonders toxischen Bakterien infiziert, die die Mundhöhle der Komodowarane besiedeln. Dadurch wird entweder der Angreifer selbst oder einer seiner »Verwandten« zu einer späteren Zeit ein Festmahl halten können, denn die Komodowarane selbst sind gegen die bakterielle Infektion, die den Hirsch tötet, immun.

---

13 Siehe C. CIOFI: »The Komodo Dragon«. In: *Scientific American* 280 (1999), Heft 3. S. 84–91.
14 Ebd.

Wieder einmal hat sich die gleiche Thematik abgespielt. Wenn eine bestimmte ökologische Nische noch nicht von Organismen besetzt ist, so wird sich die Nische füllen, und zwar auf eine Art und Weise, die von der geografischen und biologischen Geschichte bestimmt ist. Welche Organismen die Nische füllen, ist weitgehend eine Frage der Kontingenz – also abhängig von dem Spektrum von Organismen, das zu der Zeit gerade dort existiert.

5.11 Schlussfolgerung

Der Zweck dieser Darstellung war es, zu zeigen, dass die biologischen Arten in der Geschichte des Lebens tatsächlich kommen und gehen – und dass unsere Theologie daher nicht auf einem Gottesbild basieren sollte, das dies kategorisch ausschließt. Wir sollten uns hüten, Gott in unserer Vorstellung zu einer Art Chefingenieur zu machen – dem großen Tüftler im Himmel, der die eine Milliarde Arten (oder wie viel auch immer) gemacht hat, welche die Erde bisher bewohnten, weil es eben ein Hobby von ihm ist. Die Bibel gibt uns keinen Anlass, eine solche Gottesvorstellung zu entwickeln. Auch wenn sie einige besondere Dinge über die Erschaffung des Menschen zu sagen hat, so sehen wir bei sorgfältigem Lesen der Bibel, dass sie bezüglich der Entstehung von Leben davon spricht, dass sich dies schlicht als eine Antwort bzw. Reaktion auf den Befehl Gottes ereignete. Die Vorstellung von Gott als Ingenieur bzw. Designer der Arten, der eine Art nach der anderen schuf, entspringt deshalb unserem eigenen Geist und nicht Gottes heiligem Wort. Das Leben erschien auf Gottes Befehl, und der Vorbeimarsch der verschiedensten Lebensformen geschah immer unter seiner Aufsicht. Sowohl die Bibel als auch die Biologie stehen mit dieser Vorstellung des Lebens völlig im Einklang.

Kapitel 6

Abstammung nachverfolgen mit Genen

DER VORANGEGANGENE TEIL DES BUCHES betonte die Tatsache, dass die Bibel nicht viele Details über den Mechanismus der Schöpfung verrät. Das erste Kapitel der Bibel spricht von Gottes Befehl: »Es soll das Wasser vom Gewimmel lebender Wesen wimmeln, und Vögel sollen über der Erde fliegen unter der Wölbung des Himmels!« (1 Mose 1,20), und das Johannesevangelium spricht vom Wort Gottes, durch das »alles entstanden« ist (Joh 1,3). Wenn es jedoch um die Details geht, verlassen wir das Reich der biblischen *Verkündigung* und betreten das Reich der *Interpretation*. Wo Details genannt *sind* (z. B. Auskunft über sechs Schöpfungstage): Handelt es sich dort um symbolische Sprache oder nicht?

Augustinus, einer der großen Kirchenväter und Lehrer der Christenheit, hinterließ uns einige ermahnende Worte zur Auslegung der Heiligen Schrift. Und wir sind gut beraten, sie zu beachten:

> Wir lesen in der Heiligen Schrift von so manchen dunklen, unseren Augen allzuweit entfernten Dingen, über die wir auch in dem gesunden Glauben, in den wir eingeweiht sind, verschiedene Meinungen haben dürfen. Aber in keine von ihnen sollen wir uns kopfüber so hineinstürzen, daß wir gleich am Sinn der göttlichen Schrift verzweifeln, sobald unsre Meinung vielleicht durch eine sorgfältige Untersuchung in Wahrheit umgestoßen wird. Unser ringendes Streben soll nicht dahin gehen, daß wir

wollen, die Schrift sei so verfaßt, wie es unsrer Meinung nach sein soll, sondern, daß wir unsre Meinung so uns bilden können, wie sie in der Schrift enthalten ist.[1]

Kommen wir vom vierten Jahrhundert in die Gegenwart und schauen uns an, was einer der einflussreichsten Evangelikalen des 20. Jahrhunderts und Vertreter der Irrtumslosigkeit der Bibel, J. I. Packer, zu sagen hat:

> Es sei daran erinnert [...], dass die Bibel gegeben wurde, um Gott zu offenbaren, nicht um naturwissenschaftliche Themen in naturwissenschaftlichen Begriffen anzusprechen. [...] Naturwissenschaftliche Theorien dürfen nicht vorschreiben, was die Bibel sagen darf und was nicht, obwohl außerbiblische Informationen manchmal helfen werden, Fehlinterpretationen der Bibel zu enthüllen.[2]

Sowohl Augustinus als auch Packer, die jeweils in ihrer Zeit für den Glauben hilfreiche Leute gewesen sind, mahnen zur Vorsicht bei Bibelstellen, die mehr als eine Interpretation zulassen und warnen vor übereilten Schlüssen. Beide sagen das Gleiche: Aufrichtige außerbiblische Suche nach der Wahrheit kann hilfreich sein, uns über unsere eigenen Fehlinterpretationen der Bibel zu informieren. Augustinus warnte davor, dass die Christenheit sich nicht in eine Lage bringen lassen soll, in der sie mit einer bestimmten Bibelinterpretation steht und fällt, die für den Glauben gar nicht grundlegend ist. In dem obigen Zitat fasste Packer die Position von rund 100 Gelehrten bei einer Konferenz über die biblische Irrtumslosigkeit im Jahr 1982 zusammen.[3] Er betonte, dass es nicht das Ziel der Bibel sei, sich

---

1 Augustinus: *Über den Wortlaut der Genesis*, Bd. 1, Buch 1, Kap. 18, Abschnitt 37, S. 31.

2 Packer: *God Has Spoken*, S. 167–168.

3 Das Zitat, das in dem Buch aus der vorigen Fußnote zu finden ist, stammt aus Packers Zusammenfassung von einem Treffen des »International Council on Biblical Inerrancy« (zu Deutsch etwa: Internationaler Rat für biblische Irrtumslosigkeit) im Jahr 1982, einem Treffen von rund 100 Gelehrten, deren Ziel es war, Einigkeit in biblischer Hermeneutik zu erzielen und praktische Methoden zur Bibelauslegung zu erarbeiten. Obwohl Packer die Erklärung entworfen hat (»Chicago-Erklärung zur biblischen Hermeneutik«), weist er darauf hin, dass diese Erklärung die breite Zustimmung nahezu aller Beteiligten besaß.

naturwissenschaftlichen Problemen zu widmen, und dass darüber hinaus außerbiblische Informationen zulässige Datenquellen seien, die uns helfen können, die Bedeutung bestimmter Bibelstellen zu erschließen.

Ein großer Teil der evangelikalen Christenheit nimmt heute den Standpunkt ein, dass entweder *Möglichkeit 1* (plötzliche Erschaffung jeder neuen Art aus dem Nichts)[4] oder *Möglichkeit 2* (plötzliche Erschaffung von neuen Urtypen aus dem Nichts, gefolgt von kleinen Veränderungen)[5] die besten Ansätze darstellen, den Schöpfungsbericht der Bibel zu interpretieren. Ein wichtiges Ziel dieses Buches ist, die Gründe darzulegen, warum der Standpunkt der sukzessiven Erschaffung *(Möglichkeit 3)* eine Alternative ist, die höchstwahrscheinlich den Tatsachen entspricht.

Zweifellos haben die Daten der Kernphysik, der Geologie und der Astrophysik so gut wie alle Personen mit Doktortiteln in diesen Disziplinen, sowohl Christen als auch Nichtchristen, zu dem Schluss geführt, dass die Erde sehr alt ist. Darüber hinaus hat der Fossilbefund nahezu alle Paläontologen zu dem Schluss geführt, dass im Laufe der Erdgeschichte sukzessive neue Lebensformen mit zunehmender Komplexität erschienen. Und letzten Endes stimmt auch die geografische Verteilung markanter Organismen mit der Auffassung überein, dass die Arten in bestimmten Gebieten durch sukzessive Veränderungen der Gründerarten entstanden. Obwohl eine Flut von wissenschaftlichen Daten *Möglichkeit 3* stark unterstützt, ist es für uns wichtig, weiter zu erforschen, was die Daten, die aus Gottes *Welt* kommen, darüber zu sagen haben, *wie* Gottes Wort und Gottes ständige Gegenwart die Lebewesen ins Dasein gebracht haben. Das Ziel dabei ist, dass wir noch verständnisvoller himmelwärts blicken können, während wir an der Seite der gesamten Schöpfung Gottes stehen und uns zur Anbetung an Abba, den Vater, die Quelle unseres Daseins, wenden.

---

4 Vgl. Henry Morris: *History of Modern Creationism.* San Diego, CA (USA): Master Book Publishers, 1984.

5 Vgl. Johnson: *The Wedge of Truth* und Wells: *Icons of Evolution.*

6.1 Die Sprache der Gene und was sie uns über die Schöpfungsmethode Gottes zeigt

Ein Satz von Genen dient als Bauanleitung Wenn wir in der Lage sein wollen, auch nur in groben Zügen zu verstehen, wie Gott das Leben erschaffen hat, dann müssen wir etwas über Gene wissen. Gene enthalten die Instruktionen dafür, wie ein Lebewesen anzufertigen ist, und indem wir sie studieren, lesen wir im Grunde im Handbuch des Lebens. Da Gott letztlich der Autor dieser Anleitung ist, ist es ein unglaubliches Privileg, ihre Sprache verstehen zu können, sie in die Hand nehmen und lesen zu können und zu sehen, was sie uns darüber lehrt, wie Gott entschieden hat, Lebewesen entstehen zu lassen.

Alle Organismen, von den einfachsten Bakterien (die so klein sind, dass man sie selbst unter einem Lichtmikroskop nicht sehen kann) bis zu den majestätischen Blauwalen, haben einen Satz Gene. Zusammengenommen bilden die Gene den Bauplan für die Konstruktion von Körpern. Gene bestimmen, wie die einzelnen Teile innerhalb einer Zelle organisiert werden; sie bewirken, dass einzelne Zellen sich zu Gewebe anordnen; sie liefern Anweisungen, die aus den Geweben Organe bilden lassen; und schließlich koordinieren ihre Anweisungen die Organe des Körpers, sodass diese als Einheit arbeiten können.

Die Anweisung, die jedes Gen trägt, ist die Information, wie ein bestimmtes Eiweißmolekül (oder ein Teil davon) zusammenzusetzen ist. Proteine, d. h. Eiweiße, sind die Arbeitstiere der Lebensvorgänge. Für jede Aufgabe, die das Lebendigsein mit sich bringt, ist mindestens ein Protein erforderlich, damit sie ausgeführt werden kann. Ein Beispiel dafür ist die Aufgabe, den Sauerstoff, den wir einatmen, in die Gewebe unseres Körpers zu transportieren. Ein bestimmtes Protein, Hämoglobin, bindet in der Lunge vier Sauerstoffmoleküle, transportiert sie dann durch das Blut zu einem bestimmten Gewebe, gibt sie frei und kehrt dann schnell wieder zur Lunge zurück, wo dieser Kreislauf erneut beginnt. Die Anweisungen dafür, wie Hämoglobin gebildet wird, findet man in zwei Genen. Diese Gene legen die genaue Form der Hämoglobinmoleküle und ihre exakten Eigenschaften fest, die sie dazu befähigen, Sauerstoff zu transportieren.

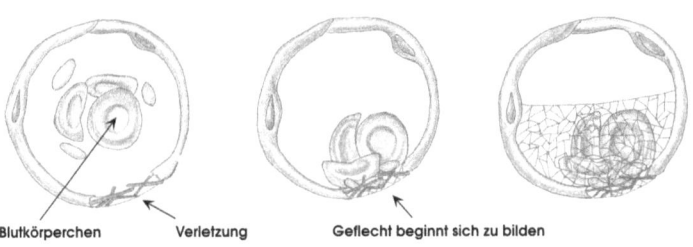

Abb. 6.1: Bestimmte Proteine besitzen Struktureigenschaften, die dazu
führen, dass sie an Schadstellen in den Blutgefäßen Geflechte
bilden.

Die Blutgerinnung ist eine weitere Aufgabe für Proteine. Wenn
Sie sich den Finger an einer Glasscherbe schneiden, fließt Blut aus
den beschädigten Gefäßen heraus. Wenn es keine Möglichkeit gäbe,
die beschädigten Gefäße abzudichten, könnten Sie verbluten. Glücklicherweise bildet sich – fast so schnell, wie die Verletzung auftritt
– ein Blutpfropf. Bestimmte Proteine patrouillieren in der Blutbahn
und suchen nach Beschädigungen. Wenn sie eine solche Stelle finden, stoppen sie, bilden ein komplexes Geflecht, das den verletzten
Bereich abdichtet, und verhindern damit ein weiteres Auslaufen von
Blut. Gene liefern die Anweisungen zur Herstellung dieser Blutge-
rinnungsproteine. Die Gene legen die exakte Form der Proteine fest
und gewährleisten damit, dass die Proteine genau die richtigen Eigenschaften besitzen, um sich an Schadstellen richtig zu einem Geflecht
vereinigen zu können (Abbildung 6.1).

Für jeden Lebensprozess existiert ein Protein oder auch eine Gruppe von Proteinen, die für die jeweilige Aufgabe verantwortlich sind,
und es sind die Gene, die den Körperzellen sagen, wie diese Proteine herzustellen sind. Menschen haben nach aktuellen Schätzungen
zwischen 20 000 und 23 000 proteincodierende Gene. Daher gibt es

eine Menge Proteine, was wiederum nicht überrascht, da es auch eine Menge Aufgaben im menschlichen Körper gibt.[6]

Der Schlüssel zu dem Verständnis, was ein Proteinmolekül macht, ist seine Form. Nehmen wir als Beispiel wieder das Hämoglobin. Warum kann es Sauerstoff transportieren? Ganz einfach: Es transportiert Sauerstoff, weil es vier kleine Hohlräume hat, von denen jeder eine Bindungsstelle besitzt, an der ein Sauerstoffmolekül gebunden werden kann. Jeder Hohlraum und seine Bindungsstelle müssen präzise geformt sein, damit nur Sauerstoff hineinpasst und gebunden wird. Schon geringfügige Deformationen des Hämoglobinproteins können dazu führen, dass die Bindungsstellen sich verändern und damit die Fähigkeit des Hämoglobins zerstören, Sauerstoff transportieren zu können (Abbildung 6.2).

In diesem Kapitel werde ich häufiger Vergleiche bemühen, um naturwissenschaftliche Konzepte mit aus dem Alltag bekannten Dingen oder Situationen zu veranschaulichen. Bei Proteinen fällt das nicht schwer. Sie haben besondere Formen, damit sie ihre Aufgaben erfüllen können – genauso wie die Dinge unseres täglichen Lebens. Ein tragbarer Autokindersitz, beispielsweise, ist so konzipiert, dass man mit ihm Babys transportieren kann. Seine allgemeine Form und die einzelnen Konturen sind so geschnitten, dass ein Baby perfekt hineinpasst. Ein Bücherregal ist für Bücher entworfen worden, und ein Bleistiftanspitzer hat einen Hohlraum, der so geformt ist, dass er einwandfrei einen Bleistift aufnehmen kann. Für jedes dieser Objekte hat jemand Pläne ausgearbeitet, und wenn diese Pläne genau befolgt werden, so liefern sie alle nötigen Informationen, um das Objekt konstruieren zu können. Auf die gleiche Weise liefern auch einzelne oder mehrere Gene die Pläne, wie ein bestimmtes Proteinmolekül herzustellen ist.

---

6 In einigen Fällen können zwei oder mehrere Gene daran beteiligt sein, Anweisungen bereitzustellen, wie ein einziges Eiweißmolekül herzustellen ist. Hämoglobin ist ein solches Beispiel. Zwei Gene, eines *Alpha* und das andere *Beta* genannt, sind notwendig, um unsere Hämoglobinmoleküle herzustellen.

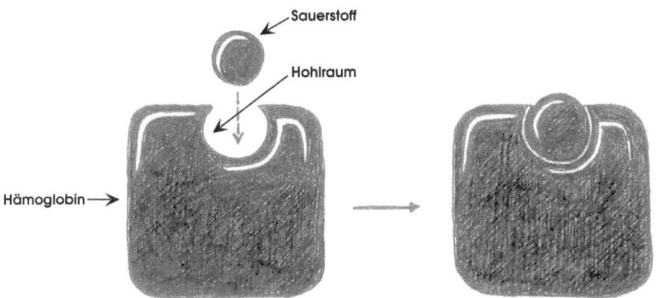

Idealisierte Darstellung eines Hämoglobinmoleküls

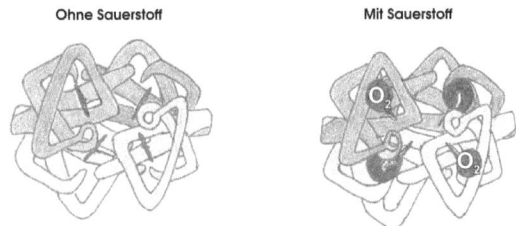

Präzisere Darstellung eines Hämoglobinmoleküls

Abb. 6.2: Jede Art Protein hat eine spezifische Form, die es dem Molekül ermöglicht, seine Funktion zu erfüllen. Im Falle des Hämoglobins besteht die Funktion darin, Sauerstoff zu binden.

Die Beschaffenheit der genetischen Information Wir kommen jetzt zu der Frage, wie die Anweisungen eines Gens zur Herstellung eines Proteins tatsächlich funktionieren. Die Pläne liegen codiert vor – mit einem Code, den die Zellen in unserem Körper verstehen. Lassen Sie uns zu Beginn über das Wesen einer (beliebigen) Botschaft nachdenken, unabhängig davon, ob man sie in einer Zelle oder auf einer gedruckten Seite findet. Als Beispiel werde ich jetzt einen Satz schreiben, der eine Nachricht übermittelt, die zu verstehen Sie in der Lage sind:

Legen Sie dieses Buch zur Seite, gehen Sie zum Gefrierschrank und machen Sie sich einen Erdbeereisbecher.

Dieser Satz enthält 18 verschiedene Buchstaben und besteht insgesamt aus 88 Buchstaben (Leerzeichen und Satzzeichen nicht mitgezählt). Die 18 verschiedenen Buchstaben sind so angeordnet, dass sie Ihnen eine Nachricht übermitteln, und Sie (und Ihr Appetit!) verstehen genau, was die Botschaft bedeutet. Die Gene ähneln einer solchen Nachricht. Anstelle dieser 18 Buchstaben sprechen Gene allerdings in einer Sprache, die nur vier Buchstaben hat. Die Buchstaben (in Genen werden sie *Basen* genannt) sind in Wirklichkeit vier verschiedene Moleküle, die aufgereiht sind wie Buchstaben in einem Satz. Die vier Moleküle heißen Adenin, Guanin, Cytosin und Thymin (abgekürzt A, G, C und T). Ich werde jetzt einen anderen Satz schreiben:

ATGGTGCACCTGACTCCTGAGGAGAAGTCTGCCGTT ACTGCC

Dieser Satz hat für Sie keine Bedeutung, aber für eine Zelle in Ihrem Körper bedeutet die Kette von Molekülen A, G, C und T, die in dieser bestimmten Reihenfolge zusammengebunden sind, durchaus etwas. Genauso wie Sie zum Kühlschrank gehen würden, um dem vorhergehenden Satz Folge zu leisten, würden Ihre Zellen auf diese Anweisungen reagieren, indem sie einen Teil des Hämoglobins herstellen. Gene enthalten einen Code. Der Code benutzt diese vier verschiedenen Moleküle, die nacheinander in einer bestimmten Reihenfolge aufgereiht werden. Diese Kette von Molekülen nennt man

DNA und die Zelle »liest« die Reihenfolge dieser Basen A, G, C und T ganz analog, wie Ihre Augen und Ihr Gehirn die Buchstaben auf dieser Buchseite erkennen und lesen.

Verschiedene Ausdrucksweisen für die gleiche genetische Botschaft Nun kommen wir zu einem sehr wichtigen Punkt. Es gibt mehrere Möglichkeiten, das Gleiche zu sagen. Zum Beispiel könnte der obige Satz mit leicht geändertem Wortlaut auch so geschrieben werden:

> *Legen Sie das Buch, das Sie gerade lesen, zur Seite, gehen Sie hinüber zum Gefrierschrank und bereiten Sie sich einen Becher Erdbeereis zu.*

Die Botschaft ist gleich, obwohl sie anders formuliert wurde.

Ich werde jetzt eine andere genetische Botschaft aufschreiben, die für die Zelle ebenfalls das Gleiche bedeutet wie die oben angegebene.[7]

> *ATGGTTCATTAACACCAGAAGAAAAAAGCGCGGGA ACGGCT*

Wenn diese Anweisungen von den Zellen in Ihrem Körper gelesen werden, stellen sie den gleichen Teil des Hämoglobinmoleküls her. Sie bedeuten für Ihre Zellen genau dasselbe. Sie würden den gleichen Teil des Proteins herstellen und ihn in genau der gleichen Weise zusammenbauen.

Vor einigen Jahren stießen meine Frau und ich auf ein gutes Sonderangebot für Fahrräder – in der Tat so gut, dass wir zwei identische Räder kauften, eines für meine Frau und eines für unsere Tochter. Die Fahrräder waren unmontiert. Ich lud also die Kartons ins Auto und blickte einem nicht so spannenden Nachmittag entgegen – mit einer Montageanleitung und dem Versuch, zwei Fahrräder zusammenzubauen. Als ich die Verpackungen öffnete, fand ich natürlich Schritt-für-Schritt-Anleitungen für den Zusammenbau der Räder in beiden

---

7 Die Unterschiede zwischen dieser Nachricht und der vorherigen sind fett gedruckt.

Kartons. Es hätte viele verschiedene Möglichkeiten gegeben, jemandem mitzuteilen, wie diese Räder zu montieren sind. Allerdings wird es Sie nicht überraschen zu erfahren, dass die beiden Anleitungen identisch waren. Der Wortlaut war exakt gleich, Wort für Wort. Die Schaubilder waren in beiden Anleitungsheften identisch und waren auf jeder Seite jeweils an der gleichen Stelle platziert. Die beiden Anleitungen hätten nicht identisch sein müssen, um ihren Zweck zu erfüllen. Der Grund, warum sie es dennoch waren, ist natürlich, dass sie von der gleichen Vorlage reproduziert wurden.

Kommen wir zurück zur Biologie. Wie bereits erwähnt, gibt es viele verschiedene Möglichkeiten, um die Anweisungen für die Herstellung des Hämoglobins im Blut auszudrücken. Und sie funktionieren alle gleich gut. Trotzdem sind die Anweisungen in jeder Körperzelle eines Schimpansen genau die gleichen Anweisungen, die der Schimpanse von seinen Eltern geerbt hat. Natürlich sind sie gleich. Da brauchen wir nicht lange zu überlegen: Sie sind die exakten Kopien der Anweisungen, die aus der Ei- und Samenzelle der Eltern an den Schimpansen weitergegeben wurden und so in jeder Körperzelle gelandet sind. Genauso wie die beiden Anleitungen zur Fahrradmontage identisch waren, weil sie von der gleichen Vorlage vervielfältigt wurden, so gelangte auch ein Duplikat der Anweisungen zur Hämoglobinherstellung von der Schimpansenmutter in ihre Eizelle und von dem Vater in seine Spermien. Die Anweisungen der Eltern waren natürlich selbst Duplikate – von den Großeltern und schon von deren Vorfahren.

Auch wenn es viele Möglichkeiten gibt, die Anweisungen für die Herstellung dieses Teils des Hämoglobinmoleküls auszudrücken, stehen die Chancen eigentlich gut, dass sie selbst in zwei verschiedenen, nicht direkt miteinander verwandten Schimpansen genau gleich sind. Obwohl es viele Möglichkeiten gibt, diese Anweisungen in »Worte« zu fassen, wird jeder quasi den gleichen »Text« haben, weil dieser gewissenhaft von den Originalplänen eines gemeinsamen Vorfahren kopiert wurde, Generation für Generation, Jahrhundert für Jahrhundert. Genauso wie bei den Anleitungen meiner beiden Fahrräder, haben auch zwei Schimpansen die gleichen Instruktionen, trotz der vielen anderen Möglichkeiten, wie die Gene das Gleiche sagen könnten.

Die fast völlige Übereinstimmung der Hämoglobingene in zwei verschiedenen Schimpansen zeigt uns, dass der Kopiermechanismus erstaunlich leistungsfähig sein muss. Offenbar kann über Tausende von Jahren fast ohne Fehler kopiert werden. Das stimmt tatsächlich, aber wie alle Kopiersysteme, ist auch dieses nicht perfekt, und gerade die kleinen Fehler bzw. Veränderungen sind ein hervorragendes Werkzeug, um Abstammungslinien nachzuvollziehen.

Schimpansen sind nicht die einzigen Organismen, die *zwei* Gene für die Herstellung von Hämoglobin besitzen. Orang-Utans beispielsweise haben dafür auch zwei Gene. Da die Abstammungslinien aller Orang-Utans auf eine kleine Anzahl von Vorfahren zurückzuführen sind, haben sie daher alle auch ähnliche Gene zur Hämoglobinherstellung. Obwohl es viele, viele Möglichkeiten gäbe, diese Anweisungen in Worte zu fassen, ist die Wortwahl bei allen Orang-Utans auf der Erde fast genau die gleiche. Auch die Gorillas, die meine Frau und ich gerne im Wildtierpark von San Diego beobachten, weisen die gleiche Wortwahl in ihren Hämoglobingenen auf wie ihre Verwandten im Dschungel von Afrika. Der Grund dafür ist, dass ihre Ahnenreihe bis zu einer gemeinsamen Gruppe von Eltern zurückverfolgt werden kann. Innerhalb einer Art sind die genetischen Anweisungen immer nahezu identisch, auch wenn es viele verschiedene Möglichkeiten gibt, diese Instruktionen in Worte zu fassen.

Kopieren der genetischen Information: Treten Fehler auf? Der Grund für die nahezu identischen Anweisungen bei Gorillas, Orang-Utans und Schimpansen ist die Genauigkeit des Kopiermechanismus. Experimentelle Untersuchungen haben es Genetikern ermöglicht, die Zuverlässigkeit dieses Prozesses zu bestimmen, und obwohl klar ist, dass fast nie Fehler gemacht werden, treten sie gelegentlich eben doch auf.[8] Nehmen wir zur Veranschaulichung an, dass 25 000 Jah-

---

8 Im Detail zu erläutern, wie man die Kopierfehlerrate bestimmt, würde den Rahmen dieses Buches sprengen. Es soll hier reichen, darauf hinzuweisen, dass der Näherungs-

re vergangen sind, seitdem zwei Schimpansen aus verschiedenen Gegenden Afrikas einen gemeinsamen Vorfahren hatten. Nehmen wir weiterhin an, dass in diesen 25 000 Jahren jeder ihrer Vorfahren im Durchschnitt etwa 10 Jahre alt war, als die nächste Generation gezeugt wurde. Dies bedeutet, dass das Gen etwa 2 500-mal kopiert wurde, ausgehend von dem gemeinsamen Vorfahren der beiden Schimpansen in der fernen Vergangenheit. Der Kopiermechanismus ist so genau, dass nach den 2 500 Vervielfältigungen in den 25 000 Jahren am Ende nur ungefähr ein Fehler auf jeweils 4 000 Buchstaben des genetischen Codes vorkommt. Dies ist eine erstaunlich zuverlässige »Kopiermaschine«, aber die Tatsache, dass über sehr lange Zeiträume eben doch Veränderungen auftreten, ist sehr bedeutungsvoll für alle, die mehr über den Zeitrahmen von Gottes Schöpfung wissen möchten.

Die Fehler deuten auf eine gemeinsame Abstammung auch von verschiedenen Arten hin Der Grund, dass alle Schimpansen ähnlich aussehen, ist, dass sie eine gemeinsame Abstammung haben. Wenn wir in der Zeit weit genug zurückgehen könnten, würden wir auf eine Horde von Affen stoßen, von der alle Schimpansen abstammen. Wenn Gene benutzt werden können, um Abstammung zu verfolgen, dann stellt sich jetzt die wichtigste Frage: Deuten sie auf Abstammungslinien hin, die über die Artgrenzen hinausgehen? Die meisten Biologen denken, dass – ebenso wie alle Schimpansen aufgrund gemeinsamer Vorfahren einander ähnlich sind – der Grund für die Ähnlichkeiten von Schimpansen und Gorillas der ist, dass sie eine gemeinsame Reihe von Vorfahren haben. Der einzige Unterschied ist, dass die gemeinsamen Vorfahren vor noch längerer Zeit lebten. Wenn das stimmt, so heißt das, dass die Gene der Schimpansen und die Gene der Gorillas seit jener Zeit, als ihre gemeinsamen Vorfahren lebten, viele, viele Male in den dann getrennten Abstammungslinien kopiert und jeweils an die nächste Generation weitergegeben wurden. Tatsächlich

---

wert für die Rate mit sehr hoher statistischer Zuverlässigkeit bekannt ist (siehe M. W. NACHMAN / S. L. CROWELL: »Estimate of the Mutation Rate per Nucleotide in Humans«. In: *Genetics* 156 [2000], Heft 1. S. 297–304).

schätzen Biologen, dass die Gene seit den Tagen ihrer gemeinsamen Urahnen inzwischen über eine Million Mal kopiert wurden. Und nun kommen wir zu dem erstaunlichsten Teil unserer Geschichte. Es gibt viele Möglichkeiten, die Anweisungen zur Herstellung des Hämoglobins in Worte zu fassen, aber Schimpansen und Gorillas fassen die Anweisungen immer noch in nahezu gleiche Worte. Wie ist es bei Organismen, die zwar eindeutig verwandt sind, aber deren gemeinsamer Vorfahre vor noch längerer Zeit lebte – beispielsweise Schimpansen und Makaken? In diesem Fall sind die Anweisungen in den Genen wiederum *fast* identisch, aber es gibt zusätzliche Unterschiede. Die Anweisungen sagen genau das Gleiche, aber der Wortlaut der Anweisungen hat sich ein wenig geändert.

Der entscheidende Punkt ist: Der Wortlaut für die Anweisungen ist *nicht* genau gleich; es *hat* im Laufe der Jahre einige Veränderungen gegeben – genauso wie man es erwarten würde, wenn während der vielen Kopiervorgänge hin und wieder Fehler auftreten. Ebenso wie meine zwei Fahrradmontageanleitungen aus den gleichen Worten und Bildern bestehen, weil sie von derselben Vorlage vervielfältigt wurden, sind auch die Gene der Schimpansen und Makaken fast gleich und deuten damit auf eine gemeinsame Vorfahrenart hin. Es gibt jedoch einen wichtigen Unterschied zwischen der Fahrradanalogie und den Genen der Affen. Die Hämoglobinbauanleitungen von den Schimpansen und den Makaken sind sich nur ähnlich, sie sind nicht identisch.

Lassen Sie uns den Vergleich mit den Montageanleitungen für die Fahrräder noch einmal unter diesem Gesichtspunkt betrachten. Stellen Sie sich vor, in der Anleitung für das erste Fahrrad würde es heißen: »Die Mutter *A* ist auf Schraube *A* zu schrauben«, aber in der Anleitung, die dem zweiten Fahrrad beilag, würde das Wort »die« fehlen: »Mutter *A* ist auf Schraube *A* zu schrauben«. Im Übrigen sind die Anleitungen identisch, nicht nur Wort für Wort, sondern auch Bild für Bild, wobei alles auf jeder Seite exakt gleich positioniert ist. Wenn sich das so verhalten würde, dann würde sicher niemand bezweifeln, dass die beiden Anleitungen auf eine gemeinsame Vorlage zurückgehen. Ohne Frage würden alle zustimmen, dass wohl zunächst eine Montageanleitung entworfen wurde, die im weiteren Überarbeitungsprozess noch eine geringfügige Änderung erhielt. Auf diese Weise hätte ich dann zwei leicht unterschiedliche Versionen der ursprünglichen Anleitung erhalten.

Es ist nun viele Jahre her, dass ich die Fahrräder gekauft habe, und sie sind jetzt beide alt und heruntergekommen. Ich sollte sie wirklich ersetzen. Nehmen wir an, dass ich zu demselben Geschäft zurückgehe und feststelle, dass die gleichen Fahrräder offensichtlich immer noch hergestellt werden. Weil uns die Räder so gut gefallen haben, beschließe ich, wieder das gleiche Modell zu kaufen. Nach all diesen Jahren stelle ich nicht eine einzige Änderung an diesen Fahrrädern fest. Deshalb kaufe ich eins, bringe es nach Hause und beginne wieder, es zusammenzubauen, genauso wie ich es an jenem Samstagnachmittag vor vielen Jahren bereits tat. Und da ich überzeugt bin, die alte Montageanleitung immer noch irgendwo zu haben, beschließe ich, sie mit der neuen zu vergleichen. Wenig überrascht stelle ich fest, dass die Anleitungen praktisch noch die gleichen sind. Aber es gibt doch ein paar Änderungen. Zehn Zeilen nach der Anweisung über das Schrauben von Mutter *A* auf Schraube *A*, wo früher stand: »Legen Sie die Kette über den Zahnkranz«, heißt es nun: »Legen Sie die Kette auf den Zahnkranz«. Die alte Version der Anleitung verwendet das Wort »über«, während die neue Version das Wort »auf« benutzt. Und tatsächlich, beim weiteren Vergleich der Pläne entdecke ich einige weitere Veränderungen, die aber alle ähnlich belanglos sind. Das Fahrrad ist immer noch genau das gleiche; der einzige Unterschied ist, dass sich die Montageanleitungen leicht verändert haben, aber nicht so, dass es Auswirkungen auf den Zusammenbau der Räder hätte.

Genauso verhält es sich auch mit den Genen. Wie eine Fahrradmontageanleitung leicht modifiziert werden kann und dennoch dasselbe aussagt, kann auch eine genetische Botschaft leicht verändert werden und trotzdem die gleichen Informationen darüber liefern, wie ein bestimmtes Protein herzustellen ist. Das Protein kann identisch sein, aber die leicht veränderte Herstellungsanleitung, die die Zelle enthält, deutet auf eine ursprüngliche Fassung hin, die im Laufe der Zeit immer mal geringfügig verändert wurde.[9]

Ich möchte sichergehen, dass Sie die Konsequenzen der Tatsache verstehen, dass zwei Gene in zwei verschiedenen Spezies die gleiche Sache auf leicht unterschiedliche Weise ausdrücken. Es gibt viele verschiedene Wörter für das Objekt, das Sie gerade in Händen halten und aus dem Sie lesen. Sie nennen dieses Objekt *Buch*. Leute in Ihrem Land nennen es seit Hunderten von Jahren schon so, und Sie haben diese Tradition einfach übernommen. In Frankreich hingegen wird ein anderer Begriff für das gleiche Objekt von einer Generation an die nächste weitergegeben. In Frankreich nennt man es *livre*, und in Spanien nennt man es *libro*. Für jedes dieser Wörter lässt sich die Herkunft über Jahrhunderte zurückverfolgen. Es gibt mehr als einen Begriff für das gleiche Objekt, und die Bezeichnung *Buch*, die Sie verwenden, spiegelt Ihre persönliche Geschichte wider. Genauso verhält es sich mit den Genen. Wegen der Mehrdeutigkeit im genetischen Code (verschiedene Möglichkeiten, dasselbe zu sagen), gibt es Tausende verschiedene Möglichkeiten, jedes Ihrer Proteine zu beschreiben.

Sie werden die große Ähnlichkeit der Worte, die das Französische und Spanische für *Buch* verwenden, bemerkt haben: *livre* und *libro*. Man mag auch denken, dass es kein Zufall sein wird, wenn zwei benachbarte Länder das gleiche Objekt mit ähnlichen Vokabeln belegen. Eine beliebige Kombination der 26 Buchstaben des Alphabets wäre zur Bezeichnung dieses Objekts natürlich genauso gut geeignet gewesen. Wenn jemand in Frankreich vor langer Zeit entschieden hätte, eine Sprache von Grund auf neu zu ersinnen, und wenn jemand in Spanien unabhängig davon das gleiche getan hätte, dann

---

9 Sie mögen sich fragen, ob ich damit sagen will, dass der Kopiermechanismus nur solche Fehler macht, die dazu führen, dass die gleiche Sache auf unterschiedliche Weise ausgedrückt wird. Die Antwort lautet Nein. Fehler, die durch den Kopiermechanismus erzeugt werden, sind ziemlich zufällig, und das heißt, dass sie die Bedeutung der Information zweifellos von Zeit zu Zeit ändern. In der Regel sind solche Veränderungen aber für die Gesundheit des Organismus so schädlich, dass sie im Endeffekt kaum an nachfolgende Generationen weitergegeben werden. Deshalb erhalten sich über die Vererbung hauptsächlich solche Veränderungen, die den Informationsinhalt nicht berühren.

wären die Vokabeln, die diese beiden für *Buch* gewählt hätten, sicher verschieden voneinander gewesen. Die Tatsache, dass die Buchstabenfolgen, die diese beiden Worte bilden, sehr ähnlich sind, weist auf eine gemeinsame Herkunft der beiden Wörter hin. Genauso verhält es sich mit der »Sprache der Gene«. Wenn Schimpansen und Gorillas tatsächlich einen gemeinsamen Vorfahren haben, dann kann man vorhersagen, dass in beiden Spezies ein Gen, welches ein bestimmtes Protein codiert, nahezu die gleiche »genetische Sprache« benutzen wird, aber beide Gene höchstwahrscheinlich nicht völlig identisch sein werden. Genauso wie *livre* und *libro* für uns heute eine unauslöschliche Spur einer gemeinsamen Vergangenheit der Sprachen sind, weisen auch die Gene der Schimpansen und anderer Affen Spuren einer gemeinsamen Vergangenheit auf.

Auch wenn sich unser Beispiel auf die Gene mit den Anweisungen zur Hämoglobinherstellung konzentriert hat, besitzen Organismen doch Tausende von Genen, und jedes zeigt das gleiche Phänomen. Wenn zwei Arten eng miteinander verwandt sind, benutzt jedes der Gene fast genau die gleiche »Sprache« um dieselbe Sache auszudrücken. Wenn andererseits die Arten nur weiter entfernt miteinander verwandt sind (zum Beispiel Schimpansen und Makaken im Gegensatz zu Gorillas und Schimpansen), dann finden sich bei den Genen, die bei beiden Arten dasselbe codieren, größere »Sprachunterschiede«. Auf dieses Phänomen stößt man immer wieder bei Tausenden von Genen in allen untersuchten Arten.

Erinnern wir uns an *Möglichkeit 1* – die plötzliche Erschaffung jeder neuen Art aus dem Nichts. Wenn das tatsächlich Gottes Schöpfungsmethode gewesen wäre, dann stünden wir jetzt vor einem interessanten Dilemma. Wenn Gottes Anweisungen alle dasselbe sagen, warum ist dann der Wortlaut bei eng verwandten Arten nahezu identisch, ein wenig anders bei Arten, die nicht so eng miteinander verwandt sind, und sehr unterschiedlich bei Arten, die noch entfernter verwandt sind? In jedem Fall wird doch das Gleiche gesagt. Warum sollte Gott die Art, wie es gesagt wird, auf eine Weise ändern, die genau dem entspricht, was man bei der Untersuchung der Herkunft und der sukzessiven Veränderung der menschlichen Sprachen findet? Wörter sind sich ähnlich, weil sie einen gemeinsamen »Vorfahren« haben. Und so ist es auch mit den Genen.

6.2 Nachverfolgung auffälliger Gene über lange Zeiträume

Vor einigen Jahren waren meine Frau und ich auf einer Feier, bei der auch ein alter Freund anwesend war, den wir 35 Jahre lang so gut wie gar nicht gesehen hatten. Wir wussten, dass der Sohn dieses Freundes, der jetzt Mitte zwanzig sein musste, auch dabei sein würde. Dieser Sohn ähnelte dem Vater von vor 35 Jahren so sehr, dass wir ihn in der Menge entdeckten, lange bevor wir unseren grauhaarigen langjährigen Freund bemerkten. Der Sohn hatte die gleiche Nase und weitere Gesichtsmerkmale, die schon seinen Vater geprägt hatten, und seine Stimme klang genau wie die seines Vaters vor 35 Jahren. Die Abstammung des Sohnes vom Vater ist an charakteristischen Merkmalen erkennbar, und es musste einem nicht speziell gesagt werden, wessen Sohn dieser junge Mann war. Die auffälligen Merkmale verrieten es.

Wenn man Fotos von Familienfeiern genau betrachtet, ist es manchmal möglich, die Abstammungslinie von bestimmten unverkennbaren genetischen Merkmalen zu verfolgen. In der Tat kann es in einigen Fällen möglich sein, die Abstammung ein Jahrhundert oder weiter zurück zu verfolgen, wenn Porträtaufnahmen der Großeltern und Urgroßeltern (und vielleicht noch darüber hinaus) existieren und wenn auffällige Gesichtszüge vorhanden sind. Die Analyse der Gesichtszüge auf Fotografien ist jedoch ein etwas grobes Instrument, um die Abstammungslinie von Genen nachzuverfolgen. Die Ungenauigkeit ergibt sich aus der Tatsache, dass man versucht, Merkmale zu verfolgen, die das *Produkt* der Genaktivität sind und nicht die *Gene* selbst. Mit dem enormen Fortschritt der molekularen Genetik ist es jetzt möglich, viel genauere Methoden zu verwenden – wir können die Vererbung der Gene nun mit beeindruckender Präzision direkt analysieren. Diese Techniken ermöglichen es uns, die Abstammung über weit mehr als nur einige Dutzend Generationen zu verfolgen.

Durch die Nachverfolgung besonders auffälliger Gene über lange Zeiträume wird deutlich, dass die Stammbäume von jetzt zwei oder mehreren verschiedenen Arten sich auf einen gemeinsamen Vorfahren dieser Arten zurückführen lassen. Ich werde im Folgenden die Beschaffenheit dieser nachverfolgbaren Gene beschreiben.

Genduplikationen Ein durchschnittliches menschliches Chromosom hat etwa tausend Gene. Häufig ist ein bestimmtes Gen auf dem Chromosom nur einmal vertreten. Gelegentlich jedoch werden bestimmte Gene dupliziert, sodass zwei Kopien des gleichen Gens sich nebeneinander auf einem Chromosom befinden. Es wäre zu umständlich, hier die technischen Details solcher Duplikationen zu besprechen, aber es handelt sich um einen gut verstandenen Prozess, der *ungleiches Crossing-over* genannt wird. Wenn das geschieht, sind in der Regel beide Gene aktiv, da beide einen funktionsfähigen Satz von Anweisungen für die Herstellung eines bestimmten Proteins tragen.

Um das nächste genetische Konzept zu verdeutlichen, lassen Sie mich eine Analogie verwenden. Nehmen wir an, Sie seien Eltern von zwei wunderbaren Kindern, einem Jungen und einem Mädchen. Und wie es alle Eltern tun, erstellen Sie ein Fotoalbum der ersten Lebensjahre Ihrer Kinder. Sie kleben also alle Bilder in ein Album, aber aus Versehen kleben Sie auf eine Seite zwei Exemplare des gleichen Fotos (stellen Sie sich vor, es handelt sich um das Foto ihrer kleinen Tochter, wie sie die Finger in ihre erste Geburtstagstorte steckt). Nachdem sie Ihren Fehler bemerkt haben, beschließen Sie aber, dass ein leerer Platz in dem Album schlimmer aussehen würde, als zwei gleiche Fotos nebeneinander, sodass Sie die Verdopplung einfach so lassen. Wenn Ihre Kinder erwachsen sind, soll jedes Ihrer Kinder eine Kopie des Albums als Geschenk zur Schulabschlussprüfung bekommen. Deshalb gehen Sie zu einem guten Copyshop und lassen es kopieren. So erbt jedes Ihrer Kinder eine Kopie des Fotoalbums, einschließlich der Seite, auf der die zwei identischen Bilder nebeneinander sind. Stellen Sie sich vor, dass dies schließlich sogar zu einer Familientradition wird, sodass – auch wenn Sie selbst bereits gestorben sind – Enkel und Urenkel immer noch Kopien von diesem Fotoalbum bekommen, jedes mit dieser Verdopplung des ersten Kindergeburtstagsbildes, weil Sie darauf verzichtet haben, eines davon zu entfernen.

So wie aus Versehen zwei identische Fotos in ein Album geklebt werden können, kann ein vergleichbares Problem auch bei Genen auftreten. Beim Kopieren der Gene zur Weitergabe an die nächste Generation wird das Duplikat auch mitkopiert. In der Tat wird dann das zusätzliche Gen, ebenso wie in unserem Vergleich das doppelte Foto, von Generation zu Generation weitergegeben. Und damit kommen wir zum entscheidenden Punkt. Wenn es wirklich eine kontinuierliche Abstammungslinie von einer Spezies zur nächsten gibt, wie es der Denkansatz einer sukzessiven Schöpfung behauptet, dann werden diese seltenen Verdopplungsereignisse in der genealogischen Linie weitergereicht werden, sodass in der Folge nicht nur die Angehörigen einer Spezies die Verdopplung erben, sondern die Mitglieder der nahe verwandten Arten ebenso.

Die genetische Untersuchung von Organismen hat eine Vielzahl von Fällen dieser Art zutage gefördert. Als Beispiel werden wir eine gründlich dokumentierte Studie der Fliege Drosophila betrachten.[10] Es gibt eine Gruppe von verschiedenen Arten, die *Drosophila repleta* genannt werden. Auf ihre enge Verwandtschaft wurde bereits aufgrund einer Reihe von gemeinsamen Körpermerkmalen geschlossen. Fast alle Gene liegen bei diesen Arten in nur einer Kopie vor. Vor einigen Jahren entdeckten David Sullivan, Phil Batterham und weitere Forscher an der Syracuse University dann allerdings eine Spezies innerhalb der Repleta-Gruppe, die zwei Kopien des Gens mit den Anweisungen zur Herstellung des speziellen Eiweißes Alkoholdehydrogenase hat.[11] Im Laufe ihrer Untersuchungen fanden sie heraus,

---

10 Ich wähle gerne Drosophila für meine Beispiele, weil das mein wissenschaftlicher Hintergrund ist. Ich habe als Genetiker selbst über Drosophila geforscht und wähle dieses spezielle Beispiel, weil ein Großteil der Daten von Kollegen gewonnen wurde, die während meiner Jahre an der Syracuse University nur eine Etage über meinem Labor arbeiteten.

11 L. E. Mills u. a.: »Molecular Genetic Characterization of a Locus That Contains Duplicate *Adh* Genes in *Drosophila mojavensis* and Related Species«. In: *Genetics* 112 (1986), Heft 2. S. 295–310.

dass dies doppelte Gen ein Merkmal nur dieser eng verwandten Fliegen ist. Die anderen Arten, die sich auch körperlich von denen der
Repleta-Gruppe unterscheiden, haben nur das übliche einzelne Exemplar des Gens. Da Genduplikation ein seltenes Ereignis ist (genauso
wie ein doppeltes Foto in einem Album), und da diese spezielle Du-
plikation nur in einer Gruppe von eng verwandten Arten gefunden
wird, liegt damit auf der Hand, dass diese zusätzliche Kopie des Gens
zu einem bestimmten Zeitpunkt in der Abstammungsgeschichte zufällig auftrat.[12] Seitdem wurde die Verdopplung durch die gesamte
weitere Abstammungslinie vererbt, die sich in viele verschiedene Arten verzweigt hat, die alle von der einen Fliege abstammen, in der die
Verdopplung aufgetreten ist. Und sie alle tragen die Verdopplung
noch in ihren Chromosomen.

Für den Fall, dass Sie dies einfach als winzig kleine Veränderung
innerhalb des Urtyps der »Fliegen« einstufen möchten (das haben
wir weiter vorne als *Möglichkeit 2* bezeichnet), ist es mir wichtig darauf hinzuweisen, dass es sich hierbei jedoch um ein ganz allgemein
auftretendes Phänomen handelt. Auffällige Genverdopplungen findet man in den Abstammungslinien aller Lebewesen. Schimpansen
und Gorillas (Urtyp Menschenaffe) haben einige unverwechselbare
Genverdopplungen gemeinsam mit den Tieraffen, von denen die be-
merkenswertesten vielleicht die Gene mit den Anweisungen zur Herstellung des Sauerstoffträgers Hämoglobin betreffen. Insbesondere
findet man eine dieser Genverdopplungen, die eine Version des *Delta-
globin*-Gens betrifft, bei allen Tieraffen und Menschenaffen. Falls Sie
geneigt sind, alle Tieraffen mit den Menschenaffen zu einem einzigen
Urtyp zusammenzufassen, lesen Sie bitte weiter; die Geschichte von
auffälligen Genen greift noch viel tiefer.

Pseudogene Es ist aufschlussreich, das Prinzip der verdoppelten Gene noch ein wenig genauer zu untersuchen. Tatsache ist, dass zwei
identische Gene auf demselben Chromosom für das Leben eines Or-

---

12 Basierend auf der Analyse von in Bernstein konservierten Fliegen, geht man davon
aus, dass die Repleta-Gruppe ihren Ursprung als eigenständige Linie wahrscheinlich
vor etwa 10 Millionen Jahren hatte.

ganismus nicht notwendig sind. Das Duplikat ist überflüssig, und trotzdem wird es über die Vererbung von Generation zu Generation weitergegeben. Aufgrund der Redundanz kann das Duplikat allerdings Mutationen anhäufen, *ohne* dass dies Auswirkungen auf die Lebensfähigkeit des Organismus hat.[13] In der Regel sind Mutationen schädlich.[14] Sie bewirken, dass ein bestimmtes Protein sich anormal faltet, und da die Funktion dieses Proteins für das Leben notwendig ist, wird der Organismus sterben oder sich zumindest weniger erfolgreich vermehren. Das Ergebnis davon ist, dass defekte Gene aus der Population beseitigt werden. Wenn der Organismus jedoch ein Gen doppelt hat, dann können Mutationen in einem Exemplar davon ohne negative Auswirkungen auf die Überlebensfähigkeit toleriert werden. So wird das doppelte Gen von Generation zu Generation weitergegeben, wobei im Laufe der Zeit auftretende Mutationen großzügig toleriert werden. Mutierte doppelte Gene dieser Art nennt man *Pseudogene*.

Um sicherzugehen, dass dieses Konzept verständlich geworden ist, möchte ich auf die Analogie mit dem Fotoalbum zurückkommen. Erinnern Sie sich daran, dass Sie Ihr Album fotokopieren ließen und an jedes Ihrer Kinder eine Kopie als Geschenk zur Abschlussprüfung weitergaben. Nehmen wir an, dass eines Ihrer Kinder schließlich selbst eine Tochter hat, die also Ihre Enkelin ist. Darüber hinaus nehmen wir an, dass diese Enkelin gerne mit Buntstiften malt. Eines Tages gerät sie an das kostbare Fotoalbum und kritzelt auf eines der Bilder – genau auf das Bild des Mädchens, das seine Finger in seine erste Geburtstagstorte steckt, das Bild der eigenen Mutter. Wäre es irgendeines der anderen Bilder gewesen, wäre das Gekritzel sicher entfernt oder das Bild sogar ersetzt worden, weil diese Bilder für die Mutter einen hohen Wert haben. Allerdings ist dies bei dem einen

---

13 Mutationen ändern den »Text« eines DNA-Moleküls, was häufig zur Folge hat, dass das Gen ein leicht verändertes Produkt erzeugt. Für gewöhnlich reduzieren solche Änderungen die einwandfreie Funktionsfähigkeit des Genprodukts.

14 Obwohl sie meistens schädlich sind, ist dies jedoch keineswegs immer der Fall. In der Tat rufen Mutationen manchmal neuartige Eigenschaften hervor, die die Überlebenschancen des Organismus sogar verbessern.

Bild nicht so schlimm, weil es doppelt vorhanden ist und ein Foto noch in Ordnung ist. Die Folgen dieses schicksalhaften Tages werden jedoch noch lange bestehen bleiben, da alle Nachkommen Ihrer Tochter eine Kopie dieses Albums mit dem bekritzelten doppelten Bild bekommen werden. Sie erinnern sich sicher daran, dass Sie zwei Kinder haben, von denen jedes eine Kopie Ihres Fotoalbums erhielt. Die Nachkommen Ihres Sohnes werden das beschädigte Foto nicht bekommen – es sei denn, dass eines seiner Kinder oder Enkelkinder ebenso gerne mit Buntstiften hantiert und die Kopie des von der Familie hochgeachteten Fotoalbums in seine Hände bekommt. Doch selbst wenn das geschähe, so würde das Gekritzel sicher etwas anders aussehen und damit unverwechselbar eine andere Abstammungslinie begründen.

Pseudogene werden in der gleichen Weise wie gewöhnliche Gene von Generation zu Generation weitervererbt – genauso wie das beschädigte doppelte Foto. Dadurch kann ihr Stammbaum eindeutig nachvollzogen werden.[15] Es gibt viele Beispiele von Pseudogenen. Aber zur Veranschaulichung werden wir eines betrachten, das man in Ziegen findet und den entscheidenden Punkt für unsere Diskussion besonders prägnant zeigt. Das Pseudogen, das wir untersuchen wollen, ist ein mutierter Verwandter des Gens mit den Anweisungen zur Herstellung des Hämoglobinproteins. Hämoglobin ist, wie Sie sich erinnern werden, für den Sauerstofftransport erforderlich. In dem Pseudogen ist die Reihenfolge der codierenden Basen (A, G, C und T) ermittelt worden, sodass diese mit der des ursprünglichen, nicht mutierten Gens verglichen werden kann. Ebenso wie die Bewegung der Hand des Kindes anhand des Gekritzels auf dem doppelten Foto nachvollzogen werden kann, ist es möglich, die Mutationen zu identifizieren, die in dem Gen aufgetreten sind. Eine ist besonders bemerkenswert. Es handelt sich um eine Deletionsmutation, die zu

---

[15] Man könnte sich an dieser Stelle fragen, warum die Zelle das defekte Gen nicht einfach herausschneidet und entfernt. Der Grund ist der, dass es keinen Mechanismus im Inneren der Zellen gibt, um solche anormalen Gene zu erkennen. Allerdings gibt es auch keine Notwendigkeit dafür, weil solche Gene dem Organismus durch ihre Anwesenheit im Chromosom keine Probleme verursachen.

der Entfernung eines bestimmten Teils des Gens geführt hat. Diese Deletion, also Löschung, ist deswegen so bemerkenswert, weil auch Kühe ein Pseudogen für Hämoglobin mit exakt derselben Deletion besitzen.[16] Deletionen sind sehr seltene Ereignisse, und damit ist die Vorstellung, dass genau die gleiche Deletion unabhängig voneinander sowohl bei der Kuh als auch bei der Ziege aufgetreten sein könnte, nahezu undenkbar. Um in unserer Analogie zu bleiben, würde das bedeuten, dass zwei Kleinkinder unabhängig voneinander auf zwei Kopien des gleichen Fotos kritzelten und dass ihre beiden Kritzeleien selbst noch auf der mikroskopischen Ebene identisch wären. Ebenso wie die Fotos in den kopierten Familienalben in allen folgenden Generationen genau das gleiche Gekritzel haben werden, weil sie vom Fotokopierer exakt kopiert werden, so haben die Kuh und die Ziege genau die gleiche Deletion in ihrem nichtfunktionellen Pseudogen, weil sie ihre Kopien von einem gemeinsamen Vorfahren geerbt haben. Die Mutation trat zweifellos bei einem fernen Vorfahren auf, und dieses Pseudogen wurde mit seiner markanten Deletion über viele Generationen an die Nachkommen weitervererbt – Nachkommen, die sowohl Ziegen als auch Kühe umfassen, und wahrscheinlich werden weitere Untersuchungen zeigen, dass diese Mutation auch in anderen Huftieren vorhanden ist.

Wie sieht es bei anderen Gruppen von Organismen aus? Besitzen auch sie auffällige Pseudogene, die unverwechselbare Kennzeichen einer gemeinsamen Abstammung aufweisen? Lassen Sie uns dazu die DNA-Sequenz eines bestimmten Pseudogens in der Abstammungslinie der Primaten betrachten.[17] Die Basen A, G, C und T (die weiter vorne im Zusammenhang mit der Sprache der Gene besprochen wurden) liegen in der Sequenz in allen untersuchten Primaten in nahezu identischer Anordnung vor. Allerdings gibt es eine kleine Deletion

16 S. G. SHAPIRO / M. MOSHIRFAR: »Structure of the goat psi beta y beta-globin pseudogene. Analysis of goat pseudogene evolutionary patterns«. In: *Journal of Molecular Biology* 209 (1989), Heft 2. S. 181–189.

17 E. J. DEVOR u. a.: »Serine hydroxymethyltransferase pseudogene, SHMT-PS1: A unique genetic marker of the order primates«. In: *Journal of Experimental Zoology* 282 (1998). S. 150–156.

von elf Basen bei Schimpansen, Gorillas, Orang-Utans und Gibbons, d. h. elf Basen, die in der DNA-Sequenz bei diesen fehlen. In allen anderen untersuchten Primaten, von Makaken bis zu den Lemuren, existiert an dieser Stelle die Abfolge *CCACG[C oder T]GCTGA*. Die Biologen sind nahezu einhellig der Meinung, dass dieser Abschnitt bei einem einzigen gemeinsamen Vorfahren aller großen Menschenaffen und der Gibbons verloren ging.[18] Sie alle weisen nun die Deletion auf, weil sie diese von dem gemeinsamen Vorfahren geerbt haben. Andererseits gehörte das Lebewesen, bei dem die Deletion auftrat, nicht zu den Ahnen der Makaken, Lemuren, Klammeraffen etc., weswegen diese Affen diese auffällige Genveränderung nicht haben. Vertreter der *Möglichkeit 1* könnten nun die Vermutung äußern, dass Gott eine Deletion in der Linie der Menschenaffen vornahm, weil das Gen dadurch seinen Zweck bei den Menschenaffen vielleicht besser erfüllen könnte. Diesem Argument wäre tiefer auf den Grund zu gehen, wenn es sich um ein funktionstüchtiges Gen handeln würde. Das tut es jedoch nicht. Dieses Gen ist ein Überrest eines alten Genverdopplungsereignisses, das jetzt durch die Anhäufung von Schäden schwer beschädigt ist und nur wegen der gleichzeitigen Existenz eines funktionsfähigen Duplikats toleriert wird.

Zwei Beispiele für einzigartige Pseudogene haben wir soeben diskutiert. Beide treten innerhalb einzelner »Urtypen« auf (das erste Beispiel innerhalb des Urtyps der Huftiere, das zweite Beispiel innerhalb der Primatenlinie). Können solcherart auffällige Gene auch über die Urtypgrenze hinweg verfolgt werden? Dies ist eine äußerst wichtige Frage, da ihre Beantwortung eine Hilfe wäre, zwischen *Möglichkeit 2* und *Möglichkeit 3* zu entscheiden. Dieser Frage wollen wir uns daher jetzt zuwenden.

Retroposons Wie vorne besprochen, tragen Gene Anweisungen zur Herstellung der vielen Proteine in einer Zelle. Jedes Proteinmolekül faltet sich in einer Art und Weise, die es ihm ermöglicht, eine be-

---

18 Alternativ dazu wäre auch denkbar, dass in einem gemeinsamen Vorfahren der anderen Tieraffen eine einmalige elf Basen umfassende Insertion, also Hinzufügung, geschehen ist.

stimmte Funktion zu übernehmen, wie beispielsweise den Transport von Sauerstoffmolekülen. Vor einigen Jahrzehnten wurde entdeckt, dass die Anweisungen zur Herstellung eines Proteinmoleküls in der DNA von Abschnitten mit anscheinend sinnlosem Kauderwelsch unterbrochen sind. Erinnern wir uns an die Aufforderung: »*Legen Sie dieses Buch zur Seite, gehen Sie zum Gefrierschrank und machen Sie sich einen Erdbeereisbecher.*« Ich habe sie benutzt, um die Parallele zwischen der Sprache der Gene, die in den Zellen verwendet wird, und der menschlichen Kommunikation darzustellen. Die Analogie ist fast perfekt – aber eben nur fast. Im Gegensatz zur menschlichen Sprache werden die genetischen Botschaften häufig durch sinnloses Kauderwelsch unterbrochen. Genaugenommen müsste die Analogie zur Sprache der Gene in der menschlichen Anweisung daher wie folgt lauten:

Legen Sie dieses Buch zur Seite, abcdefgjruhgufiurjfujurikkffyrj riofhjkluvwxyz gehen Sie zum Gefrierschrank und machen Sie sich einen Erdbeereisbecher.

Ein Abschnitt mit nichtcodierendem Kauderwelsch, der innerhalb eines Gens auftritt, wird als *Intron* bezeichnet. Die Zelle ist in der Lage, Signale zu erkennen, die den Beginn und das Ende des Introns markieren. (In unserer Analogie sind diese hypothetischen Signale »*abcdefg*« und »*uvwxyz*«.) Wenn die Zelle die Signale für den Anfang und das Ende bemerkt, ignoriert sie alles nichtcodierende Kauderwelsch dazwischen.

Vor diesem Hintergrund könnte ein etwas genaueres Abbild der Anweisungen zur Herstellung des besprochenen Abschnitts vom Hämoglobinmolekül in einer menschlichen Zelle wie folgt aussehen. Die in diesem Beispiel mit Kleinbuchstaben angegebene Sequenz der Basen A, G, C und T wird von der Zelle als bedeutungsloses Kauderwelsch erkannt.

ATGGTGCACCTGACggacttgcatccTCCTGAGGAGAAGTC TGCCGTTACTGCC

Dies ist genau die gleiche Sequenz, die wir früher schon betrachtet haben, abgesehen von der Einfügung des nichtcodierenden Kauderwelschs. Fast alle Gene besitzen solche Introns, obwohl sie in der Regel ein wenig länger sind als dieses hypothetische Beispiel. Ein Signal am Anfang (»gg« in meinem Beispiel) teilt der Zelle mit, dass sie nun im Begriff ist, Kauderwelsch zu lesen, und ein weiteres Signal (»cc« in diesem Beispiel) teilt der Zelle mit, dass sie das Ende des Abschnitts mit Kauderwelsch erreicht hat.[19]

Da die Reihenfolge der Basen innerhalb eines Introns keinen Einfluss auf den eigentlichen Informationsgehalt des Gens hat, kann die Basenanordnung beliebig verändert werden, ohne die Botschaft zu verändern. Ich kann daher die Mitteilung, die Sie zuvor lasen, ändern in:

Legen Sie dieses Buch zur Seite, abcdefgzzzzzzzzzzzzzzzzzzzzzzzz zzzzzzzzzzuvwxyz gehen Sie zum Gefrierschrank und machen Sie sich einen Erdbeereisbecher.

Und Sie sind immer noch in der Lage, die Aufforderung ohne Probleme zu verstehen. Solange Sie die Start- und Schlusssignale für das Kauderwelsch kennen, werden Sie sicher bald vor der Gefrierschranktür stehen – falls Sie den Anweisungen überhaupt gehorchen möchten und Appetit haben. Der Text innerhalb des Kauderwelschabschnitts ist jedenfalls irrelevant.

Behalten Sie all dies im Hinterkopf, während ich Ihnen jetzt noch kurz eine zweite Hintergrundinformation geben möchte. Bei der Erörterung der Analogie zwischen genetischen Anweisungen und menschlichen Anweisungen haben wir gesehen, dass die Parallele nicht perfekt ist. Genetische Anweisungen enthalten Abschnitte mit

---

19 Die tatsächlichen Signale sind länger und komplexer als diese, und das Kauderwelsch dazwischen erstreckt sich oft über Hunderte oder Tausende der Basen. Die Beispiele hier wurden rein zur Veranschaulichung gewählt. Von dem nichtcodierenden Kauderwelsch, das gelegentlich auch »Junk-DNA« genannt wurde, vermuten einige Forscher, dass es zumindest teilweise auch Funktionen hat. Für die Argumentation bezüglich Pseudogenen, Retroposon- und Virusinsertionen in diesem Kapitel spielt dies allerdings keine Rolle. Siehe dazu DENNIS R. VENEMA: *ENCODE and »Junk DNA«*. URL: http://biologos.org/blog/encode-and-junk-dna-part-1 und http://biologos.org/blog/encode-and-junk-dna-part-2

Kauderwelsch, die Introns genannt werden. Aber die beiden unterscheiden sich auch noch in einem weiteren Punkt. Die DNA enthält »springendes Kauderwelsch«. Ein Beispiel dafür ist das, was Biologen *Retroposons* nennen. Dieses »springende Kauderwelsch« kann sich selbst in Gene einfügen, auch in Introns eines Gens. Ist es einmal eingefügt, so wird es von der »Maschinerie« der Zelle von Zellgeneration zu Zellgeneration zuverlässig kopiert und weitergegeben.

Betrachten wir das springende Kauderwelsch, »*tuttuttuttuttuttut*«, und nehmen wir an, es würde in das »Intron« unserer Botschaft eingefügt werden. Dann haben wir:

> *Legen Sie dieses Buch zur Seite, abcdefgzzzzzzzzzzzzzzztuttutt uttuttuttutzzzzzzzzzzzzzzzzzzzzuvwxyz gehen Sie zum Gefrierschrank und machen Sie sich einen Erdbeereisbecher.*

Sie und ich haben nach wie vor keine Schwierigkeit damit, diese Mitteilung zu verstehen, da wir das Signal »*abcdefg*« sehen, das uns sagt, dass wir nun zu Kauderwelsch kommen, und das Signal »*uvwxyz*«, das uns sagt, dass dieser Kauderwelschabschnitt hier zu Ende ist. Die Tatsache, dass »springendes Kauderwelsch« eingebaut ist, beeinträchtigt uns nicht weiter beim Lesen der Nachricht.

Das, was ich eben beschrieben habe, passiert genauso auch bei Genen. In die Sequenz, die wir zuvor betrachteten, mag gelegentlich ein Retroposon hineinspringen. Solange die Retroposons aber nur in ein Intron springen, kann die Nachricht immer noch ohne Probleme gelesen werden. Hier ein Beispiel:

> *ATGGTGCACCTGACggac***ccaaccaaccaaccaaccaa***ttgcatccT* > *CCTGAGGAGAAGTCTGCCGTTACTGCC*

Diese Sequenz kann immer noch problemlos von der Zelle gelesen werden, da die Einfügung des Retroposons (»ccaaccaaccaaccaaccaa«) innerhalb des Abschnitts geschah, von dem die Zelle durch die Start- und Schlusssignale weiß, dass er zu ignorieren ist.

Was hat das nun alles mit Gottes Schöpfungsmethode zu tun? Wenn ein Retroposon in ein Gen hineinspringt, wird das auf diese

Weise markierte Gen an die nächste Generation weitergegeben. Es gibt keinen Mechanismus, um Retroposons zu entfernen, nachdem sie einmal eingefügt worden sind. Sie werden über Jahrtausende hinweg zuverlässig von Generation zu Generation weitergegeben. Jedes Retroposon besitzt eine unverwechselbare Reihenfolge der Basen A, G, C und T. Deswegen können sie von Genetikern erkannt werden. In der Tat erhalten sie häufig Namen zur Identifizierung. Lassen Sie uns im Folgenden ein bestimmtes Retroposon betrachten, das unter dem Namen SINE CHR-1 bekannt ist. Es besteht aus 120 Basen (A, G, C und T), die in einer bestimmten Reihenfolge vorliegen.

Das Retroposon SINE CHR-1 findet man innerhalb eines bestimmten Introns eines speziellen Gens in einer Gruppe von verwandten Tierarten. Die Tatsache, dass man diesen Kauderwelschabschnitt in dem gleichen Gen an genau der gleichen Stelle – aber nur bei diesen verwandten Tierarten – findet, lässt die Genetiker quasi einstimmig darauf schließen, dass dieses Retroposon vor vielen Jahren in das Intron *eines* Organismus hineinsprang und seither in seiner neuen Position zuverlässig kopiert wurde. Welche Organismen haben denn nun SINE CHR-1 in dem gleichen Gen, in dem gleichen Intron und in der genau gleichen Position innerhalb dieses Introns? Basierend auf Fossilfunden nehmen Biologen schon seit Langem an, dass Wale am engsten mit Paarhufern wie dem Flusspferd verwandt sind. Diese Ansicht wurde durch einige Fossilienfunde in den 1990er Jahren besonders gestützt (siehe Kapitel 4). Kühe, Schafe, Hirsche und Giraffen sind auch Paarhufer. Es ist nun von sehr großer Bedeutung, dass alle Paarhufer – genau wie ihre Verwandten, die Wale und Delfine – das Retroposon SINE CHR-1 an der gleichen Position in dem bestimmten Intron innerhalb des speziellen Gens haben.[20] Entfernter verwandte Tiere, wie das Kamel und das Schwein, die keine Paarhufer sind, haben dieses Retroposon dort hingegen nicht.

Man kann nun nicht argumentieren, dass die Kühe, Wale und Delfine dieses Retroposon an dieser Stelle benötigen würden, und Schwei-

---

20 M. SHIMAMURA u. a.: »Molecular Evidence from Retroposons That Whales Form a Clade Within Even-Toed Ungulates«. In: *Nature* 388 (1997). S. 666–670.

ne und Kamele es eben nicht benötigen. Es handelt sich um Kauder-welsch, und es wurde in einen Kauderwelschabschnitt eines Gens, in ein Intron, eingefügt. Für praktisch alle Genetiker ist klar, dass das Retroposon SINE CHR-1 vor vielen Millionen von Jahren in das Intron eines Gens eines einzelnen Tieres sprang – eines Tieres, das auf der Abstammungslinie hin zu den Walen, Delfinen, Flusspferden und anderer Paarhufer lag. Kamele und Schweine hingegen haben eine andere Abstammung, daher ist bei ihnen das Retroposon nicht an dieser Stelle zu finden.

Es ist wichtig zu wissen, dass verwandte Tierarten generell viele Retroposons an genau den gleichen Positionen in den unterschied-lichsten Kauderwelschabschnitten vieler verschiedener Gene besit-zen; SINE CHR-1 ist nur ein kleines Beispiel. Je enger verwandt die Tiere, umso mehr identisch positionierte Retroposons teilen sie miteinan-der.

Erinnern wir uns an die drei diskutierten Schöpfungsmethoden Gottes. *Möglichkeit 2* besagt, dass Tiere eine gemeinsame Abstam-mung haben, aber immer nur in den Grenzen von Urtypen. Die Daten von den Retroposons und auch die Daten von der geogra-fischen Verteilung der Organismen (Kapitel 5) sowie die Existenz von Übergangsformen (Kapitel 4) sind mit *Möglichkeit 2* nicht verein-bar, stehen aber mit *Möglichkeit 3* völlig im Einklang. Da Retroposon-Kauderwelsch innerhalb des gleichen Introns (das selbst Kauder-welsch ist) in verschiedenen Arten von *verschiedenen Urtypen* an der gleichen Position gefunden wurde, steht für nahezu alle Genetiker fest: Der Grund ist, dass sie gemeinsame Vorfahren haben.

Viren So überzeugend die genannten Daten bereits sind, es gibt noch mehr – viel mehr. Betrachten wir Viren als weiteres Beispiel. Viren werden durch das Ablesen eines Satzes genetischer Anweisungen her-gestellt, ebenso wie die Bestandteile eines Tieres oder einer Pflanze durch das Ablesen von Genen hergestellt werden. Wenn ein Virus an eine Zelle andockt oder eindringt, injiziert es eine Kopie seiner Bauan-leitung »*Virenherstellung leicht gemacht – am Beispiel meiner selbst*« in die

Zelle. Die Zelle, in die das Virus seine Anweisungen eingeschleust hat, kann sie dann lesen und in der Folge Millionen von den winzigen Teilchen produzieren, die alle mit dem ursprünglichen Eindringling identisch sind. Manchmal wird eine inaktivierte Fassung der Instruktionen des Virus in die eigene Bauanleitung des infizierten Organismus eingefügt, das heißt, in eines seiner Chromosomen.[21] Wenn das passiert, bleibt sie für immer dort. Dies stellt für den Organismus kein Problem dar, sofern die Anweisungen sich in einen Bereich mit Kauderwelsch eingefügt haben – die ursprünglichen Anweisungen des Organismus können dann noch fehlerfrei gelesen werden. So würde es zum Beispiel auch in unserer Anweisung mit dem Erdbeereisbecher keine Probleme geben, wenn die Insertion, die Einfügung, innerhalb des markierten Kauderwelschabschnittes geschehen wäre:

Legen Sie dieses Buch zur Seite, abcdefgzzzzzzzzzzzzzzzz Virenherstellung leicht gemacht – am Beispiel meiner selbst zzzzzzz zzzzzzzzzzuvwxyz gehen Sie zum Gefrierschrank und machen Sie sich einen Erdbeereisbecher.

In diesem Fall erkennt die Zelle den Beginn des Kauderwelschs, »*abcdefg*«, und das Ende des Kauderwelschs, »*uvwxyz*«, und liest dann die Botschaft, als ob sie überhaupt nicht unterbrochen worden wäre. In anderen Fällen wird die inaktivierte Version der Virusanweisungen *zwischen* den genetischen Botschaften des Organismus eingefügt; in solchen Fällen ignoriert die Zelle sie einfach.

Von Bedeutung für unsere Diskussion ist der Fall, wenn inaktivierte Virusanweisungen in ein Chromosom einer Keimbahnzelle eingefügt werden. Da es keinen Mechanismus für die Entfernung der Insertion gibt, sitzt sie dort von Generation zu Generation und wird über Millionen von Jahren hinweg zuverlässig weitervererbt. Jeder eingefügte Satz von Virusinstruktionen, der im Genom gefunden wird, ist das Ergebnis eines einzelnen Ereignisses in einem einzelnen Individuum in ferner Vergangenheit.

---

21 Wie die Inaktivierung von viralen Instruktionen vonstattengeht, ist eine längere Geschichte, die für unsere Diskussion hier nicht relevant ist.

Wenn man nun herausfindet, bei welchen Organismen dieselben Virusanweisungen an den exakt gleichen Stellen im Erbgut eingefügt sind, so weiß man, dass diese einen gemeinsamen Vorfahren haben.[22]

Festgestellt wurde zum Beispiel, dass Menschen, Menschenaffen und alle anderen Altweltaffen eine Viruseinfügung aufweisen, die HERV-K(C4) genannt wird (ein *Humanes Endogenes Retrovirus*), die Neuweltaffen nicht haben. Das bedeutet, dass diese spezielle Viruseinfügung in einem Organismus auftrat, den wir Menschen, Menschenaffen und andere Altweltaffen als gemeinsamen Vorfahren haben. Andererseits findet man eine andere Viruseinfügung, HERV-K18, nur beim Menschen und den Menschenaffen und nicht bei den anderen Altweltaffen. Genetiker sind sich sicher, dass dies bedeutet, dass dieses Infektionsereignis später in der Abstammungslinie aufgetreten ist, bei einem Individuum, das zwar ein Vorfahre aller Menschen und Menschenaffen aber nicht der Tieraffen ist. Die erstgenannte Viruseinfügung, HERV-K(C4), trat früher auf, aber wiederum nicht so früh, dass sie noch alle Affen betroffen hätte. Diese Insertion geschah erst einige Zeit, nachdem sich Alt- und Neuweltaffen aus einer gemeinsamen Vorfahrenspezies herausgebildet hatten.

Ich habe hier nur zwei Beispiele an Beweisen bzw. Indizien für gemeinsame Abstammung genannt, die sich aus den viralen Insertionen ergeben. Es gibt noch viel mehr. Die Daten sind sehr umfangreich, und es gibt keine andere vernünftige Interpretation dieser Daten, als dass die Arten, die gemeinsame Insertionen an exakt gleichen Stellen besitzen, in ihrer fernen Vergangenheit auf einen gemeinsamen Vorfahren zurückgehen.

Die Vererbung der auffälligen Gene im Visier Vor der Erfindung des Buchdrucks wurden Bücher vervielfältigt, indem jedes Wort per Hand

---

22 E. D. SVERDLOV: »Retroviruses and Primate Evolution«. In: *BioEssays* 22 (2000), Heft 2. S. 161–171. Siehe dazu auf Deutsch auch VENEMA: *Genesis und das Genom.* URL: http://www.schoepfung-durch-evolution.de/media/Venema-Genesis-und-das-Genom.pdf (Venema erörtert hier auch das interessante *Vitellogenin 1* Pseudogen, ein inaktiver Rest eines von den eierlegenden Vorfahren der Säugetiere übrig gebliebenen eigelbproduzierenden Gens beim Menschen.)

abgeschrieben wurde – eine Methode, die fehleranfällig ist. Nehmen wir an, es gäbe drei Kopien eines bestimmten Buches, die alle die gleichen geringfügigen Fehler aufweisen, und zwanzig andere, die diese Abweichungen nicht haben – könnte es nur den geringsten Zweifel geben, dass die drei Exemplare, bei denen exakt die gleichen Fehler auftreten, von einer gemeinsamen Vorlage herrühren, also eine gemeinsame Abstammungslinie haben?

Das genetische Instruktionsbuch ist bei Weitem nicht so fehleranfällig wie die von Hand kopierten Bücher alter Zeiten. Trotzdem treten angesichts der großen Menge an Informationen, die das genetische Material enthält, Fehler auf.[23] Die Abweichungen, die vorkommen können, lassen sich in folgende Kategorien einteilen: Fehler beim Kopiervorgang, Einfügung eines Abschnitts von »springendem Kauderwelsch« (Retroposon) oder Einfügung von inaktivierten Anweisungen zur Herstellung eines Virus. Bis heute haben Genetiker, Molekularbiologen und Informatiker bereits die genetischen Anweisungen von weit über 100 Spezies ausgelesen, und ihre Anzahl steigt immer weiter. Die technische Möglichkeit, die Instruktionsbücher einer Vielzahl von Arten zu lesen, hat uns in eine neue und aufregende Ära katapultiert. Sie versetzt uns in die Lage, das genetische Material von ähnlichen Organismen zu vergleichen. Dabei sehen wir Dinge, die uns weit in die Vergangenheit zurückführen – und die Dinge, die wir da sehen, stimmen extrem gut mit dem überein, was Biologen bereits seit Langem aufgrund anderer Forschungen über die Geschichte des Lebens auf diesem Planeten angenommen haben.

Viele verräterische Spuren deuten darauf hin, dass die Instruktionsbücher zur Herstellung der verschiedenen Wal- und Delfinarten von dem gleichen Buch kopiert wurden, das auch als Vorlage für die Instruktionsbücher von Flusspferden, Kühen und Hirschen verwendet wurde. Viele derselben Fehler bzw. Veränderungen findet man in den Büchern aller dieser Tiere. Oft hatten die Veränderungen keinerlei Auswirkungen auf eine Funktion in dem Organismus (z. B.

---

23 Wenn man die Sequenz der vielen Basen A, G, C und T abschreiben müsste, die die Instruktionen zur Herstellung und zum Erhalt eines Mäusekörpers im Genom der Maus liefert, so würde dies 3 000 Bände von der Dicke dieses Buches ergeben.

Pseudogene, Retroposon- und Virusinsertionen). So etwas kommt eben vor. Was in der Geschichte des Lebens als Ganzes geschehen ist, passiert im Verlauf unseres eigenen Lebens genauso. Sie haben wahrscheinlich (genauso wie ich) eine Reihe von Narben an Ihrem Körper, wobei jede mit einem bestimmten Ereignis an einem bestimmten Tag in Ihrem Leben verbunden ist. Als ich 16 Jahre alt war, hatte ich eine Verletzung an der Nase, von der man immer noch eine schwache Narbe sieht. Als ich 9 war, brach beim Footballspiel in unserem Vorgarten ein Zahn ab. Ich habe diesen abgebrochenen Zahn immer noch als Andenken an diesen Tag, der nun schon so lange zurückliegt. Und so habe ich noch andere Narben über meinen Körper verteilt – und Sie wahrscheinlich auch. Jede ist einmalig, mit ihrer ganz eigenen Geschichte, die Sie sicher jedem erzählen könnten, der Sie danach fragt. So wie Sie und ich gelegentlich Schnittwunden, Prellungen und andere Verletzungen an unseren Körpern erleiden, geschehen ganz vergleichbare Dinge an dem genetischen Instruktionsbuch von Lebewesen. Wenn das in Keimbahnzellen geschieht, so bleiben die »Narben«, die mit diesen Ereignissen verknüpft sind, durch Vererbung über alle Zeiten hinweg bestehen.

Sind Sie deswegen etwa keine Schöpfung Gottes, weil Sie eine kleine Narbe an Ihrem Knie (oder wo auch immer) haben? Absolut nicht. Ist das Instruktionsbuch zur Herstellung eines Schimpansen etwa nicht ein Erzeugnis von Gottes Schöpfung, weil es »Narben« von Genduplikationen, Pseudogendeletionen, Retroposoninsertionen und alten inaktivierten Instruktionen zur Virenherstellung beinhaltet? Absolut nicht! Gott wollte Freiheit für seine Schöpfung. In diesem Freiraum fallen wir Menschen gelegentlich und verletzen uns. Aber in demselben Freiraum mischen sich auch Gensequenzen, verändern sich und werden neu angeordnet. Genauso wie jede einzelne Narbe an Ihrem Körper ein bestimmtes Ereignis in Ihrer Vergangenheit widerspiegelt, so spiegeln auch die auffälligen Veränderungen in der DNA die Geschichte eines Organismus wider – eine Geschichte, die weit in das Altertum der biologischen Zeit zurückreicht. Nur weil wir – wegen der Freiheit in unserem Leben – beim Laufen gefallen sind oder uns beim Spielen einen Zahn ausgeschlagen haben, heißt das nicht, dass wir von der lotsenden Gegenwart Gottes in unserem Leben getrennt wurden. Genauso wenig bedeutet es, nur weil die Schöpfung insgesamt im Laufe ihrer Geschichte ein paar Narben abbekommen hat, dass sie jemals außer Reichweite der Befehlsmacht von Gottes Wort oder der Gegenwart des Geistes Gottes gewesen wäre. Der Gott, dessen Gegenwart mein persönliches Leben auffallend beeinflusst, ist der gleiche Gott, der die Schöpfung zu allen Zeiten geführt hat. Gott ist in der Lage, plötzlich Dinge so in Bewegung zu versetzen, dass es sich für uns eindeutig um Wunder handelt, aber er agiert auch auf subtile Art und Weise, die häufig nicht wahrgenommen wird und nur durch die Glaubensbrille erkannt werden kann. Welchen Weg er bei einem Ereignis oder einer Kette von Ereignissen wählt (bzw. gewählt hat), ist ganz alleine seine Entscheidung – nicht meine und nicht Ihre.

Ihre Narben, Muttermale und anderen Schönheitsfehler sind einmalige Erzeugnisse Ihrer persönlichen Geschichte. Niemand sonst auf der ganzen Erde hat genau die gleichen. Wenn Sie sterben, »sterben« Ihre Narben mit Ihnen. In dieser Hinsicht unterscheiden sich die genetischen Instruktionen nun allerdings vom Äußeren unseres Körpers: Die genetischen Anweisungen *werden* dupliziert. Daher werden deren »Narben« weitergegeben, und Organismen, die einen bestimmten »vernarbten« Abschnitt der DNA gemeinsam haben, haben dies aufgrund ihrer gemeinsamen Abstammung.

Anordnung der Gene auf den Chromosomen Wir Menschen haben etwa 23 000 proteincodierende Gene. Jedes Gen trägt eine Botschaft, wie etwas für das Leben des Körpers Wichtiges zu tun ist. Die Gene sind nicht einfach überall im Inneren einer Zelle verstreut, wie vielleicht 23 000 Zettel über Fußboden und Schreibtisch einer etwas unordentlichen Person verteilt rumliegen würden. Vielmehr sind sie schön der Reihe nach in einer festgelegten Anzahl von Chromosomen angeordnet – also gebunden wie die Seiten in Büchern. Sie und ich, beispielsweise, haben zwei Sätze von 23 verschiedenen Chromosomen in unseren Zellen. Obwohl sie sich in der Größe unterscheiden, hat ein Chromosom im Durchschnitt etwa 1 000 Gene. Jedes Gen entspricht dabei durchschnittlich einem vollgeschriebenen Blatt Papier, wenn man nur die proteincodierenden Abschnitte (das sind etwa 5 % der gesamten DNA) herausnimmt und das Kauderwelsch weglässt.

Chromosomen werden von einer Generation zur nächsten weitervererbt, und zwar durch eine Eizelle und eine Samenzelle der vorherigen Generation. Die zwei Sätze von 24 verschiedenen Chromosomen im Innern der Zellen des Schimpansen, den Sie bei Ihrem letzten Besuch im Zoo sahen, sind fast perfekte Duplikate von dem, was er von jedem seiner Eltern erhalten hat. Und ein Weiteres: Wenn Sie in der Lage wären, seine Abstammung bis vor 2 000 Jahren in die Zeit Christi zurückzuverfolgen, befänden sich auch bei dem Urahn die Gene in jedem seiner Chromosomen in genau der gleichen Reihenfolge wie bei seinem späten Nachfahren. Chromosomen werden – genauso wie das Familienfotoalbum, über das wir weiter vorne gesprochen haben – von Generation zu Generation zuverlässig kopiert, und die Reihenfolge der »Seiten« wird quasi nie geändert. Der Kopiermechanismus ist sehr genau.

Jedoch können gelegentlich Fehler vorkommen. Lassen Sie uns noch einmal über das Fotoalbum in unserem Vergleich nachdenken. Sie erinnern sich, dass Sie eine Kopie davon Ihrem Sohn gaben und eine Ihrer Tochter, sodass auch diese wiederum Kopien davon an ihre Kinder weitergeben konnten. So entstand eine Familientradition, die sich immer weiter fortsetzt. Nehmen wir an, dass die Tochter Ihres Sohnes (also Ihre Enkelin) ihr Fotoalbum zum Copyshop bringt und dabei leider an einen unachtsamen Mitarbeiter gerät. So schleicht sich ein Fehler in das Album ein. Die ersten zehn Seiten gerieten ans Ende des Albums und was vorher die elfte Seite war, wird nun zur ersten Seite. Als sie nach Hause kommt, merkt Ihre Enkelin den Fehler, aber sie macht sich nichts daraus. »Was solls?«, denkt sie. »Alle Seiten sind noch da. Ich lasse es einfach, wie es ist.« Allerdings wird es dadurch in 150 Jahren zwei verschiedene Fotoalbenlinien geben. Die eine »Abstammungslinie« wird die Fotos in der ursprünglichen Reihenfolge haben, aber ein Zweig der Familie wird ein Fotoalbum weitergeben, bei dem die Reihenfolge von der des Originals abweicht.

In der Tat bietet das Fotoalbum jeder Familie eine ganz ausgezeichnete Möglichkeit, um herauszufinden, welche der diversen Verwandten (bzw. dann bereits Verwandte dritten oder vierten Grades) mit Ihnen über die Tochter Ihres Sohnes verwandt sind. Anhand der Fotoalbenlinie kann festgestellt werden, wer mit wem verwandt ist. Ein Genealoge, der Ihre Familie studiert, wäre in der Lage, diese Fotoalben zu verwenden, um alle Menschen aufzuspüren, die mit Ihnen verwandt sind, und er wäre sogar in der Lage, die Familie anhand der Alben in zwei Zweige aufzuteilen. Wenn die Regeln korrekt befolgt wurden, besteht kein Zweifel daran, dass alle Familienmitglieder wieder bis zu Ihnen zurückverfolgt werden können, weil sie natürlich alle die gleichen Fotos im Album haben – nämlich Ihre Fotos, einschließlich des alten doppelten Fotos Ihrer Tochter, auf dem sie die Finger in die Torte steckt. Dennoch bilden einige in Ihrer Familie eine eigene unverwechselbare Linie, weil Ihre Enkelin damals entschied, die ersten zehn Seiten des Albums nicht wieder in die richtige Reihenfolge zu bringen.

Es ist genau dieses Prinzip, mit dem man wiederum feststellen kann, dass bestimmte Spezies eine gemeinsame Abstammung haben. Jedes Chromosom hat seine eigene spezifische Reihenfolge der Gene, genauso wie die Seiten in einem Buch eine bestimmte Reihenfolge haben. Sehr selten jedoch werden die Seiten schon einmal neu angeordnet. Diese Umsortierung kann jedoch recht leicht nachvollzogen werden, genauso wie die Umsortierung der zehn Seiten im Fotoalbum. Betrachten wir als Beispiel die Anordnung der Gene in einem bestimmten Chromosom eines Schimpansen und eines Orang-Utans. Genau die gleichen Gene dieser Chromosomen sind auch im Gorilla vorhanden, aber dort hat es an einer Stelle eine kleine Umsortierung gegeben – in einem Abschnitt des Chromosoms sind die Gene in umgekehrter Reihenfolge angeordnet. Diese Gene funktionieren in beiderlei Reihenfolge gleich gut. Irgendwann in der Familiengeschichte der Gorillas geschah eben eine Umsortierung dieser Gene.[24]

---

24 Ich habe mich hier in der Darstellung auf ein bestimmtes Chromosom in der Linie der Schimpansen, Gorillas und Orang-Utans beschränkt. Diese Art der Analyse ist allerdings für alle Chromosomen durchgeführt worden und liefert viele weitere

Umsortierungen kommen nicht oft vor, sodass sie leicht zu erkennen sind, wenn sie mal auftreten. Häufig weisen zwei Spezies die gleiche Umsortierung auf, die eine andere, entfernter verwandte Art nicht hat. Die Genetiker sind sich nahezu ausnahmslos darin einig, dass die Ursache für dieselbe unverwechselbare Umsortierung in einem Chromosom bei zwei Arten die ist, dass beide von dem gleichen Urururur...großelternteil abstammen, bei dem das Ereignis geschah. Zum Beispiel weisen Schimpansen und Gorillas eine Reihe von Umsortierungen auf, die Makaken nicht haben. Für Genetiker bedeutet dies, dass sie bei einer Reise zurück in die Vergangenheit einen gemeinsamen Vorfahren von Schimpansen und Gorillas antreffen würden, der diese besondere Anordnung der Gene besaß, die sie heute gemeinsam haben.

Ebenso weisen sowohl Makaken als auch Schimpansen und Gorillas bestimmte Umsortierungen auf, die Katzen wiederum nicht haben. Für Biologen bedeutet dies, dass diese Umsortierungen in einem gemeinsamen Vorfahren dieser drei (eben noch weiter zurück in der Vergangenheit) geschehen sind. Selbst Katzen, Makaken, Schimpansen und Gorillas haben einige gemeinsame Umsortierungen. Was wir aus der Analogie mit dem Familienfotoalbum lernen konnten, führt uns weit in die ferne Vergangenheit zurück und zeigt uns, dass Gottes Schöpfungsmethode ein sukzessiver Prozess gewesen ist. Jetzt ist klar, dass Gott nicht jede neue Art aus dem Staub der Erde oder mit einem Fingerschnipsen aus dem Nichts erschuf, wie manche bisher dachten. Gott tat es auf seine eigene Weise. Und heute, wie niemals zuvor, ermöglicht Gott uns durch die Gene, Millionen von Jahren zurückzublicken, um zu sehen, wie es gemacht wurde.[25]

Beispiele. Details zu frühen Forschungen finden sich in J. J. YUNIS / O. PRAKASH: »The Origin of Man: A Chromosomal Pictorial Legacy«. In: *Science* 215 (1982). S. 1525–1530. Ein Beispiel für neuere und verfeinerte Analysen findet man in A. DE PONTBRIAND u. a.: »Synteny Comparison between Apes and Human Using Fine-Mapping of the Genome«. In: *Genomics* 80 (2002), Heft 4. S. 395–401.

25 Das Kapitel 1 Mose 1 der Bibel geht in seiner Schilderung der Schöpfung nicht sehr auf Einzelheiten ein. Es spricht davon, dass die Schöpfung als Antwort auf Gottes Befehl geschah. Allerdings behandelt die Bibel Details der Erschaffung des Menschen gesondert. Diese werden in 1 Mose 2–3 geschildert. Ebenso werde ich die Schöpfung

6.3 Nochmals Augustinus: Eine bestimmte Bibelinterpretation überstrapazieren

Wenn Sie die in diesem Kapitel besprochenen Informationen noch zu all dem hinzufügen, worüber in den vorangegangenen Kapiteln bereits informiert wurde, so wird es immer schwerer zu verstehen, wie *Möglichkeit 1* und *Möglichkeit 2* noch als ernsthafte Anwärter bei der Suche nach der Wahrheit gelten können. Könnte es sein, dass wir jetzt an einem Punkt angekommen sind, wo die Mahnung des Augustinus relevant wird? Erinnern wir uns an seine Worte vom Anfang unseres Kapitels:

> Aber in keine von ihnen sollen wir uns kopfüber so hinein-stürzen, daß wir gleich am Sinn der göttlichen Schrift verzwei-feln, sobald unsre Meinung vielleicht durch eine sorgfältige Untersuchung in Wahrheit umgestoßen wird. Unser ringendes Streben soll nicht dahin gehen, daß wir wollen, die Schrift sei so verfaßt, wie es unsrer Meinung nach sein soll, sondern, daß wir unsre Meinung so uns bilden können, wie sie in der Schrift enthalten ist.[26]

Als Reaktion auf einen der ersten Entwürfe dieses Buches wurde mir von einigen Personen gesagt (von denen keiner ein Theologe war), dass die ganze christliche Theologie mit der plötzlichen Schöpfung aus dem Nichts steht und fällt. Dies ist ganz gewiss nicht wahr, aber es ist genau diese Auffassung, die einige Leute dazu veranlasst, für *Möglichkeit 1* oder *Möglichkeit 2* einzutreten, auch wenn alles dagegen spricht.

Wie kommt es, dass so viele Menschen meinen, dass die christliche Theologie unbedingt daran geknüpft ist, dass Gott jede neue Art oder jeden neuen Urtyp aus dem Nichts erschuf? Eine Antwort, die ich immer wieder auf diese Frage höre, ist, dass die Bibel lehre, dass es keinen Tod gab, bis Adam und Eva im Garten Eden in Sünde fie-len. Da *Möglichkeit 3* besagt, dass andere Organismen lange vor der

---

des Menschen im nächsten Kapitel gesondert betrachten und sie in den Kontext dieser beiden Kapitel der Bibel stellen.

26 Augustinus: *Über den Wortlaut der Genesis*, Bd. 1, Buch 1, Kap. 18, Abschnitt 37, S. 31.

Existenz des Menschen sukzessive geschaffen wurden, bedeutet dies natürlich, dass der Tod von Organismen dem Sündenfall des Menschen vorausging. Augustinus warnte davor, sich vorschnell in eine bestimmte Auslegung der Bibel zu stürzen, die durch eine sorgfältige Untersuchung umgestoßen werden könnte. Haben wir hier ein Beispiel dafür? Was sagt die Bibel wirklich über den Eintritt des Todes in die Geschichte der Erde?

Der Schöpfungsbericht der Bibel enthält selbst nur Hinweise auf den Tod in Zusammenhang mit Adam und Eva. In 1 Mose 3,19 heißt es:

> Im Schweiße deines Angesichts
> wirst du dein Brot essen,
> bis du zurückkehrst zum Erdboden,
> denn von ihm bist du genommen.
> Denn Staub bist du,
> und zum Staub wirst du zurückkehren.

Hier geht es speziell um Adam und seinen Tod. Es wird nichts über andere Lebewesen ausgesagt. Einen Hinweis, dass bis zu dem Moment des Sündenfalls kein Organismus starb, findet man im ganzen ersten Buch Mose nicht.

Warum also wird diese Ansicht so hartnäckig vertreten? Warum steht und fällt die christliche Lehre für einige Christen mit der Vorstellung, dass der Tod *überhaupt erst* mit Adams und Evas Sünde in die Welt gekommen ist? Es gibt im Neuen Testament drei Schlüsselstellen, die von manchen für diese Frage als zentral angesehen werden. Die erste Stelle findet sich in Kapitel 5 im Römerbrief. Dieses ganze Kapitel des Römerbriefes ist von Bedeutung, aber hauptsächlich geht es um den zwölften Vers, in dem es heißt: »Durch einen einzigen Menschen – Adam – hielt die Sünde in der Welt Einzug und durch die Sünde der Tod, und auf diese Weise ist der Tod zu allen Menschen gekommen, denn alle haben gesündigt.« Ein sorgfältiges Lesen des Kapitels zeigt, dass das, worüber wirklich geredet wird, der *geistliche* Tod ist. Wenn Sie an dieser Fragestellung besonderes Interesse haben, legen Sie dieses Buch doch gerne zur Seite, schlagen

Ihre Bibel auf und setzen sich mit Röm 5 auseinander. Beachten Sie, dass das Kapitel davon handelt, dass Christus gekommen ist, um uns von der Macht des Todes zu befreien. Von welcher Art von Tod hat Christus uns befreit? Es kann nicht der körperliche Tod gewesen sein, nicht wahr? Schließlich sind alle Körper, auch die der Christen, in den vergangenen 2 000 Jahren alt geworden und gestorben. Ohne Frage spricht Paulus in diesem Kapitel über den geistlichen Tod und das geistliche Leben. Es ist die geistliche Dimension unserer Existenz, die durch das Kommen des »zweiten Adams«, Christus, vom Tod befreit wurde und durch seinen Tod ewiges Leben erlangt. Im Kontext dieses Kapitels lässt sich also festhalten, dass Adams Sünde den geistlichen Tod in die Menschheit brachte, angesichts dessen Christus kam und uns von diesem Tod befreite. Wichtig ist noch zu beachten, dass in diesem Abschnitt von Organismen ganz allgemein überhaupt nicht die Rede ist.

Die zweite neutestamentliche Stelle, die gerne in dieser Frage herangezogen wird, ist 1 Kor 15. In Vers 22 heißt es beispielsweise: »Genauso, wie wir alle sterben müssen, weil wir von Adam abstammen, werden wir alle lebendig gemacht werden, weil wir zu Christus gehören.« Legen Sie gerne wieder dieses Buch zur Seite und lesen das Kapitel 15 des ersten Korintherbriefs in Ihrer Bibel nach. Beachten Sie, dass es von der Auferstehung der Gläubigen und deren Kommen in den Himmel handelt. Wieder einmal macht Paulus deutlich, dass er über den geistlichen Tod und die geistliche Auferstehung spricht. In Vers 36 beispielsweise weist er darauf hin, dass unsere Körper immer noch sterben. Es ist der geistliche Samen in uns, den wir jetzt schon zur Vorbereitung auf die Ewigkeit haben, der in den neuen, von Gott bereiteten Körpern weiterlebt. Der zweite Adam kam, um uns von dem Tod zu befreien, der auf die Sünde des ersten Adams folgte. Mit anderen Worten: Es steht außer Frage, dass Paulus mitteilen will, dass der geistliche Tod durch Adam zu uns kommt und geistliches (ewiges) Leben durch Christus. Wenn Paulus hier meinen würde, dass der *körperliche* Tod durch Adam kam, während das – explizit genannte – *geistliche* Leben durch Christus käme, so würde er in der Mitte seines Vergleichs die Perspektive wechseln. Paulus war ein viel zu gründlicher Schreiber, um so etwas zu tun. Zweifellos bietet dieses Kapitel keinen Anlass dazu, eine ganze Theologie um die Vorstellung von grasfressenden Berglöwen, vegetarischen Falken und Ameisenbären, die keine Ameisen aßen, zu errichten – nur, weil es während der Zeit des Gartens Eden keinen Tod auf der Erde gegeben haben soll. Woher rührt dann diese Vorstellung, dass die christliche Lehre die Abwesenheit des Todes generell für alle Tiere vor dem Sündenfall verlange, seien es Hirsche bzw. Rehe, Mäuse oder Ameisen?

Wir haben zwei wichtige Bibelstellen betrachtet, von denen bei genauer Betrachtung keine die Abwesenheit des Todes von Tieren in der Frühzeit der Erde erwähnt oder auch nur andeutet. Dennoch wird mir häufig von Nichttheologen gesagt, dass die Lehre von der Sünde und der Erlösung auf dieser Vorstellung basiert und dass erst mit Adams Sünde der Tod in die Tierwelt eintrat. Warum? Offenbar ist Röm 8,20–22 die Erklärung dafür:

> Denn die Schöpfung ist der Vergänglichkeit unterworfen, allerdings ohne etwas dafür zu können. Sie musste sich dem Willen dessen beugen, der ihr dieses Schicksal auferlegt hat. Aber damit verbunden ist eine Hoffnung: Auch sie, die Schöpfung, wird von der Last der Vergänglichkeit befreit werden und an der Freiheit teilhaben, die den Kindern Gottes mit der künftigen Herrlichkeit geschenkt wird. Wir wissen allerdings, dass die gesamte Schöpfung jetzt noch unter ihrem Zustand seufzt, als würde sie in Geburtswehen liegen.

Die Formulierung »der Vergänglichkeit unterworfen« wird von vielen so verstanden, dass der Eintritt des Todes in die Schöpfung als Folge des Sündenfalls geschah. Aber bedenken wir, wie Augustinus uns gewarnt hat: Oft gibt es alternative Interpretationen der Schrift, und es ist gefährlich (nicht zuletzt auch unbiblisch), eine ganze Theologie auf einen einzigen Abschnitt der Bibel von nur drei Versen zu gründen. Man könnte diese Verse auch so auslegen, dass die Sünde der Menschen in der Tat die Erde ihrer früheren Schönheit beraubt hat und dass die ganze Schöpfung aufgrund unserer sündhaften Ausbeutung der Erde stöhnt. Man könnte anführen, dass die zügellose

Vernichtung von Lebensräumen, die heute überhandnimmt und zum Aussterben so vieler wertvoller Arten führt, an der Ichbezogenheit des Menschen liegt. Die sündhafte Ausbeutung der Erde begann sogleich mit der menschlichen Zivilisation und war im Mittelmeerraum, als Paulus schrieb, sicher in vollem Gange, so könnte man argumentieren – aber auch das ist nur *eine* Interpretation dessen, was Paulus in Röm 8 geschrieben hat. Haben wir – die Christenheit im Allgemeinen – nicht schon vor langer Zeit gelernt, dass wir nicht eine ganze Theologie auf eine einzelne Aussage in der Bibel gründen dürfen? Beispielsweise deuten einige Stellen in der Bibel an, dass es eine Vorherbestimmung (Prädestination) gibt, wer die Gnade Gottes annehmen wird und wer nicht. Aber es gibt auch andere Bibelstellen, die zu sagen scheinen, dass Gottes Gnade frei und in jedem Fall für alle zugänglich ist. Christen, die hier eine arminianische Theologie vertreten, glauben, dass es anstelle der Prädestinationslehre alternative Interpretationen der biblischen Aussagen gibt. Die Calvinisten wiederum vertreten einen ähnlichen Standpunkt gerade bezüglich der Bibelstellen, die auf einen freien Willen hinweisen. Arminianer gründen ihre Theologie natürlich nicht auf eine einzige biblische Beweisstelle. Vielmehr betrachten sie das Neue Testament als Ganzes und kommen so zu ihren Schlussfolgerungen. Das Gleiche gilt aber genauso auch für die Calvinisten.

Auf Grundlage dieser einen Bibelstelle in Röm 8 nun zu behaupten, dass die christliche Lehre mit der Vorstellung steht und fällt, dass es bis zur Sünde Adams und Evas überhaupt keinen Tod auf der Erde gab, ist eine unkonventionelle Art, christliche Theologie zu betreiben. Die Theologie hat noch nie auf diese Weise gearbeitet und sollte auch jetzt nicht damit anfangen.

Kapitel 7

Frieden finden mit der Biologie

ICH HATTE DAS PRIVILEG, einen großen Teil meines Berufslebens als Professor für Biologie tätig sein zu können, davon viele Jahre an einer christlichen Universität. Häufig, wenn ich meinen Studenten die Möglichkeit vorgestellt habe, dass Gott sukzessive geschaffen haben könnte, warfen sie die Frage auf, ob diese Ansicht nicht mit dem zweiten Hauptsatz der Thermodynamik unvereinbar sei.

7.1 Frieden finden mit dem zweiten Hauptsatz

Leben führt zu größerer Ordnung, nicht zu größerer Unordnung Der zweite Hauptsatz der Thermodynamik besagt, dass das Universum zu immer mehr Unordnung neigt. Wenn man davon ausgeht, dass durch schrittweise Veränderungen immer komplexere Organismen entstanden sind, dann hat die Entwicklung des Lebens aber zweifellos nicht zur Unordnung geführt. Der Lebensprozess produziert kontinuierlich Zellen, die in höchstem Maße schön organisiert und geordnet sind. Jede mikroskopische Zelle – so winzig, dass man tausend oder mehr von ihnen aufeinanderstapeln müsste, um die Dicke einer Münze zu erreichen – ist mit winzigen Maschinen ausgerüstet, die weitaus komplexer sind als alle Teile, die Ihr Auto zum Laufen bringen. Beispielsweise besitzt jede Zelle kleine »Akkus«, die ständig Energie in eine nutzbare Form umwandeln. Jede hat auch ihre eigenen kleinen Müllentsorgungsanlagen und einen besonderen Raum (den sogenannten *Golgi-Apparat*), der so etwas wie einen Malereibetrieb beherbergt. Im Inneren von Zellen herrscht ständig Hochbetrieb. Ununterbrochen werden Teile entlang von Bahnen, die den Fahrsteigen bzw. Laufbändern auf einem Flughafen ähneln, gut organisiert von Ort zu Ort bewegt. Das Leben in einer Zelle ist der Inbegriff von Ordnung, und in der Geschichte des Lebens auf der Erde nahm die Ordnung laufend zu. Dem Fossilbefund nach existierte vor sehr langer Zeit Leben auf der Erde nur in Form von einzelnen Zellen. Wie hoch geordnet jene Zellen auch immer gewesen sein mögen, so wirken sie doch eher wie Unordnung, wenn sie mit der äußerst durchorganisierten Anordnung von Zellen im Körper eines Säugetiers verglichen werden, sei es ein Elefant oder nur eine Maus. Dort sind Zellen zu erstaunlichen Strukturen miteinander verbunden, wie dem Herzen, einer verblüffend effizienten und langlebigen Pumpe, der Wirbelsäule, einer erstaunlich flexiblen Stützkonstruktion, und nicht zuletzt dem Auge, einem Fotosensor, der direkt an seinen eigenen Informationsprozessor angeschlossen ist.

Aber widerspricht das nicht dem zweiten Hauptsatz? Das Leben ist erstaunlich komplex, und es wurde im Laufe der Zeit immer komplexer. Der zweite Hauptsatz der Thermodynamik besagt jedoch, dass das Universum in Richtung größerer Unordnung strebt. Ist das dann nicht, fragen meine Studenten, ein Widerspruch zum zweiten Hauptsatz? Die Antwort auf diese Frage ist ein eindeutiges *Nein!* Selbst wenn es keinen Schöpfer gäbe, der den Prozess leitet, widersprechen die sukzessiven Veränderungen, die in den Organismen stattgefunden haben, nicht in geringster Weise dem zweiten Hauptsatz der Thermodynamik. Studienanfänger, die mir diese Frage in den vielen Jahren meiner Lehrtätigkeit Dutzende Male gestellt haben, verstehen leider nicht, was dieses Gesetz eigentlich besagt. Ach, wenn sie die physikalische Chemie besser verstanden hätten! Das Gesetz besagt, dass im Universum *als Ganzem* die Unordnung zunimmt. Auch sagt es, dass jeder *Teil* des Universums dahin tendiert, zunehmend ungeordneter zu werden, *es sei denn*, dieses Teilgebiet bekommt Energie zugeführt. Wenn es nämlich eine Zufuhr von Energie *gibt*, ist es überhaupt nicht ungewöhnlich, dass zunehmende Ordnung entsteht. Wenn sich beispielsweise eine Schneeflocke bildet, nimmt die Ordnung zu, aber sie tut dies bei gleichzeitiger Energiezufuhr, und deshalb wird der zweite Hauptsatz nicht verletzt. Aus einer Eichel wird ein Eichenkeimling und dann schließlich eine prächtige Eiche, aber dies widerspricht nicht dem zweiten Hauptsatz der Thermodynamik, weil eine Energiezufuhr stattgefunden hat – die Sonnenstrahlung.

Ich versuche meinen Studenten immer klarzumachen, dass es wichtig ist, nicht mit dem zweiten Hauptsatz der Thermodynamik etwas begründen zu wollen, was überhaupt nicht aus ihm folgt. Die Vorstellung von sich verändernden Lebensformen und der Entwicklung zu immer komplexeren Organismen mag erstaunlich sein, aber sie stellt in keiner Weise eine Ausnahme von dem Gesetz dar. Organismen können mit der Zeit komplexer werden, weil ihnen Energie zugeführt wird, und obwohl im Universum als Ganzem die Unordnung zunimmt, können Teilgebiete durchaus zunehmende Ordnung erlangen, solange es eine Energiezufuhr gibt. Bekannte Fürsprecher des Kurzzeitkreationismus, einer Schöpfung aus dem Nichts, erkennen dies durchaus an und erwähnen es in ihren Veröffentlichungen.[1] Leider hat eine Art Volkswissenschaft die Aussage verbreitet, dass sukzessive Veränderungen in Richtung zunehmender Komplexität dem zweiten Hauptsatz widersprechen würden. Dies ist ganz einfach nicht wahr.

Wie verhält es sich aber mit dem ganz frühen Stadium, in dem das Leben erstmals erschien – widerspricht das nicht dem zweiten Hauptsatz? Tatsache ist, dass Christen glauben, dass alles in der Schöpfung (einschließlich der Entstehung der ersten Zellen, aber auch darüber hinaus) als Reaktion auf Gottes Befehl geschah. Das Leben nahm die Wendungen, die es nahm, aufgrund von Gottes Befehl und Gottes Leitung. Wenn man dies akzeptiert, sagt man damit zugleich, dass es eine »Zufuhr« von außen gab, die die Entwicklung der Ordnung beeinflusste, sogar lenkte. Auch wenn ich diese Ansicht als grundlegend

---

1 Siehe beispielsweise DUANE T. GISH: *Creation Scientists Answer Their Critics*. Santee, CA (USA): Institute for Creation Research, 1993.

für das Konzept einer sukzessiven Schöpfung betrachte, bedeutet das jedoch nicht, dass es jemals möglich sein wird, durch thermodynamische Messungen zu *beweisen*, dass die erhöhte Ordnung auf Gottes Gegenwart zurückzuführen ist.

Ohne Frage ist die Entstehung der ersten Zellen eines der großen Rätsel in der Biologie. Diejenigen unter uns, die an eine sukzessive Schöpfung glauben, werden behaupten, dass die Zellen sich nach Gottes Befehl organisierten. Allerdings wäre es nicht fair, mit dem Finger auf die Naturwissenschaftler zu zeigen, die weitere Untersuchungen zu den frühen Stadien des Lebens auf der Erde durchführen, und von ihnen zu erwarten, einen Beweis zu erbringen, dass der zweite Hauptsatz in den Phasen der Lebensentstehung nicht verletzt wurde. Ihre Theorien sind einfach noch nicht weit genug entwickelt, um sicher sagen zu können, ob die Lebensentstehung ihm widerspricht oder nicht. Einen Naturwissenschaftler bitten, zu ermitteln, ob die Entstehung der ersten Zelle im Widerspruch zum zweiten Hauptsatz steht, ist etwa so, als würde man eine gefrorene Schneeflocke zu einem Stammesangehörigen in das Hochland Neuguineas bringen und ihn bitten, zu erklären, warum die Bildung dieser Schneeflocke nicht im Widerspruch zum zweiten Hauptsatz steht. Er weiß einfach nicht genug, um die Frage beantworten zu können. Er weiß nicht einmal, was eine Schneeflocke ist, und hat sicher keine Vorstellung davon, wie sie gebildet wird. Die Naturwissenschaftler befinden sich bezüglich ihrer Studien über den Ursprung des Lebens in genau so einer Position. Es ist leider wahr, dass viele von ihnen denken, dass es keinen Gott gibt, der den Prozess der Entstehung der ersten Zelle hätte beeinflussen können, aber ihre Vorstellungen darüber, was geschah, sind noch wenig ausgereift, und zweifellos können sie sich noch nicht der Frage widmen, wie sich diese Ideen zum zweiten Hauptsatz verhalten.

Der zweite Hauptsatz und die christliche Apologetik Wenn die Naturwissenschaftler jemals herausfinden, wie die ersten Zellen entstanden sind, könnte diese Entdeckung auf die Hand Gottes hinweisen. Aber es ist durchaus auch möglich, dass das nicht der Fall sein wird. Wenn wir als Christen eine Lehre aus der Biologie ziehen können, dann sicher die, dass Gott auf sehr subtile Weise am Werke ist. Gott nutzt ganz klar Naturkräfte und Naturgesetze, um seine Absichten zu erreichen, und oft sehen wir Gottes Hand dabei nur, wenn wir im Glauben auf das bereits fertige Produkt zurückblicken. So preisen wir Gott für ein in der Tat überwältigendes Ergebnis.

Aber es ist sicher nicht dumm zu behaupten: auch wenn Naturwissenschaftler viele Details der Schöpfung Gottes herausgearbeitet haben, sind die Bewegungen der Hand Gottes doch so dezent, dass sie für diejenigen, die nur die einzelnen »Pinselstriche« analysieren, vielleicht nicht erkennbar sind. Es ist sicher begreiflich, dass die Naturwissenschaftler durch die Konzentration auf die einzelnen Striche nicht in der Lage sein könnten zu erkennen, dass eine Hand da war, die den Pinsel führte.

Lassen Sie uns einen Moment darüber nachdenken, was die Bibel uns über das Wirken Gottes mitteilt. Obwohl Gott zweifellos wünscht, dass alle Menschen zu ihm kommen, bin ich mir nicht sicher, ob es Gottes Art ist, den »Zauber« von Wundern zu benutzen, um die Menschheit zu sich zu ziehen. Ich denke nicht, dass das Gottes Stil ist. Wenn Jesus (also Gott) jemanden heilte, befahl er den Zeugen oft, niemandem davon zu erzählen (z. B. Mt 12,16; Mk 7,36). Er wollte, dass Menschen ihm folgten, aber nicht, weil sie durch seine Macht über die Natur angezogen wurden. Das ergreifendste Beispiel für Gottes Selbstoffenbarung an die Menschheit wurde sicher auf dem Hügel von Golgatha gegeben. Dieses Ereignis wollte Jesus nicht geheim halten! Gott will die Menschen gerade durch *die* Seite seines Charakters zu sich ziehen, die am besten in der Gestalt eines leidenden Dieners zum Ausdruck kommt. Daran, so möchte Gott, sollte sich die Menschheit ausrichten. Paulus beschrieb diese Seite Christi in seinen Briefen immer wieder sehr schön. So lesen wir beispielsweise im ersten Korintherbrief diese Worte:

> Die Juden wollen Wunder sehen, die Griechen fordern kluge Argumente. Wir jedoch verkünden Christus, den gekreuzigten Messias. Für die Juden ist diese Botschaft eine Gottesläste-

rung und für die anderen Völker völliger Unsinn. Für die hingegen, die Gott berufen hat, Juden wie Nichtjuden, erweist sich Christus als Gottes Kraft und Gottes Weisheit. Denn hinter dem scheinbar so widersinnigen Handeln Gottes steht eine Weisheit, die alle menschliche Weisheit übertrifft; Gottes vermeintliche Ohnmacht stellt alle menschliche Stärke in den Schatten. Seht euch doch einmal in euren eigenen Reihen um, Geschwister: Was für Leute hat Gott sich ausgesucht, als er euch berief? Es sind nicht viele Kluge und Gebildete darunter, wenn man nach menschlichen Maßstäben urteilt, nicht viele Mächtige, nicht viele von vornehmer Herkunft. (1 Kor 1,22–26)

Durch den Glauben an den auferstandenen Christus, der vor allem der gekreuzigte Diener war, gelangen wir zu Gott. Gott wollte sich der Menschheit gerade so zeigen:

> Er verzichtete auf alle seine Vorrechte und stellte sich auf dieselbe Stufe wie ein Diener. Er wurde einer von uns – ein Mensch wie andere Menschen. Aber er erniedrigte sich noch mehr: Im Gehorsam gegenüber Gott nahm er sogar den Tod auf sich; er starb am Kreuz wie ein Verbrecher. Deshalb hat Gott ihn auch so unvergleichlich hoch erhöht und hat ihm als Ehrentitel den Namen gegeben, der bedeutender ist als jeder andere Name. Und weil Jesus diesen Namen trägt, werden sich einmal alle vor ihm auf die Knie werfen, alle, die im Himmel, auf der Erde und unter der Erde sind. Alle werden anerkennen, dass Jesus Christus der Herr ist, und werden damit Gott, dem Vater, die Ehre geben. (Phil 2,7–11)

Ich bin überzeugt, dass Gott möchte, dass wir durch den Glauben an Jesus zu ihm kommen, nicht durch einen naturwissenschaftlichen »Beweis«, dass die Entstehung der Zellen im Widerspruch zum zweiten Hauptsatz der Thermodynamik steht. Wenn Gott gewollt hätte, hätte er sicher ein Reich errichten können, in dem seine Gegenwart so offensichtlich wäre, dass alle Menschen in Ehrfurcht vor seiner gewaltigen Macht und seiner Gegenwart leben würden. Eine der drei Versuchungen Jesu bestand gerade darin, ein solches Reich zu errichten (Mt 4,9). Außerdem gingen seine Jünger davon aus, dass ein solches Reich bevorstehen würde. Als Jesus ihnen sagte, dass er sterben würde, wollte Petrus ihn mit aller Macht davon abbringen, so sehr unterschied sich dies von Petrus Vorstellung der Zukunft. So jedenfalls hatte sich Petrus den kommenden König nicht gedacht. Könige sterben nicht erst, um König zu werden. Petrus erwartete ein menschliches Königreich mit allem, was dazugehört: Macht, Herrlichkeit und einem Umsturz. Als Petrus Jesus wegen seiner Reden über seinen bevorstehenden Tod zurechtwies, antwortete der so gestörte Jesus: »Geh weg von mir, Satan! Denn was du denkst, kommt nicht von Gott, sondern ist menschlich.« (Mk 8,33). Es ist bezeichnend, dass beide Male, wo wir einen Hinweis darauf haben, dass Jesus sich von einem satanischen Einfluss bedrängt fühlte, im Zusammenhang mit der Versuchung stehen, ein Reich zu errichten, das sich auf Jesus göttlicher Herrlichkeit gründet. Was Jesus hier allerdings an Charaktereigenschaften seines Vaters im Himmel widerspiegelt, passt eher zu einem Reich, das nicht auf göttlicher Herrlichkeit, sondern auf dienender Hingabe beruht. Natürlich kann es sein, dass Gott in der Schöpfung auf so dezente Weise agiert, weil er die Aufmerksamkeit der Menschheit eher auf seine Dienstbereitschaft als auf seine Majestät lenken möchte. Allerdings bezweifle ich, dass dies der Schlüssel zum Verständnis von Gottes subtilem Handeln in der Schöpfung ist. Ich denke, dass es einen tiefer sitzenden Grund hat. Wir sehen in der Biologie wahrscheinlich schlicht das Handeln Gottes, wie es nun einmal Ausdruck seines Wesens ist. Und es ist Gottes Wesen, der Kern seines Charakters, mit dem er uns Menschen zu sich ziehen will, nicht aber durch das Innenleben einer noch so wunderbar organisierten Zelle. Viel bedeutungsvoller als der Blick in eine Zelle ist der Blick auf einen einsamen Hügel, über den der Weg zu Gott führt – dort, wo er für uns alle in dienender Hingabe gestorben ist, an dem Baum, der am Ende zum Baum des Lebens für uns wurde, einer Form des Lebens, die noch viel wichtiger und bedeutungsvoller ist als all die Aktivität in einer Zelle.

Suchen Sie daher nicht mit der Voraussage einer Verletzung des zweiten Hauptsatzes der Thermodynamik nach Gott. Natürlich wirkt Gott in der Natur. Die ganze Natur ist ein Ergebnis von Gottes Befehl und seiner begleitenden Gegenwart. Aber so wie Petrus enttäuscht werden musste, als er Christus als Errichter eines menschlichen Reiches sehen wollte, so werden auch wir enttäuscht, wenn wir die Existenz Gottes mit der Untersuchung von Zellen oder der Erforschung der Geschichte des Lebens auf der Erde entdecken wollen. Gott handelte auf dezente Weise in der Schöpfung, und er möchte, dass Naturwissenschaftler nicht zu ihm kommen, weil sie ihn in ihren Reagenzgläsern sehen, sondern weil sie ihn am Kreuz für ihre Sünden sterben sehen, einen hingegebenen Diener, der solches Leiden erträgt, das nur von seiner Liebe für sie überboten wird. Gott möchte nicht, dass wir von dieser Botschaft abgelenkt werden, denn nur sie bringt uns Leben. Das wirkliche *Leben* findet man nicht beim Studieren der Reagenzgläser mit lebenden Zellen. Das *wirkliche* Leben findet man nicht in sich magisch reproduzierenden RNA-Molekülen, von denen man annimmt, dass sie die Anfänge der ersten Zellen darstellen. Das *wirkliche Leben* findet man nur, indem man sich am Fuß des Kreuzes des leidenden Gottesknechtes niederkniet und zulässt, dass unser *altes* Leben auch stirbt. Nur durch Sterben gelangen wir zum Leben, nur indem wir alles aufgeben, wird uns alles gehören.

7.2 Frieden finden auf dem schlüpfrigen Hang, der doch himmelwärts führt

Der schlüpfrige Abhang zu wissenschaftlicher Glaubwürdigkeit? Wenn ich von meinen Studenten auch Dutzende Male die Frage gehört habe, ob die Vorstellung der sukzessiven Schöpfung nicht im Widerspruch zum zweiten Hauptsatz der Thermodynamik steht, so habe ich den zweiten Einwand sicher Hunderte Male gehört. »Wenn wir glauben, dass Gott sukzessive schuf und dass es im Schöpfungsbericht auch symbolische Ausdrucksweisen gibt, gleiten wir dann nicht den schlüpfrigen Abhang in Richtung eines Liberalismus hinunter, der am Ende zur Ablehnung der gesamten Bibel führen wird? Wie sollen wir entscheiden, was symbolisch und was wörtlich zu verstehen ist? Wenn wir beginnen, hier nachzugeben, wird es dann nicht auch noch zur Ablehnung der Auferstehung führen?«

Meine Studenten stellen fast immer gute Fragen, und diese Frage ist von besonderer Bedeutung – können meine Studenten doch auf die Geschichte verweisen, wo genau das bereits geschehen ist. Der Liberalismus begann im 19. Jahrhundert genau auf diese Weise. Die liberale Theologie entwickelte sich aus dem Versuch von einigen Gelehrten, das Christentum mit der Erfahrung in Übereinstimmung zu bringen. *Erfahrung*, in diesem Sinne, schließt Reagenzgläser und naturwissenschaftliche Daten ein, aber eben keine Wunder oder Auferstehungen. Daher ist vieles aus dem hergebrachten Christentum auf dem Weg zur liberalen Theologie ganz wie der Tasmanische Wolf oder die Dinosaurier ausgestorben. Hat sich jetzt, mehr als hundert Jahre später, etwas geändert, oder befinden wir uns wieder auf dem schlüpfrigen Abhang der Diskreditierung der Bibel im Namen des Versuchs, das Christentum wissenschaftlich respektabel zu machen?

An dieser Stelle möchte ich einen Punkt so klar wie möglich machen. Der Grund, aus dem ich dieses Buch geschrieben habe, ist nicht, die evangelikale Christenheit auf den Weg in Richtung wissenschaftlicher Glaubwürdigkeit zu drängen. Das rechtgläubige (traditionell anerkannte) Christentum umfasst viele Lehren, die über den Bereich der naturwissenschaftlichen Überprüfbarkeit hinausgehen. Einige davon wollen wir nun kurz betrachten, um dann wieder auf die Frage zurückzukommen, warum ich es für so wichtig erachte, dass alle Christen zumindest die Möglichkeit einräumen, dass Gott sukzessive und nicht plötzlich aus dem Nichts geschaffen haben könnte.

Wissenschaftliche Glaubwürdigkeit und der Glaube an die Auferstehung Zuerst und vor allem anderen glauben Christen, dass Jesus Christus gestorben und auferstanden ist. Wenn dies weggenommen wird, ist das, was übrig bleibt, in der Tat kein Christentum mehr. Christentum heißt auch, zu glauben, dass Christus Gott ist – und der stärkste Beweis dafür ist, dass Jesus als Gott auferstanden ist und immer noch lebt. Nimmt man die Auferstehung weg, bleibt Jesus als ein großer

Lehrer übrig – aber nicht als Gott des Universums. Die Auffassung, dass Christus nicht Gott sei, widerspricht dem Kern des Christentums, und ich möchte behaupten, dass ein darum beraubtes Christentum eine andere Religion wäre. Der Glaube an die Auferstehung ist somit die wichtigste Überzeugung, die Christen vertreten. Ist die Auferstehung naturwissenschaftlich glaubwürdig? Denken wir kurz darüber nach. Der Kern des Christentums ist also der Glaube, dass – nachdem Jesus Herz aufgehört hatte zu schlagen und sein Gehirn seine Tätigkeit eingestellt hatte und nachdem bereits Zerfallsprozesse eingesetzt hatten – derselbe Körper wieder zum Leben erwachte. Alle experimentellen Daten, die wir haben und wahrscheinlich jemals haben werden, machen deutlich, dass ein solches Geschehen in der normalen, alltäglichen Welt, in der wir leben, unmöglich ist. Es gibt keine Möglichkeit, dies so zu drehen, dass eine Auferstehung von den Toten naturwissenschaftlich glaubwürdig wird. Sie ist es einfach nicht. Doch das ist die Position, die wir vertreten. Und wenn wir dies aufgeben würden, dann hätten wir aufgehört, Christen zu sein – denn die Auferstehung ist nun einmal der wichtigste aller christlichen Glaubensgrundsätze.

Wie kann ich als Naturwissenschaftler die Ansicht vertreten, dass ein Körper nach dem Tod wieder zum Leben erwachen konnte? Die Antwort ist ganz einfach: weil ich denke, dass es gute Gründe gibt zu glauben, dass der Schöpfer allen Lebens diese Erde in der Gestalt eines Menschen besucht hat. Wenn man diesen Glauben voraussetzt, ist alles möglich, einschließlich einer vorübergehenden Aufhebung der Naturgesetze, die er anfangs selbst eingesetzt hatte. Und dennoch: Für einen Naturwissenschaftler, der im Labor mit seinen Mittelchen und Reagenzgläsern arbeitet, gibt es keine Möglichkeit, dies auch nur irgendwie in einen Bereich zu bringen, der naturwissenschaftlich erforschbar wäre. Naturwissenschaftler können nur Ereignisse überprüfen, die den Naturgesetzen folgen. Daher hat die Naturwissenschaft zu der Frage, ob es für den Schöpfer des Universums möglich wäre, die Erde in Gestalt eines Menschen zu besuchen, zu sterben und wieder zum Leben erweckt zu werden, nichts zu sagen. Eine Prüfung dieser Behauptung liegt außerhalb der Reichweite der Instrumente der Naturwissenschaft, und so wird es wahrscheinlich immer bleiben. Für einen Naturwissenschaftler, der glaubt, dass das, was er sieht, auch alles ist, was es gibt und jemals gegeben haben kann, ist der Glaube an einen auferstandenen Körper daher irrational. Wenn zum Leben jedoch mehr gehört als das, was man an den Labortischen der Naturwissenschaftler sehen kann, wenn zum Leben mehr gehört als das, was wir im täglichen Leben erfahren, dann ist es überhaupt nicht irrational. Eines ist jedenfalls sicher: Da es sich bei der Auferstehung um ein einmaliges Ereignis handelt, liegt es außerhalb des Bereichs, den die Naturwissenschaft erforschen kann.

Wissenschaftliche Glaubwürdigkeit und der Glaube an den Heiligen Geist
Ein zweiter Glaubensgrundsatz der Christen ist die Existenz des Heiligen Geistes, dessen Gegenwart sich auch in der heutigen Welt zeigt. Für jemanden, der so in die Welt der Reagenzgläser und Dinge, die man sehen, berühren und messen kann, vertieft ist, scheint dies eine seltsame Vorstellung zu sein. Tatsache ist jedoch, dass wir daran glauben, und wenn diese Glaubensvorstellung weggenommen würde, bliebe wieder etwas ganz anderes übrig als das traditionelle Christentum der vergangenen 2 000 Jahre. Das Christentum betont schon lange, dass Gott sich nicht aus der Welt zurückgezogen hat, nachdem er das Universum erschaffen hatte. Und es behauptet nicht nur, dass Jesus gestorben und wieder auferstanden ist, sondern auch, dass er seinen Geist sandte, um unter uns zu wohnen, um uns zu trösten und uns ein erneuertes Leben zu ermöglichen. Nimmt man den Glauben an den Heiligen Geist weg, ist das, was übrig bleibt, gewiss kein Christentum mehr.

Ist es möglich, die Lehre vom Heiligen Geist so zu drehen, dass sie naturwissenschaftlich respektabel wird? Ich erinnere mich noch, wie es war, als ich nach einer Zeit des Zweifelns wieder ein evangelikaler Christ wurde. Nachdem ich meine Arbeitswoche im Labor verbracht hatte – mit der Durchführung von Experimenten beschäftigt, die konkrete Antworten auf sorgfältig formulierte Fragen lieferten – ging ich sonntags los, um mit Gottes Leuten zusammen zu sein, und spürte ganz klar Gottes Gegenwart in ihnen und durch sie. Einige Leute in der Gemeinde sprachen ständig von den Wirkungen des Heiligen Geistes in ihrem Leben, und meinem Empfinden nach wurden diese Erfahrungen tatsächlich immer wieder von der Freude in ihren Gesichtern bezeugt – einer Freude, die von der Gegenwart Gottes in ihren Herzen nach außen strahlte. Einmal nahm ich meinen Doktoranden mit in die Gemeinde, der von Gott nicht viel wusste, aber (zumindest meiner Meinung nach) Gottes Gegenwart dringend in seinem Leben gebrauchen konnte. Für ihn war es wie eine Reise auf einen anderen Planeten. Die Leute lobten einen Gott, über den er nichts wusste, und redeten, als ob derselbe Gott tatsächlich in ihnen lebte. Nachdem mein Doktorand so sehr in der Welt der Experimente gelebt hatte, inmitten von Dingen, die man im Hier und Jetzt sehen kann, hatte er den Eindruck, dass das, was er in der Gemeinde sah, völliger Blödsinn war – und er kam nie wieder mit mir mit.

Die Naturwissenschaften haben keine Möglichkeit, die Existenz eines Geistes zu überprüfen, der weder gesehen noch mit Instrumenten gemessen werden kann – geschweige denn, dass die Gegenwart des Geistes Gottes im Leben einer Person naturwissenschaftlich nachzuweisen wäre. Warum also halten wir an dem Geist fest? Und ist das vernünftig? Wir vertreten diese Ansicht zunächst einmal ganz einfach deswegen, weil wir im Glauben annehmen, dass die Bibel Gottes Wort an uns ist, und die Bibel eben vom Heiligen Geist und von der innewohnenden Gegenwart des Geistes im Leben eines Glaubenden spricht. Und dies wird durch unsere eigenen Beobachtungen bestätigt. Wir Christen leben wirklich so, als hätten wir Gottes Geist in uns. Wir haben die Veränderung gesehen und haben keinen Zweifel daran, dass Gottes Gegenwart die Grundlage der Veränderung ist. Dennoch dürfen wir nicht behaupten, dass der Glaube an den Heiligen Geist in irgendeiner Form naturwissenschaftlich glaubwürdig wäre, noch werden wir jemals in der Lage sein, ihn wissenschaftlich glaubwürdig zu machen. Wir glauben an den Geist, weil wir an einen Gott glauben, der sich uns mitteilt. Die höchste Form seiner Mitteilung war zweifellos das Kommen seines Sohnes. Darüber hinaus glauben wir, dass die Bibel eine weitere Art von Gottes Kommunikation mit uns darstellt.

Wissenschaftliche Glaubwürdigkeit und der Glaube an die Kraft des Gebets
Eine dritte Glaubensgrundlage der Christenheit ist die Möglichkeit wirkungsvollen Gebets. Wir glauben tatsächlich, dass die Worte, die wir im Gebet mit unserer Stimme aussprechen, von einer Person gehört werden. Und nicht nur das: Wir glauben auch, dass wir unsere Gebete noch nicht einmal laut aussprechen müssen. Wir können sie flüstern oder sie auch nur als Gedanken formulieren, und der Schöpfer des Universums »hört« diese Gebete. Wir glauben sogar, dass es für Gott kein Problem ist, Millionen von Gebeten zu hören, die gleichzeitig auf der ganzen Erde geäußert werden. Der Glaube an das Gebet ist ein fundamentaler Bestandteil des Christentums – wenn dies jemals weggenommen würde, bliebe nur eine Religion übrig, die sich erheblich vom Christentum unterschiede.

Können wir die Lehre vom Gebet so drehen, dass sie naturwissenschaftlich respektabel wird? Vielleicht, aber ich bezweifle es. Auch wenn es Hinweise aus dem Gebiet der Medizin gibt, die darauf hindeuten, dass Gebete wirklich etwas bewirken, so vermute ich doch, dass in der Welt der Reagenzgläser und Messgeräte solche Wirkungen eher dem Placeboeffekt anstatt einer äußeren Kraft wie Gott zugeschrieben werden. Man wird sicher sagen, dass allein der *Glaube* an das Gebet die Wirkung verursacht habe. Die Vorstellung, dass der Schöpfer Millionen von Gebeten auf einmal hören und nach seinem Willen auch beantworten kann, ist für jemanden, der sein Leben rein auf das Hier und Jetzt beschränkt sieht und nur auf Dinge vertraut, die den Instrumenten der Wissenschaft zugänglich sind, kaum zu akzeptieren.

Daraus folgt aber nicht, dass der Glaube an das Gebet tatsächlich irrational wäre. Was es allerdings deutlich macht, ist, dass es verschiedene Erkenntnismöglichkeiten gibt, und manche liegen nun einmal außerhalb des Bereichs der Naturwissenschaften. Wenn wir glauben, dass Gott hauptsächlich die Bibel benutzt, um sich uns mitzuteilen,

und wenn wir die Macht des Gebets im eigenen Leben erfahren haben,
dann ist es für uns selbstverständlich, zu glauben, dass der Schöpfer
des Universums kein Problem hat, all jene Gebete zu hören, selbst
wenn sie nur Gedanken in unserem Kopf geblieben sind.

Wissenschaftliche Glaubwürdigkeit und der Glaube an das ewige Leben
Ein vierter Glaubensgrundsatz der Christen ist die Überzeugung,
dass wir ewiges Leben bekommen und dafür einen neuen, unvergänglichen Körper erhalten werden. Naturwissenschaftlich ist dies
natürlich nicht nachvollziehbar. Die Wissenschaft kann lediglich auf
die scheinbare Unausweichlichkeit des Todes und des Verfalls hinweisen. Die Vorstellung, dass etwas von uns weiterlebt oder zu einem
späteren Zeitpunkt wieder lebendig gemacht wird, kann naturwissenschaftlich (zumindest so weit wir vorausschauen können) niemals
überprüft werden. Diese Welt ist für die Instrumente der Naturwissenschaft unzugänglich, und wir können auch nichts tun, um diese
Vorstellung so zu drehen, dass sie naturwissenschaftlich respektabel
wird. Aus naturwissenschaftlicher Sicht ist das einfach undenkbar.
Dennoch glauben wir daran – und dieser Glaube ist nicht irrational
zu nennen. Wenn man glaubt, dass Gott diese Erde in menschlicher
Gestalt aufgesucht hat, und man glaubt, dass es einen Heiligen Geist
gibt, der im Zentrum unseres Seins gegenwärtig ist, und man glaubt,
dass wir mit dem Schöpfer des Universums durch das Gebet kommunizieren können, dann beantwortet sich die Frage nach der Un-
sterblichkeit von selbst, da sie quasi zu einer Selbstverständlichkeit
wird. Trotzdem ist dies kein Glaube, der in irgendeiner Weise naturwissenschaftlich glaubwürdig wäre. Seine Glaubwürdigkeit erweist
sich außerhalb der naturwissenschaftlichen Methode.

Durch die vorangegangenen Überlegungen sollte deutlich geworden sein, dass der Glaube an eine sukzessive Schöpfung nicht ein
schlüpfriger Abhang sein muss, der am Ende zu unchristlichen Glaubensvorstellungen führt. Denn Tatsache ist, dass das Christentum
zentrale Glaubensgrundsätze hat, die der naturwissenschaftlichen
Methode *nicht zugänglich* sind. Wenn von der Vielzahl dieser zentra-

len Glaubensgrundsätze (ich habe hier nur ein paar von ihnen angesprochen) auch nur einer weggenommen würde, um dadurch eine
Kompatibilität mit der naturwissenschaftlichen Methode zu erreichen, dann wäre das, was übrig bliebe, jedenfalls kein Christentum
mehr. Es ist sehr wahrscheinlich, dass die zentralen christlichen Glaubensgrundsätze sich immer außerhalb des Bereichs der naturwissenschaftlichen Untersuchbarkeit befinden werden, und jeder Versuch,
sie dahin gehend ausrichten zu wollen, wäre vergeblich.

Auf Gottes Stimme hören und auf die Bewegungen seiner Hand achten Der
Beweis, oder sagen wir besser die Evidenz, dafür, dass Gottes Schöpfung sukzessive geschah, ist ganz andersgeartet, als es die Natur der
oben angesprochenen christlichen Phänomene ist. Die Auferstehung,
die Existenz des Heiligen Geistes und das ewige Leben liegen alle
jenseits des Bereichs der naturwissenschaftlichen Überprüfbarkeit.
Selbst der Versuch, die Kraft des Gebetes zu überprüfen, wird die Naturwissenschaftler wahrscheinlich nicht auf ihre Knie bringen. Die
Geschichte des Lebens auf der Erde fällt jedoch in eine ganz andere
Kategorie. Es war und ist möglich, diese mit naturwissenschaftlichen
Methoden zu erforschen. Noch vor der Explosion des Wissens, die
durch die Naturwissenschaft verursacht wurde, gab es zwei Sichtweisen des Schöpfungsberichts der Bibel, die beide ihre Berechtigung
hatten. Die erste ist, dass in der Offenbarung der Urgeschichte symbolische Sprache verwendet wird. Diese Möglichkeit zuzulassen, stellt
kein großes Zugeständnis dar – wissen wir doch bereits, dass die
Bibel an anderen Stellen durchaus symbolische Sprache enthält. Eine wörtliche Auslegung von Hiob 38,22 macht keinen Sinn, denn
es gibt keine buchstäblichen Lagerhäuser für den Hagel, und Gott
hat auch nicht jeden von uns mit einem Webstuhl im Mutterleib –
geschweige denn in den Tiefen der Erde – gewoben, wie eine wörtliche Auslegung von Ps 139,13–16 erfordern würde. Viele von uns
werden auch kein Problem mit der Ansicht haben, dass Johannes, als
er im Buch der Offenbarung von den Perlentoren der himmlischen
Stadt schrieb (Offb 21,21), einfach nur versuchte, die Schönheit des

Himmels in einem Bild auszudrücken, das für Menschen verständlich ist. Wir wissen, dass die Bibel bildhafte Sprache enthält. Daher ist auch die Ansicht, dass der Schöpfungsbericht symbolische Sprache enthält, in der Christenheit schon immer vertreten gewesen und wurde von einer der größten christlichen Gestalten des Altertums, Augustinus, akzeptiert. Die zweite Möglichkeit aber ist, dass der Bericht die Absicht hatte, als historisch aufgefasst zu werden. So gab es immer schon zwei Interpretationen, die zweifellos beide mit dem Christentum vereinbar sind.

Aber was stimmt nun – sukzessive oder plötzlich, symbolisch oder wörtlich? In den letzten Jahrhunderten haben Tausende von Naturwissenschaftlern aus den unterschiedlichsten Disziplinen wie Physik, Geologie, Astronomie und Biologie eine große Menge an Daten gesammelt, und die Antwort ist so eindeutig wie sicher: Die Erde ist nicht jung, und die Organismen erschienen nicht in sechs 24-Stunden-Tagen. Gott schuf schrittweise. Jedoch muss diese Erkenntnis nicht für revolutionär gehalten werden – und sollte es in der Tat auch nicht. Der Kern des christlichen Glaubens hängt in keiner Weise von der Dauer der Schöpfung ab. Wenn irgendeine menschengemachte Theologie auf dieser Vorstellung basiert, dann muss diese Theologie korrigiert werden. Tatsache ist jedoch auch, dass keines der bereits seit Jahrhunderten bestehenden theologischen Konzepte von der Vorstellung einer plötzlichen Schöpfung abhängig ist. Nicht ein einziger Glaubensgrundsatz baut darauf auf – und die naturwissenschaftlichen Erkenntnisse zu akzeptieren, muss keineswegs der erste Schritt eines Abstiegs sein, der von den Kernpunkten des christlichen Glaubens wegführt. Im Gegenteil, wir wissen jetzt mehr über die Art des Handelns Gottes. Wir wissen jetzt ein wenig darüber, wie Gott die Lebensvielfalt erschaffen hat, und immer wenn wir mehr vom Wirken Gottes verstehen, bringt uns das einen Schritt näher zu ihm. Der »schlüpfrige Abhang« ist in Wirklichkeit keiner – der Hang führt nach oben und der Weg ist Teil einer Reise zum Himmel.

Die Grenzen des naturwissenschaftlichen Instrumentariums erkennen   Ich habe versucht deutlich zu machen, dass der Schritt zu der Überzeugung, dass im Schöpfungsbericht symbolische Sprache verwendet wird, etwas grundlegend anderes ist, als das Infragestellen lange vertretener Glaubensgrundsätze des Christentums. Ich möchte dies mit einer letzten Illustration abschließen, die veranschaulicht, warum das Anerkennen einer sukzessiven Schöpfung auf einer ganz anderen Grundlage geschieht, als wenn die Auferstehung abgelehnt würde oder die Gegenwart des Heiligen Geistes in einem Christen geleugnet würde.

Heute Morgen warf ich einen Blick auf die Wetterseite meiner Lokalzeitung, der *San Diego Union-Tribune*. »Die Höchsttemperatur gestern war ziemlich niedrig«, äußerte ich mich dazu meiner Frau gegenüber. Die Temperatur betrug 15 °C – ein unangenehm kühler Tag für San Diego Anfang März. Bei dieser Beurteilung vertraute ich voll und ganz auf die Messgeräte der Naturwissenschaft, in diesem Fall der Meteorologie – wobei mein Vertrauen noch dadurch gestärkt wurde, dass all die verschiedenen Messstationen in und um San Diego etwa die gleiche Temperatur meldeten. Aber nicht nur das: Da ich gestern den ganzen Tag im Garten gearbeitet hatte, wusste ich, dass es wirklich verhältnismäßig kühl gewesen war.

Die Messgeräte der Naturwissenschaft sagen uns auch, dass die Lebensvielfalt auf der Erde schrittweise entstand. Jedes Instrument kommt aus seiner Perspektive zum selben Ergebnis: Das Leben ist sukzessive erschienen. Ich habe mehrere Jahrzehnte draußen im »Garten« der Biologie mit der Erforschung dieser Instrumente zugebracht und bin überzeugt, dass sie gut und richtig funktionieren und dass Gott wirklich durch einen sukzessiven Prozess und nicht durch ein plötzliches Erscheinen schuf.

Wenn ich die Zeitung aufgeschlagen und etwas über eine Entdeckung der Meteorologie von ganz anderer Art gelesen hätte, wäre dies ein berechtigter Grund skeptisch zu sein. Nehmen wir beispielsweise an, ich hätte einen Artikel gelesen mit der Überschrift: »Meteorologen suchen in der Atmosphäre nach Hinweisen auf ein Geistwesen«. Die Meteorologen könnten die kompliziertesten und teuersten

Geräte nutzen, die überhaupt nur denkbar wären, um damit jede Komponente der Erdatmosphäre gründlich zu analysieren, aber egal was sie tun, sie wären niemals in der Lage, eine naturwissenschaftliche Aussage darüber zu machen, ob der Heilige Geist die Erdatmosphäre mit Gottes Gegenwart durchdrang. Diese Fragestellung kann nicht mit meteorologischen Instrumenten angegangen werden. Ebenso ist die Naturwissenschaft nicht in der Lage, die Frage nach der Auferstehung zu klären. Die Naturwissenschaftler können sagen, dass es eine völlig andere Art von Ereignis sein müsste, anders als alles, was sie jemals zuvor gesehen haben, aber sie können nicht sagen, dass es nicht geschehen sein kann. Die Naturwissenschaft hat einfach keine Geräte, um in der Vergangenheit geschehene einmalige Ereignisse zu messen.

An eine sukzessive Schöpfung zu glauben, entspricht in unserem Beispiel dem Vertrauen in die Instrumente der Naturwissenschaft, dass die Temperatur gestern wirklich 15 °C betrug. Einigen von uns fällt es schwer, diesen Instrumenten zu vertrauen, weil so viel auf dem Spiel zu stehen scheint. Trotzdem müssen wir ihnen – nach reiflicher Abwägung – vertrauen. Sie messen einwandfrei die Größen, für deren Messung sie gemacht wurden. Dies anzuerkennen muss jedoch nicht, wie von vielen befürchtet, der erste Schritt auf einem schlüpfrigen Abhang nach unten sein. Den Schritt zu tun, die Auferstehung von Jesus oder andere wichtige Glaubensgrundsätze anzuzweifeln, hat nichts mit den Instrumenten der Naturwissenschaft zu tun. Die Geräte der Naturwissenschaft haben keine Antwort auf die Frage, ob die Auferstehung stattgefunden hat, so wie die Meteorologie nicht sagen kann, ob Gottes Heiliger Geist unsere Atmosphäre durchdringen kann. Es mag einen schlüpfrigen Hang weg von Gott geben, aber der Glauben an eine sukzessive Schöpfung ist sicher nicht der erste Schritt nach unten. Die Schritte hinunter sind von grundlegend anderer Art, und sie können sich nicht auf die Werkzeuge der Naturwissenschaft stützen. Ich möchte sogar so weit gehen und behaupten, dass die Akzeptanz einer sukzessiven Schöpfung keinesfalls ein Schritt nach unten ist. Im schlimmsten Fall ist sie ein Schritt seitwärts. Wenn sie allerdings jemanden näher an ein Verständnis des Wirkens

Gottes führt – näher an seine Wahrheit – dann ist sie mehr als ein Schritt zur Seite, dann ist sie ein Schritt nach oben. Wir verstehen Gottes Handeln in seinem Universum ein wenig besser – und nicht zuletzt auch Gottes Wirken durch den Heiligen Geist in unserem eigenen Leben.

7.3 Frieden finden mit der Erschaffung des Menschen

Die beiden sich ergänzenden Berichte von der Erschaffung des Menschen
In unserer bisherigen Diskussion haben wir uns in erster Linie auf die Schöpfungsereignisse konzentriert, die im ersten Kapitel vom ersten Buch Mose berichtet werden, und wir haben festgestellt, dass dieses Kapitel den Schöpfungsakt als eine Reihe von Befehlen Gottes beschreibt. Einzelheiten über die Prozesse, die sich als Folge dieser Befehle ergaben, werden nicht genannt. Es wird uns lediglich mitgeteilt, dass Gott am Ende jedes Abschnitts mit dem Ergebnis zufrieden war. Selbst der Bericht von der Erschaffung des Menschen fällt in 1 Mose 1 genauso knapp aus, obwohl uns immerhin ein weiteres Detail genannt wird: Der Mensch wurde nach dem Bild Gottes geschaffen. Uns wird in diesem Kapitel nichts darüber mitgeteilt, wie Gott diese großartige Aufgabe ausgeführt hat, noch wird uns gesagt, was es bedeutet, nach dem Bild Gottes geschaffen worden zu sein.

In Kapitel 2 des ersten Buchs Mose finden wir ab Vers 4 einen ergänzenden Schöpfungsbericht. Dieser Bericht hat einen ganz anderen Grundton – er klingt viel persönlicher und kommt schnell zur Sache: der Erschaffung des Menschen. In diesem Bericht ist die Erschaffung des Universums fast nebensächlich und die Erzählung zieht den Leser unmittelbar zur Schilderung davon, wie Gott die Menschheit schuf. Die beiden Berichte widersprechen sich nicht. Vielmehr haben sie zwei verschiedene Zwecke und nehmen dafür unterschiedliche Standpunkte ein. Der erste Bericht beschreibt die Schöpfung von einem Standpunkt über der Erde. In gewissem Sinne ist es der Blick aus der Perspektive Gottes – die Menschheit ist für Gott da. Der zweite

Bericht blickt von der Erde aus – Gott ist für die Menschheit da.[2] Hier finden wir nicht das Bild eines majestätischen Gottes, der alles, was ist und was jemals sein wird, erschaffen hat. Der Erzähler hat hier ein anderes Anliegen – er möchte deutlich machen, dass man diesen Gott kennenlernen kann. Dieser Gott ist ein Vater, der selbst draußen arbeitet, sich bückt und einen Klumpen Erde nimmt, um persönlich den ersten Menschen zu erschaffen. Dieser Gott haucht seinen eigenen Atem in die Nase seines geliebten Geschöpfes, um es zu beleben. Dieser Gott legt einen Garten an und bringt seinen geliebten Menschen in die Mitte des Gartens. Dieser Gott weiß, dass der Mensch einsam ist, und erschafft ihm ein Gegenüber und eine Hilfe, wobei er genauso viel individuelle Aufmerksamkeit aufwendet, wie er es für den ersten Menschen getan hat. Dieser Bericht möchte nicht, dass wir uns Gott als ein Wesen wie von einem fernen Planeten vorstellen – majestätisch und unnahbar. Vielmehr ist dies ein Gott, der in der Beziehung zu den Menschen am besten als Abba, Vater, gesehen werden kann. Er geht im Garten umher, und es scheint fast, als könnte das Menschenpaar seine Hände ausstrecken und ihn berühren.

Beide Schöpfungsberichte sind von einer ganz wunderbaren Schönheit geprägt. Gott möchte, dass wir wissen, wer er ist. Auf der einen Seite ist Gott das ewige Wesen, dessen Größe und Majestät jenseits unseres Vorstellungsvermögens liegt. Aber andererseits haben wir allen Grund, uns Gott als unseren persönlichen Vater vorzustellen, der uns in die Welt gesetzt hat und sich nichts anderes als Freude, Friede, Partnerschaft und Liebe für uns wünscht. Was für ein großartiger Gedanke! Und was für ein großartiger Einstieg für Gott, um eine beinahe zweitausend Seiten lange Liebesgeschichte Gottes mit der Menschheit zu beginnen.

Wenn es überhaupt Beweise dafür geben könnte, dass die Bibel Gottes Wort ist, dann müsste diese Geschichte – die Erzählung von der Schöpfung – zu den klarsten von allen gerechnet werden. Könnten die kreativsten Hollywoodproduzenten oder Drehbuchschreiber eine so tiefgründige Botschaft in einer einfacheren und ergreifenderen

---

2 Vgl. BONHOEFFER: *Schöpfung und Fall.*

Weise als diese erzählen? Die beiden zusammengehörigen Teile der Schöpfungsgeschichte erreichen einen Höhepunkt, als der Schöpfer des Universums aus der Höhe herab kommt – von seinem »Thron« in einer so fernen Welt – und zärtlich sein Leben in die Nase des Mannes haucht. Und der Mensch – geschaffen nach dem Bilde Gottes, mit dem Atem Gottes im Innern – erwacht dadurch zum Leben. Was für eine zeitlose Botschaft! Und das ist sie tatsächlich geworden – eine von Gott selbst inspirierte Botschaft, und so die größte aller möglichen Wahrheiten.

Die Historizität des zweiten Berichts Könnte es sein, dass Gott diese Botschaft in eine Geschichte verpackt hat, weil dies der einzige Weg ist, wie wir ihre eigentliche Bedeutung und ihre innere Wahrheit überhaupt erfassen können? Ist es möglich, dass diese Botschaft in Wirklichkeit *so* wahr ist, dass ihre Wahrheit nur auf dem Weg der Poesie überhaupt verstanden werden kann? Oder könnte es sich alternativ dazu um eine historisch genaue Darstellung dessen handeln, was tatsächlich passiert ist – dann würde uns die wunderschöne Botschaft durch reale Ereignisse erreichen, die wirklich genau so passiert sind, wie sie berichtet werden? Vielleicht hat Gott in der Tat nach unten gegriffen und eine Handvoll Erde genommen, aus der er den ersten Menschen formte. Vielleicht hat Gott den Mann wirklich in einen tiefen Schlaf fallen lassen, um ihm eine Rippe zu entnehmen, aus der er dann Eva schuf. Lassen Sie uns eins klarstellen: Wenn wir akzeptieren, dass Gott Jesus von den Toten auferwecken und seinen Körper umwandeln konnte, ist es kein großer Glaubensschritt, auch anzunehmen, dass Gott eine Frau aus einer Rippe machen konnte. Wenn wir glauben, dass ein Teil unseres Wesens niemals sterben wird, wobei wir ganz genau wissen, dass unser Körper im Boden verwesen oder in einem Krematorium zerfallen wird, dann wird für uns auch die Vorstellung, dass Gott sich herab beugt und aus der Erde einen Menschen macht, nicht besonders schwer zu akzeptieren sein. Der christliche Glaube vertritt die Ansicht, dass einige übernatürliche Möglichkeiten den eigentlichen Kern der Wirklichkeit ausmachen, von denen das ewige Leben nur eine ist. Vor diesem Hintergrund muss der Aspekt der Übernatürlichkeit die Christen bei einer Akzeptanz des zweiten Schöpfungsberichts als reale Geschichte nicht beunruhigen. Wenn wir Christen sind, sollten wir uns bewusst sein, dass wir mit Herz und Verstand an das Übernatürliche glauben.[3]

Dennoch bleibt die Frage: Handelt es sich bei dem zweiten Schöpfungsbericht um eine Erzählung, die das Wesen Gottes und seine Beziehung zur Menschheit deutlich machen soll, oder handelt es sich um tatsächliche Geschichte, die so und nicht anders passiert ist? Ich habe versucht zu zeigen, warum ich denke, dass Gott die Organismen generell durch einen sukzessiven Mechanismus schuf. Die Bibel spricht über die Erschaffung der Lebewesen in Begriffen, die kaum mehr andeuten, als dass die Lebewesen das Ergebnis von Gottes Befehl sind; daher sollte es meiner Meinung nach klar sein, dass das allmähliche, sukzessive Erscheinen der Lebensvielfalt völlig im Einklang mit der Bibel steht. Der zweite Schöpfungsbericht klingt jedoch anders. Da er ein viel persönlicherer Bericht von der Liebe und Fürsorge des Vaters für den Mann und seine Frau ist, kann er nicht – nein, darf er nicht – in Begriffen eines »unpersönlichen« Gottes reden, der einfach nacheinander unberührt seine Befehle gibt. Die einzige Möglichkeit, wie Gott uns seine Botschaft klar machen kann, ist in Form einer persönlichen Ansprache, wie es später auch im ganzen Neuen Testament geschieht. Der große Gott des Universums kommt dahin hinab, wo wir Menschen sind und gestaltet uns dort in sein Bild. So wie die Bibel zeigt, dass Gott bei der ersten Schöpfung seinen Atem

---

3 C. S. Lewis hat dies besonders treffend ausgedrückt: »Wenn der Verfasser der Schöpfungsgeschichte sagt: ›Gott schuf den Menschen nach seinem Bilde‹, so mag er vage an einen leiblichen Gott gedacht haben, der Menschen formte, wie ein Kind eine Figur aus Plastilin formt. Ein moderner christlicher Philosoph wird eher an einen langandauernden Prozess denken, der mit der Erschaffung der Materie seinen Anfang nahm und sich über Zeiträume dahinzog, bis schließlich auf diesem Planeten ein Organismus auftrat, der nicht nur biologisches, sondern auch geist- und vernunftbegabtes [oder: *geistliches*] Leben empfangen konnte. Aber beide meinen im Grunde genau dasselbe. Beide verneinen auch dasselbe: die Lehre, daß der Materie eine blinde Kraft innewohne, durch die sie aus sich selbst Geist und Vernunft [oder: *Geistlichkeit*] hervorgebracht habe.« (Lewis: *Gott auf der Anklagebank*, S. 44).

in unseren Körper haucht, so zieht der große Gott des Universums seinen Atem von seinem sterbenden Sohn am Kreuz zurück, damit wir sehen, wie sehr er uns liebt – der Beginn *unserer Neuschöpfung*.

Ich erwähnte bereits, dass Paulus im Römerbrief, Kapitel 5, von Jesus als dem zweiten Adam spricht. Er tut dies in erster Linie, um uns die Dichotomie der Taten dieser beiden Männer zu zeigen, das heißt die Zweiteilung der Taten, die deutlich gegeneinanderstehen: Durch eine einzelne Tat von Adam kam der Tod zu den Menschen, während durch eine einzelne Tat von Jesus neues Leben entstand. Durch die eine Tat Adams wurde die Menschheit aus dem Garten verbannt, während wir durch die eine Tat von Jesus unsere Rückreise zum Garten beginnen. Die Bedeutung dieser Analogie kann gar nicht überschätzt werden. Dieses Bild, das Gott durch Paulus für uns malt, zeigt uns, wie ich schon angedeutet hatte, ein Bild der Gemeinde, wie Gott sie möchte. So wie Adam Evas Bräutigam ist, so wird Jesus in den Schriften des Paulus immer wieder als der Bräutigam der Gemeinde dargestellt. Von Adam und Eva wird gesagt, dass sie *ein Fleisch* seien – ein schönes Bild von der Ehe, wie Gott sie wünscht. Hierin steckt jedoch noch eine tiefere Botschaft, denn das Bild von Adam und Eva führt uns klar zur Gemeinde, der Braut Christi.[4] In der Gemeinde sind wir alle *ein Leib*, die Braut des zweiten Adams. Man erinnere sich daran, dass Jesus in der Nacht vor seiner Kreuzigung für seine Jünger, und damit für die Gemeinde, betete (Joh 17). Er betete, dass sie alle eins sein sollen, wie er und der Vater eins waren. Und auch wenn Jesus es nicht in seinem Gebet erwähnte, können wir sicher ergänzen: wie Eva und ihr Bräutigam, Adam, eins waren. Sie *waren* tatsächlich *ein Fleisch* – »Gebein von meinem Gebein und Fleisch von meinem Fleisch« (1 Mose 2,23). Paulus sprach aber nicht nur von der Gemeinde als Braut Christi, sondern er redete wegen unseres Einsseins mit Christus auch immer wieder davon, dass wir hier auf Erden der *Leib* Christi sind. Die ehrwürdigste aller Handlungen der Christen auf der ganzen Welt ist unsere Erinnerung an das Einssein mit ihm und miteinander: das Heilige Abendmahl. Viele Christen

---

4 Vgl. Bonhoeffer: *Schöpfung und Fall*.

glauben, dass wir beim Trinken des Weines tatsächlich Jesus Blut trinken und dass wir tatsächlich seinen Leib essen. Andere wiederum glauben, dass dies nur symbolisch geschieht. Unabhängig davon, ob es symbolisch oder wörtlich verstanden werden sollte: Tatsache ist, dass das Abendmahl bestätigt, dass wir Christi Leib sind – »Gebein von meinem Gebein und Fleisch von meinem Fleisch«.

Adam gab für die Erschaffung seiner Braut, Eva, von seinem Körper, genauso wie Christus für die Erschaffung seiner Braut, der Gemeinde, von seinem Körper gab. Wie Gott die Braut des ersten Adams auf Kosten eines Teils von Adams eigenem Körper, einer Rippe, schuf, genauso schuf Gott die Gemeinde, die Braut Christi, aus dem Körper des zweiten Adams – eine Gemeinde, deren Bau buchstäblich den Körper von Jesus Christus kostete.

Dieser Abschnitt geht sehr tief in die Bildsprache bzw. Symbolik, aber es ist eine heilige, ehrwürdige Bildsprache, die uns den Plan Gottes für die Ehe und seinen Plan für die Gemeinde zeigt. Gott hätte es nicht eindringlicher und bewegender schildern können als mit der Geschichte von Adam und Eva. Es gibt sicher keinen geeigneteren Weg, auf dem Gott die Geschichte seiner Sehnsucht und Liebe zur Gemeinde hätte erzählen können, als uns das Bild vor Augen zu malen, wie er in Adams Seite greift, eine Rippe entnimmt und daraus Eva macht. Es weist auf die neue Schöpfung hin – ist dies doch genau das, was Gott bei seinem eigenen Sohn tat, als er hinuntergriff nach dem blutenden Körper des Sohnes und auf Kosten dieses Körpers die Gemeinde erschuf. So wie die Rippe aus Adams Seite zum Leben Evas wurde, so wurde das Blut, das aus der durchbohrten Seite Jesu kam, zu unserem neuen, ewigen Leben. Durch den ersten Schnitt begann das Leben für Adams Braut. Durch den zweiten Schnitt begann das Leben für die Braut Christi.[5]

Aus all diesem wird klar, dass es einen guten Grund dafür gibt, dass Gott die Erzählung von der Erschaffung Adams und Evas in die Form gebracht hat, die wir in der Bibel aufgezeichnet finden. Die Geschichte von Adam und Eva ist unsere Geschichte. Es ist nicht nur

---

5 Vgl. BARTH: *Die Lehre von der Schöpfung*, S. 367–373.

die Geschichte von einem Ehepaar der Vorzeit, das in einem besonderen Garten lebte. Wenn das alles ist, was wir in der Geschichte sehen, übersehen wir ein Geschenk, das Gott uns anbietet. Mehr als alles andere möchte er uns sagen, wie sehr er uns liebt. Und die Geschichte von Adam, Eva und dem Garten ist die Geschichte von Jesus, Ihnen (und mir) und dem Leben in der Gegenwart Gottes.

Die Berichte über Jesus sind tatsächliche Geschichte, wirklich geschehene Ereignisse. Das akzeptieren wir ohne Frage. Dies anzuerkennen erfordert zunächst auch Glauben, oder besser gesagt Vertrauen, aber es wird schnell zur Gewissheit, je länger wir in und mit seiner Gegenwart leben. Wir akzeptieren dies aber auch aufgrund von bekannten Fakten.[6] Die Berichte der Evangelien können bis zu Manuskripten zurückverfolgt werden, die innerhalb einer oder zwei Generationen nach der Zeit Christi geschrieben wurden. Und niemand hätte Briefe mit der innigen Leidenschaft eines Paulus schreiben können, wenn nicht ein echter Glaube an das, worüber er schrieb, ihn bewegte. Hier geht es zweifellos um reale Geschichte, die sich in realer Zeit ereignete.

Aber wie ist das bei Adam und Eva? Hat Gott Adam buchstäblich aus Erde geformt, oder wird uns eine solche Erzählung schlicht deswegen vorgelegt, um Gottes komplizierte Mitwirkung an unserer Schöpfung, und zwar nicht nur der ursprünglichen, sondern auch der neuen Schöpfung, zu illustrieren? Hat Gott wirklich in Adams Seite gegriffen und Eva aus einer Rippe geschaffen, oder wird dies so erzählt, damit wir Gottes Erwartungen an die Ehe und seine Gemeinde sehen können? Eines sollten wir uns vor allem klar machen: Unabhängig von der Frage nach der Historizität von Adam und Eva ist ihre Geschichte unsere Geschichte – und ihre wahre Bedeutung erhält die Geschichte durch Gott.[7]

---

6 Siehe beispielsweise Lee Strobel: *Der Fall Jesus*. 6. Aufl. Asslar: Gerth Medien, 1999.

7 Michael Lodahl schreibt: »*Wir* sind die Sünder im Garten, und wir tun gut daran, uns zu erinnern, dass der Name Adam wörtlich ›Menschheit‹ bedeutet. Von Adams Fall zu lesen, bedeutet daher in Wirklichkeit, von unserem eigenen Fall zu lesen. Die Erzählung vom Sündenfall in 1 Mose 3 ist in Wahrheit *Ihre und meine Geschichte*. Wenn man sie nur zu einer Geschichte unserer ersten Eltern macht, wäre es tatsächlich so, als würde man das Problem der Sünde, *unserer* Sünde, auf andere abwälzen, ganz als ob

Wir müssen nicht alle das Gleiche glauben Es ist mir (und anderen auch) wichtig, dass die evangelikale Christenheit in dieser Frage Meinungsvielfalt ermöglicht – und sich dieses Thema wirklich erarbeitet, genauso wie Paulus die frühe Gemeinde anleitete, eine ähnlich kontroverse Angelegenheit ihrer Zeit durchzuarbeiten.[8] Lassen Sie uns dies kurz betrachten und sehen, was Gottes Wort zum Umgang mit solchen Kontroversen zu sagen hat. Die frühen Jahre nach Jesu Tod und Auferstehung waren für die Gemeinde äußerst turbulent, weil eine Trennung von den Traditionen der alttestamentlichen Gesetze stattfand. Es gab in der Gemeinde Leute, die glaubten, dass die Frage, was man essen dürfe und was nicht gegessen werden solle, immer noch aus dem jüdischen Gesetz beantwortet werden müsste. Auch die Form, wie der Sabbat zu halten sei, müsste sich auf die jüdische Tradition stützen. Verschiedene Meinungen in dieser Frage drohten die frühe Kirche zu spalten und Christi heiligen Leib auseinanderzubrechen – in einer Zeit, als die Gemeinde noch ein kleines Kind war und eigentlich aller Pflege bedurfte, die sie nur bekommen konnte. Die Gemeinde überstand diese Zeit und setzte ihren Weg fort, die Gesellschaft auf eine Weise zu revolutionieren, von der wir heute noch profitieren. Wenn zu diesem Zeitpunkt in der Geschichte nicht das Richtige getan worden wäre, so wären wir heute wahrscheinlich keine Christen und die Welt würde sicher ganz anders aussehen. Wie also lautete Gottes Wort an sein Volk in jener Zeit, in der ein so ver-

---

wir selbst keine Verantwortung dafür hätten und alle Verantwortung allein bei ihnen läge. Eine solche Projektion wiederum könnte selbst Sünde sein – geht Sünde doch oft mit der Ablehnung einher, Verantwortung für sich zu übernehmen und Rechenschaft für das eigene Handeln zu geben.« (LODAHL: *The Story of God*, S. 75).

8 Beachten wir dazu auch, was C. S. Lewis schreibt: »Bedeutet das, dass Christen von unterschiedlichem Bildungsniveau völlig verschiedene Glaubensinhalte unter immer gleichbleibenden Formulierungen verbergen? Gewiss nicht. Denn das, worüber ihre Meinungen auseinandergehen, ist nur der Schatten [aber sie stimmen im Wesen der Sache überein]. Wenn einer sich vorstellt, Gott throne in einem örtlich bestimmten Himmel über einer scheibenförmigen Erde, während ein anderer Gott und seine Schöpfung mit den philosophischen Begriffen Professor [Alfred North] Whiteheads beschreibt [Prozesstheologie], so unterscheidet sich ihr Glaube nur in dem, was unwesentlich ist.« (LEWIS: *Gott auf der Anklagebank*, S. 44).

hängnisvolles Potenzial zur Entzweiung bestand? Wir können es im
Römerbrief lesen:

> Der eine macht einen Unterschied zwischen heiligen Tagen
> und gewöhnlichen Tagen; der andere macht keinen solchen
> Unterschied. Wichtig ist, dass jeder mit voller Überzeugung zu
> dem stehen kann, was er für richtig hält. Wenn jemand bestimm-
> te Tage besonders beachtet, tut er das, um den Herrn zu ehren.
> Genauso ist es bei dem, der alles isst: Er tut das, um den Herrn
> zu ehren, denn für das, was er isst, dankt er Gott. Und auch der,
> der bestimmte Speisen meidet, tut das, um den Herrn zu ehren;
> auch er isst nichts, ohne Gott dafür zu danken. Keiner von uns
> lebt für sich selbst, und auch wenn wir sterben, gehört keiner
> von uns sich selbst. Wenn wir leben, leben wir für den Herrn,
> und auch wenn wir sterben, gehören wir dem Herrn. Im Leben
> wie im Sterben gehören wir dem Herrn. (Röm 14,5–8)

Gottes Wort an uns lautet, dass wir das kontroverse Thema sorgfältig durchdenken sollen. Wenn wir können, sollen wir eine Entscheidung treffen und dann diese Entscheidung Gott bringen. Unabhängig
davon, wie wir uns entscheiden, sollte die Meinung mit einem Geist
der Anbetung angenommen werden, da alles, wofür wir leben und
sterben, für das Reich Gottes ist – es darf sich nie zu *unserem* Reich
entwickeln. Hören wir weiter, was Gott uns zu sagen hat:

> Hören wir darum auf, einander zu verurteilen! Statt den Bru-
> der oder die Schwester zu richten, prüft euer eigenes Verhalten,
> und achtet darauf, alles zu vermeiden, was ihm ein Hindernis
> in den Weg legen und ihn zu Fall bringen könnte. Durch den
> Herrn Jesus habe ich die volle Gewissheit, dass es nichts gibt,
> was von Natur aus unrein wäre. Für den allerdings, der etwas
> als unrein ansieht, ist es dann auch unrein. [...] Denn im Reich
> Gottes geht es nicht um Fragen des Essens und Trinkens, son-
> dern um das, was der Heilige Geist bewirkt: Gerechtigkeit, Frie-
> den und Freude. Wer Christus auf diese Weise dient, an dem
> hat Gott Freude, und er ist auch in den Augen der Menschen
> glaubwürdig. (Röm 14,13–14.17–18)

Paulus schließt die Diskussion mit einer Ermahnung, die mir besonders bedeutsam für uns heute erscheint:

> Denn von Gott kommt alle Ermutigung und alle Kraft, um durchzuhalten. Er helfe euch, Jesus Christus zum Maßstab für euren Umgang miteinander zu nehmen und euch vom gemeinsamen Ziel bestimmen zu lassen. Gott möchte, dass ihr ihn alle einmütig und mit voller Übereinstimmung preist, ihn, den Gott und Vater unseres Herrn Jesus Christus. (Röm 15,5–6)

Wenn so Gottes Wort an uns lautet, könnte man sich fragen, warum ein Buch wie dieses hier überhaupt geschrieben wird. Schließlich habe ich nachdrücklich die Ansicht vertreten, dass Gottes Mechanismus zur Erschaffung der verschiedenen Lebensformen ein sukzessiver war, nicht eine plötzliche Schöpfung aus dem Nichts. Diese Ansicht klingt kaum nach einer Position, die Einheit in der Gemeinde hervorrufen wird. Es gibt viele Christen, die, egal wie klar die Beweisführung ist, nicht bereit oder nicht fähig sind, diese Ansicht zu akzeptieren. Sollte das der Fall sein, dann sei es so, aber Gottes Gebot zur Einheit steht über allem. Wir müssen anerkennen, dass unterschiedliche Meinungen durchaus erlaubt sind, aber in dieser Vielfalt müssen wir dennoch in der Lage sein, in Liebe verbunden unsere Arme umeinander zu legen. Aber noch einmal: Wenn das Thema potenziell spaltend wirkt, warum wurde dieses Buch überhaupt geschrieben?

Im ersten Brief des Johannes (Kapitel 4, Vers 1) steht die Aufforderung: »prüft, ob das, was er sagt, wirklich von Gott kommt.« Als jemand, der sein Leben dem Studium der Biologie gewidmet hat, war es meine Aufgabe, darüber zu schreiben, warum die meisten Biologen keinen Zweifel daran haben, dass neue Lebensformen auf dieser Erde nach und nach und nicht plötzlich erschienen sind. Diejenigen von uns, die Biologen und Christen sind, glauben natürlich, dass es auf den Befehl Gottes und unter seiner Führung geschah. Aus Respekt vor dem Auftrag aus dem ersten Johannesbrief habe ich es als wichtig empfunden, Ihnen mit diesem Buch die Gelegenheit zu geben, selbst zu prüfen. Jetzt, da wir zusammen über die Gründe nachgedacht haben, ist es – unabhängig davon, was jeder von uns in dieser Angelegenheit am Ende persönlich glaubt – äußerst wichtig, dass wir es Menschen beider Schöpfungsüberzeugungen (plötzlich aus dem Nichts oder sukzessive über lange Zeiträume) erlauben, nebeneinander im Leib Christi zu bleiben. Eines meiner wichtigsten Ziele beim Schreiben dieses Buches war es, der christlichen Gemeinde die Gründe vorzulegen, warum nahezu alle Naturwissenschaftler (einschließlich der Christen) an die sukzessive Entstehung der Lebensvielfalt auf der Erde glauben. Es bleibt zu hoffen, dass wir in Einheit und Liebe weitergehen können, trotz der Unterschiedlichkeit, die immer noch vorhanden ist. Es ist Gottes Reich, und wir sollten von Herzen Gottes Regeln folgen, nicht unseren eigenen.

Unterscheiden sich die naturwissenschaftlichen Daten in Bezug auf die Schöpfung des Menschen von denen anderer Organismen? Nun zurück zu der Ausgangsfrage: Ist der Bericht, in dem es heißt, dass Gott Adam aus dem Staub der Erde erschuf und dass Gott Adam eine Rippe entnahm, um Eva daraus zu erschaffen, wirkliche, tatsächlich geschehene Geschichte, oder handelt es sich um Bildsprache?

Die Gene auf unseren Chromosomen sind in fast der gleichen Reihenfolge angeordnet wie die Gene in Schimpansen und Gorillas. Genetiker wissen inzwischen, dass die Reihenfolge der Gene nicht besonders wichtig ist: Die Gene können neu angeordnet und in verschiedene Reihenfolgen gebracht werden und dennoch genauso gut funktionieren.[9] Die ähnliche Reihenfolge, so denken die Genetiker, spiegelt unsere gemeinsame Abstammung wider. Das Gleiche gilt für die Sprache der Gene. Die Gene in unseren Zellen benutzen den gleichen »Dialekt« in ihren Anleitungen zur Proteinherstellung wie die Gene in Schimpansenzellen. Der »Dialekt« hat sich leicht verändert, aber Genetiker denken, dass die Unterschiede durchaus dem entsprechen, was man erwarten darf, wenn es bereits eine Weile her ist, seit es einen gemeinsamen Vorfahren gab. Die Menschen haben

---

9 J. G. Hacia: »Genome of the Apes«. In: *Trends in Genetics* 17 (2001), Heft 11. S. 637–645.

viele der gleichen einzigartig gekennzeichneten Gene wie die großen Menschenaffen. Wir haben viele Retroposons und inaktivierte Virengene, die exakt an der gleichen Stelle in Introns eingefügt sind wie bei Schimpansen und Gorillas. Es gibt nicht den geringsten Hinweis auf einen »Bruch« in den genetischen Daten, der nahelegen würde, dass der menschliche Körper auf andere Weise von Gott erschaffen wurde als die anderen Lebewesen.

Der Fossilbefund ist ebenso eindrucksvoll. Er zeigt, dass Lebewesen mit intermediären Merkmalen (also Merkmalen, die zwischen Affen und Menschen liegen) etwa zu der Zeit auf der Erde lebten, zu der man sie auch erwarten würde, wenn die Vorstellung der sukzessiven Schöpfung genauso auch für Menschen gilt. Solche Fossilien wurden gefunden, und es stellte sich heraus, dass sie das erwartete Alter haben – mehrere Millionen Jahre und weniger.[10] Das Alter dieser Fossilien korreliert sehr gut damit, wie ähnlich sie dem modernen Menschen sind: Je größer die strukturellen Ähnlichkeiten, desto jünger das Fossil. Wir wissen auch, dass es Geschöpfe auf dieser Erde gab (Neandertaler), die Körper hatten, die unseren sehr ähnelten (obschon deutlich unterscheidbar). Sie lebten sogar noch parallel mit uns, dem modernen Menschen, bis sie vor etwa 30 000 Jahren ausstarben. Selbst DNA von Neandertalern ist erhalten geblieben.[11] Analysen dieser DNA zeigten, dass Neandertaler eine andere, aber mit uns eng verwandte Art waren. Aus naturwissenschaftlicher Sicht deutet nichts in der menschlichen Geschichte darauf hin, dass Gott nicht auch den Menschen sukzessive erschaffen hat.

Daher erscheint es wahrscheinlich, dass Gott Adam – die Menschheit also – zwar letztlich aus dem Staub der Erde machte, wie es in der Bibel heißt, aber nicht notwendigerweise in einem Augenblick. Wenn es darüber hinaus heißt, dass Eva aus Adams Rippe geschaffen wurde, will uns das wahrscheinlich sagen, dass Mann und Frau in Gottes Reich ein Fleisch sind und dass sie auch auf diese Weise leben

---

10 R. J. Blumenschine u. a.: »Late Pliocene *Homo* and Hominoid Land Use from Western Olduvai Gorge, Tanzania«. In: *Science* 299 (2003). S. 1217–1221.
11 I. V. Ovchinnikov u. a.: »Molecular Analysis of Neanderthal DNA from the Northern Caucasus«. In: *Nature* 404 (2000). S. 490–493.

sollen. Wenn man ferner noch von dem Bild ausgeht, dass so wie Eva
Adams Braut ist, die Gemeinde die Braut Christi ist, dann schattet
Gottes Wort an uns damit auch bereits die Tatsache voraus, dass die
Gemeinde selbst ein Leib ist, der auf Kosten des Körpers von Jesus
Christus hervorgebracht wurde.

Geschaffen nach dem Bild Gottes   Die Geschichte von Adam und Eva
ist eine inspirierte Botschaft, die uns als Offenbarung von Gott gegeben ist und uns eine Hilfe sein soll. Selbst wenn Menschen auf der
körperlichen Ebene sukzessive erschaffen wurden, ist es sicherlich
immer noch denkbar, dass Adam und Eva wirkliche Personen waren, die tatsächlich zu einer bestimmten Zeit lebten. Wenn das der
Fall wäre, könnte der Bericht der Bibel so aufgefasst werden, dass
er die Schöpfung des Menschen als spirituelles, also geistliches, Lebewesen schildert. Adam und Eva wären dann die ersten Menschen
gewesen, die erfuhren, was es wirklich bedeutet, nach dem Bild Gottes zu leben – in vollständiger Verbindung mit Gott, der bewusst als
Gott angesehen wird. Wenn das so stimmen sollte, dann wäre ihre
Geschichte in einem historischen *und* in einem symbolischen Sinn
unsere Geschichte.[12] Sie sündigten. Wir haben gesündigt. Ihre Tat
hatte zur Folge, dass sie von der Gegenwart Gottes getrennt wurden.
Unsere Sünde trennte uns von Gott. Sie wurden *nicht* erneuert und
zurück in den Garten gebracht, aber *wir* bringen (durch Jesus) ihre
Geschichte zu einem Abschluss, denn wir dürfen den Garten der Gegenwart Gottes wieder betreten. Deshalb – unabhängig davon, ob

---

12 Vielleicht hat C. S. Lewis die mythische Dimension der Bibel am besten beschrieben:
»Darum müssen wir uns des mythischen Glanzes nicht schämen, der auf unserer
Theologie liegt[…] Wir müssen nicht in einer falsch verstandenen Geistlichkeit die
intuitive Empfänglichkeit unserer Fantasie unterdrücken. Wenn es Gott gefallen hat,
Mythenschöpfer zu sein – und ist nicht der Himmel selbst ein Mythos? –, sollten
wir uns da weigern, Mythenempfänger zu sein? Denn das ist der Ehebund zwischen
Himmel und Erde: Vollkommener Mythos und vollkommene Tatsache. Und unsere
Antwort darauf soll nicht nur Liebe und Gehorsam sein, sondern auch Staunen und
große Freude. Alle sind angesprochen: der Primitive, das Kind, der Dichter in einem
jeden von uns nicht weniger als der Moralist, der Gelehrte und der Philosoph.« (Lewis:
Gott auf der Anklagebank, S. 53).

ihre Geschichte historisch *und* symbolisch oder rein symbolisch zu verstehen ist – wird ihre Geschichte zu unserer Geschichte, zu einer Geschichte für die ganze Menschheit.

Aber wie auch immer wir die Historizität der Erzählungen einschätzen, Menschen sind spirituelle, das heißt geistliche Wesen, die nach dem Bilde Gottes geschaffen wurden und fähig sind, Gott aufgrund seiner Offenbarung an uns durch sein geschriebenes Wort, die Bibel, und durch sein lebendiges Wort, Jesus Christus, kennenzulernen und ihn zu lieben.[13] Außerdem offenbart Gott sich weiterhin den Gliedern des Leibes Christi durch den lebendigen Heiligen Geist. Die Botschaft, die sich durch die ganze Bibel zieht, ist, dass Gott sich einzelne Personen herausgreift, denen er auf besondere Weise wirklich begegnet. Die Biologie und das Studium der Geschichte des Lebens auf der Erde können uns nichts über die Entstehung des ersten spirituellen Menschen mitteilen. Sicherlich könnte es sich um ein Ereignis gehandelt haben, das durch Gottes Interaktion mit zwei bestimmten Individuen eingeleitet wurde, einem Mann und einer Frau, die in einem einzigartigen Augenblick der Geschichte ins Paradies, der Gegenwart Gottes, gebracht wurden. Psychologie und Anthropologie können uns nichts über den Beginn der spirituellen Reise der Mensch-

---

13 Der schottische Theologe James Orr, einer der Autoren der Buchreihe »The Fundamentals« (aus den Jahren 1910 bis 1915), schrieb vor über 100 Jahren Folgendes: »Es ist nicht korrekt zu behaupten, dass die Lehre vom Sündenfall auf das dritte Kapitel vom ersten Buch Mose angewiesen ist. Die christliche Lehre von der Erlösung beruht sicher nicht auf der Erzählung von 1 Mose 3, sondern sie beruht auf der Realität der Sünde und der Schuld der Welt, die auch dann als Tatsachen bestehen würden, wenn das dritte Kapitel des ersten Buches Mose nie geschrieben worden wäre. Es wäre richtiger zu sagen, dass ich an das dritte Kapitel von 1 Mose glaube – oder sagen wir, an die entscheidende Wahrheit, die sie enthält –, weil ich an Sünde und Erlösung glaube, als zu sagen, dass ich an Sünde und Erlösung aufgrund der Geschichte vom Sündenfall glaube.« (JAMES ORR: *The Christian View of God and the World as Centering in the Incarnation*. Nachdruck der Ausg. v. 1891. Grand Rapids, MI (USA): Eerdmans, 1948, S. 182, zitiert in RAMM: *Offense to Reason: A Theology of Sin*, S. 57). Der bekannte Theologe aus Princeton, B. B. Warfield, ebenfalls Autor von »The Fundamentals«, »ließ umfängliche Evolution von einem oder nur wenigen ursprünglichen Lebensformen ausgehend als eine Möglichkeit zu, um zu erklären, auf welche Weise Gott die Pflanzen, Tiere und sogar den menschlichen Körper geschaffen habe.« (MARK A. KNOLL: »Ignorant Armies«. In: *First Things* 32 [1993]. S. 45–48).

heit mitteilen. Als Christen glauben wir, dass wir als geistliche Wesen in der Lage sind, als Reaktion auf das Entgegenkommen Gottes mit ihm zu kommunizieren. Dieser Kommunikationsprozess muss zu einem bestimmten Zeitpunkt in der Geschichte begonnen haben. Auf jeden Fall ist es eine berechtigte Interpretation des biblischen Berichts, dass dieser Prozess mit zwei historisch realen Personen begann, in die Gott seinen Atem hauchte – den Atem, der wirkliches Leben gibt. Eine alternative Sichtweise jedoch ist, dass Gott das Bild von Adam, Eva und dem Garten in Form einer reinen Erzählung inspiriert hat, schlicht um der Menschheit die oben genannten Punkte auf eine Weise deutlich zu machen, die auch über mehrere Jahrtausende hinweg verständlich sein würde. Es muss in der evangelikalen Christenheit Raum für beide Sichtweisen geben. Lassen wir niemals zu, dass es zu einem Prüfstein für das Christsein eines Menschen wird, ob er Adam und Eva für historische *und* symbolische Personen oder für rein symbolische Personen hält. Entscheidend sind die Botschaft und der Glaube, dass die Botschaft von Gott kommt. Lassen wir die Meinungsvielfalt bezüglich ihrer Historizität zu, damit wir als Christen zusammen in Einheit zu den wichtigeren Fragestellungen übergehen können.[14]

---

14 Einige Christen glauben, dass die Historizität der Sünde Adams von so zentraler Bedeutung für die Lehre vom Ursprung der Sünde ist, dass das Christentum mit der Historizität Adams steht und fällt. Der konservative Gelehrte Bernard Ramm argumentiert in seinem Buch heftig gegen diese Ansicht (RAMM: *Offense to Reason: A Theology of Sin*). Ebenso LODAHL: *The Story of God*, HYERS: *The Meaning of Creation*, BONHOEFFER: *Schöpfung und Fall*; und (indirekt) LEWIS: *Gott auf der Anklagebank* (siehe Fußnote 12). Der römisch-katholische Theologe Jerry Korsmeyer schreibt Folgendes:»Wenn Sie heute einen Bibelgelehrten fragen, werden die meisten Sie darüber informieren, dass es einen ›Sündenfall‹, wie Augustinus ihn beschreibt, im ersten Buch Mose gar nicht gibt. Tatsächlich wird Adams Geschichte – die einige heute als den Kern der christlichen Botschaft ansehen, weil sie erklärt, warum Gott Mensch wurde – kaum irgendwo anders im Alten Testament erwähnt. Es gibt kaum eine Erwähnung von Adam bei den Propheten. Und was noch stärker auffällt, ist, dass es keine Erwähnung von Adams Sünde in den Evangelien gibt. Wie Henri Rondet, der über die Geschichte der Vorstellung von der Erbsünde forschte, feststellte: ›Offensichtlich beruht die Lehre der Evangelien von der Erlösung nicht in erster Linie auf der Notwendigkeit, Sühne zu leisten für die Sünde Adams. Jesus ist gekommen, „um zu suchen und zu retten, was verloren ist", um uns vom Bösen wegzureißen, um unser Leben wiederherzustellen,

7.4 Frieden finden damit, dass die Bibel die sukzessive Schöpfung nicht besonders deutlich macht

Ein Zweck dieses Buches war es, die Geschichte der Schöpfung anhand der Erkenntnisse aus den Naturwissenschaften darzustellen. Aus der Naturwissenschaft wissen wir, dass neue Lebensformen sukzessive über Milliarden von Jahren erschienen sind. Für Christen bedeutet dies, dass Gott schrittweise geschaffen haben muss und dass der biblische Bericht in dem Licht dieser Erkenntnisse interpretiert werden muss. Meine Studenten fragen mich häufig: Wenn Gott sukzessive schuf, warum sagt uns Gottes Wort das nicht ganz explizit? Meine Antwort auf diese Frage beruht auf zwei Erwägungen. Eine davon ist die zeitlose Natur der Bibel. Gottes Wort für uns heute war auch bereits Gottes Wort für die Zivilisation vor Tausenden von Jahren. Sein Wort ist zeitlos und musste die Jahrtausende hindurch immer in einer verständlichen Weise sprechen. Die Tatsache, dass es das tut, ist an sich schon ein Wunder. Aber vielleicht *gibt* es doch, wie wir in Kapitel 5 besprochen haben, Elemente in dem Bericht, die auf eine sukzessive Schöpfung hindeuten. Der Bibeltext hätte auch einfach sagen können, dass Gott alles Bestehende geschaffen habe – und es dabei belassen können. Es hätte alles in einem einzigen Vers gesagt werden können. Stattdessen zeigt die Bibel uns einen Gott, der in Etappen erschafft. Eine genauere Untersuchung zeigt, dass es möglicherweise zwei parallele Berichte einer schrittweisen Schöpfung im ersten Kapitel der Bibel gibt. Der erste Bericht erstreckt sich über die ersten drei Tage der Schöpfungswoche und beginnt mit der Erschaffung des Lichts und der Wölbung am Himmel, gefolgt von trockenem Land und schließlich den Pflanzen. Alles ereignet sich in Etappen, wobei jede Etappe auf Gottes Befehl hin ausgeführt wird. Der zweite Bericht erstreckt sich über die Tage vier bis sechs. Er beginnt wieder mit Licht (diesmal mit dem Hinweis auf bestimmte Lichtquellen) und fährt in Etappen fort, um Gottes Schöpfungsbefeh-

---

Lk 19,10 und Joh 10,10.«« (JERRY D. KORSMEYER: *Evolution and Eden: Balancing Original Sin and Contemporary Science.* New York: Paulist Press, 1998, S. 24).

le hinsichtlich der Tierwelt zu zeigen. In diesen beiden Abschnitten wird uns gezeigt, wie Gott die Erde für seine Geschöpfe zubereitet – für die Pflanzen im ersten Berichtsteil und für die Tiere im zweiten Teil. Dies hätte nicht in Form einer schrittweisen Entfaltung von Gottes Schöpfungshandeln berichtet werden *müssen*, aber so wird es hier berichtet. Die Botschaft ist zeitlos. Sie wurde vor 4 000 Jahren verstanden und sie kann heute von uns noch viel detaillierter verstanden werden, weil wir Erkenntnisse aus der naturwissenschaftlichen Forschung besitzen, die uns die Folgen und Ergebnisse von Gottes Schöpfungsbefehlen zeigen. Die Bibel selbst informiert uns nicht über alle Details. Angesichts des zeitlosen Charakters der Bibel hätte das früher nur zur Verwirrung geführt. Allerdings hat Gott uns unseren Verstand gegeben, um die Puzzleteile zusammenzusetzen, und da wir die Erfahrung gemacht haben, dass wir diesem Verstand durchaus vertrauen können, werden wir durch die Wissenschaft dem Verständnis der Realität näher gebracht – und schließlich ist es Gottes Realität.

Die zweite Erwägung beim Nachdenken darüber, warum die Bibel nicht *mehr* Einzelheiten über den Schöpfungsmechanismus enthält, hängt mit dem Zweck der Bibel zusammen. Die Bibel ist vor allem eine Geschichte von Gottes Heilsplan, und als solche ist sie eine Geschichte von Gottes Verlangen nach Beziehungen – die Liebesgeschichte, von der ich weiter vorne gesprochen habe. In gewisser Weise ist es eine beiläufige Sache, wie Gott unsere Körper schuf, und Gott zog es vor, hier nicht ins Detail zu gehen, weil das eine Nebensache ist, die nur vom eigentlichen Zweck der Geschichte ablenken würde. In früheren Jahrhunderten hätten die Leser sich in technischen Details nur verloren und darüber den eigentlichen Kernpunkt der Geschichte verpasst, wenn die Geschichte auf eine andere Weise erzählt worden wäre, als sie es ist. Deshalb teilte Gott uns einfach nur mit, dass wir, wie die Tiere, aus dem Staub der Erde geschaffen sind. Und das ist, wie Sie in diesem Buch gesehen haben, auch der Kernpunkt der Auffassung von einer sukzessiven Schöpfung – kein Biologe hätte es prägnanter ausdrücken können. So kann Gott zum Wesentlichen seiner Botschaft für uns kommen – zu der Tatsache, dass er uns nach seinem Bild geschaffen hat und dass wir dafür vorgesehen sind, in eine Beziehung zu ihm zu treten.

7.5 Frieden finden mit denen in Gottes Familie, die anders denken

Wir kommen nun zum eigentlichen Zweck dieses Buches zurück. Ich habe die Hoffnung, dass deutlich geworden ist, dass es möglich ist, evangelikal zu sein, Christus als seinen persönlichen Retter anzunehmen und die Bibel als das inspirierte Wort Gottes zu betrachten, und dennoch auch die Auffassung von einer sukzessiven Schöpfung zu vertreten. Es gibt logische Gründe für diese Position. Es war nicht in erster Linie mein Ziel, die Sichtweise der sukzessiven Schöpfung vorzustellen, damit andere diese Ansicht übernehmen. Wenn dies geschieht, wäre es schön, aber das war nicht das Ziel des Buches. Der Zweck war vielmehr, der Gemeinde zu helfen zu verstehen, dass diese Ansicht als ein berechtigter Standpunkt für einen Evangelikalen akzeptiert werden muss. Ich habe einige der vielen guten Gründe für diese Ansicht dargelegt, damit die Legitimität dieses Glaubens anerkannt werden kann, und habe versucht zu zeigen, dass der Glaube an eine sukzessive Schöpfung nicht im Widerspruch zu den Grundlagen unseres christlichen Glaubens steht.

Zu Beginn des Buches beschrieb ich es als die persönliche Geschichte eines Biologen, der versucht, seinen Glauben und das Wissen, das er aus der Welt der Biologie gewonnen hat, in Einklang zu bringen. Ich möchte schließen, indem ich auf diesen persönlichen Aspekt der Geschichte zurückkomme, aber ich tue das nicht, weil an meiner persönlichen geistlichen Reise etwas Besonderes wäre. Sie ist nicht außergewöhnlicher als die von jemand anderem. Aber ich denke, dass sie eine Lektion veranschaulicht, die ich zu lernen hatte und die der wesentliche Grund für das Schreiben dieses Buches wurde. Bei meiner Rückkehr zu Christus, die ich in einem vorangegangenen Abschnitt beschrieben habe, war ich nicht bereit, zum evangelikalen Christentum zurückzukehren. Ich sehnte mich zwar danach, weil ich wusste, dass ich im Grunde ein Evangelikaler war. Ich glaubte an Christus als meinen persönlichen Retter. Ich glaubte, dass wir in der Lage sind, mit Gott zu kommunizieren und dass Gott mit uns kommuniziert. Ich habe versucht, in meinem Leben in den Fußstapfen Christi zu gehen. Trotzdem hielten mich bestimmte Dinge davon ab, auf gemeindlicher Ebene zu den Evangelikalen zurückzukehren. Eines der größten Schreckmittel war mein Eindruck, dass ich wegen meines Glaubens an eine sukzessive Schöpfung nie Teil einer evangelikalen Gemeinschaft werden könnte. Es ist wichtig, dass Sie verstehen, wie groß diese abschreckende Wirkung war. Wenn die evangelikale Christenheit nicht beginnt, den Stellenwert des Glaubens an eine Form von plötzlicher Schöpfung aus dem Nichts (*Möglichkeit 1* – jede Art aus dem Nichts – oder *Möglichkeit 2* – nur Urtypen aus dem Nichts) zu senken, dann wird es weiterhin Tausende von Menschen geben (in manchen Fällen sicher auch unsere eigenen Kinder), denen die volle Gemeinschaft in Gottes Reich verwehrt wird. Und sie werden faktisch das Gefühl haben, dass ihnen die Gemeinschaft verwehrt wird, nicht weil sie Christus nicht als Erlöser annehmen würden, sondern weil sie merken, dass die Kirchentüren für jemanden, der an eine sukzessive Schöpfung glaubt, nicht offen sind. Solche Menschen werden das Christentum mit einer speziellen Weltanschauung in Verbindung bringen, die im Widerspruch zur gesamten Welt der Wissenschaft steht. Als Christen dürfen wir es einfach nicht zulassen, dass hier eine Barriere zum Glauben errichtet wird. Die Mauer muss fallen und wir dürfen nicht länger die Ansicht verbreiten, dass der Glaube an die Bibel zu einem Krieg zwischen den Daten der modernen Naturwissenschaft und der Bibeltreue führen muss.[15] Wenn viele Christen an der Ansicht festhalten wollen, dass Gott plötzlich aus dem Nichts

---

15 Soweit Naturwissenschaftler die Abwesenheit Gottes in der Geschichte des Lebens verfechten, führt dies zu einer »geistlichen Kampfführung«. In dem Maße, wie diese »*Es gibt keinen Gott*«-Philosophie auch andere akademische Disziplinen durchdringt, führt es wieder zu »geistlicher Kampfführung«. Nachdem ich 18 Jahre als Student, Postdoc und Professor an säkularen Universitäten verbracht habe, bin ich mir voll und ganz bewusst, dass diese Philosophie allgegenwärtig ist. Allerdings sind es nicht die Daten, die falsch sind. Die Ursache für den geistlichen Kampf ist die *Interpretation* der Daten in einer Weise, die vollkommen leugnet, dass Gott in irgendeiner Form invol-

erschuf, dann ist das eben so. Aber als Gemeinde, als die Kirche Christi, sollten wir sie davon abhalten zu behaupten, dass der Glaube an eine plötzliche Schöpfung der Lebewesen aus dem Nichts für den Glauben grundlegend wäre.

Im Vergleich zu vielen anderen Menschen mit naturwissenschaftlicher Ausbildung bin ich in einer ungewöhnlichen Lage. Ich wuchs in einer evangelikalen Gemeinde auf und kannte daher die Schönheit der christlichen Gemeinschaft aus erster Hand. Als ich im jungen Erwachsenenalter zu Christus zurückfand, sehnte ich mich auch nach dieser Art von Gemeinschaft zurück, aber ich rechnete nicht wirklich damit, dass es jemals dazu kommen würde – ohne Brücke dahin war die Kluft für Menschen, die so wie ich dachten, einfach zu groß. Eine meiner lebhaftesten Erinnerungen aus dieser Zeit stammt von einem Sonntagnachmittag an einem südkalifornischen Strand. Als meine Frau und ich mit unseren beiden kleinen Mädchen an diesem Tag am Strand ankamen, sah ich einen Sonntagsschulbus, der – wie an der Aufschrift zu erkennen war – zu einer Gemeinde von der Denomination gehörte, in der ich aufgewachsen bin. Das weckte lebhafte Erinnerungen an die schönsten Zeiten meiner Kindheit. Die Gemeinschaft in der Gemeinde war die größte Freude meines Lebens gewesen, und gerade die Picknicks hatte ich von allem am meisten genossen. Diese Gemeindefamilie dort im Bus, dachte ich, macht gerade Picknick, so wie ich es damals über alles geliebt hatte. Jetzt war ich erwachsen und hatte meine eigenen zwei kleinen Kinder bei mir. Als ich an dem Nachmittag am Strand so über diesen Reichtum aus meiner Vergangenheit nachdachte und auf meine eigenen am Strand spielenden Kinder schaute, hatte ich das starke Gefühl, dass sie um den schönsten Teil der Kindheit beraubt würden. Ich sehnte mich danach, zurückzukehren – wenn es auch nur zum Wohle meiner Töchter wäre. Aber ich konnte nicht zurück – die Kluft, die uns trennte, war zu groß. Und einer der breitesten Abschnitte der Kluft war mein Glaube an die sukzessive Schöpfung.

---

viert ist. In dieser Einschätzung stimme ich mit Phillip Johnson und seinen Kollegen überein (siehe JOHNSON: *The Wedge of Truth*).

Die Tatsache, dass ich es zwei Jahre später wieder zurückgeschafft habe, ist das größte – und schönste – Wunder meines Lebens. Es ist ein Wunder, weil meine Frau und ich am Ende beschlossen, den Sprung zu wagen – aber es ist auch ein Wunder, weil die kleine evangelikale Gemeinde, die wir dann fanden, gemeinschaftlich ihre Arme für uns öffnete, trotz unseres Zögerns aufgrund des Abstands, der uns trennte. Diese Gemeinde – ein Geschenk Gottes an uns – baute eine Brücke zu uns und nahm uns auf, so wie wir waren, mit unseren Vorstellungen von sukzessiver Schöpfung und allem anderen. Inzwischen sind einige Jahrzehnte vergangen. Die kleinen Mädchen, die vor mir am Strand spielten, sind nun auch erwachsen und haben längst das Alter überschritten, in dem ich war, als ich mein »Stranderlebnis« hatte. Meine Befürchtungen an diesem Tag traten nicht ein. Unsere Mädchen *sind* mit all den Erlebnissen kirchlicher Gemeinschaft aufgewachsen, die ich selbst hatte – und noch vielen mehr. Aber die Botschaft dieses Buches gilt dennoch. Wir haben den Sprung zurück in die evangelikale Gemeinde als letzte Zuflucht gewagt, wenn auch mit der Erwartung, dass wir dort nicht bleiben würden. In der heutigen Atmosphäre starker Polarisierung und verstärkter Tendenz, den Evangelikalismus mit dem Schöpfungsverständnis einer plötzlichen Schöpfung aus dem Nichts gleichzusetzen, fürchte ich, dass viele, die so denken wie ich damals, es nicht einmal versuchen würden. Wenn schon ein Christ zögert und möglicherweise nicht einmal versuchen wird, in eine Gemeinde zu gehen, wie viel mehr wird das für einen gebildeten Menschen gelten, der noch keinen Glauben mitbringt?

Das ist der Grund für dieses Buch. Ich vermute, dass viele Menschen in unseren Gemeinden, die dieses Buch lesen, es zur Seite legen werden und immer noch an eine plötzliche Schöpfung aus dem Nichts glauben werden. Aus meiner Sicht ist das in Ordnung. Schließlich sind nur wenige von ihnen Biologen, Geologen, Physiker oder Astronomen, und es ist schwierig, nach nur einmaligem Lesen einer solchen Anschauung *eines* Autors all die Details durchzudenken und richtig einzuordnen. Allerdings ist es mein Gebet, dass jede Person, die dies liest, einsieht, dass evangelikale Christen nicht länger das Gefühl zu haben brauchen, dass die plötzliche Schöpfung aus dem

Nichts einer der Kanons (oder schlimmer noch: eine Kanone) ihres Glaubens sein sollte. Ich hoffe, dass sie respektieren werden, dass es möglich sein muss, als gleichberechtigter Partner im Leib Christi angenommen zu werden, auch wenn man glaubt, dass Gott sukzessive durch Evolution geschaffen hat. Ich hoffe, dass solche Leute dann nicht »Semikreationisten« genannt werden, nur weil sie an eine sukzessive Schöpfung glauben. Ich hoffe auch, dass die Tage, in denen der Glaube an die sukzessive Schöpfung als ein »fauler Kompromiss« bezeichnet wird – als wenn diese Position dadurch weniger wahr werden würde – bald vorbei sind. Und schließlich hoffe ich, dass die Christen aufhören, darauf zu bestehen, dass die Vorstellung einer plötzlichen Schöpfung aus dem Nichts im naturwissenschaftlichen Unterricht behandelt wird. Wenn dieses Buch eines lehrt, dann, dass die Vorstellung einer plötzlichen Schöpfung mit naturwissenschaftlichen Daten nicht kompatibel ist. Wenn die meistverbreitete Variante der plötzlichen Schöpfung, der Kurzzeitkreationismus (auch Junge-Erde-Kreationismus genannt), wahr wäre, dann wären die Naturwissenschaften – wie Kernphysik, Astronomie, Geologie und Biologie – alle völlig falsch. Diese Schöpfungsvorstellung kann nicht in einem naturwissenschaftlichen Unterricht gelehrt werden, einfach weil sie keine Wissenschaft ist. Sie steht im Gegensatz zu quasi allen Naturwissenschaften (die Chemie vielleicht ausgenommen). Sie ist etwas anderes, nämlich eine bestimmte Deutung der Bibel. Sie ist Religion.

Bitte verstehen Sie diese Bemerkungen nicht falsch. Menschen, die an eine sukzessive Schöpfung glauben, sollten besondere Anstrengungen unternehmen, um diejenigen, die die Vorstellung einer plötzlichen Schöpfung vertreten, zu lieben – wirklich zu lieben. Es gibt eine Menge Gründe, warum dies heute wichtiger ist als jemals zuvor. Erstens sind wir alle Glieder am Leib Christi. Zweitens dürfen wir nicht erwarten, dass alle Christen sich in den Naturwissenschaften gut auskennen. Gott beruft uns nicht zu einem Leben des Studiums der Naturwissenschaft – er beruft uns zu einem Leben in der Nachfolge Christi. Deshalb müssen wir miteinander geduldig sein und einander erlauben, der Wahrheit so zu folgen, wie jeder sie eben aus der Bibel versteht. Wir müssen uns klar machen, dass wir nie den

Punkt erreichen werden, an dem wir die Bibel alle auf die gleiche Weise verstehen werden. Obwohl Sie persönlich absolut überzeugt sein mögen, dass Gott sukzessive durch Evolution schuf, bedeutet das nicht, dass Sie in irgendeiner Weise weniger verpflichtet wären, einen Menschen zu lieben und sich um ihn zu kümmern, der eine ebenso große Überzeugung hat, dass Gott plötzlich aus dem Nichts erschuf. Wir sind ein Leib, und wir müssen einander fördern und füreinander sorgen – erst recht, wenn wir in manchen Punkten anderer Meinung sind.

Mein Wunsch ist, dass wir alle am Bau dieser Brücke arbeiten. Es ist meine Hoffnung, dass die evangelikale Christenheit Christen und diejenigen, die noch keine Christen sind, gerne aufnimmt, ganz gleich, welche der beiden Schöpfungsvorstellungen sie vertreten, und damit deutlich macht, dass es in der Familie Gottes Raum für beide Sichtweisen gibt. Es darf nicht soweit kommen, dass sich ein Christ, der an eine sukzessive Schöpfung glaubt, wie ein verlorener Sohn fühlt. Aus dem gleichen Grund dürfen diejenigen, die an eine sukzessive Schöpfung glauben, nicht auf diejenigen herabblicken, die die Auffassung einer plötzlichen Schöpfung aus dem Nichts vertreten, als ob diese in irgendeiner Form weniger intelligent wären. Die meisten Christen, die diese Ansicht vertreten, sind keine Naturwissenschaftler und haben nicht einen solchen Einblick in ein naturwissenschaftliches Fach wie ein Wissenschaftler, aber das hat erst einmal nichts mit Intelligenz zu tun. Hin und wieder werden die beiden Denkrichtungen in einen Dialog darüber eintreten, warum jeder das glaubt, was er glaubt. Aber ein solcher Dialog sollte immer im Geist der Liebe stattfinden und immer nur dazu dienen, einander auf dem Laufenden zu halten, damit wir gemeinsam dafür sorgen, dass die Nebensächlichkeiten nicht beginnen, in der Familie Gottes zu Hauptsachen zu werden.

7.6 Endlich Frieden

Am Ende einer wichtigen Unterhaltung fassen wir das Gesagte immer gerne zusammen und möchten ein Fazit ziehen. In gewissem Sinne ist die Bibel die Aufzeichnung einer jahrhundertelangen Unterhaltung zwischen Gott und Menschen. Bei der Suche nach dem Fazit dieser Unterhaltung können wir zu Recht auf die letzte Seite der Bibel schauen. Dort entdecken wir, dass das Buch der Offenbarung mit der Botschaft endet: »Wer Durst hat, der komme! Wer will, der trinke vom Wasser des Lebens; er bekommt es umsonst.« (Offb 22,17). Das Fazit lautet, dass die Liebe Gottes die Antwort auf den Durst des Menschen nach Sinn und Bedeutung ist. Wenn die Christenheit gespalten ist, wird es für die Durstigen schwierig, ihren Weg zu Jesus zu finden. Lassen Sie es uns bewusst ablehnen, einander zu verurteilen. Lassen Sie uns stattdessen untereinander Liebe üben, damit die Durstigen gerne die Brücke überqueren, um vom Wasser des Lebens zu trinken.

So wie die abschließenden Worte der Bibel uns zeigen, was Gott quasi als Fazit aus der Heiligen Schrift verstanden wissen will, sind auch die abschließenden und letzten Worte von Jesus gleichermaßen aufschlussreich. Kurz vor seiner Verhaftung betete Jesus: »[S]o sollen sie [seine Nachfolger] zur völligen Einheit gelangen, damit die Welt erkennt, dass du mich gesandt hast« (Joh 17,23). Lassen Sie uns nicht vergessen, dass dies zu den letzten Worten Jesus an den Vater gehört, bevor er gefesselt zu dem Gerichtsverfahren abgeführt wurde, das mit seinem Tod enden sollte. Und später sagte er seinen Jüngern kurz vor seiner Himmelfahrt:

> Aber wenn der Heilige Geist auf euch herabkommt, werdet ihr mit seiner Kraft ausgerüstet werden, und das wird euch dazu befähigen, meine Zeugen zu sein – in Jerusalem, in ganz Judäa und Samarien und überall sonst auf der Welt, selbst in den entferntesten Gegenden der Erde. (Apg 1,8)

Dann verließ er die Erde. Den Rest sollten *wir* durch die Kraft des Heiligen Geistes erledigen.

Es ist unser Auftrag, diejenigen zu erreichen, die Gottes ewiges Leben noch nicht besitzen, und es ist klar, dass alles, was uns spaltet, uns daran hindert, Leib Christi für eine leidende Welt zu sein. Lassen wir es doch nicht zu, dass eine bestimmte Interpretation eines winzigen Teils des kostbaren Wortes Gottes so zentral wird, dass sie eine Kluft erzeugt, die Menschen den Zugang zu der Erfahrung der Liebe Gottes in der Gemeinde versperrt. Ich selbst hätte mir dies fast entgehen lassen, so weit erschien mir der Abstand. Gott sei Dank – im wahrsten Sinne des Wortes – für eine Gemeinde, die eine Brücke baute, ihre Tore weit öffnete und meine Familie in ihre Gemeindefamilie aufnahm, ohne auch nur zu fragen, ob wir glaubten, dass die Schöpfung plötzlich oder sukzessive geschah. Der Gemeinde schien das gleichgültig zu sein und sie kam in unseren sieben wunderbaren Jahren dort so gut wie nie darauf zu sprechen. Möge dieser Geist die ganze Christenheit kennzeichnen, sodass wir der Welt mit *einer* Stimme zurufen können: »Wer Durst hat, der komme!«. Und wer kommt und von dem lebendigen Wasser trinkt, soll auch Nahrung für seine Seele finden, die nicht durch den Hinweis vergiftet wird, dass er nur Christ zweiter Klasse ist, wenn er nicht eine ganz bestimmte Auffassung von Gottes Schöpfungsmethode teilt. Dann wird auch er endlich Frieden finden.

Literatur

Augustinus, Aurelius: *Über den Wortlaut der Genesis. Der große Genesiskommentar in zwölf Büchern.* Übers. v. Carl Johann Perl. Paderborn: Ferdinand Schöningh, 1961.

Barth, Karl: *Die Kirchliche Dogmatik.* Dritter Band. *Die Lehre von der Schöpfung.* Erster Teil. Zollikon-Zürich: Evangelischer Verlag, 1947.

Barth, Karl / Van der Kooi, Cornelis: *Gesamtausgabe. Der Römerbrief.* Zweite Fassung 1922. Zürich: tvz Theologischer Verlag Zürich, 2010.

Blackwell, Richard J.: *Galileo, Bellarmine, and the Bible.* Notre Dame, in (usa): University of Notre Dame Press, 1991.

Blocher, Henri: *In the Beginning: The Opening Chapters of Genesis.* Downers Grove, il (usa): InterVarsity Press, 1984.

Blumenschine, R. J. u. a.: »Late Pliocene *Homo* and Hominoid Land Use from Western Olduvai Gorge, Tanzania«. In: *Science* 299 (2003). S. 1217–1221.

Bonhoeffer, Dietrich: *Ethik.* 6. Aufl. 1963. München: Chr. Kaiser Verlag, 1949.

– *Schöpfung und Fall.* 3. Aufl. 1955. München: Chr. Kaiser Verlag, 1937.

Calder, W. A.: »The Kiwi«. In: *Scientific American* 239 (1978), Heft 1. S. 102–110.

Carson, H. L. / Kaneshiro, K. Y.: »Drosophila of Hawaii«. In: *Annual Review of Ecology and Systematics* 7 (1976). S. 311–345.

Chatterjee, S.: *The Rise of Birds.* Baltimore, md (usa): Johns Hopkins University Press, 1997.

Ciofi, C.: »The Komodo Dragon«. In: *Scientific American* 280 (1999), Heft 3. S. 84–91.

COATES, M. I. / CLACK, J. A.: »Fish-like Gills and Breathing in the Earliest Known Tetrapod«. In: *Nature* 352 (1991). S. 234–236.

COATES, M. I. / JEFFERY, J. E. / RUTA, M.: »Fins to Limbs: What the Fossils Say«. In: *Evolution & Development* 4 (2002), Heft 5. S. 390–401.

COLLINS, FRANCIS S.: *Gott und die Gene.* Gütersloh: Gütersloher Verlagshaus, 2007.

CRICK, FRANCIS: *Life Itself: Its Origin and Nature.* New York: Simon & Schuster, 1981.

DAESCHLER, E. B. / SHUBIN, N.: »Fish with Fingers?« In: *Nature* 391 (1998). S. 133.

DALRYMPLE, G. BRENT: *The Age of the Earth.* Stanford, CA (USA): Stanford University Press, 1991.

DAWKINS, RICHARD: *Und es entsprang ein Fluß in Eden.* München: Goldmann Verlag, 1998.

DEVOR, E. J. / DILL-DEVOR, R. M. / MAGEE, H. J. / WAZIRI, R.: »Serine hydroxymethyltransferase pseudogene, SHMT-PS1: A unique genetic marker of the order primates«. In: *Journal of Experimental Zoology* 282 (1998). S. 150–156.

DONNE, JOHN: *The Poems of John Donne.* London: Oxford University Press, 1912.

DUNNING, H. RAY: *Reflecting the Divine Image: Christian Ethics in Wesleyan Perspective.* Downers Grove, IL (USA): InterVarsity Press, 1998.

Elberfelder Bibel. Witten: SCM R. Brockhaus, 2006.

FERRIS, TIMOTHY: *The Whole Shebang: A State-of-the-Universe(s) Report.* New York: Simon & Schuster, 1997.

FREEDMAN, W. L.: »The Expansion Rate and Size of the Universe«. In: *Scientific American* 267 (1992), Heft 5. S. 54–60.

GALILEI, GALILEO: *Le Opere di Galileo Galilei.* Edizione Nazionale. Hrsg. v. ANTONIO FAVARO. Bd. 3. Florenz: G. Barbara, 1892.

– *Schriften, Briefe, Dokumente.* Hrsg. v. ANNA MUDRY. Bd. 1. Berlin: Rütten & Loening, 1987.

GINGERICH, P. D. u. a.: »Origin of Whales from Early Artiodactyls: Hands and Feet of Eocene Protocetidae from Pakistan«. In: *Science* 293 (2001). S. 2239–2242.

GISH, DUANE T.: *Creation Scientists Answer Their Critics.* Santee, CA (USA): Institute for Creation Research, 1993.

GOULD, STEVEN J.: *Rocks of Ages: Science and Religion in the Fullness of Life.* New York: Ballantine, 1999.

– *Wonderful Life.* New York: W. W. Norton, 1989.

HACIA, J. G.: »Genome of the Apes«. In: *Trends in Genetics* 17 (2001), Heft 11. S. 637–645.

HEED, W. B.: »Host Plant Specificity and Speciation in Hawaiian Drosophila«. In: *Taxon* 20 (1971). S. 115–121.

Hubble Uncovers Oldest ›Clocks‹ in Space to Read Age of Universe. Pressemitteilung 24. April 2002. URL: http://hubblesite.org/ newscenter/archive/releases/2002/2002/10/

HUMMEL, CHARLES E.: *The Galileo Connection: Resolving Conflicts between Science and the Bible.* Downers Grove, IL (USA): InterVarsity Press, 1986.

HYERS, CONRAD: *The Meaning of Creation: Genesis and Modern Science.* Atlanta, GA (USA): John Knox Press, 1984.

JOHNSON, PHILLIP E.: *Darwin im Kreuzverhör.* Bielefeld: CLV, 2003.

– *The Wedge of Truth: Splitting the Foundations of Naturalism.* Downers Grove, IL (USA): InterVarsity Press, 2000.

JUNG, CARL GUSTAV: *Erinnerungen, Träume, Gedanken von C. G. Jung.* Hrsg. v. ANIELA JAFFÉ. Zürich und Düsseldorf: Walter Verlag, 1987.

KEPLER, JOHANNES: *Neue Astronomie.* Erster unveränderter Nachdruck der Ausgabe von 1929. München: Oldenbourg Verlag, 1990.

KNOLL, MARK A.: »Ignorant Armies«. In: *First Things* 32 (1993). S. 45–48.

KORSMEYER, JERRY D.: *Evolution and Eden: Balancing Original Sin and Contemporary Science.* New York: Paulist Press, 1998.

LAZCANO, A. / MILLER, S. L.: »The Origin and Early Evolution of Life: Prebiotic Chemistry, the Pre-RNA World, and Time«. In: *Cell* 85 (1996). S. 793–798.

LEE, MICHAEL: »The Turtle's Long-Lost Relatives«. In: *Natural History* 103 (1994), Heft 6. S. 63–65.

LEWIS, C. S.: *Gott auf der Anklagebank.* 3. Taschenb.-Aufl. Basel: Brunnen, 1998.

– *Überrascht von Freude.* 2. Taschenb.-Ausgabe. Gießen: Brunnen, 1994.

LODAHL, MICHAEL: *The Story of God: Wesleyan Theology & Biblical Narrative.* Kansas City: Beacon Hill Press, 1994.

MAJERUS, MICHAEL E. N.: *Melanism: Evolution in Action.* New York: Oxford University Press, 1998.

MARSHALL, L. G.: »The Terror Birds of South America«. In: *Scientific American* 270 (1994), Heft 2. S. 90–95.

McGRATH, ALISTER E.: *The Foundations of Dialogue in Science and Religion.* Oxford: Blackwell, 1998.

MELVILLE, HERMAN: *Moby-Dick oder: Der Wal.* Hrsg. v. DANIEL GÖSKE. Übers. v. MATTHIAS JENDIS. 7. Aufl. München: Carl Hanser Verlag, 2001.

MILLER, KENNETH R.: »Scientific Creationism vs. Evolution: The Mislabeled Debate«. In: ASHLEY MONTAGU (Hrsg.): *Science and Creationism.* New York: Oxford University Press, 1984. S. 18–63.

MILLS, L. E. u. a.: »Molecular Genetic Characterization of a Locus That Contains Duplicate *Adh* Genes in *Drosophila mojavensis* and Related Species«. In: *Genetics* 112 (1986), Heft 2. S. 295–310.

MORRIS, HENRY: *History of Modern Creationism.* San Diego, CA (USA): Master Book Publishers, 1984.

– (Hrsg.): *The Defender's Study Bible.* Chicago: World Bible League, 1999.

MORRIS, S. C.: »Nipping the Cambrian ›Explosion‹ in the Bud?« In: *Bioessays* 22 (2000), Heft 12. S. 1053–1056.

MÜLLER, ADOLF: *Galileo Galilei und das kopernikanische Weltsystem.* Freiburg: Herdersche Verlagshandlung, 1909.

NACHMAN, M. W. / CROWELL, S. L.: »Estimate of the Mutation Rate per Nucleotide in Humans«. In: *Genetics* 156 (2000), Heft 1. S. 297–304.

Neue Genfer Übersetzung. Neues Testament und Psalmen.
Romanel-sur-Lausanne (Schweiz): Genfer Bibelgesellschaft, 2011.

Neues Leben. Die Bibel. Holzgerlingen: SCM Hänssler, 2008.

NISBET, E. G. / SLEEP, N. H.: »The Habitat and Nature of Early Life«.
In: *Nature* 409 (2001). S. 1083–1091.

ORR, JAMES: *The Christian View of God and the World as Centering in the
Incarnation.* Nachdruck der Ausg. v. 1891. Grand Rapids, MI (USA):
Eerdmans, 1948.

ORR, M. R. / SMITH, T. B.: »Ecology and Speciation«. In: *Trends in
Ecology and Evolution* 13 (1998), Heft 12. S. 502–506.

OVCHINNIKOV, I. V. u. a.: »Molecular Analysis of Neanderthal DNA
from the Northern Caucasus«. In: *Nature* 404 (2000). S. 490–493.

PACKER, J. I.: *God Has Spoken: Revelation and the Bible.* 3. Aufl. Grand
Rapids, MI (USA): Baker, 1994.

PAGE, R. D. M.: »Temporal Congruence Revisited: Comparison of
Mitochondrial DNA Sequence Divergence in Cospeciating Pocket
Gophers and Their Chewing Lice«. In: *Systematic Biology* 45 (1996),
Heft 2. S. 151–167.

PELTZER, E. T. / BADA, J. L. / SCHLESINGER, G. / MILLER, S. L.: »The
Chemical Conditions on the Parent Body of the Murchison
Meteorite: Some Conclusions Based on Amino, Hydroxy and
Dicarboxylic Acids«. In: *Advances in Space Research* 4 (1984), Heft 12.
S. 69–74.

PLACHER, W. C.: *Unapologetic Theology: A Christian Voice in a Pluralistic
Conversation.* Louisville, KY (USA): Westminster John Knox, 1989.

PONTBRIAND, A. DE u. a.: »Synteny Comparison between Apes and
Human Using Fine-Mapping of the Genome«. In: *Genomics* 80
(2002), Heft 4. S. 395–401.

POUGH, F. H. / HEISER, J. B. / McFARLAND, W. N.: *Vertebrate Life.*
4. Aufl. Upper Saddle River, NJ (USA): Prentice Hall, 1996.

PRUN, R. O. / BURSH, A. H.: »Which Came First, the Feather or the
Bird?« In: *Scientific American* 288 (2003), Heft 3. S. 84–93.

RAMM, BERNARD: *Offense to Reason: A Theology of Sin.* San Francisco:
Harper & Row, 1985.

Ross, Hugh: *The Creator and the Cosmos.* Colorado Springs, CO (USA): NavPress, 1993.

Schilling, Rolf: *Der Phoenix und die Taube: Englische Lyrik in deutscher Fassung.* München: Arnshaugk, 1991.

Shapiro, S. G. / Moshirfar, M.: »Structure of the goat psi beta y beta-globin pseudogene. Analysis of goat pseudogene evolutionary patterns«. In: *Journal of Molecular Biology* 209 (1989), Heft 2. S. 181–189.

Shimamura, M. u. a.: »Molecular Evidence from Retroposons That Whales Form a Clade Within Even-Toed Ungulates«. In: *Nature* 388 (1997). S. 666–670.

Shipman, Pat: *Taking Wing: Archaeopteryx and the Evolution of Bird Flight.* New York: Simon & Schuster, 1998.

Shoshani, J.: »It's a Nose! It's a Hand! It's an Elephant's Trunk«. In: *Natural History* 106 (1997), Heft 10. S. 36–45.

– »Understanding Proboscidean Evolution: A Formidable Task«. In: *Trends in Ecology and Evolution* 13 (1998), Heft 12. S. 480–487.

Shubin, Neil: *Der Fisch in uns. Eine Reise durch die 3,5 Milliarden Jahre alte Geschichte unseres Körpers.* Frankfurt am Main: S. Fischer Verlag, 2009.

Simpson, S.: »Questioning the Oldest Signs of Life«. In: *Scientific American* 288 (2003), Heft 4. S. 70–77.

Soltis, D. E. / Soltis, P. S.: »Polyploidy: Recurrent Formation and Genome Evolution«. In: *Trends in Ecology and Evolution* 14 (1999), Heft 9. S. 348–352.

St. John in the Wilderness Adult Education and Formation (Hrsg.): *The Church's Teaching and the Bible.* URL: http://www.stjohnadulted.org/EpisH03.PDF

Stiassny, M. L. J. / Meyer, A.: »Cichlids of the Rift Lakes«. In: *Scientific American* 280 (1999), Heft 2. S. 64–69.

Strahan, Ronald (Hrsg.): *Complete Book of Australian Mammals.* Sydney: Angus & Robertson, 1983.

Strobel, Lee: *Der Fall Jesus.* 6. Aufl. Asslar: Gerth Medien, 1999.

Sverdlov, E. D.: »Retroviruses and Primate Evolution«. In: *BioEssays* 22 (2000), Heft 2. S. 161–171.

TARBUCK, E. J. / LUTGENS, F. K.: *Earth Science*. 9. Aufl. Upper Saddle River, NJ (USA): Prentice Hall, 2000.

THEWISSEN, J. G. / WILLIAMS, E. M. / ROE, L. J. / HUSSAIN, S. T.: »Skeletons of Terrestrial Cetaceans and the Relationship of Whales to Artiodactyls«. In: *Nature* 413 (2001). S. 277–281.

TILL, HOWARD J. VAN (Hrsg.): *Portraits of Creation: Biblical and Scientific Perspectives on the World's Formation*. Grand Rapids, MI (USA): Eerdmans, 1990.

VENEMA, DENNIS R.: ENCODE and »Junk DNA« – Part 1. URL: http://biologos.org/blog/encode-and-junk-dna-part-1

– ENCODE and »Junk DNA« – Part 2. URL: http://biologos.org/blog/encode-and-junk-dna-part-2

– *Genesis und das Genom – Belege der Genomforschung für eine gemeinsame Abstammung von Mensch und Affe und Populationsgrößen bei Hominiden-Vorfahren*. URL: http://www.schoepfung-durch-evolution.de/media/Venema-Genesis-und-das-Genom.pdf

VERHEYEN, E. / SALZBURGER, W. / SNOEKS, J. / MEYER, A.: »Origin of the Superflock of Cichlid Fishes from Lake Victoria, East Africa«. In: *Science* 300 (2003). S. 325–329.

WALTKE, BRUCE K. / FREDRICKS, CATHI J.: *Genesis: A Commentary*. Grand Rapids, MI (USA): Zondervan, 2001.

WALTON, D. W. / RICHARDSON, B. J. (Hrsg.): *Fauna of Australia*. *Mammalia*. Bd. 1B. Canberra: Australian Government Publishing Service, 1989.

WALTON, JOHN H.: *The NIV Application Commentary. Genesis*. Grand Rapids, MI (USA): Zondervan, 2001.

WEINER, JONATHAN: *Der Schnabel des Finken*. München: Droemer Knaur, 1996.

WELLS, JONATHAN: *Icons of Evolution: Science or Myth?* Washington, D. C. (USA): Regnery, 2000.

WESLEY, JOHN: *A Survey of the Wisdom of God in the Creation: or, A Compendium of Natural Philosophy*. 3. Aufl. 5 Bde. Bd. 2. London: J. Fry, 1777.

Wesley, John: *Wesley's Notes on the Bible.* Hrsg. v.
G. Roger Schoenhals. Grand Rapids, mi (usa): Francis Asbury
Press, 1987.

Whitcomb, John C.: *The Early Earth.* Überarbeitete Aufl. Grand
Rapids, mi (usa): Baker, 1987.

Wiens, Roger C.: *Radiometrische Altersbestimmungen – Eine christliche
Sicht.* Überarbeitete Fassung 2002. url: http://www.schoepfung-
durch-evolution.de/media/Wiens-Altersbestimmung.pdf

– *Radiometric Dating – A Christian Perspective.* Revised Version 2002.
Online Resources on Faith/Science Issues. American Scientific
Affiliation. url: http://www.asa3.org/ASA/resources/Wiens.html

Wohlwill, Emil: *Galilei und sein Kampf für die Copernicanische Lehre.*
Bd. 1. Hamburg und Leipzig: Verlag von Leopold Voss, 1909.

Wong, K.: »The Mammals That Conquered the Seas«. In: *Scientific
American* 286 (2002), Heft 5. S. 70–79.

Wray, G. A. / Levinton, J. S. / Shapiro, L. H.: »Molecular Evidence
for Deep Precambrian Divergences Among Metazoan Phyla«. In:
Science 274 (1996). S. 568–573.

Xu, X. u. a.: »Four-Winged Dinosaurs from China«. In: *Nature* 421
(2003). S. 335–340.

Yunis, J. J. / Prakash, O.: »The Origin of Man: A Chromosomal
Pictorial Legacy«. In: *Science* 215 (1982). S. 1525–1530.

Abbildungsverzeichnis

Index